Fragen an die Antike

Wolfgang Weimer

Fragen an die Antike

Blicke in eine uns ferne und nahe Zeit

Wolfgang Weimer
Dobel, Deutschland

ISBN 978-3-658-46118-8   ISBN 978-3-658-46119-5 (eBook)
https://doi.org/10.1007/978-3-658-46119-5

Die Deutsche Nationalbibliothek verzeichnet diese Publikation in der Deutschen Nationalbibliografie; detaillierte bibliografische Daten sind im Internet über https://portal.dnb.de abrufbar.

© Der/die Herausgeber bzw. der/die Autor(en), exklusiv lizenziert an Springer Fachmedien Wiesbaden GmbH, ein Teil von Springer Nature 2025

Das Werk einschließlich aller seiner Teile ist urheberrechtlich geschützt. Jede Verwertung, die nicht ausdrücklich vom Urheberrechtsgesetz zugelassen ist, bedarf der vorherigen Zustimmung des Verlags. Das gilt insbesondere für Vervielfältigungen, Bearbeitungen, Übersetzungen, Mikroverfilmungen und die Einspeicherung und Verarbeitung in elektronischen Systemen.
Die Wiedergabe von allgemein beschreibenden Bezeichnungen, Marken, Unternehmensnamen etc. in diesem Werk bedeutet nicht, dass diese frei durch jede Person benutzt werden dürfen. Die Berechtigung zur Benutzung unterliegt, auch ohne gesonderten Hinweis hierzu, den Regeln des Markenrechts. Die Rechte des/der jeweiligen Zeicheninhaber*in sind zu beachten.
Der Verlag, die Autor*innen und die Herausgeber*innen gehen davon aus, dass die Angaben und Informationen in diesem Werk zum Zeitpunkt der Veröffentlichung vollständig und korrekt sind. Weder der Verlag noch die Autor*innen oder die Herausgeber*innen übernehmen, ausdrücklich oder implizit, Gewähr für den Inhalt des Werkes, etwaige Fehler oder Äußerungen. Der Verlag bleibt im Hinblick auf geografische Zuordnungen und Gebietsbezeichnungen in veröffentlichten Karten und Institutionsadressen neutral.

Springer ist ein Imprint der eingetragenen Gesellschaft Springer Fachmedien Wiesbaden GmbH und ist ein Teil von Springer Nature.
Die Anschrift der Gesellschaft ist: Abraham-Lincoln-Str. 46, 65189 Wiesbaden, Germany

Wenn Sie dieses Produkt entsorgen, geben Sie das Papier bitte zum Recycling.

Bildung ist den Gebildeten eine zweite Sonne.
[Heraklit zugeschrieben; Diels/Kranz 134]

Ironisches Vorwort

Was ist aus der Antike heute noch in der Allgemeinbildung präsent? Dabei meine ich mit Allgemeinbildung kein Ideal, sondern das, was ein Abiturient durchs Leben trägt, der als zweite Fremdsprache Französisch gewählt hat und dann BWL studiert oder was mit Werbung macht. In einer der beliebten Quiz-Shows möchte ich ihn auf der mittleren Ebene, etwa in Höhe der 10.000-Euro-Frage, ansiedeln. In seinem Geschichtsunterricht ist die Antike wohl nicht oder nur minimal vorgekommen.

Manche Namen wird er kennen und vage zuordnen können.

Ein bedeutender antiker König und Feldherr hieß Alexander

- der Kleine?
- der Mittlere?
- der Große?

Kein Problem! Vielleicht, vielleicht ist ihm sogar bekannt, daß es sich um einen Makedonen handelte. Oder doch um einen Griechen? Gibt es da einen Unterschied?

Selbst Caesar ist durchaus kein völlig unbeschriebenes Blatt. Er ist nämlich berühmt für seinen Ausspruch, daß

- der Apfel
- der Würfel
- der Regen

gefallen sei.
Und auch Nero bereitet zumindest bei einem Quiz in einem Punkt keine Schwierigkeiten: Nero hat bekanntlich

- Athen überschwemmt
- Rom in Brand gesetzt
- London dem Erdboden gleich gemacht.

Kritischer wird es, wenn es um einen berühmten Krieg in der griechischen Mythologie geht: den Kampf um

- Troja
- Rom
- Paris

Doch, da war ja mal was mit einem Film, „Troja und die 300" oder so ähnlich. Aber auf welcher Seite dieser Paris gekämpft hat, das wissen die Götter.

Auf solche Weise wird man vermutlich ein „ja, ja" bei der Nennung von Namen wie Hannibal, Herkules, Phönix und Zeus zu hören bekommen; Dionysos ist schon sehr problematisch. Die Amazonen sind ein sicherer Treffer: ein kriegerisches Frauenvolk, das vielleicht etwas – man weiß nicht, was – mit einem großen Handelskonzern zu tun hat. Aber „R.I.P.", da ist man sich sicher, das heißt: „Rest in Peace".

All das bleibt ganz an der Oberfläche, und an eine in die Tiefe gehende Deutung von Gestalten wie Antigone, Orpheus oder Ödipus wird man nicht denken dürfen.

Autoren der Antike? Fehlanzeige. Allenfalls Homer. Der mit Troja, den 300 und dem hölzernen Pferd. In diesem Zusammenhang ist es durchaus möglich, daß unser Abiturient einmal den Namen Odysseus gehört hat. Ein Schriftsteller? Eine literarische Figur? Wer soll das wissen? Und woher?

Wer muß das wissen? Wofür in aller Welt ist das wichtig? Welche Antwort sollte man ihm darauf geben? Natürlich sind Kenntnisse der Antike bei der Lektüre klassischer europäischer Literatur hilfreich, wenn nicht gar zum Verständnis notwendig: Shakespeare, Goethe, Schiller, Joyce … Aber wer liest die schon? Keinen Literaturstudenten hatten wir uns gedacht, sondern einen Betriebswirtschaftler oder jemanden, der was mit Werbung macht. Damit kann man sein Geld verdienen. Sollte, wie's der Teufel will, irgendwann einmal die Frage auftauchen, ob man ein Produkt unbedenklich „Nero" nennen kann, dann wird halt gegoogelt. Mehr muß man zur Antike nicht wissen.

Und umgekehrt: Was verstehe ich schon von BWL oder Werbung?

„Es ist meine Pflicht, alles wiederzugeben, was erzählt wird. Freilich brauche ich nicht alles zu glauben. Die hier geäußerte Auffassung gilt für mein ganzes Geschichtswerk." [Herodot VII 152]

Dobel, Deutschland   Wolfgang Weimer

Ernstes Vorwort

Ist die Antike noch populär? Eigentlich nicht, und schon gar nicht mehr so wie vor hundert oder zweihundert Jahren. Selbst im gymnasialen Schulunterricht kommt sie kaum noch vor. Und doch halten sich einige ihrer Mythen, soweit sie spannende Geschichten erzählen, in Filmen und Spielen (Homers Troja und Odysseus vor allem); und irgendwie haben sich etliche mehr oder weniger historische Ereignisse ein Nischendasein in der Allgemeinbildung bewahrt: die Amazonen, der Spartacus-Aufstand, die Ermordung Caesars durch einen gewissen Brutus, der Marathonlauf und manches andere. Das ist der Stand der Dinge. Ist das auch gut so? Läßt sich daran etwas ändern?

Unter dem nicht eindeutig definierten Begriff der Antike möchte ich verstehen: räumlich Europa sowie die südliche (Nordafrika) und östliche (Kleinasien, Levante) Küste des Mittelmeeres, zeitlich die Ära vom Beginn der griechischen Kultur um 800 v.u.Z. (die auf älteren mykenischen, ägyptischen und phönizischen Einflüssen beruht) bis, abgestuft, zur Einführung des Christentums als Staatsreligion und dem Verbot der heidnischen Religion im 4. Jahrhundert, zum Untergang des Weströmischen Reiches (bei Fortdauer des Oströmischen) im 5. Jahrhundert und dem Zerfall des einheitlichen Mittelmeerraums mit der Ausbreitung des Islam im 7. Jahrhundert.

Es ist eine interessante Überlegung, welche Themen aus der Antike es sind, die es auf diese etwas merkwürdige, nicht dem klassischen Bildungsideal entsprechende Art bis in die Gegenwart geschafft haben ... und welche nicht. Die Altertumskundler früherer Jahrhunderte hätten darüber vermutlich den Kopf geschüttelt und „O tempora, o mores!" genörgelt.

Mir geht es hier zunächst darum, solchen heute noch populären Elementen der Überlieferung aus der Antike nachzuforschen und zu prüfen, was davon eigentlich in den Quellen steht und ob sich beides, die überlieferten Befunde und die heutigen Ansichten über sie, deckt oder nicht. Der Ansatz, dem ich dabei folge, ist der, daß ein Interesse an der Antike sicher nicht nur, aber doch auch dadurch geweckt werden kann, wenn man anknüpft an das, was im Bewußtsein vorhanden ist, um dann danach zu fragen, ob es wirklich so war. Wobei für den Historiker die Frage nach den wirklichen Sachverhalten klarerweise die nach den erhaltenen Quellen und ihrer kritischen Analyse ist; denn bis zur Erfindung der Zeitreise ist die Geschichte keine experimentelle Wissenschaft, sondern eine, die auf Zeugnisse angewiesen ist, die aus sprachlichen (antiken Texten) oder nicht-sprachlichen Materialien (archäologischen Funden o. ä.) bestehen. Im Falle von Mythen stellt sich die Frage nach den wirklichen Sachverhalten ohnehin nicht, da muß man sich von vornherein mit der – sehr vielfältigen – Art, wie sie überliefert sind, bescheiden. Und dazwischen gibt es Fälle wie den der Amazonen, bei denen dem heutigen populären Wissen gar nicht und möglicherweise auch den Leuten vom Fach nicht ohne weiteres klar ist, ob es sich bloß um einen Mythos oder doch um etwas handelt, das es irgendwie tatsächlich gegeben hat. So oder so ist die Befragung der antiken Quellen nicht dasselbe wie herauszufinden, was wirklich passiert, was tatsächlich wie gewesen ist; vielmehr geht es nur darum, was genau diese Quellen uns berichten.

Damit ist das Thema dieses Buches umrissen. Was kennt die Gegenwart außerhalb der universitären Seminare noch von der Antike, und was ergibt sich an Einsichten, wenn man dem nachgeht und in den Quellen nachliest? Fälle, in denen das Quellenstudium keine wesentlichen Korrekturen an den heute gängigen Ansichten ergibt, etwa den trojanischen Krieg oder Alexander den Großen im Überblick, auch Daedalus und Ikarus usw., so beliebt sie auch sind, habe ich außer Betracht gelassen; sie hätten entweder einen geringen Erkenntnisgewinn erbracht oder den Umfang des Werkes überfordert.

Es versteht sich, daß in die Auswahl der Themen eine subjektive Bewertung eingeflossen ist, d. h. ein anderer hätte eine andere getroffen. Entscheidend ist nicht dieser Umstand, sondern ob meine Auswahl einen Sinn ergibt im Hinblick auf die Frage, welche Bedeutung die Beschäftigung mit der Antike heute noch haben kann. Mir scheint, es ist die folgende:

- Die Antike macht unsere eigene Tradition aus – durch sie sind wir geworden, was wir heute sind, ob wir das nun wissen oder nicht.
- Zugleich ist die Antike (ihr Denken, ihre Kultur) nicht so wie unsere heutige; durch ihr Anderssein erst wird uns Heutigen bewußt, was wir selbst sind. Ihre Mythen lassen uns nach unseren eigenen fragen, die Rolle etwa von Sklaven und Frauen damals macht uns klar, in welchen wichtigen Hinsichten wir uns anders entschieden haben. Es ist das Andere, was dem Eigenen die Kontur gibt.
- Beide Umstände zusammen ergeben etwas Einzigartiges: Die Antike ist uns nahe (weil wir aus ihr hervorgegangen sind) und fremd (weil wir anders als sie sind) zugleich. Das trifft so weder auf die indianische oder schwarzafrikanische noch auf die chinesische Kultur zu.
- Wir können uns immer selbst besser verstehen durch die Beschäftigung mit dem Anderen, aber nirgends besser als durch die Beschäftigung mit dem eigenen Anderen: der Antike.
- Diese Auseinandersetzung sollte kritisch und selbstkritisch sein. Dafür ist die Überprüfung des eigenen Wissensbestandes über die Antike anhand der Quellen gut geeignet.

Ein Hinweis noch zur Schreibweise der antiken Namen: Sie werden in der Literatur und auch bei mir manchmal in der griechischen, manchmal in der lateinischen oder in der deutschen Version geschrieben. Ein Beispiel: Achilleus – Achilles – Achill. Man könnte hier konsequent bzw. stur bei einer Art bleiben, aber besser erscheint es mir, sich an die verschiedenen Namensformen zu gewöhnen, denn so begegnen sie uns halt je nach Informationsquelle.

Dobel, Deutschland   Wolfgang Weimer

Inhaltsverzeichnis

Das Urteil des Paris und der Apfel der Eris: „Der Schönsten"?   1

Der Marathonlauf: Wer war der Läufer?   11

Caesars letztes Wort: „Auch du, mein Sohn Brutus?"   15

Sokrates und sein letztes Wort: „Ein Hahn für Asklepios"?   21

Ein Phönix aus der Asche?   27

„Errare humanum est." – Irren ist menschlich.   39

Hat Caesar die Bibliothek von Alexandria niedergebrannt?   43

Das Rätsel der Sphinx   49

Die Achillesferse   53

Wer hat Ödipus warum die Füße durchbohrt? 57

„In hoc signo vinces"? – Was hat Kaiser Konstantin wo am Himmel gesehen? 61

„Noli turbare circulos meos." – Wie ist Archimedes gestorben? 65

Catos „Ceterum censeo" 69

Alexander der Große durchschlägt den Gordischen Knoten 75

„Pecunia non olet." – Wieso sollte Geld stinken? 81

„Vare, Vare, redde legiones." 83

Nero – der Brandstifter? 85

Amazonen – Gab es ein Volk aus Kriegerinnen? 97

Das Trojanische Pferd und sein Erbauer 123

Der Exodus aus nichtbiblischer Sicht 129

Jesus aus nichtbiblischer Sicht 139

„Die Würfel sind gefallen" – Caesar und der Rubikon 149

„Veni, vidi, vici" – Caesars schneller Sieg 153

Die 300 Spartaner bei den Thermopylen 155

Aus dem Teppich – Die Begegnung von Caesar und Kleopatra	167
Das Faß, nicht die Büchse der Pandora	171
„Wenn du den Frieden willst, bereite den Krieg vor."	177
Das Regenwunder des Marc Aurel	183
Spartacus – Ein Sklave revoltiert	191
Der Wettlauf zwischen Achill und der Schildkröte	205
Phalaris und der hohle Stier	209
Der Pyrrhus-Sieg	217
Hannibal und seine Elefanten	225
War Sappho lesbisch?	233
Nero – Der erste Christenverfolger?	243
Singen Schwäne beim Sterben?	249
Dionysos und Ariadne	255
Sokrates und Xanthippe	265
Atlantis	273

Märtyrer – eine christliche Besonderheit?	283
Starke Frauen im Patriarchat: Lysistrata, Artemisia, Telesilla, Zenobia, Semiramis, Teuta	291
Haben die Griechen die Demokratie erfunden?	311
Pegasos – ein Musenpferd?	319
Der Tod der Kleopatra	323
Warum prophezeite Kassandra nur Unheil?	331
Die Sieben Weltwunder	335
Über die Toten nichts als Gutes	341
Diogenes, der Mann im Faß	345
Das Prinzip des „audiatur et altera pars"	355
Deukalion und die Sintflut	361
Elephantis – Eine pornographische Autorin der Antike	365
Gab es Gladiatorinnen?	367
Typhon – Der Teufel in der Antike	371
Achilles – Der Held als Mädchen	377

Lachen in der Antike	381
Anhang	387
Literatur	397

Kurzvita

Wolfgang Weimer Dr. phil., geboren 1949 in Düsseldorf, studierte Philosophie und Geschichte in Köln und promovierte 1977 in Philosophie an der Universität zu Köln. Bis 2014 Gymnasiallehrer für Philosophie und Geschichte sowie zeitweilig Hochschullehrer (Wuppertal, Köln) für Philosophie. Lebt seit 2015 im Schwarzwald.

Bücher: *Schopenhauer* (1982); *Logisches Argumentieren* (2005); *Schlachthof Schlachtfeld – Tiere im Menschenkrieg* (zusammen mit Rolf Schäfer, 2010); *Man will leben und muss sterben – Man will tot sein und muss leben/Die Kontroverse zwischen Optimismus und Pessimismus* (zusammen mit Rolf Schäfer, 2020); *33 anstößige Bücher, die das Lesen lohnen/Skandale um Bücher aus 3500 Jahren* (2020); *Barfußschuhe und Holzeisenbahnen/Unsere paradoxe Kommunikation* (2023).

Das Urteil des Paris und der Apfel der Eris: „Der Schönsten"?

Dieses mythische Ereignis gehört zu dem zehnjährigen Krieg der Griechen gegen Troja, und zwar als dessen Vorgeschichte. Ihre älteste Überlieferung hat wohl in dem sog. „Epischen Kreis" (ὁ ἐπικὸς κύκλος) bestanden, welcher sich um diesen Krieg rankte, von dem jedoch lediglich die beiden Epen „Ilias" und „Odyssee" unter dem Namen Homers (8. Jhdt. v.u.Z.) vollständig überliefert sind. Aus dem Epos, welches diese Vorgeschichte behandelte und das nach der vor Zypern dem Meer entstiegenen Göttin Aphrodite und ihrer wichtigen Rolle in den Ereignissen den Namen „Kypria" (Κύπρια) trug, ist wenig erhalten: eine Inhaltsangabe des Grammatikers Proklos aus dem 2. Jhdt. v.u.Z., die „Chrestomathie", sowie einige bruchstückhafte Zitate bei anderen antiken Autoren. Zum Glück erzählen mehrere Autoren auch dasjenige Detail, um welches es hier geht: das Urteil des Paris.

Die populäre Version dieser Geschichte lautet etwa so: Die drei Göttinnen Hera, Athene und Aphrodite sitzen vertraut und friedlich beisammen bei einem Täßchen Ambrosia, dem Getränk der Götter. Da kommt die Eris, die Göttin des Streits, hinzu und läßt einen goldenen Apfel zwischen sie rollen. Ein kostbares, begehrenswertes Stück, aber halt nur eines für drei. Und dann steht auf dem Apfel auch noch eine Gravur: „Der Schönsten".

Die Schönste? Das bin doch ich!, denkt jede der drei Göttinnen. Es handelt sich halt um ein vergiftetes Geschenk der Göttin des Streits. Wie diesen Konflikt entscheiden? Das ist intern nicht möglich, weshalb sie sich an einen externen Fachmann für diese Frage wenden. In Sachen weiblicher Schönheit ist das naheliegenderweise ein junger Mann, und zwar einer mit Geschmack. Die drei göttlichen Damen wählen den Paris aus, einen Sohn des Priamos, König von Troja (Abb. 1).

Selbstverständlich geht solch eine Wahl nicht ohne Bestechungsversuche vonstatten. Jede Göttin verheißt dem Paris Gunst gemäß ihrem eigenen Repertoire, sofern er sich für sie entscheidet: Hera, die Gattin des Götterkönigs, verspricht ihm die Königsherrschaft über große Länder und Reichtum dazu, Athene, die Jungfräuliche und Kriegerische, den Sieg im Krieg, und Aphrodite, die Göttin der Liebe, die schönste Frau auf Erden, nämlich eine gewisse Helena.

Abb. 1 Peter Paul Rubens: Das Urteil des Paris National Gallery, London

Ha!, welch eine Wahl für einen jungen Mann auf der Höhe seines Geschlechtstriebes! Die Phase des Abwägens fiel kurz aus.

Hätte Paris ein wenig länger überlegt, dann wäre ihm wohl aufgefallen, daß er durch seine Wahl unweigerlich zwei Göttinnen vor den Kopf stoßen und daß das Folgen haben würde. Die Zusage ihrer Kollegin Aphrodite konnten sie nicht rückgängig machen: Paris sollte seine Helena bekommen. Aber sie konnten für ein nicht unerhebliches Hindernis sorgen, nämlich dafür, daß Helena, als Paris ihr begegnete, verheiratet war. Der glückliche, aber bald in eine Krise gestürzte Ehemann hieß Menelaos, seines Zeichens König von Sparta, und Paris lernte ihn sowie seine wirklich entzückende Gattin Helena als Gast des Hauses kennen. Aphrodite sorgte verabredungsgemäß für den erotischen Funken. Helena war in Liebe entflammt und bereit, ihrem Paris nach Troja zu folgen.

Ehebruch und Bruch der Gastfreundschaft, zwei ganz üble Geschichten! Dazu muß man kein antiker Grieche sein, um hier bedenklich mit dem Kopf zu schütteln. Man lädt keinen Mann freundlich in sein Zuhause ein und läßt sich von ihm die Ehefrau ver- und entführen.

Die Folgen: Menelaos wendet sich empört an seinen noch bedeutenderen Bruder Agamemnon; dieser trommelt – nach einem abgelehnten Ultimatum, die Frau zurückzugeben – die Griechen zu einem Rachefeldzug gegen Troja zusammen.

Wohlgemerkt: So steht es nicht bei Homer, dessen „Ilias" sich nur mit den Ereignissen eines einzigen Jahres innerhalb des so ausgebrochenen zehnjährigen Krieges befaßt; er erwähnt das Urteil des Paris immerhin an einer einzigen, kurzen Stelle (XXIV 24–30), wo er den Zorn von Hera und Athene auf die Trojaner (einem Zorn, welcher sie sogar gegen den göttlichen Plan stimmen läßt, den Leichnam des von Achill geschändeten Leichnam des Hektor zu bergen) mit dieser Episode erklärt, ohne näher auf sie einzugehen. Aber so steht es dort, wo Generationen von Schülern ihre ersten Kenntnisse zur Antike bezogen haben: in Gustav Schwabs „Schönsten Sagen des klassischen Altertums" (Bd. 2, S. 6–8), und gestandene Bildungsbürger konnten es so in Thassilo von Scheffers dichterischer Nachbildung des verlorenen Epos „Die Kyprien" nachlesen (S. 42).

Das Interessante, das uns hier beschäftigt, weil es geradezu archetypisch die Reaktion eines jungen Mannes auf die Verlockung durch erotische Schönheit darstellt, ist die Eingangsszene. Ist das, was uns die antiken Autoren dazu überliefern, in der populären Version korrekt wiedergegeben?

Es hat wohl ein Stück des Dramatikers Sophokles (5. Jhdt. v.u.Z.) mit dem Titel „Das Urteil" (Κρίσις) oder „Eris" gegeben, von dem wenig erhalten ist und bei dem es sich mutmaßlich um ein Satyrspiel, d. h. eine spöttische Version der Ereignisse, handelte.

Sein jüngerer Kollege Euripides (480–406 v.u.Z.) hingegen kommt gleich in fünf seiner erhaltenen Dramen auf das Urteil des Paris zu sprechen:

- ganz kurz in der „Hekabe" (Verse 644–646);
- etwas länger und an zwei Stellen in „Die Troerinnen" (Verse 923–934; Verse 969–990), wo nach der Katastrophe Trojas einmal die Helena sich verteidigt, indem sie darauf hinweist, daß, wenn Paris sich nicht für sie, sondern für Hera oder Athene entschieden hätte, dies wegen deren Versprechungen die Unterwerfung Griechenlands bedeutet hätte (ein Argument, das die attischen Zuschauer mehr beeindruckt haben dürfte als die Trojanerinnen, zu denen es im Drama gesprochen wird) – zum anderen, indem Hekabe, die unglückliche Witwe des Trojanerkönigs Priamos, den Göttinnen vorwirft, sich auf solch einen unwürdigen Wettstreit eingelassen zu haben, und zugleich ihren Sohn Paris in Schutz nimmt, welcher der Schönheit Helenas erlegen sei;
- wiederum kurz in der „Andromache" (Verse 274–282), einem Drama um die Witwe Hektors, wo der Götterbote Hermes als Unheilbringer in diesem Streit um den Preis der Schönheit benannt wird, da er die Göttinnen zu Paris geführt habe;
- als Eigenbericht der Protagonistin in der „Helena" (Verse 22–29):

Ich bin die leidgeprüfte Helena.
Vernehmt: Zu Paris zogen vom Olymp
Hera, die Kypris und Zeus' eignes Kind
In Idas Schluchten, um den Schönheitspreis
Von ihm zu heischen. Kypris siegte, weil
Sie meine Schönheit (wenn sie eine ist)
Dem Paris als sein Eheglück versprach.

- schließlich aus überraschender Perspektive in „Iphigenie in Aulis" (Verse 1284–1311), indem Iphigenie, die Tochter des Agamemnon, den Paris und den mit ihm verbundenen göttlichen Wettstreit unter drei Göttinnen um die Schönheit verwünscht, weil sie zum Krieg um Troja und damit zu ihrem, der Iphigenie Untergang geführt haben; weil nämlich die griechische Flotte durch göttlich verhängte Windstille im Hafen festlag, mußte Iphigenie als Versöhnungsopfer herhalten.

Von daher haben wir keinen Anlaß, die populäre Version des Mythos in Frage zu stellen, erfahren aber immerhin, daß man die Ereignisse – eigentlich selbstverständlich – aus sehr unterschiedlichen Perspektiven sehen konnte. Von einem Apfel ist an keiner dieser Stellen die Rede.

Dem „Gelehrtenmahl" des Athenaios von Naukratis (um 200 u.Z.) verdanken wir die Schilderung einer kurzen Szene mit den kosmetischen Vorbereitungen der Aphrodite und der Athene (687C); das ist dann die Perspektive der beteiligten Göttinnen.

Von einem nur in Fragmenten erhaltenen Autor der sog. Alten attischen Komödie, Kratinos der Ältere (5. Jhdt. v.u.Z.), wissen wir, daß er eine Komödie mit dem Titel „Dionysalexandros" verfaßt hat. Durch einen in Ägypten gefundenen Papyrus (Papyros Oxyrhynchos 663; Fragments of Old Comedy I, pp. 284–287) erfahren wir in Form einer Zusammenfassung (Hypothesis) des Stoffes, Hermes habe die drei Göttinnen Hera, Athene und Aphrodite dem Gott Dionysos (!) zugeführt, die ihm Versprechungen gemacht hätten, falls er sich für sie entscheide: Hera unerschütterliche Herrschaft, Athene Erfolg im Krieg und Aphrodite die größtmögliche Schönheit und sexuelle Attraktivität. Er, Dionysos, habe sich für Aphrodite entschieden, darauf Helena (von der bis dahin gar nicht die Rede war) nach Troja entführt, dann jedoch, als er gehört habe, die Griechen seien wegen der Untat hinter Paris Alexander her, Helena in einem Korb versteckt und sich selber zurückgezogen habe. Paris habe die Helena entdeckt und sei entschlossen gewesen, sie den Griechen zurückzugeben; dies habe Helena jedoch abgelehnt, woraufhin er sie aus Mitgefühl geheiratet habe. Hier stellt der Autor offensichtlich in komischer Absicht eine vorhandene Überlieferung auf den Kopf. Die Zuschauer, die eigentlich eine andere Geschichte erwartet hatten, mögen gelacht haben. Die Komödie wird wohl 430 oder 429 v.u.Z. aufgeführt worden sein.

Einem anderen, im Grunde unbekannten Autor, dem sog. Pseudo-Apollodor und seinen kurzen Darstellungen antiker Mythen, der „Bibliotheké", verdanken wir eine Schilderung der Ereignisse des Paris-Urteils (Epitome 3, 1–3), derzufolge Eris, die Göttin des Streites, angestiftet von Zeus, einen Apfel als Schönheitspreis zwischen die drei Göttinnen Athene, Hera und Aphrodite wirft. Daraufhin beauftragt Zeus seinen Boten Hermes, die Streitenden zu Paris Alexander zu führen und diesem das Urteil zu überlassen. Die Göttinnen versprechen ihm den Sieg im Krieg (Athene), die Königsherrschaft über alle (Hera) und die Heirat mit Helena (Aphrodite). Paris entscheidet sich für Helena und damit Aphrodite, um anschließend nach Sparta aufzubrechen, wo Helena mit ihrem Gatten Menelaos lebt. Das Verhängnis nimmt seinen Lauf. Wir bekommen damit – wie meist bei Apollodor – eine Überblicksinformation; was als Gravur auf dem Apfel gestanden hat, erfahren wir auch hier nicht.

Einen schmucklosen Gesamt-Bericht gibt es noch bei dem Fabel-Sammler Hyginus (2. Jhdt. u.Z.) in dessen „Fabulae" (92), der ebenfalls häufig in Fragen der Mythologie für die erste Information, bei der es nicht auf Vertiefung ankommt, herangezogen wird. Über den Anlaß des Streites schreibt er, Zeus habe zur Hochzeitsfeier einer Göttin minderen Ranges (Thetis) alle Götter eingeladen, nicht jedoch die Eris. Diese, ohnehin zum Streit geneigt, sei darüber sehr erbost gewesen und habe sich etwas ausgedacht, um die Zeremonie nachhaltig zu stören – nämlich einen Apfel in die Mitte der Gäste zu werfen und zu sagen, er sei für die Schönste. Diesen Preis hätten nun die bekannten drei Göttinnen für sich beansprucht. So nimmt das Verhängnis seinen Lauf; die Versprechungen an den Trojaner Paris Alexander sind die üblichen und sowohl Hera als auch Athene seitdem auf die Trojaner schlecht zu sprechen.

Von dem attischen Redner Isokrates (436 – nach 338 v.u.Z.) ist eine Prunkrede überliefert: „Helena". In ihr ist (41–43) natürlich auch von dem Urteil des Paris die Rede, und zwar werden dort zunächst die Versprechen der drei Göttinnen benannt: Hera die Herrschaft „über Asien" (soweit man es damals kannte, die Griechenstädte an der kleinasiatischen Küsten einschließend), Athene Sieg im Krieg, Aphrodite Helena. Diese hatte demnach guten Grund für den oben erwähnten Hinweis, ihr Sieg habe Griechenland viel Ärger erspart. Interessant ist die Deutung vom Motiv des Paris durch Isokrates: Paris habe sich nicht für die Lust entschieden (was Isokrates, ähnlich wie wir, nicht ganz unverständlich gefunden hätte), sondern dafür, Zeus, den höchsten aller Götter, zum Schwiegervater zu bekommen, galt doch Helena als seine Tochter (wobei die überlieferten Abstammungsverhältnisse, auch im Hinblick auf die Mutter, variieren). Das, so Isokrates, war einmalig, während die Verheißungen der beiden anderen Göttinnen nicht gerade jedem Simpel, aber doch so manchem zufallen konnten. Sogar die Kinder des Paris wären Enkel des Zeus geworden. Das ist zumindest eine Gesichtspunkt, der einem Griechen in den Sinn kommen konnte, während die heute noch verbreitete Version das nicht im Blick hat.

Der Reiseschriftsteller Pausanias (2. Jhdt. u.Z.) in seiner „Beschreibung Griechenlands" (V 19, 5) erwähnt in seiner Schilderung von Elis (wo das bekannte Olympia lag) eine bildliche Darstellung, auf der der Götterbote Hermes die drei Göttinnen dem Paris vorführt, auf daß er über ihre Schönheit entscheide.

Bei dem römischen Autor Ovid (um die Zeitenwende) finden wir in seinen „Heldenbriefen" (Heroides) einen Bericht aus dem Munde des Paris selbst (X Verse 53–88), gerichtet an Helena; er schildert ihr das, was Helena aus eigenem Erleben ja nicht kannte. Hermes sei zu ihm gekommen, habe ihn als Kenner der Schönheit gelobt und aufgefordert, den Streit der Göttinnen zu schlichten. Herrschaft habe ihm Juno (das römische Pendant zu Hera) verheißen, ein heldenhaftes Leben Minerva (Athene) und die Liebe der Helena Venus (Aphrodite). Was aus dieser Perspektive des Paris nicht hervorgehen kann und daher auch nicht geschildert wird, sind der Streit der Göttinnen und seine Ursache; insbesondere der Apfel findet keine Erwähnung. Auch nicht im selben Werk (XVII Verse 115–137), wo Helena sich bei Paris artig für die getroffene Wahl bedankt.

Den ausführlichsten und seines Humors wegen literarisch bemerkenswertesten unter den auf uns gekommenen Berichten liefert uns der erstaunliche Lukian (2. Jhdt. u.Z.) in seinen „Göttergesprächen" (Θεῶν διάλογοι) (20). In dieser Darstellung ist die Geschichte voller Witz und Komik, und sie unterscheidet sich in zwei Hinsichten von der bisherigen Schilderung: Zum einen fordert Paris die Göttinnen, bevor er sich entscheidet, dazu auf, sich ihm nackt zu zeigen – das interessiert ihn anscheinend nicht weniger als das, was sie ihm für die Zukunft verheißen … und sie fügen sich diesem Wunsch auch, wenngleich mit allen Zeichen des inneren Widerstrebens. Ein Skandal ist das, was dieser Sterbliche da verlangt! Aber was will man machen? Er ist nun einmal der Schiedsrichter. Dieses Detail erinnert uns heute an die berüchtigte Besetzungscouch. Der andere Aspekt besteht darin, daß Lukian – und nur er – uns berichtet, was genau auf dem goldenen Apfel gestanden habe: nicht „der Schönsten", sondern „der Schönen", genauer „die Schöne soll ihn bekommen" (Ἡ ΚΑΛΗ ΛΑΒΕΤΩ). Worin besteht nun der Unterschied zwischen einer Schönen und der Schönsten? Ist der kostbare Apfel der Schönsten gewidmet, so dürfen sich die Verliererinnen damit trösten, immerhin als schön zu gelten; ist hingegen von der Schönen die Rede, dann bleibt den anderen Damen nur die mißliche Konsequenz, nicht schön zu sein. Die Demütigung ist umso größer.

In antiken Kommentaren sowohl zur „Hekabe" des Euripides als auch zu Lukians „Göttergesprächen" ist von „der Schönen den Apfel – τῇ καλῇ τὸ μῆλον" die Rede, was man als Bestätigung sehen kann.

Von Lukian existiert noch eine weitere Version dieses Urteils, kürzer und möglicherweise eine Vorform: in den „Meergöttergesprächen" (5), wo zwei dieser Meergöttinnen (Nereiden) sich über die Szene bei der Hochzeit von Thetis und Peleus unterhalten. Die Inschrift auf dem goldenen Apfel ist dieselbe, und auch hier kommt Paris ins Spiel, weil Zeus selbst es ablehnt zu urteilen und den trojanischen Königssohn als Kenner in Sachen weiblicher Schönheit empfiehlt. Auf diese Weise bringt Zeus Paris in die Bredouille, indem nämlich der Ausrede, er habe schließlich keine Ahnung, der Weg versperrt ist. Es hat den Anschein, daß in den „Göttergesprächen" auch Paris selbst, Schlimmes ahnend, an einen solchen Ausweg denkt, indem er versichert, er könne als Hirt die Schönheit von Kühen und Ziegen beurteilen, aber nicht die von Göttinnen, die alle gleich schön (ὁμοίως καλαί) seien.

Wir sehen also als Fazit, daß der populären Version des Mythos eine psychologisch feine Spitze fehlt, wie sie sich bei Lukian andeutet, während die anderen antiken Autoren entweder auf dieses Detail keinen Wert legen oder, wie der blasse Hyginus, zu trocken sind für eine solche Feinheit in der Kunst der Beleidigung. Allerdings steht meiner Interpretation die Möglichkeit (!) entgegen, daß im Altgriechischen die Grundform eines Adjektivs (der Positiv) für die Steigerungsform des Superlativs stehen kann – etwa im Sinne von „die besonders Schöne".

An einer etwas abgelegen spätantiken Stelle, nämlich bei dem Redner Libanios (4. Jhdt. u.Z.) in seinen Muster- oder Schulreden (Progymnasmata 2, 27), heißt es: „Aufgeschrieben stand auf diesem (sc. Apfel), daß er ein Geschenk sei für die schönste der Göttinnen – δῶρον εἶναι τῇ καλλίστῃ θεῶν τούτῳ (sc. μήλῳ) ἐπεγέγραπτο." Das ist nun eindeutig der Superlativ – allerdings geschrieben von einem Autor, der des Humors nicht verdächtig ist.

Lukian ist das weit eher zuzutrauen; aber hinter der Vermutung, daß er es auch so gemeint hat, muß ein Fragezeichen bleiben. Immerhin, was in der populären Version der Geschichte als selbstverständlich erscheint, ist dies nicht.

Gleichsam als komische Analogie zur komischen Version des Lukian lesen wir bei Apuleius (ca. 125 – ? u.Z.) in dessen „Metamorphosen", den Abenteuern eines in einen Esel verwandelten jungen Mannes, die Geschichte einer erotischen Theateraufführung für Liebhaber spezieller Vergnügungen, in welcher das Urteil des Paris von größtenteils leicht bekleideten Knaben und Mädchen gespielt wird (X 29–32). In dieser Form sind sie alle da: Hermes/Mercurius, Hera/Iuno, Athene/Minerva, Aphrodite/Venus samt musikalischem und tänzerischem Gefolge, sowie Paris. Auch der goldene Apfel ist mit von der Partie, der in dieser Version dem Paris von Hermes überreicht wird, auf daß er ihn der Siegerin überreiche. Und die Siegerin heißt ... na klar, wie gehabt. Von einer Aufschrift auf dem Apfel ist nicht die Rede, und es fällt auf, daß er erst an dieser Stelle ins Spiel kommt, während er in den anderen Versionen nur eine Voraussetzung für das eigentliche Urteil darstellt.

Der Marathonlauf: Wer war der Läufer?

Dank einer speziellen olympischen Disziplin ist dieses Ereignis bis heute präsent. Die zu laufende Distanz ist mit 42,195 km verblüffend präzise bis auf die dritte Nachkommastelle. Das klingt nach einem historischen Maß. Doch wie steht es mit dem historischen Ereignis?

In der Schlacht bei Marathon (490 v.u.Z.) behaupteten sich die Athener gegen das zahlenmäßig weit überlegene Heer der Perser, das von deren Großkönig Dareios I. ausgesandt worden war, um Griechenland zu unterwerfen. Diesen Sieg habe, so die Legende, ein Läufer (anders als die heutigen Athleten in voller Rüstung) in Athen gemeldet, woraufhin er tot zusammengebrochen sei; und die Entfernung zwischen Schlachtort und Marktplatz habe diese ominösen 42,195 km betragen, umgerechnet aus der damals üblichen Entfernungsangabe in Stadien. Dabei wurde diese Länge erst 1921 von der International Association of Athletics Federations (IAAF) als Standard festgelegt, und das entsprang nicht unbedingt einer Messung in Griechenland.

Die erste Informationsquelle für die Geschichte der Perserkriege ist allemal der Historiker Herodot (5. Jhdt. v.u.Z.). Herodot aber berichtet vom Marathonlauf ... nichts. Was er hingegen erzählt (VI 105 f.), ist eine Anekdote um einen Schnellläufer namens Pheidippides, der von den

Athenern *vor* der Schlacht nach Sparta geschickt worden sei, um die Spartaner um militärische Hilfe zu bitten. Diese allerdings hätten erklärt, sie dürften traditionell erst bei Vollmond ausrücken. Ausgeschmückt wird diese Geschichte noch durch die angebliche Begegnung des Pheidippides mit dem Gott Pan, der den Athenern seine Unterstützung zugesagt habe. Seitdem, so Herodot, veranstalteten die Athener einen alljährlichen Fackellauf zu Ehren des Pan. Pausanias bestätigt im wesentlichen diese Darstellung (I 28, 4).

Seit 1982 gibt es in Griechenland einen ebenfalls alljährlichen Gedächtnislauf, den Spartathlon, zwischen Athen und Sparta. Dessen Laufstrecke beträgt 245 km; Pheidippides hatte Herodots Bericht zufolge dafür weniger als zwei Tage benötigt.

Von einem anderen Schnellauf, und zwar von einem mit tödlichem Ausgang für den Läufer, erfahren wir aus der Biographie des attischen Politikers Aristeides, die Plutarch (1./2. Jhdt. u.Z.) verfaßt hat (20): Danach kam es reichlich zehn Jahre nach der Schlacht von Marathon, nämlich 479, als die Griechen einen zweiten Angriff der Perser, nun unter ihrem Großkönig Xerxes, in der Seeschlacht von Salamis und der folgenden Landschlacht von Plataiai abgewehrt hatten, zu einem Bescheid des Orakels von Delphi, zwecks einer kultischen Reinigung des von den Persern befleckten Landes müßten alle Opferfeuer gelöscht und mit einem aus Delphi kommenden Feuer neu entzündet werden – speziell auf dem Schlachtfeld von Plataiai. Da habe nun ein gewisser Euchidas es auf sich genommen, von Plataiai nach Delphi und von dort mit dem Feuer zurück nach Plataiai zu laufen. Die 1000 Stadien oder 180 km habe er tatsächlich an einem einzigen Tage durchmessen; nach der Übergabe des Feuers sei er allerdings tot zusammengebrochen. Dies habe ihm eine ehrende Inschrift eingetragen, die Plutarch zitiert: „Euchidas nach Pytho rannte, kehrte gleichen Tags zurück." Pytho heißt es nach der Priesterin, der Pythia, die in Delphi die Sprüche des Gottes Apollon verkündete.

Mit dem eigentlichen Marathonlauf hat all dies nichts zu tun. Dessen Geschichte beginnt mit einer Namensverwirrung. Bücher mußten in der Antike von Hand abgeschrieben werden, und dabei unterliefen häufig Fehler – mehr noch als heute die Druckfehler. Auf diese Weise wurde in einigen Herodot-Handschriften aus dem Pheidippides ein Philippides, und in dieser Namensform taucht er bei dem bereits erwähnten Autor

Lukian (Schutzrede für einen im Grüßen begangenen Fehler 3) auf ... als Marathonläufer. Er habe den Staatsbeamten in Athen, den Archonten, die Nachricht vom Sieg in Marathon überbracht: „Freut euch, wir siegen! (Χαίρετε, νικῶμεν.)", und danach sei er tot zur Erde gefallen.

Um die Verwirrung noch etwas größer zu machen, berichtet der ebenfalls schon erwähnte Plutarch (Über den Ruhm der Athener; Moralia 347 C) die gleiche Geschichte, auf Marathon bezogen, nennt den Läufer jedoch – genau weiß er es nicht – Thersippos oder Eukles, wobei die Handschriften die Äußerung des Läufers anders, nämlich in einer Weise wiedergeben, die man frei so übersetzen kann: „Guten Tag! *Wir* haben einen guten Tag (χαίρετε καὶ χαίρομεν)!" Und schließlich gibt der römische Autor Cornelius Nepos (1. Jhdt. v.u.Z.) die Geschichte vom Lauf zwischen Athen und Sparta wieder (Miltiades 3), wobei er als Namen des Läufers Phidippus nennt.

Wir haben es also mit drei verschiedenen Läufen zu tun, von denen der Marathonlauf mit der geringsten Wahrscheinlichkeit historisch ist, und obendrein mit sechs überlieferten Namen für die drei Läufer. Der Marathonlauf mag eine interessante Sportart sein, doch historisch steht er auf denkbar winzigen Füßchen.

Es spricht obendrein viel für die Annahme, daß die Boten, welche die Siegesmeldung in die Heimatstadt trugen, in Griechenland in voller Bewaffnung liefen, und dies aus zwei Gründen: Zum einen konnten sie sich auf diese Weise unterwegs gegen etwaige Raubüberfälle zur Wehr setzen, zum anderen machten sie Skeptikern unter ihren Heimatbürgern damit deutlich, daß sie nicht ihre Waffen weggeworfen hatten und vom Schlachtfeld geflohen waren, galt dies doch als übliches Zeichen der Kampfaufgabe. Philostratos (um 200 u.Z.) berichtet sogar von Wettkämpfen solcher Art (Gymnasticus 7).

In dieser Tradition müßten die heutigen Marathonläufer daher mit Sturmgepäck laufen, was sehr martialisch aussähe. Auf den Gedanken, einen solchen Extremlauf zu einer Disziplin ihrer Olympischen Spiele zu machen, sind die Griechen nie gekommen,

Caesars letztes Wort: „Auch du, mein Sohn Brutus?"

Als der Dictator Caesar an den Iden des März im Jahre 44 v.u.Z. den Messerstechern unter seinen republikanischen Gegnern zum Opfer fiel, was war da sein letztes Wort? Die Antwort, die man auf diese Frage erhält, wird wohl lauten: „Auch du, mein Sohn Brutus?" Ist das so überliefert?

Der erfolgreiche Feldherr Gaius Iulius Caesar hatte sich nach Ausschaltung seiner Rivalen das altrömische, aber an sich befristete Amt des Dictators im Februar 44 auf Lebenszeit übertragen lassen. Und er stieß damit auf Widerstand in der Senatsaristokratie. Dazu gehörten Marcus Iunius Brutus (der Berühmte), sein Freund Gaius Cassius Longinus sowie sein Namensvetter und Verwandter Decimus Iunius Brutus. Marcus Brutus hatte während Cäsars Machtkampf gegen seinen Rivalen Pompeius zeitweilig auf der Seite des Letzteren gestanden, war aber 48 in Cäsars Freundeskreis gewechselt, der ihn als den Sohn seiner Geliebten bereitwillig begnadigte. In einem weiteren Sinne hätte Cäsar ihn daher als seinen Sohn bezeichnen können, und vor allem seine Enttäuschung, ihn in den Reihen seiner Mörder zu finden, wäre sehr verständlich. Wie aber steht es mit dieser Mordszene, die während einer Sitzung des Senats stattfand?

Viele antike Historiker berichten davon, darunter – was in der Geschichte der Antike alles andere als selbstverständlich ist – auch Zeitgenossen und solche, die wenig später geboren wurden, sich also noch mit Zeitgenossen unterhalten haben können. Aber auch spätere Historiker mögen auch Archivmaterial zurückgegriffen haben, in dem ein solch wichtiges Ereignis nicht gefehlt haben dürfte. Auf welcher Seite jemand stand, ob er mit der alten Republik und deshalb mit den Mördern sympathisierte oder ob er sich an die neue Zeit angepaßt hatte, die Kaiserherrschaft (Prinzipat) von Cäsars Adoptivsohn Octavian Augustus, das sollte für die schlichte Frage nach Cäsars letztem Wort eine untergeordnete Rolle spielen. Anders stünde es, wenn es um die Bewertung der Person Cäsars bzw. der seiner Mörder ginge.

Der älteste erhaltene Bericht ist der des Historikers Nikolaos von Damaskus (geb. 64 v.u.Z.) in seinem griechisch geschriebenen Werk über das Leben des Augustus, der zu seinem Freundeskreis gehörte und sich sogar noch auf dessen für uns verlorene Autobiographie (De vita sua) stützen konnte. Nikolaos beschreibt ausführlich die Warnungen, die Cäsar in den Wind schlug (wobei die ebenfalls sehr bekannte vor den Iden des März sich erst etwas später in der Literatur findet), und dann die eigentliche Mordszene (XXIII f.). Beinahe jeder Stich wird akribisch beschrieben: wer ihn ausführte und wo er den Leib Cäsars oder im Eifer des Gefechts versehentlich den eigenen Mitverschwörer traf ... 35 Wunden insgesamt bei Cäsar, aber kein einziges Wort über sein letztes Wort! Wohlgemerkt: eine ausgesprochen detailreiche Schilderung, doch dieses Detail fehlt völlig.

Das Geschichtswerk des berühmten römischen Historikers Titus Livius (59 v.u.Z. – 17 u.Z.), das für die römische Geschichte unverzichtbar ist (Ab urbe condita), ist leider gerade für diese Phase nicht erhalten und uns lediglich in den kurzen Zusammenfassungen weitaus späterer Historiker (Julius Obsequens und Florus) bekannt, bei denen man davon ausgehen muß, daß sie nicht alle einst bei Livius stehenden Einzelheiten übernommen haben. Julius Obsequens (Fragment zu Buch CXVI) gibt immerhin die Zahl der Stiche an, die sich auf 23 verringert hat, jedoch ebenfalls nichts zu einem letzten Wort Cäsars – es mag nun bei Livius gestanden haben oder nicht. Florus (Römische Geschichte II 13, 93–95) nennt ebenfalls 23 Stiche – so wird es dann wohl bei Livius angegeben worden sein –, aber nichts zu dem, wonach wir suchen. Beide Autoren lassen sich aber über die schlechten Vorzeichen aus, die Cäsar in den Wind geschlagen habe. Gewiß wird dies auch Livius beschäftigt haben, denn dergleichen übergeht er nie. Für das letzte Wort Cäsars aber dürfen wir mutmaßen, daß bei Livius nichts davon gestanden hat.

Velleius Paterculus (ca. 30 v.u.Z. – 40 u.Z.) ist der nächste in unserer Reihe. Er war ein Offizier, der seine Karriere unter dem späteren Kaiser Tiberius (reg. 14–37 u.Z.), dem Stief- und Adoptivsohn sowie Nachfolger des Augustus, absolviert hatte und Verfasser einer „Römischen Geschichte" ist. Dort (II 57 f.) kommen die Warnungen an Cäsar vor, ebenso die ersten Maßnahmen der Verschwörer nach dem Mord, die eigentliche Mordszene schildert er jedoch nicht und damit auch nicht, ob Cäsar noch etwas gesagt habe, als er den D. Brutus unter seinen Mördern erkannte.

Eine ganz ausführliche, aber merklich spätere Quelle ist der griechisch schreibende Historiker und Philosoph Plutarch, von dem bereits die Rede war. Und zwar schildert Plutarch die Ereignisse in gleich zweien seiner sogenannten Parallelbiographien (jeweils ein Grieche und ein Römer): derjenigen Cäsars und der des Brutus. Zu unserem Glück stimmen beide in den für uns wichtigen Einzelheiten überein. Da ist zum einen die Angabe, daß Cäsar mit einem Ausruf auf den ersten, der zustach, reagiert habe, einen gewissen Casca: „Verfluchter Casca, was tust du? – Μιαρώτατε Κάσκα, τί ποιεῖς;", und da Plutarch nun einmal Griechisch schreibt, fügt er eigens hinzu, daß Cäsar dies auf Latein gerufen habe. Das klingt selbstverständlich, war Cäsar doch ein Römer, wird uns jedoch noch beschäftigen. Weiterhin schildert Plutarch, wie Cäsar, sich so gut wie möglich gegen die zahlreichen Stiche wehrend, in einem Moment unter seinen Mördern den vertrauten Brutus erkennt. Er tut daraufhin was? Er gibt den Widerstand auf und zieht sich wortlos seine Toga über das Haupt (Cäsar 66; Brutus 17). Und wir haben, wie gesagt, hier zwei sehr ausführliche, detailreiche Schilderungen der Szene vor uns.

Ist denn das „Auch du, mein Sohn Brutus?" reinweg erfunden? Nein, nicht ganz. Es sind uns zwei historische Werke erhalten, die von einem letzten, an Brutus gerichteten Wort Cäsars berichten. Einmal ist es Sueton (2. Jhdt. u.Z.), der innerhalb seiner Biographien römischer Kaiser (De vita Caesarum) ein Kapitel, das erste, Cäsar gewidmet hat. Sueton liebt Details, gerne auch Pikantes und Skandalöses, dies sei am Rande gesagt. Aber er war unter Hadrian (reg. 117–138 u.Z.) Geheimsekretär dieses Kaisers, d. h. ihm standen alle Urkunden und Archive offen – was immer das für unsere Frage bedeuten mag. Sueton jedenfalls (Divus Julius 80–82) befaßt sich lang und breit mit den Vorzeichen und Warnungen – er liebt dergleichen -, um dann in der Wiedergabe der eigentlichen Tat zwei Ausrufe Cäsars zu erwähnen: erstens zu Beginn der Szene „Das ist ja Gewalt!" (ista quidem vis est) und zweitens im Erkennen des Brutus „Auch du, Kind? – καὶ σὺ τέκνον;". Gemäß dem griechischen Sprachgebrauch könnte man dies mit „Auch du, mein Kind?" übersetzen, denn wenn klar war, daß der Sprecher sich auf sein eigenes bezog, ließ man das Pronomen oft weg. Jedenfalls sagte er laut Sueton nicht: „Auch du, mein Sohn Brutus?" Etwas anderes ist an dieser Schilderung aber merkwürdiger. Sueton schreibt Latein, gibt jedoch dieses Zitat unvermittelt auf Griechisch wieder! Er wechselt also in dem Moment, in dem er Cäsars Wort wiedergibt oder wiederzugeben behauptet, die Sprache, und zwar in eine Sprache, die nicht Cäsars Muttersprache war (Abb. 1).

Es versteht sich, daß das Griechische eine Sprache war, die jeder gebildete Römer ebenso beherrschte wie das Lateinische – etwa so, wie es heute bei uns mit dem Englischen steht. So hat auch Cäsar Griechisch

Abb. 1 Karl Theodor von Piloty: Die Ermordung Caesars

sprechen können, davon ist auszugehen. Doch wie wahrscheinlich ist es, daß jemand in höchster Todesnot und größter Überraschung in eine Fremdsprache verfällt? Da stößt man doch eher Urlaute aus. Zumal Brutus selbst ja kein Grieche war. Stellen Sie sich vor, ein geliebter Mensch, dem Sie vertrauen, ein deutscher Landsmann zudem, zückt plötzlich ein Messer gegen Sie, und Sie rufen: „Oh my dear, what are you doing?" Das erscheint mir psychologisch, vorsichtig ausgedrückt, nicht sehr wahrscheinlich. Könnte dem Sueton hier ein Bericht in griechischer Sprache als Vorlage gedient und er gedacht haben, das, was er dort las, einfach zu übernehmen? Aber warum hat er das dann nicht auch bei dem vorangehenden Ausruf getan, der, wohlgemerkt, lateinisch wiedergegeben wird?

Die Sache bleibt dubios. Woher hat Sueton diese Information, die wir bei früheren Historikern nicht finden? Und warum zitiert er sie in einer Sprache, die Cäsar in dieser Situation wohl kaum gebraucht haben dürfte?

Wir kennen noch einen weiteren, noch jüngeren Autor, dem wir einen Bericht von Cäsars Ermordung verdanken: Cassius Dio (ca. 155–235 u.Z.) und dessen „Römische Geschichte" (XLIV, 17–20). Dieser, das muß man sagen, zitiert Cäsar exakt so wie Sueton, also mit „καὶ σὺ τέκνον;". Dort fällt das freilich nicht auf, denn Cassius Dio schreibt überhaupt in griechischer Sprache; es gibt daher diesen plötzlichen Sprachwechsel (code-switch) nicht, und außerdem erwähnt Dio nicht den ersten bei Sueton genannten Ausruf: „Das ist ja Gewalt!" So ganz stimmen diese beiden Berichte, was Cäsars Äußerungen betrifft, also nicht überein.

Da Cassius Dio weit jünger ist als Sueton, könnte er seine Information von diesem übernommen haben und wäre dann kein eigenständiger Beleg; oder beide könnten sich auf eine gemeinsame ältere Quelle stützen, die wir nicht kennen. Sagen wir daher: Es gibt anderthalb Belege dafür, daß Cäsar etwas Ähnliches wie „Auch du, mein Sohn Brutus?" gesagt hat, doch vor allem der eine dieser anderthalb Belege ist sprachlich befremdlich, und die Mehrzahl der Quellen weiß von alldem nichts. Daß Cäsar, bereits schwer verwundet und vom hilflosen, vergeblichen Widerstand erschöpft, sich beim Anblick des Brutus nur noch stumm die Toga über den Kopf gezogen hat, ist im Gegensatz dazu keine Vorstellung, die uns mit einem psychologischen Rätsel zurückläßt.

Sokrates und sein letztes Wort: „Ein Hahn für Asklepios"?

Von Sokrates aus Athen (469–399 v.u.Z.) dürfte doch auch heute noch bekannt sein, daß man ihn der griechischen Philosophie zuordnen kann und er dort eine so große Bedeutung hatte, daß man die Philosophen vor ihm umstandslos die Vorsokratiker nennt. Bücher hat er offenbar nicht geschrieben, weshalb alles, was wir über ihn wissen, auf den Texten anderer Griechen (und auf einigen plastischen Darstellungen) beruht. Darunter ragt hervor sein Schüler Platon, in dessen Dialogen er beinahe immer der Haupt-Gesprächspartner ist. Persönlich bekannt war auch Xenophon (ca. 430 – nach 355 v.u.Z.) mit ihm, der neben vielem anderen auch einige Schriften über Sokrates verfaßt hat. Da Sokrates eine in Athen weithin bekannte Persönlichkeit war und anscheinend genügend skurrile Eigenschaften besaß, über die man lachen konnte, hat der damalige Komödienschriftsteller Aristophanes eine seiner Komödien dem Sokrates gewidmet: „Die Wolken". Dies sind die hauptsächlichen Quellen über Sokrates, wobei weiterhin noch einige Aussagen des Platon-Schülers Aristoteles (384–322 v.u.Z.) erwähnt werden können, der freilich Sokrates nicht selbst kennengelernt hat. Außer Betracht lassen können wir in unserem Falle die Anekdotensammlung des Diogenes Laërtios (3. Jhdt. u.Z.), der sich, was den Tod des Sokrates angeht, auf Platon bezieht; ferner auch die Satire des Lukian (Der Verkauf der philosophischen Sekten 15–18), in der die Gedanken des Sokrates auf die Schippe genommen … und mit denen Platons heillos vermischt werden. Diese Quellen sind übrigens ausgesprochen heterogen und schon deshalb, möchte man mit ihnen zu historisch korrekten Aussagen gelangen, problematisch.

Dem Sokrates hat sein Wirken einen Prozeß eingetragen, in dem er beschuldigt wurde, die Jugend zu verderben und sie andere Götter zu lehren als die, an welche die Stadt glaube. Seine offenbar als anstößig empfundene Methode wird als „Elenktik" bezeichnet, die darauf hinausläuft, das, was ein Gesprächspartner zu wissen glaubt, als Scheinwissen zu entlarven. Das haben die meisten Leute nicht gerne.

Da Sokrates sich in dem Prozeß auf eine eigentümliche Weise verteidigte, kam es zu einem Todesurteil, und da er obendrein eine ihm nahegelegte Flucht aus dem Gefängnis ablehnte, auch zur tatsächlichen Hinrichtung. Diese wurde in Athen mit einem Becher voller Gift vollzogen, der getrunken werden mußte: dem sprichwörtlichen Schierlingsbecher.

So weit, so schlecht. Aber wie, unter welchen Umständen ist er dann aus dem Leben geschieden? Wie hat er diesen Schritt empfunden? Daß er bis zuletzt tapfer über das Wesen des Todes philosophiert und den Kummer seiner ihn umgebenden Freunde gedämpft habe, überrascht nicht; das ist etwas, das man einen Topos nennt – eine Schilderung, die einfach zu einem bestimmten Typus gehört. So berichtet es dann auch Platon in einem eigenen Dialog (Phaidon), grundsätzlich ähnlich, wenn auch kürzer der genannte Xenophon (Memorabilien – Erinnerungen an Sokrates). Bei Aristophanes hingegen, der eine Komödie über Sokrates auf die Bühne bringen wollte, ist sein Sterben kein Thema, zumal es zu diesem Zeitpunkt (423 v.u.Z.) noch gar nicht absehbar war (Abb. 1).

In Platons Darstellung (der freilich bei dem Ereignis nicht selbst anwesend war, aber angibt, Phaidon, den er berichten läßt, sei es gewesen) nimmt den größten Raum ein Gespräch über die Unsterblichkeit ein, das – in der Verbindung von Platonismus und Christentum – für das abendländisches Denken eine wesentliche Bedeutung gewonnen hat. Hier möchte ich mich jedoch auf das kurze, aber interessante letzte Wort des Sokrates beschränken, das Platon so wiedergibt: „Mein Kriton, wir müssen dem Asklepios einen Hahn opfern. Spendet ihn und verabsäumt

Abb. 1 Jacques-Philip-Joseph de Saint-Quentin: Der Tod des Sokrates

es nicht. – ῏Ω Κρίτων, ἔφη, τῷ Ἀσκληπιῷ ὀφείλομεν ἀλεκτρυόνα. ἀλλὰ ἀπόδοτε καὶ μὴ ἀμελήσητε." (Phaidon 118a) Das ist nun ein überraschendes letztes Wort und bedarf zunächst einer Erläuterung. Im Falle der Heilung von einer Krankheit war es in Griechenland gute Sitte, dem Gott der Heilkunst Dankopfer abzustatten. Dies konnte in Form einer Votivtafel oder – wie hier – durch ein Tieropfer geschehen. Ein Hahn lag dabei sicher nicht am oberen Ende der Aufwandsskala, aber Sokrates war ja kein reicher Mann. In dessen Lage hätte man freilich normalerweise keinen Grund zu einem Dankopfer gesehen, denn „der Patient" würde schließlich sterben. Nicht zuletzt deshalb war Sokrates schon technisch gesehen gar nicht selbst zu diesem Dankopfer fähig, weshalb er, und zwar eindringlich!, seine Freunde bittet, dies für ihn zu erledigen. Sofern es hierfür nicht einen uns unbekannten, aber trivialen Grund (etwa die kürzlich erfolgte Heilung eines Menschen seiner engeren Umgebung) gab, müssen wir diese Bitte so verstehen, daß Sokrates den Tod selbst als eine Heilung auffaßt und damit logischerweise das Leben als eine Krankheit.

In diesem Sinne heißt es in dem pseudo-platonischen Dialog „Axiochos" (4. Jhdt. v.u.Z.?, dem Sokrates-Freund Aischines zugeschrieben), unser Leben sei ein Aufenthalt in der Fremde, und wir sollten im Angesicht des Todes „beinahe einen Paian, ein Loblied, anstimmen" (365a-c). Über den Grund, weshalb Sokrates einen solchen Standpunkt gegenüber dem Leben eingenommen hat – wenn es denn historisch ist –, kann man Mutmaßungen anstellen; doch für einen Menschen, der an ein besseres Leben nach dem Tode glaubt, ist es eigentlich ein nahe liegender Standpunkt. Und zu der Art des Sokrates, die Dinge auf eine ungewöhnliche und doch begründete Weise zu sehen, paßt es recht gut.

Nicht ganz anders, sondern ähnlich überliefert es uns Platon in seiner Wiedergabe der Verteidigungsrede des Sokrates vor Gericht, und zwar ebenfalls ganz am Ende, schon nach der Verkündung des Urteils (42a): „Jedoch, es ist Zeit, daß wir gehen, ich, um zu sterben, und ihr, um zu leben. Wer aber von uns beiden zu dem besseren Geschäft hingehe, das ist allen verborgen außer nur Gott. – Ὁπότεροι δὲ ἡμῶν ἔρχονται ἐπὶ ἄμεινον πρᾶγμα, ἄδηλον παντὶ πλὴν εἰ τῷ θεῷ." Darüber kann man gerade in einer Gesellschaft, die anscheinend fraglos die Lebensverlängerung um beinahe jeden Preis zum höchsten Ziel der Medizin erklärt, gut nachdenken, was nämlich eigentlich die Krankheit und was die Heilung ist. Den selben Sinn hat ein Fragment des Dramatikers Sophokles (497/6–405 v.u.Z.) (Philoktet vor Troja, 636 N): „Der Tod jedoch ist aller Krankheit letzter Arzt. – ἀλλ' ἔσθ' ὁ θάνατος λοῖσθος ἰατρὸς νόσων."

Nun ist dies bisher Platons Wiedergabe. Was sagen uns andere Autoren der Antike über diese Szene? Xenophon (IV 8) informiert uns darüber, daß die Hinrichtung aus kultischen Gründen auf 30 Tage nach dem Urteil verschoben werden mußte; doch über die Umstände beim Tod des Sokrates selbst erwähnt er nichts und überschüttet uns stattdessen mit einer Reihe rhetorischer Fragen zur Vorbildlichkeit seines Lebens und Sterbens. Aber der stoische Philosoph Teles (4. Jhdt. v.u.Z.) erzählt uns eine amüsante Variante von Sokrates' letztem Wort (Teles II, Über die Selbstgenügsamkeit): In größter Heiterkeit und Gelassenheit (μάλα ἱλαρῶς τε καὶ εὐκόλως) habe er den Schierlingsbecher geleert, dann den restlichen Inhalt auf den Boden geschleudert und dabei gesagt: „Das ist für den schönen Alkibiades – Ἀλκιβιάδῃ τῷ καλῷ."

Der überaus schillernde attische Politiker Alkibiades galt nicht nur als imposante Erscheinung, sondern auch als Geliebter des Sokrates. Dabei ist das Schleudern von Wein aus dem Trinkgefäß nach einem im Raum befindlichen Ziel ein überaus beliebtes Spiel im antiken Griechenland gewesen: Kottabos genannt. Das muß eine erstklassige Sauerei gewesen sein und paßt so recht zu einer angetrunkenen Gesellschaft. Im Sterben also, so Teles, hat Sokrates nicht nur seines Geliebten gedacht, sondern auch zum letzten Mal in seinem Leben Kottabos gespielt. So schön diese Szene ist und so gut sie zum Witz des Sokrates passen mag, verwechselt Teles hier sie doch möglicherweise mit dem von Xenophon (Hellenika II 3, 56) geschilderten Tod eines gewissen Theramenes, wo dieser genau dies tat und zitiert wird mit: „Dies ist für den schönen Kritias – Κριτίᾳ τοῦτ' ἔστω τῷ καλῷ."

Se non è vero, è ben trovato – wenn es nicht wahr ist, ist es gut erfunden. Doch das kann man auch über den Bericht des Platon sagen. Antike Autoren, selbst Historiker, wissen gewöhnlich eine gute Geschichte zu schätzen, und wo keine bedeutsamen Worte überliefert sind, da werden sie erfunden.

Ein Phönix aus der Asche?

Zu den noch heute wenigstens dem Namen nach bekannten Mythen aus der Antike gehört zweifellos der Vogel Phönix, der in periodischen Abständen verbrennt und aus der Asche erneuert aufersteht. Die heute populäre Auffassung gibt recht gut Ray Bradbury am Ende seines berühmten Romans „Fahrenheit 451" wieder: „So ein alberner Vogel, ein sogenannter Phönix, den es früher mal gab: Alle paar Jahrhunderte baute er sich einen Scheiterhaufen und verbrannte sich selbst." Dem heutigen Ruhm entspricht, nimmt man die Häufigkeit der Erwähnungen zum Maßstab, daß er auch in der Antike sehr populär war – bis hin zu einem in Pompeji gefundenen Graffito nebst Abbildung (Abb. 1):

„PHŒNIX · FELIX · ET · TV – (Sei) auch du ein glücklicher Phoenix" heißt es da. Schön, wenn man das kann: zugrunde gehen und danach mit frischen Kräften neu beginnen. Bekannt ist heute Phoenix auch als Hauptstadt des US-Bundesstaates Arizona, die den Vogel in ihrem Siegel und Wappen führt. Und für das Konzept, unser Universum dehne sich nach einem Urknall bzw. Urprall aus, um sich schließlich wieder zusammenzuziehen und erneut zu entstehen (Big Bounce), hat man auch den Begriff „Phönix-Universum" geprägt.

Abb. 1 Phönix-Graffito aus Pompeji

Hier geht es klarerweise nicht darum, ob es in früheren Zeiten einmal einen solchen Vogel gegeben hat, sondern in welcher Weise und welchem Zusammenhang der Mythos überliefert ist und ob man zumindest damals seine Existenz für bare Münze genommen hat. Bei manchen Mythen, soweit sie Götter und Heroen betrafen, hat man das ja weithin getan (nicht ganz anders als heute: Jungfrauengeburt, Auferstehung Jesu, Wunderberichte, Marienerscheinungen u. ä. – Verschwörungsmythen nur am Rande erwähnt).

Wo wird zunächst der Phönix lokalisiert? Gewöhnlich in einer ägyptischen Stadt am Eingang des Nildeltas, die schon seit dem Alten Reich (2575–2134 v.u.Z.) das wichtigste Kultzentrum des Sonnengottes Re-Harachte war und uns unter dem griechischen Namen Heliopolis bekannt ist (ägyptisch *Jwnw*); die Bedeutung dieses griechischen Namens ist „Sonnenstadt", entsprechend dem Gott.

Schon im Ägyptischen Totenbuch (kodifiziert im 7./6. Jhdt. v.u.Z) wird der Phönix vom Heliopolis erwähnt (Kap. XVII):

Ich weiß den geheimen Namen
Der großen Gottheit im Himmel,
Ich, der Phönix von Heliopolis.

Dabei – und jetzt sind wir in der ägyptischen Mythologie – galt der Phönix (ägypt. *bnw*) als eine Kundgebung der Ra-Seele und spielte offenbar eine Rolle in den Mysterien des Ra, für die Heliopolis das Einweihungszentrum war. Die Sonne, so kann man sich denken, ist das Musterbeispiel für ein Untergehen und Auferstehen im Feuer. Mehr erfahren wir auf diese Weise freilich nicht, insbesondere nicht, wie es zu der Verbindung mit einem Vogel kommt.

Aber bereits in dieser frühen Zeit, nämlich um 700 v.u.Z., hat er seinen Weg nach Griechenland gefunden: nämlich im Werk des für die Griechen beinahe so wie Homer maßgebenden Autors Hesiod (um 700 v.u.Z.). Dort findet sich der Phönix nicht in seiner wichtigsten Schrift, die uns über die Entstehung der Welt und der Götter berichtet (Theogonie), sondern in einem Fragment, das unter seinem Namen überliefert ist (304). Da ist in den Worten einer Nymphe von dem Alter der verschiedenen Lebewesen die Rede, und es heißt unter anderem:

Drei Hirsche überholt das Alter des Raben.
Aber der Phoinix neun Raben.
Und zehnmal den Phoinix wir, Mädchen mit schönen Flechten, Töchter des Zeus, des Trägers der Aigis.

Offenbar gilt der Phönix als besonders langlebig, auch wenn er von den „Töchtern des Zeus", nämlich den Nymphen, übertroffen wird. Das bringt uns etwas weiter, wenn auch noch nicht zu dem vollständigen Mythos. Immerhin erkennen wir, daß er bereits damals so populär gewesen sein muß, daß Hesiod es nicht für nötig hält, seinen Lesern zu erklären, um wen es sich bei diesem Phönix handelt.

Einen entscheidenden Schritt voran kommen wir wiederum mit Herodot, der einen erheblichen Teil seines Lebens mit Reisen durch die damals bekannte Welt verbracht hat, auf denen er alles notiert hat, was ihm die Menschen des jeweiligen Landes berichtet haben und er für interessant hielt.

Herodot nun bestätigt zunächst die Lokalisierung des Vogels in Heliopolis und fügt hinzu, er erscheine, wie ihm die Bewohner erzählten, alle 500 Jahre. Das war nun gerade nicht zum Zeitpunkt von Herodots Besuch, doch habe man ihm ein Bild gezeigt. Groß sei er, teils goldfarben, teils rot, und er gleiche am ehesten einem Adler. Es ist, also ob sich der Maler in Pompeji daran orientiert hätte. Nun fährt Herodot fort (II 73):

> „Von seinem Tun erzählt man Dinge, die ich aber nicht ganz glaube: Er kommt aus Arabien geflogen und bringt die Leiche seines Vaters mit, in Myrrhen gehüllt, zu dem Heiligtum des Helios, wo er sie begräbt. Den Leichnam trägt er folgendermaßen: Zuerst formt er ein Ei aus Myrrhe so groß, daß er es noch tragen kann; er versucht dann, es aufzuheben. Nach dieser Probe höhlt er das Ei aus und legt die Leiche des Vaters hinein. Dann verschließt er die Aushöhlung, in die er den Vater gelegt hat, mit weiterer Myrrhe. Jetzt ist das Ei samt dem eingefügten Vater ebenso schwer wie vorher. So trägt er es nach Ägypten in das Heiligtum des Helios. Dies sind die Erzählungen über diesen Vogel."

Hier besteht also eine Verbindung zwischen dem Erscheinen des Phönix und dem Tode seines Vaters; es hat den Anschein, daß er diesen – in ein Ei gepackt! – zum Zwecke seiner Bestattung (oder Mumifizierung?) aus Arabien, wo er offenbar lebt, nach Ägypten bringt. Die Beziehung zwischen altem Vogel – Ei – neuem Vogel deutet wohl einen Zyklus an, doch ist mit keinem Wort von einem Feuer und einer Auferstehung aus diesem die Rede. Einen Hinweis auf die populäre Version des Mythos haben wir bis zu Herodot also nicht.

Und dies setzt sich, Jahrhunderte später, bei dem römischen Dichter Ovid in seinem Werk „Metamorphosen" in etwa fort (XV Verse 392–407), wenn auch mit einer Neuerung: Wenn nach 500 Jahren der Phönix seinem Lebensende entgegengeht, dann baut er sich – unter Verwendung duftender Kräuter, wie Ovid hervorhebt – ein Nest und stirbt darin. Aus ihm, dem Vater, entsteht anschließend ein neuer Phönix, der den Vater mitsamt Nest (Grab und Wiege zugleich) nach Ägypten in die Stadt des Sonnengottes bringt. Während Herodot zwar kein weibliches Gegenstück des Vogels und damit auch keine normale Fortpflanzung erwähnt, spricht erst Ovid deutlich aus, daß der Phönix sich aus sich selbst heraus, von Vater zu Sohn, fortpflanzt. Wir kommen daher der populären Version einen Schritt näher, ohne jedoch ein Feuer zu finden. Auffallend ist dabei, daß beide Autoren den Vogel weitab von der Stadt des Sonnengottes leben lassen, aber sein Bestreben schildern, den Vater dort zu bestatten; auf irgendeine Weise ist er also mit der Sonne verbunden und damit in einem gewissen Sinne dem Feuer nahe, wenn er auch nicht im Feuer stirbt.

Lediglich kurz und für uns weniger interessant, nämlich metaphorisch, erwähnt der stoische Philosoph Seneca der Jüngere (4 v.u.Z. – 65 u.Z.) den Phönix, indem er sagt, wie dieser werde der wahre Weise vielleicht nur alle 500 Jahre geboren (Briefe an Lucilius XLII 1).

Auf eine überraschende Art bringt uns der römische Dichter und Satiriker Martial (1. Jhdt. u.Z.) zum Feuer: Im Jahre 80 hatte in Rom ein dreitägiges Feuer gewütet, weshalb die Götter um ihre Unterstützung beim Wiederaufbau gebeten werden mußten. Ein solches Gebet legt uns Martial in seinen „Epigrammen" (V 7) vor. So wie, schreibt er, „assyrisches Feuer" die Nester erneuere, sobald ein einziger Vogel zehn Jahrhunderte gelebt habe, so habe auch Rom sein Greisenalter abgelegt und bitte nun den Vulcanus (griech. Hephaistos), den Gott des Feuers, um eine Erneuerung.

Für Herodots Arabien Assyrien oder Syrien einzusetzen, das hatte schon Ovid getan; der Name des Vogels wird nicht genannt, also wohl als bekannt vorausgesetzt; aus dem Zyklus von 500 Jahren sind nun 1000 geworden – vermutlich, weil dies besser zum Abstand von der mythischen Gründung Roms (753 v.u.Z.) paßte, wenn auch nicht sehr genau; und vor allem: die Erneuerung erfolgt aus dem Feuer heraus. So kann man dem schrecklichen Ereignis eines Stadtbrandes eine aufbauende Deutung geben. Es ist dieser Brand, der das Thema Feuer ins Spiel bringt, doch die Assoziation mit dem Lebenszyklus des Phönix ist auffallend, auch wenn sie für uns, die wir den uns bekannten Quellen gefolgt sind, neu ist.

Ebenfalls im 1. Jhdt. u.Z. lebte der ältere Plinius, der als Flottenkommandant beim Untergang Pompejis ums Leben gekommen ist, für uns aber eine größere Bedeutung hat als Autor einer „Naturgeschichte", d. h. einer Sammlung von zahlreichen bemerkenswerten Phänomenen der Natur – übrigens eines der umfangreichsten erhaltenen Werke aus der Antike. Da darf der Phönix nicht fehlen (X 2). Plinius betont gleich anfangs, es handele sich bei seiner Existenz wohl um ein von Indern und Aithiopen kolportiertes Fabelwesen (fabulose). Diese Fabel schildert er jedoch mit aller wünschenswerten Detailliertheit. Der Adlerähnlichkeit und der goldroten Farbe fügt er noch Einzelheiten des Gefieders hinzu, wie einen Federkragen an der Kehle und einen Federbusch auf dem Kopf. Dann gibt Plinius Berichte antiker, durchweg römischer Autoren wieder, die für uns leider verloren sind, auf deren einen, den des Senators Manilius aus dem 1. Jhdt. v.u.Z., sich aber Ovid mit seinen Details über den Nestbau bezogen haben könnte.

Eine Nachricht mit einem überraschenden Detail lesen wir bei dem römischen Historiker Tacitus (ca. 55 – ca. 120 u.Z.) in seinen „Annalen" (VI 28). Er berichtet nämlich, im Jahre 34 u.Z., zur Regierungszeit des Kaisers Tiberius, sei der Phönix in Ägypten erschienen! Da Tacitus, obgleich er fast nie und auch hier nicht seine Quellen nennt, als Senator und hoher Beamter Zugang zum Staatsarchiv hatte und zudem Memoiren u. ä. nutzte, ist es gut möglich, daß er sich hier auf ein konkret überliefertes Ereignis bezieht, auch wenn wir uns fragen, worin es bestanden haben könnte. Außer daß er angibt, der Vorgang habe großes Aufsehen erregt, nennt Tacitus uns nämlich keine Einzelheiten dieses Erscheinens, sondern schildert ausführlich, was man im Allgemeinen über den Vogel sagt. Immerhin ist das – sieht man von der Kennzeichnung seines Aussehens und dem Vater-Sohn-Verhältnis ab – ausführlicher als das, was wir in anderen Quellen lesen: Während sich über seine Beziehung zum Sonnengott alle einig seien, werde die Periode seines Erscheinens unterschiedlich angegeben, nämlich mit 500 oder mit 1460 Jahren – wobei die letztgenannte Angabe mit der in Ägypten bedeutenden Sirius-Periode zusammenfällt. Ferner gibt Tacitus halbwegs konkrete Daten für frühere überlieferte Erscheinungen an und bemerkt, daß sie zu keiner der genannten Perioden passen. Hier blickt jemand in Unterlagen und macht sich seine Gedanken darüber, kommt jedoch zu dem Resümee: „daß jedenfalls manchmal in Ägypten dieser Vogel zu sehen ist, wird nicht bestritten". Diese eigentümliche Verbindung aus Bestimmtheit und Unbestimmtheit ist auffallend und spricht nach meinem Eindruck für eine lebendige, aber inkonsistente Überlieferung, wie sie so manchem populären Mythos kennzeichnet. Man denke an Berichte über Ritualmorde und Kannibalismus, denn auch bei denen fällt eine Gemeinsamkeit auf:

Schon für die damaligen Leser waren die Ereignisse nicht überprüfbar, denn sie fanden „long ago" oder „far away" statt, mindestens eines von beiden, wenn nicht sogar beides. Übrigens verlegt der spätantike Autor Aurelius Victor (4. Jhdt. u.Z.) offenbar dasselbe Ereignis, das Erscheinen des Phönix in Ägypten, in die Regierungszeit des Nachnachfolgers des Tiberius, des Kaisers Claudius (De vita Caesarum IV 14), nämlich in das Jahr 47 u.Z., zeitgleich mit einem anderen bedeutenden Ereignis, der 800-Jahrfeier der Stadt Rom.

Die reizvolle Exotik des Stoffes hat auch ein griechischer Autor des 3. Jhdts. u.z. namens Achilleus Tatios in seinem Roman „Leukippe und Kleitophon" genutzt (III 24 f.): In die abenteuerliche Geschichte der Suche eines Liebenden nach seiner in Ägypten geraubten Geliebten kommt eine Verzögerung, weil die ihm helfenden Truppen in ihrer Aktivität unterbrochen werden durch die Nachricht, gerade jetzt sei der Vogel Phönix mit dem Leichnam seines Vaters erschienen. Dabei wird der Suchende – und mit ihm der Leser – in einem Dialog informiert, worum es sich bei diesem Vogel handelt. Es ist nichts, was wir nicht schon kennen, mit einer Ausnahme: Die Priester in Heliopolis glauben dem Vogel nicht ohne weiteres; dieser muß daher zeigen, was er hat – den Leichnam des Vaters in seinem Nest –, und dann vergleichen die Priester dies akribisch mit dem, was in ihren heiligen Büchern verzeichnet ist. Aber nicht einmal der Romanautor läßt den Phönix selbst auftreten; vielmehr gibt er lediglich wieder, was man sich über ihn erzählt.

Lukian in seiner Satire „Das Lebensende des Peregrinos" (26 f.) läßt seinen großsprecherischen „Helden" sich in „Phoenix" umbenennen, als es daran geht, daß er einen Scheiterhaufen besteigen soll.

Sehr bemerkenswert ist der Umstand, daß und wie frühchristliche Autoren Stellung bezogen haben zum Vogel Phönix. Man könnte sich vorstellen, daß sie vor dem heidnischen Kontext (Sonnengott!) zurückgeschreckt wären. Dem ist jedoch nicht so. Schauen wir, was sie daran beeindruckt hat. Sicher ist die Aufnahme ins Christentum nicht wenig daran beteiligt, daß dieser Mythos bis heute populär geblieben ist.

Da ist zunächst ein recht früher frühchristlicher Text zu nennen, der sog. erste Klemensbrief, der in der Zeit um 75 u.Z. entstanden ist. Der Autor soll der dritte Nachfolger des Apostels Petrus gewesen sein und – die Angaben sind unsicher – zwischen 88 und 101 als Bischof von Rom amtiert haben. Wo er sich mit dem Phönix befaßt (Kap. 25 f.), tut er das folgendermaßen: Der Autor gibt zunächst den Inhalt des Mythos wieder, also die Einzigartigkeit dieses Vogels, seine Erscheinungsperiode von 500 Jahren sowie die Details seines Sterbens, den Nestbau und – das ist eigentümlich – seine Neuentstehung aus einem Wurm, der sich aus seinem verfaulenden Fleisch bilde, sich vom eigenen Fäulnissaft ernähre und eines Tages Flügel bekomme; der Rest ist dann wieder wie bekannt, d. h. der Vogel fliegt mit den in das Nest eingebetteten Überresten seines Vorgängers nach Heliopolis, legt die Hinterlassenschaften am Altar des Sonnengottes nieder und fliegt zurück nach Arabien. Alle 500 Jahre, wie gesagt.

Was macht nun ein Christ daraus? Er lobt, so Klemens, den Schöpfer für die Gunst des Wiederauferstehung derer, die ihm „voll gläubigen Vertrauens" gedient haben.

„Durch den Vogel Phönix weist er uns so auf die Größe der Verheißung hin. Denn an einer Stelle heißt es: „Du wirst mich auferstehen lassen, und ich werde dich loben." [Stelle nicht identifizierbar] Und anderswo: „Ich bin eingeschlafen und schlief, nun bin ich erwacht, denn du bist bei mir." [Psalm 3,6; 23,4] Und Hiob sagt: „Du wirst aufrichten meinen Körper, der all dies erduldet hat."" [Hiob 19,26]

Der Phönix wird mithin vereinnahmt für die christliche oder jüdisch-christliche Idee der Auferstehung von den Toten. Das schließt den Umstand ein, daß seine Existenz nicht bestritten wird, obwohl sie in keinem biblischen Text bezeugt ist. Da dieser Brief noch in die Entstehungszeit der Evangelien (etwa ab 65) fällt, kann er sich noch nicht auf ein kanonisches Neues Testament beziehen und gibt stattdessen Stellen aus dem Alten Testament an, hat aber die Auferstehung Jesu im Blick. Und so wird der Phönix ein Symbol auch für diesen. Der Phönix wird gleichsam getauft.

Eine geradezu monumentale Form nimmt dies in der Dichtung „Der Vogel Phönix" (De ave Phoenice) des christlichen Autors Lactantius an, der an der Wende vom 3. zum 4. Jhdt. u.Z. lebte. Und auch wenn er, was sein Christentum angeht, von der Seite der Rechtgläubigen als Häretiker eingestuft wird, so ist die literarische und geistesgeschichtliche Bedeutung des Lactantius unbestritten: Er wurde als christlicher Cicero (Cicero Christianus) bezeichnet und setzte sich streitbar mit den Gegnern des Christentums auseinander. „De ave Phoenice" aber gilt als die erste christliche lateinische Dichtung in einem klassischen Sinne. Was immer man sonst über ihn sagen mag, er war ein origineller Kopf. Und er widmete – die Autorschaft ist wegen des halb christlichen, halb heidnischen Charakters des Werkes nicht ganz unumstritten – dem Vogel Phönix ein Gedicht von 170 Versen.

Lactanz schildert uns ein fernes Land mit phantastischen und idyllischen Zügen, und in diesem Lande lebt Phönix, der sich aus seinem Tode erneuert und dem Phöbus, dem Sonnengott Apollon, verbunden ist, der seinem Vogel insofern gleicht, als auch er aus seinem Untergang sich neu erhebt. Die Lebensdauer des Phönix wird mit 1000 Jahren angegeben und der Ort, an dem seine Wiedergeburt stattfindet, mit Syrien, das aus diesem Grunde auch „Phönizien" genannt wird. Am Rande: Die Phönizier waren ein altes Seefahrervolk, das an der heute Levante genannten Küste des dortigen Mittelmeers lebte und dort bedeutende Hafenstädte gegründet hatte.

Die Ausgestaltung des als Grab fungierenden Nestes wird ausführlich und mit großer Liebe für blumige Details beschrieben. Die Sonne setzt die Installation samt Vogel in Brand, und aus der Asche entsteht zunächst ein Wurm, der sich in ein Ei verwandelt, und aus diesem Ei, die Schale durchstoßend, entschlüpft der neue Phönix.

Hier endlich begegnet uns also die Version, in welcher er erneuert aus der Asche seines Vorgängers entsteht. Daß er dann laut Lactanz mitsamt den Hinterlassenschaften die Reise nach Heliopolis antritt, begleitet von weiteren geflügelten Kreaturen, ist wiederum konventionell. Auch die vielen poetischen Einzelheiten seiner Gestalt sind ausgeschmückt, aber der Tradition entsprechend.

Was erstaunt und manche Interpreten an der Urheberschaft eines christlichen Autors zweifeln läßt, ist der Umstand, daß es bis dahin keinerlei Bezug auf diese neue Religion gibt; alles bleibt im Rahmen der traditionellen Religion. Doch ganz am Schluß, ab Vers 165, finden sich Gedanken, die vielleicht auf eine neue, im christlichen Sinne erweiterte Deutung verweisen:

> mors illi venus est, sola est in morte voluptas:
> ut possit nasci, appetit ante mori.
> ipsa sibi proles, suus est pater et suus heres,
> nutrix ipsa sui, semper alumna sibi –
> ipsa quidem, sed non eadem quia et ipsa nec ipsa est,
> aeternam vitam mortis adepta bono.

Der Tod, so heißt es, ist Liebe für ihn, und seine einzige Begierde liegt im Tod: Damit er geboren werden kann, strebt er vorher zu sterben. Er selbst ist sein eigener Ursprung, sein eigener Vater und sein eigener Erbe, sein eigener Ernährer, immer sich selbst Zögling – er ist derselbe, aber nicht derselbe, weil er selbst und nicht er selbst ist, der das ewige Leben gewinnt durch die Wohltat des erlangten Todes.[1]

Das paßt nun, ohne daß es eigens erwähnt würde, auf Gott und den Gottessohn Jesus, bringt uns jedenfalls den Gedanken nahe, daß jemand aus sich selbst entsteht (Gott) und durch seinen Tod das ewige Leben gewinnt (Jesus). Die Bedeutung dieser Version für die über den Untergang des Heidentums hinausreichende Popularität des Phönix muß man hoch veranschlagen.

Das letzte längere antike Zeugnis, das sich mit dem Phönix befaßt, stammt von dem Wanderdichter Claudianus (um 400 u.Z.), der sich an den Höfen des spätantiken Reiches verdingte und dabei zwischen der Berufung auf die große Tradition Roms und den Machtansprüchen seiner Zeit bewegte. Interessanterweise finden sich in seinem Werk keine Spuren einer christlichen Gesinnung, auch wenn diese damals unter christlichen Kaisern schon weitgehend das Leben bestimmte. Sein Zeitgenosse, der Kirchenvater Augustinus (354–430 u.Z.), hat ihn sogar als „dem Namen Christi fern", aber bei Bedarf seiner Auftraggeber sich auf Gott berufend charakterisiert (Vom Gottesstaat V 26); der christliche Historiker Orosius, ebenfalls ein Zeitgenosse des Claudianus, sieht das ähnlich und tituliert ihn sogar als „äußerst hartnäckigen Heiden" (Weltgeschichte gegen die Heiden VII 35, 21). Seiner Beliebtheit im Mittelalter hat das nicht geschadet.

---

[1] Lactantius gibt dem Phönix ein weibliches Geschlecht, zumindest grammatisch, was in der Tradition ungewöhnlich ist, aber dazu paßt, daß er den Vogel in Verbindung bringt mit dem nach ihm benannten Palmbaum *phoenix*, der feminin ist. In der Wiedergabe habe ich das nicht übernommen.

Im Ausgang der Antike begegnet uns also der Phönix noch einmal ohne seine christliche Einkleidung, und das in einem Gedicht von 110 Versen mit dem schlichten Titel „Phoenix" (Kleinere Gedichte XXVII). Claudianus lehnt sich dabei an Herodot an, dessen Bericht er poetisch ausschmückt; in manchen Details, etwa der idyllischen Schilderung der Lebensumstände des Vogels, erkennt man auch den Einfluß des Lactanz, von dem er obendrein die Lebensperiode von 1000 Jahren übernommen hat. Und vor allem: daß sich der Phönix am Ende seines Lebens selbst verbrennt, um aus der Asche wiederaufzuerstehen, so daß er, wenn er in Begleitung vieler anderer Vögel nach Ägypten fliegt, mit der Asche das bei sich trägt, woraus er selbst entstanden ist. Originell ist der Umstand, daß Claudianus den Gott, auf den sich der Phönix bezieht, Phoebus Apollon, selbst zu Wort kommen und das Ereignis deuten läßt:

> o senium positure rogo falsisque sepulcris
> natales habiture vices, qui saepe renasci
> exitio proprioque soles pubescere leto,
> accipe principium rursus corpusque coactum
> desere. mutata melior procede figura.

Der Gott fordert ihn also auf, durch den Tod im Feuer das Leben wiederzugewinnen; dies sei die Erneuerung des Lebens und die Wiedererlangung der Jugend durch die Selbstzerstörung. Der Körper müsse sterben, um durch einen Wandel der Form als ein Besserer voranzuschreiten.

Das *kann* man christlich verstehen, obgleich es dann seltsam ist, daß ein heidnischer Gott es verkündet; auch klingt die Botschaft nicht nach der Verheißung eines gänzlich anderen Lebens im Himmel, sondern nach einem ewigen Zyklus, der nun mit der Jugend wiederbeginnt. Man kann es daher besser als einen Ausdruck allgemein menschlicher Sehnsucht nach einem ewigen Leben auffassen, zu dem kein anderer Weg führt als der Tod. Im Falle des Phönix sogar: der selbst gewählte und herbeigeführte Tod. Der Tod ist im Kreislauf nicht das Ende, sondern zugleich ein neuer Anfang. Sei auch du ein glücklicher Phönix!

„Errare humanum est." – Irren ist menschlich.

Eines der bekannteren Sprichwörter, gerne auch als „Errare humanum est" zitiert und damit seine Herkunft aus der Antike nahelegend. Wörtlich so ist es freilich aus damaliger Zeit nicht überliefert, jedenfalls nicht auf Latein, und selbst bei derjenigen Formulierung, die dieser nahekommt, zeigt sich, daß es sich um eine Verkürzung handelt, der etwas Wichtiges fehlt. Schauen wir uns die Überlieferung an.

Eine frühe Version ist die des schon erwähnten Dramatikers Sophokles, und zwar in dessen bekannter „Antigone" (Verse 1023–1027) – in Dramen wird wahrlich häufig geirrt. Dort heißt es, das Sich-Irren sei allen Menschen gemeinsam, aber – und jetzt kommt gleich der wichtige Zusatz – der Irrende sei nicht zwangsläufig von Hilfe und Glück verlassen, sofern er diesem Übel abhilft, d. h. den Irrtum einsieht, statt auf ihm zu beharren. Nicht also ist das Irren das Schlimme und Unheilvolle, sondern der Starrsinn im Irrtum.

Einen etwas anderen Gedanken vertritt der ein wenig jüngere Dramatiker Euripides, und zwar in seinem Drama „Hippolytos", dessen Thema heute – auch durch ein entsprechendes Drama des Philosophen Seneca – besser unter dem Namen „Phaedra" bekannt ist. Euripides formuliert seinen Standpunkt in einem einzigen Vers (Vers 615): „Vergib. Irren ist menschlich, mein Kind." Das widerspricht nicht der Aufforderung, im Irrtum nicht zu verharren, zieht jedoch aus unserer Irrtumsanfälligkeit eine andere Konsequenz: Eben weil wir alle zum Irrtum neigen, sollen wir anderen ihren Irrtum verzeihen – sofern sie nicht stur darauf beharren, mag man hinzufügen. Ein wenig genauer gesehen, handelt sich um eine Bitte um Verzeihung, die sich darauf stützt.

Zahlreich sind die Fälle in der antiken Literatur, in denen jemand, der einem Irrtum erlegen ist, einen Fehler begangen hat, sich darauf beruft, dies sei eben menschlich – also in der Form des Eingeständnisses durch den Sprecher. So bei dem griechischen Komödiendichter Menander (um 300 v.u.Z.) in einem Fragment (Fr. 389) aus dem Komödie „Der Untergeschobene oder Der Prolet", so der römische Komödiendichter Terenz (2. Jhdt. v.u.Z.) in „Adelphoe" (Vers 579), so der römische Politiker und Philosoph Cicero (1. Jhdt. v.u.Z.) in seinen Briefen an den Freund Atticus (XIII 21, 5), und so auch gleich zweimal bei dem älteren Seneca (55 v.u.Z. – 37 u.Z.) in seinen „Controversiae" (IV 3; VII 1, 5); die letztgenannte Stelle etwa seufzt: „quam facile erramus homines! – Wie leicht irren wir Menschen!"

Man kann sogar das zu Zeiten humanistischer Bildung sehr populäre Zitat aus einer anderen Komödie des Terenz, „Heauton timorumenos/ Der Selbstquäler", dazurechnen (Vers 77): „Homo sum: humani nil a me alienum puto – Ich bin ein Mensch: ich glaube, daß nichts Menschliches mir fremd ist." Hier geht es dann freilich um alle menschlichen Schwächen, nicht nur um unsere Anfälligkeit für Irrtümer.

Lucius Verus, der Mitkaiser des Philosophenkaisers Marcus Aurelius (Mitte des 2. Jhdt. u.Z.), schreibt an seinen Lehrer Fronto (Ad Verum Imp. II 2) eine Bitte um Vergebung unter Berufung auf die Humanität oder Menschlichkeit (humanitas): jemanden zu verletzen, sei menschlich, und es sei das eigentümliche Privileg des Menschen zu verzeihen („nam et delinquere humanum est et hominis maxime proprium ignoscere").

Die beiden Versionen, die lateinisch überliefert sind und dem „Errare humanum est" am nächsten kommen, sind eine des Cicero in seinen „Philippischen Reden", gehalten gegen seinen Rivalen Marcus Antonius (XII 2, 5): „cuiusvis hominis est errare, nullius nisi insipientis in errore perseverare. – Jedermann kann sich einmal irren, aber nur der Tor bleibt bei seinem Irrtum." Und zum zweiten die des für das christliche Denken so wichtigen Augustinus (Sermones 164, 14): „Humanum fuit errare, diabolicum est per animositatem in errore manere. – Menschlich war es zu irren, teuflisch ist es, aus Empfindlichkeit im Irrtum zu verharren."

So fremd die Einführung des Teuflischen dem Cicero ist (als unklug gilt es ihm eher), so deutlich wird doch, daß beide Autoren die Menschlichkeit des Irrtums nicht als verständlich und verzeihlich bezeichnen, ohne hinzuzufügen, daß das Festhalten an einem Irrtum nicht gleichermaßen verständlich und verzeihlich ist. Und damit haben sie nur den viel älteren Sophokles bestätigt. Das klingt dann nicht mehr so nonchalant-lässig, wie man mit dem „Irren ist menschlich" sich leicht aus einer peinlichen Situation verabschieden zu können glaubt, ohne dabei eine Verantwortung übernehmen zu müssen. Inzwischen sagt man mit gleicher Oberflächlichkeit „sorry", und das war's.

Es scheint freilich auch diese Neigung menschlich-allzumenschlich zu sein, denn schon aus sehr früher Zeit in der Antike, noch vor Sophokles, ist uns ein Fragment des Dichters Archilochos (6. Jhdt. v.u.Z.) überliefert (Fr. 73 D): „Ja, ich hab geirrt! Manch andren suchte schon der Irrtum heim!" Sorry.

Hat Caesar die Bibliothek von Alexandria niedergebrannt?

Die größte Bibliothek der Antike war die von Alexandria in Ägypten. Gegründet wurde diese Stadt von Alexander dem Großen, die Bibliothek aber erst von der mit seinem General Ptolemaios, dem Ägypten in den Kämpfen der Nachfolger (Diadochen) zugefallen war, beginnenden Dynastie der Ptolemaier, deren Herrscher verwirrenderweise allesamt Ptolemaios hießen. Vor allem Ptolemaios II. (Zuname: Philadelphos) war ein begeisterter, geradezu fanatischer Büchersammler. Kaum weniger seine Nachfolger Ptolemaios III. und Ptolemaios IV. Mit ihnen bewegen wir uns im 3. Jhdt. v.u.Z.

Um am Rande nur eine Anekdote zu berichten, die der Arzt Galen (2. Jhdt. u.Z.) uns überliefert hat (in einer Schrift über das Werk „Epidemien" seines Vorbildes Hippokrates, II 3, 4): In Athen existierte eine offizielle, sorgfältig überprüfte Ausgabe sämtlicher Dramen von Aischylos, Sophokles und Euripides (also nicht nur die heute noch erhaltenen), welche die Grundlage für jede Aufführung der Dramen in Athen bildete. An diesem kostbaren Werk zeigte sich Ptolemaios III. hoch interessiert; er beantragte seine Ausleihe, um eine Abschrift anfertigen zu lassen. Die Athener waren vorsichtig und verlangten 15 Talente als Pfand – wobei ein Talent ca. 26 kg Silber ausmachte. Ptolemaios hinterlegte den Betrag, ließ das Werk abschreiben, gab den Athenern die Kopie zurück, behielt das Original und ließ das Pfand verfallen.

Einer Angabe des Aulus Gellius (2. Jhdt. u.Z.) zufolge (Attische Nächte VII 17, 3) soll der Bestand an Schriftrollen – von Büchern dürfen wir noch nicht sprechen – schließlich 700.000 betragen haben. Allzusehr sollten wir dieser Angabe nicht trauen, aber es müssen sehr viele Werke gewesen sein, wobei ein Text, der heute in ein Buch paßt, mehrere Schriftrollen umfaßt haben kann. Jedenfalls waren sie allesamt von Hand geschrieben bzw. abgeschrieben, zum Teil auch eigens übersetzt.

Die Bibliothek bildete den zentralen Teil der Museion genannten Einrichtung, die man mit einer heutigen Universität vergleichen kann – mit dem Unterschied, daß die dort beschäftigten Wissenschaftler unterschiedlicher Fachrichtungen in der Anlage auch wohnten. Zugleich war das Museion Teil der königlichen Palastanlage, was die enge Bindung zwischen Herrscher und Universität bekundet, die selbstverständlich auch dem Ansehen ihrer königlichen Mäzene förderlich war.

Neben alle ihren wohltuenden Eigenschaften haben Bücher ebenso wie Schriftrollen auch eine unangenehme: sie brennen leicht. Oder anders ausgedrückt: sie sind leichter zu zerstören als zu schreiben. Erhalten ist von dieser Bibliothek nichts; sie muß daher irgendwann zerstört worden sein. Wenn man bedenkt, wie wenig uns heute von den in der Antike verfaßten Büchern erhalten ist – weniger als 10 % –, dann wird bewußt, was uns dadurch verloren gegangen ist. Um nur drei Beispiele aus dem Bereich der Literatur zu nennen (Sprachwissenschaft, Mathematik und Naturwissenschaften kämen hinzu): Von den Gedichten der berühmten Sappho ist kein einziges vollständig erhalten; von dem umfangreichen Epenkreis um den Trojanischen Krieg sind lediglich zwei Epen erhalten, die Ilias und die Odyssee; der Dramatiker Sophokles soll, je nach antiker Angabe, 113 bis 130 Tragödien verfaßt haben, von denen nicht mehr als sieben vollständig auf uns gekommen sind.

Auch von den anderen großen Bibliotheken der Antike (etwa denen von Ephesos, Pergamon, Antiochia oder Rom) ist nichts geblieben. Aber die von Alexandria war ihrem Umfang nach einzigartig. Wer ist für ihre Zerstörung verantwortlich? Der erste und meistgenannte Verdächtige ist Caesar. Caesar habe bei seiner Eroberung Alexandrias im Jahre 48/47 v.u.Z., dem sogenannten Alexandrinischen Krieg, sich im Königspalast verschanzt und zu seiner Verteidigung ein Feuer legen lassen, das auf die Bibliothek übergegriffen habe. So schreibt es z. B. George Bernard Shaw in „Cäsar und Kleopatra", wo ein Vertrauter Cäsars ruft: „Das Feuer hat sich von einem euerer brennenden Schiffe ausgebreitet – das erste der sieben Weltwunder geht zugrunde! – Die Bibliothek von Alexandria steht in Flammen!" (II. Akt)

Im Rahmen der Kommentare Caesars zu seinen Kriegen ist auch ein Werk über den Alexandrinischen Krieg überliefert, das jedoch nach allem, was die Forschung dazu sagen kann, nicht von ihm selbst stammt. Immerhin werden die militärischen Ereignisse dort ausführlich geschildert – von einem Brand der Bibliothek jedoch kein Wort, überhaupt nichts von einem Feuer. Da die Schilderung aus der Perspektive Caesars erfolgt, ist das an sich nicht verwunderlich; weder bestätigt noch widerlegt es die Annahme, Caesar sei auf die eine oder andere Weise für die Zerstörung der Bibliothek verantwortlich.

Der Geograph Strabon (ca. 64 v.u.Z. – ca. 19 u.Z.), der nach der Zeit Caesars reiste und schrieb, schildert in seiner „Geographie" (XVII 1, 8) eine funktionierende Bibliothek in Alexandria, was gewisse Schäden nicht, aber doch gewiß eine vollständige Zerstörung ausschließt.

Der jüngere Seneca erwähnt in seiner Schrift „Von der Ruhe des Gemüts" (De tranquillitate animi), es seien 40.000 Bücher verbrannt (IX 4 f.). Hierfür benennt er weder einen genauen Zeitpunkt noch einen Verantwortlichen. Immerhin bestätigt er, daß es einen Schaden gegeben hat, der freilich nur knapp 6 % des Gesamtbestandes betraf, wenn wir der Angabe des Aulus Gellius trauen wollen.

Bedenklicher ist da schon der Bericht des Plutarch in seiner Caesar-Biographie (49):
„Eine ernste Gefahr bildete der Mangel an Trinkwasser, da die Feinde die Leitungen verstopft hatten. Überdies versuchten sie ihm [sc. Caesar] die Flotte wegzunehmen, wobei ihm nichts anderes übrig blieb, als sich dieser Bedrohung durch Feuer zu erwehren. Der Brand breitete sich dann allerdings von den Schiffsarsenalen her weiter aus und zerstörte auch die große königliche Bibliothek."

Plutarchs Parallelbiographien – hier werden Alexander der Große und Caesar gegenübergestellt – waren in späterer Zeit sehr bekannt und beliebt, weshalb die Annahme, Caesar sei der Verantwortliche, gut und gerne auf ihn zurückgehen kann. Sie steht jedoch im Widerspruch zu Strabon und Seneca. Zu Plutarchs Bericht paßt auch die Darstellung des Lucan (39–65 u.Z.) in seinem epischen Geschichtswerk „Der Bürgerkrieg" (Bellum civile, auch Pharsalia), wo er (X Verse 486–509) schildert, wie Caesar, von den Gegnern im Palast eingeschlossen und vom Hafen her angegriffen, die feindlichen Schiffe und Boote mit brennenden Pechfackeln abwehren läßt und wie tatsächlich viele Boote, aber auch zunehmend umliegende Häuser in Brand gerieten. Die erschrockenen Alexandriner wandten sich der Rettung der Gebäude zu und ließen Caesar aus dem Palast entkommen. Daß zu diesen am Hafen liegenden Häusern auch die Bibliothek gehörte, daß auch sie betroffen war, gibt Lucan freilich nicht an.

Bestätigt wird Plutarch von dem erwähnten Aulus Gellius, der nach der Angabe der Gesamtzahl der Bücher schreibt (Attische Nächte VII 17, 3):

„[…] allein diese ganze (herrliche) Sammlung ist im früheren Alexandrinischen Kriege, bei der Plünderung und Zerstörung der Stadt (Alexandria), zwar nicht auf einen ausdrücklichen Befehl, oder mit Absicht, sondern nur durch einen (unglücklichen) Zufall von den Hilfstruppen in Brand gesteckt und eingeäschert worden."

Diese ganze Sammlung! Unter Caesar Kommando, wenn auch nicht auf seinen Befehl hin. Und ähnlich äußert sich der Historiker Cassius Dio (XLII 38, 2):

„Seither kam es zwischen den römischen und ägyptischen Streitkräften Tag und Nacht zu einer Menge von Gefechten, so daß viel in Flammen aufging. Unter anderem verbrannten die Docks und Lagerhäuser für Getreide, außerdem die Bibliothek, wo sich, wie berichtet, sehr zahlreiche, ganz ausgezeichnete Schriften befanden."

Das sind nun bedenklich viele Autoren … und dennoch kann etwas daran nicht stimmen, denn Sueton gibt im Rahmen seiner Kaiserbiographien an, Claudius, Kaiser von 41–54 u.Z., habe das Museion erweitert und angeordnet, dort jährlich an festgesetzten Tagen aus seinen eigenen Geschichtswerken vorlesen lassen (42). Das paßt nicht zu einer vollständigen Zerstörung 100 Jahre zuvor. Und der Historiker Ammianus Marcellinus (um 350 u.Z.) erwähnt, daß unter Kaiser Aurelian (270–275 u.Z.) in Alexandria der Stadtteil Bruchion, in dem sich Museion und Bibliothek befanden, zerstört worden sei. Daher spricht sehr viel dafür, daß unter Caesar allenfalls ein kleinerer Teil der Buchbestände, vielleicht nur solche, die gerade im Hafen auf Schiffen gelagert waren, einem Brand zum Opfer gefallen ist – ein Umstand, der spektakulär genug war, um dann von einigen späteren Historikern zur kompletten Vernichtung aufgebauscht zu werden.

Die Stadt Alexandria war häufiger Ort von bürgerkriegsähnlichen Ereignissen, u. a. unter dem Kaiser Caracalla (211–217 u.Z.) und dem genannten Aurelian. Gewalttätige Auseinandersetzung zwischen Juden und Heiden, später zwischen Juden und Christen waren nicht selten. Und Bücher brennen leicht!

Leider helfen uns in diesem Falle keine archäologischen Funde, denn das antike Alexandria ist heute komplett überbaut.

Irene Vallejo nennt in ihrem Bestseller „Papyrus" (Zürich 2022) über die Geschichte des Buches sogar ein viel späteres Datum, nämlich das Jahr 640, in dem die Stadt Alexandria von islamischen Truppen erobert wurde, und daß der Eroberer Amr ibn al-As seinem Kalifen Omar I. in einem Brief die bestehenden Schätze der Stadt geschildert habe, unter ihnen einen immer noch stattlichen Bestand an Büchern. Was er mit diesen tun solle? Die Antwort des Kalifen ist berühmt geworden: „Was die Bücher der Bibliothek betrifft, so lautet meine Weisung: Wenn ihr Inhalt mit dem Koran übereinstimmt, sind sie überflüssig; wenn nicht, Frevelei. Geh also und zerstöre sie." (S. 382–385) Auch wenn Frau Vallejo betont, daß diese Überlieferung nicht über jeden Zweifel erhaben ist, deutet sie noch an, daß selbst zu dieser Zeit zumindest noch Teile der Bibliothek von Alexandria erhalten waren. Ihr Untergang war wohl ein schrittweiser und Caesar höchstens einer diese Schritte in den Untergang.

Das Rätsel der Sphinx

Die Sphingen – halb Mensch, halb Löwe – sind von den Ägyptern als magische Wesen zum Schutz ihrer Pyramiden eingeführt worden und haben auch die Griechen fasziniert. Am bekanntesten ist in deren Mythen wohl die Geschichte, nach der eine solche Sphinx die Bewohner der Stadt Theben mit Rätselaufgaben belästigte, wobei sie diejenigen auffraß, welches das jeweilige Rätsel nicht aufzulösen vermochten. Ein schwerer Schatten lag auf Theben. Als nun der von seinen Eltern als Kind ausgesetzte Ödipus in die Stadt zurückkehrte, stellte die Sphinx auch ihm ein Rätsel.

Sphinx, Ödipus – das ist irgendwie noch präsent, Letzterer vor allem durch den von Sigmund Freud nach ihm benannten Ödipus-Komplex: der Haß des kindlichen Sohnes auf den Vater und die inzestuöse Liebe zur Mutter. Freud hat sich dabei einen lockeren Umgang mit der mythischen Vorlage erlaubt, denn der Ödipus der Griechen erschlägt zwar seinen Vater, aber weil er ein ausgesetztes Kind ist, weiß er nicht, daß es sein Vater ist, mit dem er in Streit gerät; und als er nach der erfolgreichen Lösung des Rätsels, von den Thebanern begeistert gefeiert, die verwitwete Königin heiratet, weiß er ebensowenig, daß es sich dabei um seine

Mutter handelt. Vatermord und Inzest mit der Mutter, gewiß, aber unwissend und damit unschuldig begangen.

Doch wie lautete die Rätselaufgabe der Sphinx? Mit einiger Sicherheit wird man in etwa die folgende Antwort erhalten: „Was ist das? Es geht am Morgen auf vier, am Mittag auf zwei und am Abend auf drei Beinen?" Und auch die Antwort läßt nicht auf sich warten: der Mensch.

Doch ist das so aus der Antike überliefert? Die erste überraschende Antwort ist die, daß in der eindeutig berühmtesten Darstellung des Ödipus-Stoffes, dem Drama „König Ödipus" von Sophokles, der Wortlaut des Rätsels überhaupt nicht erwähnt wird; selbstverständlich wird es als Grund für die Popularität des Ödipus in Theben angesehen (die Befreiung der Stadt von der Sphinx), doch offenbar so, daß sein Inhalt als bei den Zuschauern bekannt vorausgesetzt wird. Aischylos in „Sieben gegen Theben" setzt Vers 775–775 sogar voraus, daß das „mordwütige Scheusal" eine Sphinx war.

Andererseits steht es nicht so, daß dieser Wortlaut in den antiken Quellen überhaupt nicht wiedergegeben würde. Er lautet nur anders als oben genannt ... und er lautet nicht einheitlich. Da ist zunächst der Historiker Diodorus Siculus (1. Jhdt. v.u.Z.) in seinem Werk, das heute unter verschiedenen Titeln geführt wird, etwa: „Griechische Weltgeschichte". Dort heißt es (IV 64, 4): „Was ist als dasselbe zweifüßig, dreifüßig und vierfüßig?" Hier fehlt also der Bezug auf die drei Tageszeiten, die, weil sie metaphorisch auf die drei Lebensalter des Menschen zu übertragen sind, eine eigene Schwierigkeit beim Auflösen darstellen. Diodorus also gibt uns eine knappere Version an, sei die Aufgabe nun dadurch leichter oder schwerer zu lösen.

Bei dem Verfasser einer überblicksartigen Darstellung antiker Mythen, dessen Name Apollodor sein soll, finden wir eine andere Version (III 53): „Was ist es, das eine einzige Stimme hat und bald vierfüßig, bald zweifüßig, bald dreifüßig ist?" Wiederum kein Morgen, Mittag oder Abend, jedoch die zusätzliche Information, das gesuchte Wesen habe eine Stimme. Da Lebewesen zu ein und derselben Zeit selten mehrere Stimmen haben, muß wohl gemeint sein: *durchgängig* eine Stimme; während sich die Gestalt hinsichtlich der Zahl der Füße wandelt, bleibt die Stimme gleich. Das trifft nun auf Menschen, zumal solche von männlichem Geschlecht, im Grunde nicht zu, und von daher ist die Deutung als eine durchgängige Stimme nicht sicher; sicher ist jedoch, daß sich die „Fuß" zahl wandelt, während die Stimme eine bleibt. Letzteres hätte man natürlich auch über den Kopf sagen können. Wie auch immer – so ist es bei Pseudo-Apollodor überliefert.

Die längste Form des Rätsels steht bei Athenaios von Naukratis in seinem „Gelehrtenmahl" (456b):

> Wandelt auf Erden ein Wesen auf zweien und vieren und drei-en,
> redet mit einer Stimme, verändert allein sich von allem,
> was sich zu Lande bewegt, zu Wasser und hoch in den Lüften.
> Ist ihm die Anzahl der Füße, auf denen es wandelt, am größten,
> dann ist die Schnelle der Glieder am allergeringsten zu nennen.

Athenaios beruft sich dabei auf eine Quelle, der er diese Verse entnommen hat: Asklepiades in seinen „Themen der Tragödie", bei dem es sich um einen gewissen Asklepiades von Tragilos aus dem 4. Jhdt. v.u.Z. handelt, dessen umfassendes Handbuch aller in den Tragödien behandelten Mythen für die auf ihn folgenden sog. Mythographen von großer Bedeutung, für uns jedoch verloren ist. Daß auch andere Dramatiker sich des Ödipus-Stoffes angenommen haben, z. B. Aischylos, wissen wir; doch da diese Dramen nicht überliefert sind, können wir nicht sagen, ob und wie darin das Rätsel zitiert wurde. Immerhin haben wir die Information des Asklepiades.

Was haben wir mit ihr? Die sich wandelnde Zahl der Füße, die eine Stimme, der Hinweis darauf, daß sich überhaupt bei dem gesuchten Wesen mehr wandelt als bei den anderen Lebewesen zu Lande, zu Wasser und in der Luft, sowie die Angabe, daß es sich bei der größten Fußzahl am langsamsten bewegt. Letzteres ist klar, denn immerhin ist der Greis mit seiner Krücke noch etwas schneller unterwegs als der krabbelnde Säugling. Mit dem großen Wandel könnte die Entwicklung seiner geistigen Fähigkeiten, seiner Sprache, seiner Kultur und seiner Aktivität als Bürger gemeint sein – was man den anderen Tieren nicht zusprechen kann.

Dies ist eigentlich die am leichtesten zu lösende Version der Rätselaufgabe, fast eine Kleinigkeit wegen der vergleichbar vielen Detailangaben. Auch hier fehlt allerdings die metaphorische Bezugnahme auf die Tageszeiten. Sie entstammt anscheinend einer anderen, nicht-antiken Quelle, nämlich dem in den Hochzeiten des Bildungsbürgertums überaus beliebten Werk „Die schönsten Sagen des klassischen Altertums" von Gustav Schwab. Ein wahrer Best- und Longseller für viele Jahrzehnte. Dort lesen wir (Band 1, S. 258):

> „[…] Das Ungeheuer [die Sphinx] dachte dem kühnen Fremdling ein recht unauflösliches [Rätsel] aufzugeben, und ihr Spruch lautete also: „Es ist am Morgen vierfüßig, am Mittag zweifüßig, am Abend dreifüßig. Von allen Geschöpfen wechselt es allein die Zahl seiner Füße; aber eben wenn es die meisten Füße bewegt, sind Kraft und Schnelligkeit seiner Glieder ihm am geringsten." Ödipus lächelte, als er das Rätsel vernahm, das ihm selbst gar nicht schwierig erschien. „Dein Rätsel ist der Mensch," sagte er, „der am Morgen seines Lebens, solang er ein schwaches und kraftloses Kind ist, auf seinen zwei Füßen und seinen zwei Händen geht; ist er erstarkt, so geht er am Mittage seines Lebens nur auf den zwei Füßen; ist er endlich am Abende seines Lebens als Greis angekommen und der Stütze bedürftig, so nimmt er den Stab als dritten Fuß zu Hilfe.""

Schwab hat offensichtlich den Athenaios gelesen, denn daß das gesuchte Wesen sich am langsamsten bewegt, wenn die Zahl seiner Füße am größten ist, das hat er von dort; Morgen, Mittag und Abend kann er da jedoch nicht gefunden haben. Schön bildhaft ist das, aber nicht antik.

Die Achillesferse

Eine eigentümliche Übereinstimmung besteht in dem Umstand, daß die beiden größten Heldengestalten der griechischen und der germanischen Mythen, Achilleus und Siegfried, lediglich an einer einzigen Stelle ihres Körpers verwundbar sein sollen. Bei Siegfried ist es eine Stelle am Schulterblatt, bei Achilleus hingegen die sprichwörtlich gewordene Achillesferse. Daß sie zu einer Redensart geronnen ist, sichert ihr Überleben – und damit das des Helden Achilleus – bis in die Gegenwart. Eine Verbindung zum Kampf um Troja wird obendrein noch mehr oder weniger bewußt sein. Etwas skeptisch stimmt mich der Umstand, daß ich auch schon die Schreibweise „Achillesverse" gelesen habe, was dann doch in einen Nebel führt.

Überliefert ist die Geschichte von der Achillesferse gar nicht so häufig. In der unvollständigen, mit der Jugend des Achill schon abbrechenden Dichtung des Statius (1. Jhdt. u.Z.) mit dem Namen „Achilleis" sagt (I 267–270) seine Mutter Thetis dem künftigen Helden, sie habe ihn nach der Geburt zu seinem Schutz im Styx, einem der Flüsse der Unterwelt, gebadet – genauer: „armavi", d.h. ich habe dich bewaffnet, gewappnet; und sie fügte bedauernd hinzu: „totumque utinam! – oh wäre es doch das

Ganze, der ganze Körper gewesen!" Einen Körperteil hat sie also vergessen, ohne daß gesagt würde, welcher es war.[1]

Einer Schilderung des Todes des Achill in den „Fabulae" des Hyginus (107) entnehmen wir, daß nach der Bestattung des von ihm besiegten Trojaners Hektor jener sich ob seiner Leistung überheblich gebrüstet habe und deswegen von Apoll, der auf der Seite der Trojaner stand und nun die Gestalt des Paris annahm, Achills „talum", „das sterblich gewesen sein soll", durchbohrt habe und er auf diese Weise getötet worden sei. „talus" bezeichnet das Sprungbein, den Knöchel oder die Ferse (oder den aus Knöcheln gefertigten Würfel). So wird also der Körperteil bezeichnet, an dem Achill empfindlich war.

Beide Werke, das des Statius und das des Hyginus, waren im Mittelalter sehr beliebt, und so hat die Geschichte Eingang in unsere Tradition gefunden.

Nicht berichtet – um das wieder zu betonen – werden die Jugend und der Tod des Achilleus in Homers Epos „Ilias", denn dort geht es lediglich um die Ereignisse eines einzigen Jahres innerhalb des zehnjährigen Geschehens: nämlich den Streit des Achill mit Agamemnon, dem Anführer der Griechen, und die Folgen dieses Streites bis hin zum Wiedereingreifen Achills in den Kampf, der Tötung Hektors und der Bestattung von Achills Freund Patroklos. Immerhin lesen wir bei ihm, daß Achill in einem Zweikampf ganz normal verwundbar ist (Ilias XXI Verse 161–168); von der speziellen Ferse weiß er nichts. Alles, was wir sonst über die Ereignisse vor und nach diesem Jahr erfahren, erfahren wir aus anderen antiken Quellen.

Unter diesen ragt ein spätantikes Epos des Quintus Smyrnaeus (4. Jhdt. u.Z.) heraus, das unter dem Titel „Posthomerica" oder „Der Untergang Trojas" bekannt ist, wobei der Titel deutlich macht, worum es geht: das Geschehen nach der Zeit, die Homer schildert, bis hin zur Eroberung Trojas. Bei ihm finden wir (III 61–89) – ähnlich wie bei Hyginus – eine Wiedergabe der Tötung Achills durch einen Pfeilschuß des in Dunst gehüllten Apoll, ergänzt um empörte Ausrufe Achills gegen den Feigling, der aus dem Hinterhalt kämpfe, und die Vermutung, es könne sich nur

---

[1] Dazu paßt die Angabe im Vergil-Kommentar des Servius Grammaticus zur Aeneis (VI 57), die einzige verwundbare Stelle an Achill sei die gewesen, an der er (von der Mutter) gehalten worden sei.

um einen Unsterblichen handeln: Apoll, da kein Sterblicher imstande sei, ihn ums Leben zu bringen. Den Pfeil reißt er sich sterbend aus der Wunde und schleudert ihn fort, worauf die Winde ihn Apoll wieder zutragen, damit keine göttliche Waffe in den Händen von Sterblichen verbleibe.

Der Körperteil wird mit „σφυρόν" angegeben, was wie das lateinische „talus" den Knöchel, die Ferse oder sogar ganzen Fuß bezeichnen kann. Daß Achill nur dort verwundbar gewesen sei, erwähnt Quintus Smyrnaeus nicht, vermutlich setzt er das als bekannt voraus.

Nach dieser Überlieferungslage könnten wir daher auch vom Achillesknöchel reden. Es bleibt so oder so die Idee, daß auch der größte Held zumindest eine verwundbare Stelle hat, ein geringerer Held jedoch nicht ohne weiteres imstande ist, diese zu treffen. In der Nibelungensage gelingt das einem menschlichen Bösewicht: Hagen.

Wer hat Ödipus warum die Füße durchbohrt?

Der Name des im Zusammenhang mit der Sphinx schon angesprochenen Ödipus bedeutet „Schwellfuß", bezeichnet also jemanden mit geschwollenen Füßen. Daß seine Bekanntheit bis heute auf einem eindrucksvollen Drama des Sophokles, mehr aber noch auf einem Einfall des Psychoanalytikers Sigmund Freund beruht, wurde dort gesagt. Daß hier jemand seinen Vater getötet und seine Mutter geheiratet hat, bildete die Folie für Freuds Entscheidung, den Ödipus-Komplex danach zu benennen. Aber warum wird Ödipus mit geschwollenen Füßen in Verbindung gebracht? Nicht willkürlich ist dieser Name gewählt.

In diesem Falle läßt uns Sophokles in seinem Drama „König Ödipus" nicht im Stich. Als Ödipus und seine Mutter-Frau Iokaste dem Übel auf den Grund gehen, daß in Theben eine verheerende Seuche herrscht und das delphische Orakel dazu verkündet hat, auf der Stadt laste der Fluch einer ungeheuerlichen Tat, da wird die Herkunft des Ödipus nach und nach entschleiert (Verse 711–722; 1015–1036; 1152–1185). Zunächst enthüllt Iokaste, sie und ihr Mann Laios hätten einst von Phöbus Apollon, d. h. dem Delphischen Orakel, die Prophezeiung erhalten, sie würden ein Kind bekommen, und dieses werde an einer Wegscheide seinen eigenen Vater erschlagen. Daraufhin hätten die Eltern das Kind drei Tage nach seiner Geburt mit eingeschnürten Fußgelenken ausgesetzt – eine im antiken Griechenland nicht ungewöhnlich Praxis bei Problemkindern. Auf diese Weise habe man gehofft, der Prophezeiung entgehen zu können, und sei davon ausgegangen, daß der gefesselte Säugling sterben werde. Aus einem ähnlichen Motiv heraus hatte später Ödipus, der einen gewissen Polybos, seines Zeichens König von Korinth, für seinen Vater hielt, diesen verlassen, als ihm seinerseits das Orakel mitteilte, er werde seinen Vater töten.

Ödipus, nunmehr Herrscher von Theben, fühlt sich für den Fluch auf der Stadt zunächst nicht verantwortlich – er hat Polybos, seinen „Vater", ja nicht getötet -, erfährt jedoch von einem befragten Boten, dieser habe ihn seinerzeit als Kind mit durchbohrten und gefesselten Füßen in der Einöde, die er als Hirte durchstreifte, gefunden und dem kinderlosen Polybos überlassen; dieser sei daher keineswegs der Vater des Ödipus.

Er weiß nun, daß er vor dem Ruf des Vatermörders nicht dadurch geschützt ist, daß sein Vater noch lebt – denn er kennt seinen Vater nicht. Aber ein Indiz kommt hinzu, das ihn der Lösung des Rätsels näherbringt: hat er doch diese Wunde an den Füßen, die ihm seinen Namen eingetragen hat und die mit der Angabe der Iokaste, sie hätten ihr Kind mit gefesselten Füßen ausgesetzt, übereinstimmt. Jetzt dämmert es ihm.

Die folgende Befragung des Hirten unter Drohungen, die Wahrheit zu sagen, bestätigt die schlimme Befürchtung. Es war das Kind des Laios, das er seinerzeit von dem Kameraden erhalten und als sein eigenes aufgezogen hat. Und er weiß sogar, unter welchen Umständen diese Aussetzung erfolgt ist, nämlich wegen des Orakelspruchs, dieses Kind werde seinen Vater töten. „Frage doch deine Frau danach!", fügt er noch hinzu. Mit dieser knappen Bemerkung steht dem Ödipus die zweite Seite dessen vor Augen, was er getan hat: Seine Frau ist seine Mutter – ebendiese Mutter, die damals gemeinsam mit ihrem Mann den Entschluß gefaßt hat, das gefährliche Kind dem Tod auszusetzen. Dann muß der ihm unbekannte Mann, den er seinerzeit an einer Wegenge im Streit um das Vorfahrtsrecht erschlug, sein Vater gewesen sein.

Was wir bei Sophokles erfahren, ist der Umstand, daß der Orakelspruch sich nur auf die Tötung des Vaters bezog und daß die Heirat mit der Mutter sich indirekt daraus ergeben hat. Das eingetretene Ereignis ist daher schlimmer als das prophezeite. Und für die Erfüllung der Prophezeiung war es wesentlich, daß die Eltern sie unbedingt vermeiden wollten, denn andernfalls hätte das Kind ja seine Eltern gekannt und später nicht das getan, was es schließlich getan hat. Der Begriff der „self-fulfilling prophecy" geht wohl darauf zurück.

Ein anderes Drama, nämlich eines des Euripides (Die Phönizierinnen), gibt sogar den Orakelspruch in der Form eines Zitates wieder (Verse 17–20):

> Er [sc. Phoibos] sagte: „Thebens rossereicher Fürst!
> Hör auf die Götter, säe keine Saat!
> Erzeugst du einen Sohn, schlägt er dich tot,
> Dein Haus versinkt in einem Meer von Blut."

Auch hier beschränkt sich die Warnung also auf den Totschlag an dem Vater. Die Knöchel des Kindes seien von einem Messer durchbohrt worden, wird hinzugefügt – offenbar um das Seil durch das Loch ziehen zu können. Gefunden worden sei der Säugling von Pferdehirten aus dem Haus des Polybos und seiner Frau.

Was bei Euripides deutlicher hervortritt als bei Sophokles, ist der Umstand, daß die Warnung des Orakels vor der Schwangerschaft der Iokaste ergangen sei und Laios sich deshalb eigentlich von Iokaste hätte fernhalten müssen. Sinnenlust und Trunkenheit hätten ihn aber dazu gebracht, dennoch mit seiner Frau zu schlafen. Modern ausgedrückt: ungeschützten Sex zu haben. Das macht die Haltung der Eltern noch über die Aussetzung des Säuglings hinaus bedenklich.

Diese Version wird schließlich auch von dem Mythographen Pseudo-Apollodor übernommen (III 48 f.), der obendrein darauf hinweist, daß der Name der Mutter zuweilen auch als Epikaste statt Iokaste angegeben werde. So tut es etwa Homer in seiner „Odyssee" (XI 271). Für Homer – wie auch für Aischylos in „Sieben gegen Theben" Verse 777–784 und, kurios, Aristophanes in „Die Frösche" Verse 1183–1196 – steht übrigens die Ehe mit der Mutter auf einer Stufe mit der Tötung des Vaters, was die anderen Autoren so eigentümlich dezent zurücktreten lassen.

Apollodor teilt uns auch mit, auf wen der Name „Schwellfuß" eigentlich zurückgeht: auf die Periboia, die Frau des Polybos, die das Findelkind nach seiner auffallendsten Besonderheit benannt habe.

„In hoc signo vinces"? – Was hat Kaiser Konstantin wo am Himmel gesehen?

„In hoc signo vinces – In diesem Zeichen wirst du siegen", dieses Wort sei von Konstantin, den man später „den Großen" nannte, am Himmel gesehen worden vor der Schlacht gegen seinen Rivalen Maxentius in Rom, an der Milvischen Brücke im Jahre 312 u.Z. Dieses Zeichen, so heißt es, war ein Symbol der neuen Religion (man wird dabei wohl an ein Kreuz denken), und obwohl Konstantin kein Christ war, soll er seinen Truppen befohlen haben, es auf ihren Schilden anzubringen. Der Erfolg war, was die Christen anging, absehbar: Konstantin besiegte den Maxentius. So in etwa lautet die unter Christen immer noch populäre Legende.

Es sind auch ausschließlich christliche Autoren der Antike, die uns darüber berichten. Aurelius Victor etwa, ein heidnischer Historiker des 4. Jhdts. u.Z., berichtet in seiner „Kaisergeschichte" die Anekdote nicht. Das macht Skeptiker schon vorsichtig. Da ist zunächst der Kirchenhistoriker Eusebius von Caesarea, der ein Zeitgenosse Konstantins war und dem man nicht gerade nachsagen kann, er habe ihm neutral und objektiv gegenübergestanden. Nein, er bewunderte Konstantin, der die Ära der Christenverfolgungen durch ein Toleranzedikt beendet hat und sich gegen Ende seines Lebens sogar soll haben taufen lassen.

In seiner Schrift „Über das Leben Konstantins" (I 27–30) berichtet Eusebius uns, er habe um die Zeit der Abfassung seines Werkes mit Konstantin selbst gesprochen, und dieser habe ihm erzählt, wie er nach (!) der Schlacht gegen Maxentius überlegt habe, daß die früheren Kaiser mit ihren Göttern ja wenig Erfolg gehabt hätten; da habe er nun überlegt, sich nicht mehr auf nicht existierende Götter zu verlassen, sondern auf den Gott seines Vaters, des Constantius, der innerhalb des Vier-Kaiser-Systems (Tetrarchie) des Diocletian Kaiser (im Rang eines Augustus) gewesen war. Da Constantius kein Christ war, müßte es sich dabei – klar ist das nicht – um den Sonnengott Sol Invictus gehandelt haben. Jedenfalls gibt Konstantin in der Erzählung des Eusebius an, er habe zu diesem Gott gebetet, er möge ihm sagen, „wer er sei". Und da sei ihm zur Mittagszeit, dem Hochpunkt der Sonne, ein Zeichen am Himmel erschienen, das aus Licht bestand und die Sonne überlagert habe: das Zeichen des Kreuzes! Dazu ein Schriftzug: „τούτῳ νίκα – Durch dieses siege!" Das gesamte Heer sei Zeuge dieses Wunders geworden. Anschließend sei ihm im Traum der Gesalbte Gottes (Christus) erschienen und habe ihm aufgetragen, eine Nachbildung des am Himmel erschienenen Zeichens anfertigen und künftig als Abwehrmittel in Gefechten mit seinen Feinden zu verwenden. Man denkt da wohl an eine Standarte, und so berichtet es Konstantin auch: ein goldener Lanzenschaft mit einer Querstange, wodurch das Zeichen des Kreuzes entstand.

Dies alles, wohlgemerkt, nach der Schlacht an der Milvischen Brücke und mit einem Spruch, der eher eine Aufforderung als eine Prophezeiung („In diesem Zeichen wirst du siegen") ist.

Eusebius hat noch einen zweiten Bericht dieser Episode verfaßt, und zwar in seiner „Kirchengeschichte", die nun nicht mehr ausschließlich, aber auch seinem Haupthelden gewidmet ist. Dort heißt es (IX 9), Konstantin habe nach der Schlacht gegen Maxentius und seinem Einzug in Rom befohlen, seinem Standbild (sicherlich dem, dessen Fragmente man noch heute im Hof des Konservatorenpalastes ob ihrer monumentalen Größe bestaunen kann) das „Zeichen des heilbringenden Leidens, also das Kreuz, in die Hand zu geben". Er kann also nicht unter diesem Zeichen gesiegt haben, sondern hier handelt es sich eher um einen nachträglichen Dank: „in den festen Bewußtsein, daß ihm Gott geholfen habe". Von einer Vision ist hier nicht die Rede. Die beiden Versionen des Eusebius sind klarerweise verschieden, auch wenn sie einander nicht widersprechen; schließlich kann es sich um zwei unterschiedliche Akte handeln. Mit der populären Version der Legende stimmt keine der beiden Darstellungen überein.

Um dieser näherzukommen, müssen wir auf einen dritten Bericht zurückgreifen, nämlich den des Lactanz: „Von den Todesarten der Verfolger" (De mortibus persecutorum), einer Schrift, in welcher die Christenverfolger und ihre Bestrafung durch Gottes Macht und Zorn durchgegangen werden. Dort (44) werden die Ereignisse folgendermaßen dargestellt: Konstantin lagerte in der Nacht vor der Schlacht, am 27. Oktober, an der Milvischen Brücke. Dort wurde er im Traum ermahnt, „das himmlische Zeichen Gottes auf den Schilden anbringen zu lassen und so die Schlacht zu beginnen". Diesem Befehl kam er nach und entschied sich dabei für die klassisch gewordene Verbindung der beiden griechischen Buchstaben X und P. Diese Buchstaben Chi (X) und Rho (P) bilden die Anfangsbuchstaben von „Christos" (Abb. 1).

Also kein Kreuz, es sei denn, man wertet das X, das sog. Andreaskreuz, als ein solches. Bei dem danach einsetzenden Kampf „waltete die Hand Gottes über dem Schlachtfelde", d. h. Konstantin errang den Sieg, während Maxentius floh und dabei den Tod fand.

Die Schlacht an der Milvischen Brücke wird ebenfalls bei Aurelius Victor (XL 22 f.), Libanios (59. Rede 20) sowie in der „Neuen Geschichte" des Zosimos (5. Jhdt. u.Z.) geschildert (II 16), bei allen dreien

Abb. 1   Eine Münze aus dem 4. Jhdt. u.Z. mit dem Chi-Rho-Symbol

jedoch ohne jede Erwähnung christlicher Zeichen. Zosimos gibt auf der anderen Seite – wie auch Lactanz – an, Maxentius habe vor der Schlacht die Sibyllinischen Bücher, also eine heidnische Quelle, befragt und eine von ihm zunächst günstig gedeutete Weissagung erhalten: „daß jeder, der irgendwie zum Schaden der Römer handle, mit einem jammervollen Tod rechnen müsse" (Zosimos) bzw. „daß an jenem Tage ein Feind der Römer umkommen werde" (Lactanz) – so doppeldeutig also, wie man es den antiken Orakelsprüchen gerne nachsagt. Nicht weniger nebulös ist die christliche Überlieferung des „In hoc signo vinces". Man erkennt jedenfalls, daß schon damals der Krieg als solcher den christlichen Autoren kein Problem bereitete, sofern er nur für die Sache Gottes geführt wurde. Es „fiel eine riesige Masse, überrannt von der Reiterei und niedergemäht vom Fußvolk", bemerkt immerhin der späte Heide Zosimos.

In gewisser Weise sind beide Feinde, Konstantin und Maxentius, einander heute noch nah, nämlich am Römischen Forum: Konstantin, wie erwähnt, als fragmentierte Kolossalstatue im Konservatorenpalast und Maxentius mit der nach ihm benannten eindrucksvollen Maxentius-Basilika auf dem Forum selbst.

„Noli turbare circulos meos." – Wie ist Archimedes gestorben?

Der in Syrakus auf Sizilien lebende Physiker, Mathematiker und Ingenieur Archimedes (287–212 v.u.Z.) stellte seinen technischen Erfindungsgeist seiner Heimatstadt, die sich im Bündnis mit den Karthagern befand, im 2. Punischen Krieg gegen die Römer (218–202) zur Verfügung. Dabei trugen die von ihm entwickelten Maschinen erheblich zum zähen Widerstand der Syrakusaner bei. Als nun schließlich die Stadt doch erobert wurde, traf ein römischer Soldat auf Archimedes, der in seine Berechnungen versunken Kreise in den Sand zeichnet und ihm sagte: „Noli turbare circulos meos – Bring meine Kreise nicht in Unordnung!" Ungerührt habe der Soldat ihn erschlagen. So die auch heute noch einigermaßen populäre Legende.

Daß Archimedes sich mit der Geometrie von Kreisen befaßt hat, läßt sich leicht bestätigen, denn uns ist – auf dem Umweg über eine arabische Handschrift – ein Werk von ihm „Über einander berührende Kreise" (oder „Buch der Kreise") überliefert, ebenso eines über „Kreismessung". Doch wie steht es mit den Umständen seiner Tötung?

Den ausführlichsten Bericht über das Ereignis verdanken wir Plutarch in seiner Biographie des die Belagerung leitenden römischen Feldherrn Marcellus; erfreulicherweise enthält sie zahlreiche Details über das Wirken des Archimedes, der geradezu als der große Gegenspieler des Marcellus erscheint. Den berühmten Ausspruch allerdings überliefert Plutarch nicht. Immerhin bestätigt er das große Interesse des Archimedes an Kreisen und teilt uns mit, dieser solle seine Freunde und Verwandten gebeten haben, ihm auf sein Grab den die Kugel einschließenden Zylinder zu setzen (17). Über die Umstände seines Todes besitzt Plutarch offenbar keine eindeutige Kenntnis; vielmehr gibt er uns drei unterschiedliche Versionen wieder, die er in seinen Quellen gefunden hat (19). Da ist zunächst der Bericht, Archimedes habe, vertieft in seine Berechnungen, den Einbruch der Römer in die Stadt gar nicht bemerkt – man meint, einen Anklang an den Typus des zerstreuten Professors zu erkennen – und angesichts eines auf ihn zustürmenden Soldaten gebeten, ihn noch seine Berechnungen zu Ende führen zu lassen. Der über die Mißachtung verärgerte Soldat haben ihn dann mit dem Schwert niedergehauen. In einer zweiten Version hat der Soldat von vornherein die Absicht, diesen Mann zu töten, und ignoriert die Bitte, ihn wenigstens ein noch ungelöstes Problem, dem er auf der Spur sei, abschließen zu lassen. Diese Variante kann man so verstehen, daß den Archimedes das mögliche Scheitern eines mathematischen Anliegens mehr schreckte als sein eigener Tod.

Schließlich weist eine dritte von Plutarch wiedergegebene Version in eine ganz andere Richtung: Archimedes sei die Eroberung sehr wohl bewußt gewesen, und er habe seine kostbaren astronomischen Instrumente in einem Kasten zum feindlichen Befehlshaber, zu Marcellus bringen wollen. Ein Motiv dafür gibt Plutarch nicht an; es könnte in Besitzerstolz oder darin bestanden haben, die Geräte vor einer möglichen Zerstörung in Sicherheit zu bringen. Jedenfalls hätten aufmerksame römische Soldaten den Verdacht gehabt, in dem Kasten befände sich eine andere, für sie interessantere Kostbarkeit: Gold. Deshalb hätten sie den Archimedes getötet. Mit irgendeiner Äußerung seinerseits wird diese Variante überhaupt nicht verbunden.

Worauf Plutarch einen viel größeren Wert legt als auf die Überlieferung einer bestimmten Sentenz, ist der Umstand, daß dem Marcellus die Tötung dieses großen Gelehrten sehr nahegegangen sei und er den dafür Verantwortlichen wie einen Verfluchten behandelt habe. Insofern war diese Akt ganz und gar nicht im Sinne der römischen Führung, so groß auch die Schwierigkeiten gewesen waren, die Archimedes ihr bereitet hatte.

Ungeachtet dieses Schweigens von Plutarch über das genaue letzte Wort des Archimedes, haben wir doch eine Quelle aus der Antike, die es uns mitteilt. Dabei handelt es sich um eine Anekdotensammlung des Valerius Maximus (1. Jhdt. u.Z.), die „Memorabilia", die leichten Lesestoff bieten und daher populär geworden sind. Dort heißt es (VIII 7, ext. 7): Während Archimedes Figuren (formas) auf dem Boden zeichnete, drang ein Soldat ins Haus ein und forderte ihn mit gezücktem Schwert auf, seinen Namen zu nennen. Dem auf seine Arbeit Fixierten fiel der eigene Name nicht ein; stattdessen beschwor er den Soldaten, „das da nicht durcheinanderzubringen (noli, inquit, obsecro, istum disturbare)". Dieser war verärgert, daß seinem Befehl nicht entsprochen wurde, und tötete den Mann. Valerius Maximus versäumt nicht hinzuzufügen, daß das Blut des Archimedes seine Zeichnungen unkenntlich machte, sein Herzenswunsch also unerfüllt blieb.

Auch Valerius Maximus betont, daß der Soldat einem ausdrücklichen Befehl des Marcellus zuwiderhandelte, das Leben des Archimedes unbedingt zu verschonen. Mehr als auf das letzte Wort legt die uns erhaltene Überlieferung also Wert darauf, die Römer, zumindest ihren Befehlshaber, von dem Vorwurf der kulturellen Barbarei freizusprechen. Auf der anderen Seite wird die Tendenz deutlich, daß Archimedes mehr um seine wissenschaftlichen Anliegen als um sein Leben besorgt war. Ob dies nun historisch so war, ist eine andere Frage, bei deren Beantwortung man bedenken muß, wie intensiv Archimedes den Kampf seiner Heimatstadt Syrakus unterstützt hat. War dies nun bloß eine Herausforderung für den Ingenieur oder auch die Sache eines patriotischen Herzens?

Catos „Ceterum censeo"

Nach dem erwähnten 2. Punischen Krieg, den Rom nach vieljährigen Kämpfen gegen die Karthager und Hannibal für sich hatte entscheiden können, existierte die Stadt Karthago im heutigen Tunesien noch weiter, wenn auch stark geschwächt und ohne das einstige Handelsimperium. Dem konservativen Großgrundbesitzer Marcus Porcius Cato (234–149 v.u.Z.), als Inhaber des Amtes eines Censors eine moralische Autorität, war das Fortbestehen des Erzfeindes Karthago ein Dorn im Auge, weshalb er jede Rede im Senat, über welches Thema auch immer, mit den berühmt gewordenen Worten „Ceterum censeo Carthaginem esse delendam. – Übrigens bin ich der Meinung, daß Karthago zerstört werden muß." beschloß. Vergleichbar insistierende Äußerungen wurden seitdem als „Ceterum censeo" tituliert. Im Lateinunterricht war dieses Zitat auch wegen der Verwendung des AcI (Akkusativ mit Infinitiv), des Gerundiums und der Alliteration mit dem dreifachen „c" (gerne als hartes „k" und damit passend zur Unerbittlichkeit der Forderung ausgesprochen) populär. Soweit das, was man als Bildungsgut bezeichnen kann (Abb. 1).

Zu unterscheiden ist dieser Cato, der deswegen auch „der Ältere" oder „Censorius" genannt wird, übrigens von seinem nicht weniger bekannten

Abb. 1 Möglicherweise ein Porträt Catos des Älteren

Urenkel M. Porcius Cato, nach seinem Todesort Utica „Uticensis" benannt, einem Gegner Caesars.

Anscheinend erfreute diese Anekdote des kauzigen Alten sich bereits in der Antike einer gewissen Beliebtheit; jedenfalls wird häufiger darauf angespielt. Da ist zunächst M. Tullius Cicero zu nennen, der diesem Cato fiktiv eine ganze Schrift unterstellt hat („Über das Alter") und ihn dabei unter anderem (VI 18) mit folgenden Worten zitiert:

> „Ich schärfe dem Senat ein, welche Kriege es zu führen gibt und mit welcher Taktik, indem ich gegen Karthago, das schon lange auf unser Verderben sinnt, längst den Krieg propagiere; es wird mir so lange Sorgen machen, bis ich weiß, daß es zerstört ist."

Da haben wir den Sachverhalt, die Meinung Catos über Karthago, jedoch ohne das berühmte Zitat.

Die Schilderung des Livius (Ab urbe condita) ist in dem betreffenden Abschnitt (XLIX) lediglich als spätere Zusammenfassung (Periocha) erhalten, und dort wird von einer Auseinandersetzung im Senat berichtet, in der Cato für, Scipio Nasica gegen Krieg und Zerstörung Karthagos geredet habe: „Catone suadente bellum et ut tolleretur delereturque Carthago. – Wobei Cato für den Krieg plädierte und daß Carthago aufgelöst und zerstört werde." Kein „Ceterum censeo" auch dort.

Weiterhin ist da Velleius Paterculus (um die Zeitenwende) mit seiner „Römischen Geschichte" zu erwähnen, der angibt (I 13, 1), Cato, der sich stets für die Zerstörung Karthagos eingesetzt habe, sei drei Jahre, bevor diese tatsächlich stattfand (146 v.u.Z.), gestorben. Mehr nicht, d. h. ein wörtliches Zitat führt er nicht an.

Etwas früher noch als Velleius Paterculus berichtet Diodorus Siculus (XXXIV 33, 3), Cato – er gibt ihm wegen seiner Beredsamkeit sogar den Beinamen Demosthenes – habe bei jeder Rede, gleich über welches Thema, hinzugefügt, „Karthago solle gar nicht existieren". Dem Sinn nach stimmt das mit der eingangs erwähnten Version überein, jedoch wiederum ohne die populäre Formulierung und übrigens auf Griechisch (eine Sprache, die Cato nicht sehr schätzte).

Von Plutarch ist eine Biographie des Cato erhalten, und in dieser endlich finden wir ein Zitat (Marcus Cato 27, 2), das dem gesuchten sehr nahe kommt – neben der Bestätigung, daß er es bei jeder sich bietenden Gelegenheit geäußert habe: „Ferner stimme ich dafür, daß Karthago nicht bestehen bleiben darf." Allerdings gibt Plutarch dies in seiner Sprache, nämlich der griechischen, wieder, und so heißt es wörtlich: „Δοκεῖ δέ μοι καὶ Καρχηδόνα μὴ εἶναι." Und das enthält nun zwar einen AcI, aber weder ein Gerundivum noch eine Alliteration; d. h. die sprachliche Finesse muß aus anderer Quelle stammen. Übrigens erfahren wir auch dort, daß Cato im Senat einen Gegner hatte, den Publius Scipio Nasica, der offenbar ebenso regelmäßig sagte: „Ich stimme dafür, daß Karthago bestehen bleibt." Es muß eine interessante Debattenlage gewesen sein.

Um ein Zitat des Valerius Maximus (Memorabilien VIII 15, 2) handelt es sich bei der gesuchten Formulierung nicht, denn der erwähnt lediglich in einer Würdigung Catos, daß durch ihn Karthago zerstört worden sei, bevor Scipio (Publius Cornelius Scipio Aemilianus Africanus) es dann tatsächlich zerstört habe.

Weiterhin berichtet Florus in seiner „Römischen Geschichte" (I 31, 4): „Cato inexpiabili odio delendam esse Carthaginem. – M. Porcius Cato verkündete aus unversöhnlichem Haß, Karthago müsse vernichtet werden." Um Haß handelte es sich wohl in der Tat, und zwar um einen mit AcI und Gerundivum ausgedrückten, freilich ohne die Alliteration und daher ebenfalls nicht exakt um den bekannten Spruch mit seinem „Ceterum censeo".

Der ältere Plinius in seiner Naturgeschichte (XV 74 f.) erzählt uns eine Anekdote zum Thema, die auf Catos landwirtschaftliche Orientierung Bezug nimmt:

> „Die Feige aber, die Cato schon damals die afrikanische genannt hat, erinnert daran, daß er diese Frucht zu einem drastischen Beweismittel (der Nähe) Afrikas verwendete. Denn als er, brennend von tödlichem Haß gegen Karthago und bekümmert um die Sicherheit der Enkel, in jeder Senatssitzung ausrief, Karthago müsse vernichtet werden (cum clamaret omni senatu Carthaginem delendam), brachte er eines Tages eine Frühfeige aus jener Provinz in die Kurie, zeigte sie den Vätern und sagte: „Ich frage euch: wann glaubt ihr wohl, ist diese Frucht vom Baume gepflückt worden?" Da alle darin einig waren, daß sie ganz frisch sei, sprach er: „Doch sollt ihr wissen, daß sie vorgestern in Karthago gepflückt wurde. So nahe haben wir den Feind vor den Mauern!" Und sogleich wurde der dritte Punische Krieg unternommen, in dem Karthago zerstört wurde, obwohl Cato bereits im folgenden Jahr dahin-gerafft wurde."

Hier finden wir also das gesuchte Verb als Gerundivum, allerdings wiederum nicht in der berühmten Version mitsamt Alliteration. Die Warnung vor der von Karthago angeblich ausgehenden Gefahr mit einem agrarischen Produkt von dort zu verbinden und auf diese Weise anschaulich zu machen, ist immerhin originell und – so scheint mir – zu Cato passend. Ob man tatsächlich in zwei Tagen Feigen von der Plantage bis nach Rom transportieren konnte? Bei Plutarch, der diese Anekdote ebenfalls überliefert (Marcus Cato 27, 1), dauert der Vorgang ein wenig länger und bezieht sich auch nur auf den Transport zu Schiff: „Das Land, das diese Feigen trägt, ist nur drei Tage Seefahrt von Rom entfernt."

Nun bleibt lediglich noch Aurelius Victor, diesmal in seiner Schrift „De viris illustribus – Über berühmte Männer", in der Cato nicht fehlen darf (47, 8): „Carthaginem delendam censuit. – Er war der festen Überzeugung, Karthago müsse zerstört werden."

Woher auch immer die berühmte Formulierung stammen mag, sie stammt nicht aus der Antike. Daß sie die Gesinnung des Cato, seinen Haß gegenüber Karthago, dennoch zutreffend wiedergibt, bestätigen die Quellen. Er hätte es so sagen können.

Alexander der Große durchschlägt den Gordischen Knoten

Als der makedonische König Alexander (356–323 v.u.Z.), den man schon in der Antike „Magnus", d. h. den Großen nannte, 334 das persische Großreich angriff, er schon die erste Schlacht in Kleinasien gewonnen und zwei Belagerungen erfolgreich abgeschlossen hatte, da soll er 333 in der Stadt Gordion (damals in Phrygien, heute in der Türkei liegend) einen höchst komplizierten Seilknoten an einem Wagen vorgefunden haben, den einem Orakelspruch zufolge nur der künftige Herrscher über Asien auflösen konnte. Da auch Alexander nicht wußte, wie er diesen Knoten hätte auflösen können, soll er ihn kurzentschlossen mit dem Schwert durchschlagen haben. Als gordischer Knoten ist daraus die Bezeichnung geworden für ein Problem, das man nicht durch langwierige Tüftelei, sondern nur einen kurzen, harten Streich lösen kann.

Nun gehörte Alexander der Große bereits in der Antike zu den populärsten Gestalten überhaupt, und die Überlieferung zu ihm ist sehr reichhaltig, auch wenn – wie in den sonstigen Bereichen – ein Großteil des damaligen Buchbestandes für uns verloren ist. Nicht alle diese Alexanderhistoriker berichten uns von der gordischen Episode, aber doch mehrere; und was sie berichten, ist nicht frei von zusätzlichen Informationen einerseits und Überraschungen andererseits. Wir müssen aber gerade hier bedenken, daß alle uns zugänglichen Autoren mehrere Jahrhunderte nach dem Ereignis geschrieben haben. Da gab es viel Zeit zur Legendenbildung, für die Alexander ohnehin ein anregender Stoff war. Sie haben sich ihrerseits auf ältere Quellen gestützt, die uns jedoch nicht unabhängig davon zur Verfügung stehen. Schon Alexanders Feldzug begleiteten Historiker und auch solche Generäle, die später Aufzeichnungen darüber verfaßt haben, etwa Ptolemaios, der schon im Zusammenhang mit der Bibliothek von Alexandria erwähnt wurde; wir kennen sie nur aus Fragmenten, d. h. aus Stellen, an denen die späteren Historiker sie zitiert haben.

Als erstes ist Curtius Rufus (1. Jhdt. u.Z.) zu erwähnen, Verfasser einer Geschichte Alexanders des Großen. Und zwar schreibt er (III 1, 14–18), Alexander habe nach der Eroberung Gordions den dortigen Tempel des Jupiter alias Zeus betreten und dort einen gewöhnlichen, also an sich nicht besonders aufwendigen Wagen gesehen, der einst dem Gordios, dem Vater des späteren Königs Midas, gehört habe. Bemerkenswert, so sagt Curtius Rufus, waren an seinem Joch mehrere ineinander verschlungene Knoten, bei denen das nicht zu sehen war, wonach der geübte Knotenauflöser zuerst schaut: die Anfangs- und Endstellen des Seils; das vor allem erschwerte die Sache. Die anwesenden Einwohner versicherten Alexander, es gebe einen Orakelspruch, nach dem demjenigen, der diesen Superknoten zu lösen verstehe, die Herrschaft über Asien winke – womit natürlich gemeint ist, was man damals unter Asien verstand, in Gordion wohl in erster Linie das, was man heute Kleinasien nennt und damals einen Teil des persischen Reiches bildet, in einem weiteren Sinne sicherlich dieses ganze Reich selbst. Dieses zu erobern, war ja das Ziel des Alexander, und deshalb stellte er sich der Aufgabe. Rufus erwähnt, was wir uns gut vorstellen können: Die Einwohner begleiteten diesen Versuch mit Neugier, die anwesenden Makedonen eher mit Besorgnis. Würde ihr König das schaffen? Falls nicht, könnte, ja müßte das als ausgesprochen schlechtes Omen gewertet werden.

Über Alexander selbst heißt es:
„Er jedoch mühte sich gar nicht mit den versteckten Verknotungen ab, sondern rief: „Es kommt auf eines heraus, wie man sie löst (Nihil, inquit, interest quomodo solvantur)!", durchhieb alle Riemen mit dem Schwert und machte den Orakelspruch zunichte, oder, wenn man so will, erfüllte ihn."

Hier erleben wir eine selbstbewußte Kühnheit, die sich nicht groß Sorgen darum macht, den Orakelspruch wörtlich bzw. in seinem eigentlichen Sinne zu nehmen. Rufus dagegen spricht durchaus Zweifel an, ob man eine solche Vorgehensweise als Erfüllung der Prophezeiung ansehen könne.

Der zweite uns erhaltene Bericht ist in der zeitlichen Reihenfolge der des Plutarch, der sich im Rahmen seiner Parallelbiographien den Alexander selbstverständlich nicht hat entgehen lassen. Das römische Gegenstück übrigens stammt ebenfalls aus der allerersten Kategorie: Caesar. Plutarch nun nennt zunächst einige Details, die wir bei Curtius Rufus nicht finden: das genaue Bastmaterial, aus dem das Seil geflochten worden war (für uns von geringerem Interesse, aber erstaunlich genau), sodann eine sehr weitgehende Formulierung für den Orakelspruch; da ist nämlich nicht mehr von Asien, sondern von „der ganzen bewohnten Erde" die Rede, die dem Löser der Aufgabe als Lohn zufallen werde. Weiterhin gibt Plutarch an, die meisten Autoren (offenbar hat er viele gelesen) schilderten den Vorgang so, wie wir ihn zu kennen meinen, also daß das Seil mehrfach verflochten und die Enden verborgen gewesen seien, Alexander aber mit einem Schwertstreich den Knoten durchschlagen habe. Dann aber legt Plutarch uns eine Überraschung vor:

„Aristobulos hingegen behauptet, es sei Alexander ganz leichtgefallen, den Knoten zu lösen, indem er nur den Spannnagel aus der Deichsel herauszog, mit dem der Jochriemen festgehalten wurde, und damit das Joch entfernte."

Mit Aristobulos ist Aristobulos von Kassandreia gemeint, ein Teilnehmer des Alexanderzuges und damit ein mutmaßlicher Augenzeuge! Und dieser berichtete den Vorgang offenbar doch deutlich anders. Leider gehört Aristobulos zu denjenigen Historikern, von denen ich sagte, daß ihre Werke verloren sind und wir sie nur noch aus solchen einzelnen Zitaten kennen. Wer hingegen die meisten Historiker sind, von denen Plutarch spricht, gibt er überhaupt nicht an. Curtius Rufus muß nicht einmal dazugehören, denn seine Lebensdaten sind sehr unsicher, und es spricht viel dafür, daß er ein Zeitgenosse des Plutarch, also kein älterer, weiter zurückreichender Autor war.

Ein dritter Autor ist zeitlich etwas später einzuordnen: Arrian (ca. 95–175 u.Z.), von dem eine umfangreiche „Geschichte des Alexanderzuges" überliefert ist. Dort (II 3) lesen wir in zwei Hinsichten Interessantes: Zum einen bestätigt er das, was Plutarch über die Sonderversion des Aristobulos schreibt, also daß da gar kein Knoten durchgehauen, sondern ein Pflock herausgezogen worden sei, der die Deichsel mit dem Wagen verband und zugleich den Knoten zusammenhielt. Das macht den Umgang Alexanders mit dem Orakelspruch nicht weniger unkonventionell, ließe uns aber nicht mehr vom Durchhauen eines gordischen Knotens reden. Zum anderen erzählt Arrian uns den Hintergrund, weshalb dieser Wagen dort stand. Eine nette Geschichte von einem phrygischen Bauern namens Gordios, der bei der Landarbeit von einem Adler überrascht wird, der sich auf das Joch seines Pfluges setzt und dort bis zum Abend sitzenbleibt. Wegen dieses ungewöhnlichen Ereignisses in einer zeichengläubigen Zeit will er die Fachleute, die Vogelschauer, befragen, trifft auf dem Weg dorthin eine schöne Jungfrau, der er von dem Ereignis berichtet. Die Jungfrau erweist sich als selbst seherisch begabt und drängt ihn, am Ort der Adler-Erscheinung dem Zeus ein Opfer zu bringen, und zwar in dessen Eigenschaft als Herrscher (Zeus Basileus). Dann werde daraus etwas Großes werden. Daran möchte die Jungfrau wohl teilhaben; jedenfalls heiratet sie den Gordios und bekommt von ihm einen Sohn, den Midas. Und als die Phryger nun aus anderem Grund miteinander in Streit geraten, wird ihnen ein Orakel zuteil, dieser Streit werde durch einen König beigelegt werden, der ihnen auf einem Wagen begegnen werde. Just im passenden Moment kommt ihnen Midas mitsamt Vater und Mutter auf einem Wagen entgegen, was die Einwohner so deuten, daß sie diesen Midas zu ihrem König machen sollten. Der legt dann auch tatsächlich den Streit bei, und weil der Wagen eine so entscheidende Rolle in seiner Karriere spielte, stellt er ihn als Dankgeschenk in den Tempel des Zeus Basileus. So kam er dorthin, wo Alexander ihn vorfand. Nur warum der Wagen mit solch einem komplizierten Knoten versehen war, erfahren wir bei Arrian nicht. Dafür habe ich in der gesamten Überlieferung keine Erklärung gefunden.

Arrian schließt seinen Bericht damit, daß er sich hinsichtlich der zentralen Frage – Knoten durchgehauen oder Pflock herausgezogen? – einer Entscheidung enthält, der Anspruch Alexanders aber, das Problem gelöst, das Orakel erfüllt zu haben, in der folgenden Nacht durch Donner und Blitze (Achtung, Zeus spricht!) bestätigt worden sei. Zumindest habe Alexander das Gewitter so gedeutet, während andere Sterbliche bei Gewittern oft nicht so sicher sein können, ob die Blitze nun etwas Gutes oder Schlechtes sind.

Als vierter und letzter Autor spricht zu uns ein gewisser Justin (3. Jhdt. u.Z.), von dem uns ein ungewöhnliches Buch erhalten ist, nämlich die Zusammen- oder Kurzfassung eines viel älteren: der „Weltgeschichte" des Pompeius Trogus aus dem 1. Jhdt. v.u.Z. Dabei handelt es sich um die einzige uns bekannte Weltgeschichte der vorchristlichen Antike in lateinischer Sprache, und wenn schon nicht deswegen, so doch wegen ihres Alters wäre sie im Original für uns wertvoll; wir haben jedoch nur dieses Exzerpt. Justin referiert (XI 7, 3–15), wie der Wagen in den Tempel gekommen ist, wobei er sich von Arrian dadurch unterscheidet, daß hier schon Gordios selbst das Glück hatte, mit seinem Wagen zur rechten Zeit am rechten Ort zu sein, und deshalb König der Phryger geworden ist; Midas war demgemäß lediglich sein Nachfolger in dieser Funktion. Was Alexanders Tat betrifft, so beschränkt sich Justin – in vergleichsweise knapper Darstellung – auf die Version vom Durchhauen des Knotens, d. h. die Aristobulos-Version ist verschwunden. Ob sie im Original bei Pompeius Trogus noch enthalten war, können wir nach Aktenlage nicht entscheiden. Ebensowenig das, was genau Alexander in Gordion mit dem Knoten gemacht hat.

„Pecunia non olet." – Wieso sollte Geld stinken?

Der beliebte Spruch „Geld stinkt nicht" geht auf die Antike zurück. Irgendwie. Doch wie? Vermutlich bekommt man auf diese Frage in etwa die folgende Antwort: Ein römischer Kaiser kam zwecks Erhöhung der Staatseinnahmen auf den Einfall, die öffentlichen Bedürfnisanstalten zu besteuern. Als ihm jemand die anrüchige Quelle dieses Geldes vorhielt, erwiderte er: „Pecunia non olet. – Geld stinkt nicht."

Der Kaiser, das kann man leicht feststellen, war Vespasian, der Begründer der flavischen Dynastie (reg. 69–79 u.Z.). Die Anekdote findet sich in Suetons Kaiserviten (Vespasian 23, 3), wo es heißt:

„Als ihm einmal sein Sohn Titus vorhielt, daß er auch noch eine Pissoir-Steuer plane, hielt er ihm das Geld aus der ersten Zahlung unter die Nase und wollte wissen, ob er am Geruch Anstoß nehme. Als jener das verneinte, sagte er: „Und doch kommt es vom Urin (atquin, inquit, e lotio est).""

Damit nun nicht der Eindruck entsteht, „Urin" sei die ursprüngliche Bedeutung der aus der Kosmetik bekannten Lotion, sei ergänzt, daß im Lateinischen zwei – immerhin verwandte – Wörter existieren: lotium, lotii (Neutrum) für Urin und lotio, lotionis (Femininum) für Waschen, Baden. Der von Vespasian benutzte Ablativ verweist eindeutig auf lotium.

Jedenfalls lesen wir bei Sueton die Geschichte, jedoch nicht das gesuchte Zitat. Zuzutrauen ist die Gesinnung dem derb-witzigen Soldaten Vespasian, der als erfolgreicher General in einem Bürgerkrieg an die Macht gekommen war.

In den Satiren – und um einen satirischen Stoff handelt es sich ja – des Juvenal (1./2. Jhdt. u.Z.) gibt es eine Stelle (V 14, 203–207), die sich darauf beziehen mag, zumindest zur Gesinnung Vespasians paßt. Sie besagt, daß alles, was einem Gewinn bringt, einen guten Geruch hat – gleich ob er von Häuten oder Salben stammt. Die Gerber, das muß man dazu wissen, arbeiteten in extremem Gestank. Dieser entstand nicht nur durch die verwesenden Fleischreste, sondern auch durch den verwendeten Urin, der häufig aus den Bedürfnisanstalten bezogen wurde. Daß der Gewinn den Gestank des Urins neutralisiert, diesen Gedanken zumindest finden wir auch hier, wenn schon nicht das eigentliche Zitat. Juvenal schließt mit dem Vers: „unde habeas quaerit nemo, sed oportet habere. – Keiner fraget, woher du es hast, doch mußt du es haben."

Es hat seitdem noch viele Menschen gegeben, die sich bei ihren Einnahmen nicht um deren im wörtlichen oder übertragenen Sinne stinkende Herkunft gekümmert haben. Irgendeiner von ihnen hat wohl das Bonmot „Pecunia non olet" erfunden; aus der Antike stammt es nicht. Auf die Anekdote aber geht eine französische Bezeichnung für öffentliche Bedürfnisanstalten zurück: Vespasiennes.

„Vare, Vare, redde legiones."

Das ist einer der leichtesten Fälle. Wie bekannt heute noch der Spruch „Vare, Vare, redde legiones!" ist, weiß ich nicht; aber er war mal, zumindest aus dem Lateinunterricht, ausgesprochen bekannt. Man konnte ihn sicher auch dem Kaiser Augustus (27 v.u.Z. – 14 u.Z.) zuordnen und dem für alle Germanenfreunde glänzenden Sieg des Arminius im Teutoburger Wald, der sog. Varusschlacht im Jahre 9 u.Z.

Belegt ist der Ausspruch des Augustus nur an einer einzigen Stelle, dafür aber ziemlich genau so, wie er im Gedächtnis geblieben ist: bei Sueton in dessen Augustus-Vita (23). Sueton berichtet, daß Augustus lediglich zwei schwere Niederlagen während seines politischen Lebens habe hinnehmen müssen, beide gegen Germanen. Und während die eine davon unserem Gedächtnis beinahe entglitten ist (17 oder 16 v.u.Z. durch eine Legion gegen die Usipeter, Tencterer und Sugambrer), hat die andere, die des Varus, wie man sagen könnte, gut überlebt. Militärisch schlimmer war sie eindeutig, denn in diesem Falle sind gleich drei Legionen untergegangen. Da wurden bei den Römern auch unangenehme Erinnerungen wach an frühere bedrohliche Erfahrungen mit Germanen. Augustus, so Sueton, ordnete Notstandsmaßnahmen an, gelobte dem Iuppiter Optimus Maximus, also dem Staatsgott, große Spiele, falls er die

Gefahr abwende, ließ sich monatelang Bart wie Haare wachsen und – jetzt kommt es – schlug mehrmals mit dem Kopf gegen die Wand unter dem Ausruf: „Quintili Vare, legiones redde! – Quintilius Varus, gib die (meine) Legionen zurück!" Also fast wörtlich das, was die populäre Überlieferung sagt.

Die Schlacht selbst beschreibt auch etwa Cassius Dio, und zwar sehr viel ausführlicher als Sueton, aber die Reaktion des Augustus auf die Nachricht von der Niederlage gibt er eher rational als melodramatisch wieder (LVI 23, 1):

> „Damals aber, als Augustus von dem Unglück des Varus unterrichtet wurde, zerriß er, wie einige behaupten, seine Klei-der und fühlte tiefe Trauer, nicht nur wegen der gefallenen Soldaten, sondern auch aus Furcht für die germanischen und gallischen Provinzen, besonders aber deshalb, weil er mit einem feindlichen Angriff auf Italien und Rom selbst rechnete."

Das ist die Denkweise, die man von einem Staatsoberhaupt erwartet: Trauer um die gefallenen Soldaten und die Sorge um die möglichen Folgen. Die militärische Lage hat dann sein Stiefsohn und späterer Nachfolger Tiberius entschärft, und zwar mit einer klugen Defensivtaktik, indem er nämlich die Kampfeslust der germanischen Stämme gegeneinander lenkte. Arminius wurde schließlich im Jahre 21 u.Z. von seinen Verwandten ermordet.

Nero – der Brandstifter?

Zweifellos ist Kaiser Nero (54–68 u.Z.) eine der heute noch bekanntesten Gestalten der römischen Geschichte; fast reflexhaft bringt man ihn mit dem – sagen wir – Gerücht in Verbindung, er habe die Stadt Rom in Brand gesetzt und dazu sogar noch Gesänge vorgetragen. Man braucht nur eine Gestalt mit Lorbeerkranz auf dem Kopf und einer Lyra in der Hand vor dem Hintergrund einer brennenden Stadt zu zeigen, und jeder wird sagen: Nero! Sein halb wahnsinniges Motiv sei eine Art heißer Generalsanierung der Stadt gewesen, um anstelle der in Schutt und Asche gelegten Stadtviertel eine in ihren Dimensionen sensationelle Palastanlage zu errichten: sein Goldenes Haus (die domus aurea). Nicht zuletzt ist diese Darstellung durch die Romanverfilmung „Quo vadis?" aus dem Jahre 1951 populär geworden, welche neben der Brandstiftung auch den zweiten großen Vorwurf gegen Nero thematisiert: seine Verfolgung der Christen, auf die ich später zu sprechen komme. Im Jahre 2001 ist der Roman sogar erneut verfilmt worden, wiederum in monumentaler Form. Daß man einmal ein Programm für CD-Brenner „Nero" genannt hat, kann man am Rande erwähnen.

Das Goldene Haus hat es gegeben, und von der davorstehenden Kolossalstatue des Kaisers kündet noch heute der Name desjenigen Gebäudes, das später an ihrer Stelle errichtet worden ist: das Kolosseum in Rom. Doch wie steht es mit der Brandstiftung? Diese Frage darf in keiner der zahlreichen Nero-Biographien fehlen. Wir konzentrieren uns darauf, was die antiken Quellen dazu berichten.

Die Millionenstadt Rom war vor allem in ihren dicht bebauten Vierteln, etwa der Subura, hochgradig anfällig für Brände, und es hat auch öfters solche Brände in der Stadt gegeben. So auch im Juli des Jahres 64 u.Z., und dieser war offenbar ein besonders großer.

Das Gerücht, Nero habe ihn absichtlich legen lassen, kam schon in der Antike auf, vermutlich sogar direkt bei oder unmittelbar nach den Ereignissen. Tacitus (Annalen XV 38–42) beginnt seine Darstellung sogar mit dem Hinweis darauf, und zwar in einer für Tacitus üblichen Weise: „Es folgte ein Unglück, ob durch Zufall oder auf tückische Anstiftung des Princeps, ist ungewiß – denn beides haben die Geschichtsschreiber überliefert – […]". (Princeps oder Caesar war die damals übliche Bezeichnung für einen Römer, den wir heute Kaiser nennen.) So bringt Tacitus den Verdacht gleich ins Bewußtsein seiner Leser, ohne daß er sich nachsagen lassen müßte, er identifiziere sich damit. Ich erinnere an seine Lebensdaten (55 – ca. 120 u.Z.); er könnte den Brand also als Kind erlebt, aber damals wohl kaum über eine angemessene Reflexion und Hintergrundinformationen verfügt haben. Dementsprechend beruft er sich auch lediglich auf Geschichtsschreiber (Abb. 1).

Die kriminalistische Vorgehensweise besteht bekanntlich darin zu fragen: Hatte der Verdächtige eine Motiv? Hatte er die Gelegenheit? (etwa: befand er sich am Tatort und hat kein Alibi?) Hatte er die Mittel? (etwa: die Tatwaffe?) Können alle diese Fragen bejaht werden, dann hat man mit hoher Wahrscheinlichkeit den Täter vor sich. Entsprechend können wir die Quellen befragen, ob sie uns ein glaubwürdiges Motiv für Nero liefern, seine eigene Hauptstadt anzuzünden. Das ist die wichtigste Frage. Da er nicht darauf angewiesen war, höchstselbst vor Ort zu zündeln, ist die Frage nach dem Alibi sekundär; man kann aber darauf achten, ob die Quellen Helfer erwähnen, die vielleicht sogar aussagen, sie hätten einen Befehl des Kaisers erhalten: also Zeugen. Ansonsten gilt die schon angesprochene Einschränkung, daß die Geschichtsforschung keine experimentelle Wissenschaft ist – in diesem Falle mit dem Zusatz, daß uns die

Nero – der Brandstifter? 87

Abb. 1 Karl Theodor von Piloty: Róma égését szemléli

archäologischen Befunde allenfalls etwas über einen Brand, aber nicht über einen Brandstifter verraten können.

Als mögliches Motiv für Nero gibt Tacitus – scheinbar distanziert wie meistens – an, daß es aussah (!), „als wolle Nero mit der Gründung einer neuen Stadt, die nach seinem Namen zu benennen sei, Ruhm erwerben (videbaturque Nero condendae urbis novae et cognomento suo appellandae gloriam quaerere)". Ein wahnwitziger Plan, aber im Kopf eines Menschen, der das rechte Maß verloren hat, durchaus möglich: die alte Stadt mitsamt ihren Bewohnern den Flammen übergeben, um anschließend eine neue, mit dem eigenen Namen verbundene (Neropolis) zu erbauen zu lassen. Immerhin ein denkbares Motiv. Dazu kommt, daß wir zwar – wie gesagt – nicht erwarten dürfen, daß Nero selbst vor Ort war, doch Tacitus erwähnt an späterer Stelle, daß der Brand in den „aemilianischen" Grundstücken von Neros engstem Helfer Tigellinus, dem Befehlshaber seiner Leibwache, ausgebrochen sei, was den Gerüchten Schwung verliehen habe. Wir müßten uns also einen ehrgeizigen und skrupellosen Helfer Neros vorstellen, der entweder die intimen Wünsche seines Herrn kennt oder sogar einen solchen Befehl von ihm entgegennimmt, ferner selbst die Macht besitzt, alles Erforderliche zu veranlassen ... und dafür nicht das schändlichste, baufälligste Viertel Roms auswählt, sondern sein eigenes Besitztum.

Interessanterweise überliefert uns Tacitus aber noch eine weitere Information, die vor der schon erwähnten steht und eine andere Erklärung nahelegt und zu der ersten nicht recht passen will: Der Brand sei in den Verkaufsbuden am Circus, in der Nähe des Palatin und des Caelium (zwei der sieben Hügel Roms) ausgebrochen. Verkaufsbuden, Garküchen, Feuer! Das klingt doch stark nach einem Unglück und weniger nach einem Plan. Außerdem lag das aemilianische Viertel woanders, nämlich außerhalb der eigentlichen oder Innenstadt, wie wir aus zwei antiken Angaben erschließen können: bei Terentius Varro (1. Jhdt. v.u.Z.) in seinem Buch über die Landwirtschaft (De re rustica III 2, 6) sowie bei Sueton (Claudius 18, wo übrigens ebenfalls von einem Brand die Rede ist). Wir haben es daher mit zwei unterschiedlichen Angaben über die Ausbruchsstelle des Feuers zu tun, von denen die zweite eine „natürliche", d. h. nicht einem böswilligen Plan entspringende Brandursache nahelegt, während die erste uns tief in einen Verschwörungsmythos hineinführt.

Bedenklicher ist da schon eine weitere Angabe des Tacitus, daß nämlich die Brandbekämpfungsmaßnahmen von obskuren Personen systematisch behindert worden seien, einige sogar zusätzliche Brände gelegt und sich dabei auf einen Auftraggeber berufen hätten, und er fügt hinzu: „sei es, um hemmungsloser plündern zu können, sei es, weil sie wirklich auf Befehl handelten (atque esse sibi auctorem vociferabantur, sive ut raptus licentius exercerent, seu iussu)". Das heißt, er gibt wiederum eine „normale" und eine verschwörerische Erklärung an, wobei es ein rhetorischer Trick ist, diejenige, die man dem Leser suggerieren möchte, als zweite zu nennen; so hält er es auch bei seinen Angaben zum Ausbruchsort des Feuers.

Von Nero selbst heißt es dann noch, er habe sich zu dieser Zeit nicht in Rom, sondern auf einem Landsitz befunden und sei erst dann nach Rom gekommen, als sich das Feuer seinem eigenen Palast auf dem Palatin genähert habe. Das spricht, so meine ich, für jemanden, dem etwas

Nero – der Brandstifter? 89

widerfährt, womit er nicht gerechnet hat. Ob es für jemanden spricht, der ohnehin den Plan hatte, sich einen gänzlich neuen Palast zu errichten, ist die Frage. Jedenfalls schließt Tacitus seinen Bericht mit der – unbezweifelbaren – Feststellung, daß Nero die Gelegenheit des Brandes genutzt hat, sich einen neuen Palast zu bauen.

Und dann finden wir in seiner Darstellung noch die folgende Passage, die ebenfalls einen beachtenswerten Gegensatz enthält:

„Als Trost für die obdachlose, umherirrende Bevölkerung gab er das Marsfeld und die Bauwerke des Agrippa, ja sogar seine eigenen Parkanlagen frei und ließ Behelfsbauten errichten, die die hilflose Menge aufnehmen konnten; man schaffte Lebensmittel aus Ostia und den benachbarten Landstädten herbei, und der Preis für das Getreide wurde bis auf drei Sesterzen heruntergesetzt. So volkstümlich diese Maßnahmen auch waren, sie blieben wirkungslos, weil sich das Gerücht verbreitet hatte, eben zu dem Zeitpunkt, da die Stadt brannte, habe er seine Hausbühne betreten und den Untergang Trojas besungen, indem er das gegenwärtige Unheil mit den Katastrophen des Altertums verglich."

Hier prallen hart aufeinander der fürsorgliche Herrscher, der alles in seiner Macht Stehende tut, um die Folgen für die Bevölkerung zu lindern, und der nahezu Wahnsinnige, der aus dem schrecklichen Ereignis eine Schau macht für seine künstlerischen Ambitionen. Zwar klärt uns Tacitus darüber auf, daß es sich dabei um eine Gerücht handele, aber wiederum ist es die zweite, die letzte Version, die er uns erzählt, mit dem Effekt, daß die erste in den Hintergrund tritt.

In seiner Raffinesse ist Tacitus sicherlich ein bemerkenswerter Schriftsteller; doch für eine Täterschaft Neros bringt er wenig bei, was plausibel wäre – er träufelt nur das Gift des Verdachts in unser Bewußtsein.

Bemerkenswerterweise und vielleicht als Ansprache an die Esoteriker unter seinen Lesern erwähnt Tacitus noch Zahlenspielereien, die den Tag des Brandausbruchs, den 19. Juli, mit einem Brand im Jahre 386 v.u.Z. in Verbindung bringen, als die Gallier das eroberte Rom in Brand gesteckt hatten. Die Frage der Täterschaft Neros betrifft das nicht.

Von derlei Subtilitäten ganz frei ist der zweite große Bericht, den wir über den Brand Roms haben: der des Sueton (Nero 38). Was bei Tacitus nur als Gerücht erwähnt wird, erscheint hier umstandslos als Tatsache. Die Schilderung ist nicht allzu lang, so daß wir sie mit dem gehörigen Schaudern als Zitat genießen können:

„Aber nicht einmal das Volk oder die Mauern seiner Vater-stadt blieben von ihm verschont. Als einmal jemand in einem leutseligen Gespräch den griechischen Vers zitierte:

„ἐμοῦ θανόντος γαῖα μιχθήτω πυρί.
Wenn ich tot bin, da soll sich doch ruhig Erde mit Feuer mischen!"

entgegnete er: „Ganz im Gegenteil, das soll noch zu meinen Lebzeiten passieren (immo, inquit, ἐμοῦ ζῶντος)!" Und genau das brachte er dann auch wirklich zustande.

Er gab nämlich vor, die Schäbigkeit der alten Gebäude und die engen und gewundenen Gäßchen erregten sein Mißfallen; also ließ er die Stadt in Brand stecken (incendit urbem tam palam). Das konnte jeder mitbekommen: eine ganze Reihe ehemaliger Konsuln ertappten seine Kammerdiener mit Pechkränzen und Fackeln auf ihrem Grund und Boden, wagten aber nicht, sie anzurühren. Einige Speicher in der Gegend seines Goldenen Hauses, auf deren Baugrund er ganz besonders spekuliert hatte, wurden mit Kriegsgerät zum Einsturz gebracht und dann erst in Brand gesetzt, denn ihr Mauerwerk bestand aus Stein.

Sechs Tage und Nächte hindurch wütete diese Feuersbrunst; dem Volk blieb nichts anderes übrig, als in Grabdenkmälern und bei den Grabhügeln Zuflucht zu suchen. Damals brannten außer unzähligen Mietshäusern (insulae) auch die Häuser altehrwürdiger Feldherren nieder, die mit den erbeuteten Rüstungen der Feinde noch geschmückt gewesen waren, und dazu noch die Tempel der Götter, die noch von den Königen und später in den Kriegen gegen Karthago und Gallien gelobt und geweiht worden waren, und alles Mögliche, was sehenswert und einer Erwähnung wert war und die vergangenen Zeiten überdauert hatte.

Er schaute sich diesen Brand aus der Ferne, vom Palast des Maecenas aus an; nach seinen eigenen Worten machte ihn die Schönheit des Brandes glücklich (laetusque flammae, ut aiebat, pulchritudine), und er trug in seinem Bühnenkostüm, so wie ihn jeder kannte, einen Gesang über die Eroberung Trojas vor.

Um sich aber aus alledem noch einen möglichst großen Beute- und Gewinnanteil zu sichern, versprach er, kostenlos Leichen und Schutt abtransportieren zu lassen, und erlaubte niemandem, das, was von seinem Besitz noch übriggeblieben war, zu betreten."

Hier wird uns ein eindeutiges, wenngleich irrwitziges Motiv präsentiert, und dazu kommen noch zahlreiche Details über die eingesetzten Mittel sowie etliche Zeugen, die sie bestätigen.

Dabei muß man nun dreierlei beachten:

Erstens ist Sueton nicht selbst ein Augenzeuge, denn auch wenn seine Lebensdaten nicht ganz gesichert sind, so nimmt man doch seine Geburt um das Jahr 70 an. Deshalb ist sein Bericht nicht mehr wert, als es die Quellen sind, auf die er sich stützt, die er uns jedoch nicht angibt. Daß sich solche Angaben im Staatsarchiv befanden, obwohl es nie einen Prozeß um diesen Vorgang gegeben hatte, darf man bezweifeln.

Zweitens steht es so, daß wir, wenn uns ein Mensch versichert, es gebe für ein Ereignis 100 Zeugen, lediglich *einen* Zeugen haben, nicht 100 – solange wir diese 100 nicht unabhängig von ihm befragen können. Die angegebenen 100 sind für uns nichts weiter als Bestandteil der Behauptungen dieses Einen.

Wir können drittens allenfalls diesen Bericht des Sueton mit den anderen, von ihm unabhängigen Berichten vergleichen, die wir kennen, also dem, was wir sonst noch wissen.

Sueton zufolge hat Nero zunächst einen Plan, in dem jedoch auffallenderweise der avisierte Neubau Roms, insbesondere der seines Goldenen Hauses, nur eine randständige Rolle spielt. Nach meinem Eindruck schwächt er damit den Eindruck eines Restes von Rationalität bei Nero, nämlich die eines Städteplaners, während literarisches Pathos des Möchtegern-Künstlers (das Dramenzitat) und Wahnsinn noch stärker in den Vordergrund treten. Die schrankenlose Habsucht tritt am Ende des Berichtes hervor: Nero ist sich nicht zu schade, auch noch die Gelegenheit zum Plündern zu nutzen. Soviel zum Motiv.

Zusätzlich hat Nero einen – rein negativen – ästhetischen Vorwand: Die Häßlichkeit der alten Gebäude und Straßen errege sein Mißfallen. Das spielt wiederum auf ihn als Künstler an – eine Eigenschaft, an der ihm, wie vielfach berichtet wird, sehr lag. Noch bei seinem Lebensende soll er mehrfach ausgerufen haben: „Qalis artifex pereo – Welch ein Künstler stirbt in mir!" (Sueton, Nero 49, 1)

Über das Detail, wo genau der Brand ausgebrochen ist – was uns, wie gesehen, eine gewisse Überprüfung der Plausibilität ermöglicht –, schweigt Sueton sich aus. Die Glaubwürdigkeit der Zeugen dafür, daß es Neros Diener gewesen seien, die den Brand gelegt hätten, sucht Sueton dadurch zu vergrößern, es habe sich um ehemalige höchste Staatsbeamte gehandelt; in dieser unbestimmten Form hätten nicht einmal zu Suetons Zeit etwa noch lebende Augenzeugen das überprüfen können. Tigellinus, der wichtige Bestandteil in der Verschwörungsversion des Tacitus, wird bei Sueton nicht einmal andeutungsweise erwähnt; sein Bericht klingt so, als habe Nero unmittelbar Befehle an eine Vielzahl von Dienern gegeben … und damit eine aus seiner Sicht ganz unnötige Menge von Mitwissern seiner Schuld geschaffen.

Auch die Schilderung des singenden Nero wird als Tatsache angegeben, als Ort dafür der Palast des Maecenas – ein Gebäude, vom dem auch die anderen Autoren uns berichten, daß Nero ihn für sich habe ausbauen lassen. Solche skandalösen Einzelheiten läßt Sueton sich in seinen Kaiserviten nie entgehen. Dafür fehlen dann wiederum die von Tacitus erwähnten Hilfsmaßnahmen des Kaisers.

Suetons Darstellung ist insgesamt dadurch gekennzeichnet, daß sie komplett negativ ist, nicht einmal im Ansatz zwischen Behauptung und Tatsache unterscheidet sowie alle Angaben ausläßt, mit deren Hilfe man ihre Plausibilität überprüfen könnte. Da tritt die Freude, uns einen Skandal erzählen zu können, zurück hinter die oft mühevolle Aufgabe eines Historikers, möglichst unvoreingenommen den tatsächlichen Ereignissen auf den Grund zu gehen. Wer sich, so möchte ich sagen, als Richter aufspielt, sollte auch die Neutralität eines Richters einnehmen. Um es mit einem Wort zu sagen: Klatsch. Wer es mit dem Sprichwort halten möchte: „Wo ein Rauch ist, da ist auch ein Feuer", der mag mutmaßen, daß da doch irgendetwas dran sein kann, während der Vorsichtige bei „Klatsch!" bleibt.

Ein dritter ausführlicher Bericht ist erhalten, der des Cassius Dio, allerdings nicht in der Originalform, sondern nur in der Zusammenfassung (Epitome) eines Historikers namens Xiphilinos aus späterer, byzantinischer Zeit (LXII 16–18). Bei ihm können wir, da wir uns schon beim

Original im 2./3. Jhdt. u.Z. befinden, von zeitlicher Nähe zu dem Ereignis nicht mehr sprechen. Dessenungeachtet und ganz auffallend nimmt in seiner Darstellung die Zahl der dramatischen Details enorm zu. Es ist, als ob wir eine literarische Schilderung läsen oder einer Bühnen-, gar Filmaufführung zusähen. Eine solche Farbigkeit der Darstellung erwarten wir entweder von einem sprachbegabten Augenzeugen oder von einem – zumindest in den Einzelheiten – fiktiven Werk.

Gleich zu Beginn unterstellt Cassius Dio Nero, „sich einen zweifellos stets gehegten Wunsch zu erfüllen, nämlich bei Lebzeiten die ganze Stadt sowie das Reich zu vernichten. Jedenfalls pries er auch selbst wiederholt Priamus als wunderbar glücklich, weil er seine Vaterstadt und zugleich sein Reich zerstört sah." Deshalb habe der Kaiser Leute ausgeschickt, welche Rom an mehreren Stellen in Brand stecken sollten. Es folgen dann Schilderungen von verzweifelten Menschen, unterbundenen Löschversuchen sowie der Hinweis, daß dieses ganze gesteuerte Chaos sich über mehrere Tage erstreckte. Und schließlich erzählt Cassius Dio uns, wie Nero auf das Dach seines Palastes stieg und, sich auf einer Kithara begleitend, vom Brande Trojas sang, während die Menschen es auf den Brand Roms bezogen.

Eine namentliche Angabe von Zeugen gibt es nicht, nicht einmal in der unbestimmten Form, wie wir sie bei Sueton gelesen haben. Es fällt auf, daß auch Cassius Dio – wie Sueton – angibt, Nero habe von seinem Palast bzw. dem des Maecenas aus gesungen, während Tacitus ausdrücklich erwähnt, daß Nero überhaupt erst dann aus Antium nach Rom gekommen sei, als sein Palast bereits von den Flammen bedroht wurde. Wenn jemand diese Szene erfinden wollte, lag Neros eigener Palast wohl nahe, aber daß er selbst für seinen Auftritt einen Ort inmitten der Flammen oder doch von ihnen stark gefährdeten Platz gewählt habe, wirkt dann doch unwahrscheinlich.

Übrigens ist die Frage, ob Nero selbst die Brandstiftung befohlen habe, unabhängig von der anderen Frage zu beantworten, ob er die Gelegenheit für einen theatralischen, morbiden Auftritt genutzt habe. Beides miteinander zu verbinden, müßte dem Kopf eines Wahnsinnigen entsprungen sein, als der Nero uns ja vor allem von Sueton und Cassius Dio präsentiert wird.

Cassius Dio schließt – ähnlich wie Tacitus – seinen Bericht mit einer mystischen Spekulation, von der er behauptet, sie sei schon zur Zeit des Ereignisses aufgekommen, nämlich eine Prophezeiung aus der Zeit des Kaisers Tiberius (14–37 u.Z.):

> τρὶς δὲ τριηκοσίων περιτελλομένων ἐνιαυτῶν
> Ῥωμαίους ἔμψυλος ὀλεῖ στάσις.
> Dreimal der Jahre dreihundert wenn einmal im Kreislauf sich füllen,
> dann wird ein innerer Zwist tilgen das römische Volk.

Neunhundert Jahre seit der Gründung Roms, der Sage nach 753 v.u.Z., das müßte dann das Jahr 53 u.Z. ergeben und damit in etwa das Jahr von Neros Regierungsantritt (54 u.Z.). „στάσις", das ist der Aufruhr, was nur in einem weiteren Sinne auf Neros angebliche und wirkliche Taten zutrifft. Auf Neros Antwort, es gebe in den Unterlagen keine solche Prophezeiung, wich man, so berichtet Cassius Dio, auf eine andere aus den Sibyllinischen Büchern aus:

> ἔσχατος Αἰνεαδῶν μητροκτόνος ἡγεμονεύσει.
> Letzter Sproß des Aeneas, ein Muttermörder, wird herrschen.

Die Römer führten ihre Ahnenreihe auf den nach dem Untergang seiner Heimatstadt nach Italien geflüchteten Trojaner Aeneas zurück, was Cassius Dio ausdrücklich, aber etwas willkürlich auf die julisch-claudische Dynastie bezieht, der Nero als letzter angehörte; und daß er seine Mutter Agrippina hat ermorden lassen, galt und gilt noch heute als gesichert. In beiden Fällen handelt es sich um Untergangsprophezeiungen, wie sie sich auch heute noch einer gewissen Popularität erfreuen. Einen rechten Sinn ergeben sie allerdings erst aus der Rückschau, d. h. dann, als Nero im Jahre 68 u.Z. ermordet wurde und mit ihm die Dynastie (wenn auch nicht das Römische Reich) unterging.

Bei den noch späteren Autoren aus bereits christlicher Zeit gilt die Brandstiftung Neros als ausgemachte Sache: Eutrop (4. Jhdt. u.Z., VII 14), Aurelius Victor (Kaisergeschichte V 14) und Orosius (VII 7). Wie sehr es dabei nun noch um die Bedienung von Klischees ging, erhellt aus dem Umstand, daß Orosius den Nero aus der Ilias deklamieren läßt, obgleich diese ja gar nicht den Untergang (Brand) Trojas schildert, also überhaupt nicht paßt.

Es sind übrigens auch Werke erhalten, die noch zu Neros Lebzeiten entstanden sind und uns ein anderes Bild des Kaisers vermitteln: die Eclogen des Titus Calpurnius Siculus, die sog. „Ilias Latina", die „Carmina Einsidlensia" sowie eine Satire des jüngeren Seneca, Neros zeitweiligem Lehrer, auf den verstorbenen Vorgänger Claudius (41–54 u.Z.). Auf den Brand Roms nehmen sie nicht bezug; sie mögen aber auch vor diesem, also eher in den Anfangsjahren Neros, entstanden sein. Und wenn sie des Lobes voll sind über Nero, dann muß man doch bedenken, daß ein amtierender Herrscher nicht ohne weiteres kritisiert werden darf, wenn man sich nicht unnötig in Lebensgefahr bringen will.

Neros Bild schillert in der Überlieferung; er bot wohl genügend Ansatzpunkte, um es leuchtend oder grell zu zeichnen. Und wen man – aus welchen Gründen auch immer – nicht mag, dem hängt man gerne noch etwas mehr an, als es die Tatsachen hergeben.

Amazonen – Gab es ein Volk aus Kriegerinnen?

Wenn es irgendein historisches Phänomen aus der Antike gibt, das nun wirklich beinahe jeder zumindest benennen kann, dann sind es die Amazonen. Dazu brauchte es nicht einmal den großen Internet-Händler, auch wenn bei diesem nicht recht klar ist, was er mit den Amazonen zu tun haben sollte. Man kennt den Amazonas … und weiß wohl ebensowenig, welcher konkrete Bezug zu ihnen da besteht. Gelegentlich werden Reitsportlerinnen so genannt, und auch bei kämpferischen, selbstbewußten Frauen mag sich die Assoziation einstellen. Sogar ein Zeitalter des Planeten Mars, das vor 2,9 Mrd. Jahren begann und seit dem er so trocken ist, wie wir ihn heute kennen, hat man Amazonium genannt.

Eine solche Bekanntheit haben sie bereits in der Antike genossen, und die Fülle des über sie erhaltenen Materials an Texten und bildlichen Darstellungen ist beeindruckend – vor allem, wenn man bedenkt, daß keiner der damaligen Historiker und Künstler sie jemals zu Gesicht bekommen hat. Denn es gab sie wohl, zumindest in der Weise, in der über sie berichtet wird, nicht. Dieser Mythos muß wohl bei Menschen etwas sehr stark ansprechen, oder sagen wir, da die Überliefernden aus der Antike durchweg männlich sind: bei Männern. Bei Männern, die in einem fast als selbstverständlich empfundenen Patriarchat lebten. Waren sie dessen drohender Gegenentwurf?

Die wohl älteste Erwähnung der Amazonen findet man bei Homer, der – falls es ihn als historische Person gegeben hat – wohl im 8. Jhdt. v.u.Z. gelebt hat, und zwar in seiner „Ilias" an zwei Stellen (III Verse 184–190 und VI Verse 176–186). Dabei fällt es ins Auge, daß er schon in dieser frühen Zeit die Amazonen als etwas seinen Zuhörern Bekanntes erwähnt, denn er erläutert nicht, worum es sich bei ihnen handelt, sondern erzählt zwei Details über sie. Von einem Autor, der ein unbekanntes Phänomen einführt, erwartet man, daß er eine kurze Erklärung hinzufügt, wovon er da spricht. Nicht so Homer.

So schildert an der ersten angegebenen Stelle Priamos, der König Trojas, seine Reisen durch das kleinasiatische Phrygien und daß er der Bundesgenosse dieses Volkes gewesen sei „jenes Tags, da mit männlicher Kraft Amazonen sich nahten". An der zweiten Stelle erzählt ein gewisser Hippolochos von den Heldentaten seines Vorfahren Bellerophontes, zu denen gehört: „Drittens erschlug er die männerähnliche Schar Amazonen." Mit dem Zusatz, daß der Kampf gegen echte Männer (natürlich!) schwerer gewesen sei. Da muß es also bei den Zuhörern der Ilias-Gesänge gleich ein Aha-Erlebnis gegeben haben: Ah, die Amazonen, die kennen wir.

Was immer man zur Entstehung des Amazonen-Mythos sagen mag, man muß daher bedenken, daß er sehr alt und nicht erst zum Beispiel zur Zeit der Athener (6./5. Jhdt. v.u.Z.) entstanden ist. Bereits am Anfang der griechischen Literatur, bei deren Übervater sind sie da, die Amazonen, wenn auch nur mit zwei kurzen Auftritten.

Umso länger und zahlreicher fallen diese in der weiteren antiken Mythologie aus. Um zunächst einen Überblick zu geben:

1. Penthesilea und Achill treffen im Trojanischen Krieg aufeinander.
2. Zu einer der Aufgaben des Herakles gehört es, den Gürtel der Antiope zu erringen.
3. Bellerophontes und die Aufgaben des Königs der Lykier erwähnt, wie gesagt, schon Homer, aber nicht nur er.

4. Hippolyte (oder Antiope) belagert Athen in einem Krieg mit dessen Schutzpatron Theseus. Deshalb haben die Amazonen gerade für Athen eine besondere Bedeutung.
5. Alexander der Große begegnet auf seinem Zug durch das Persische Reich der Thalestris.
6. Sogar aus Libyen und damit fernab von ihrer gewöhnlichen Lokalisierung wird uns etwas über Amazonen und ihre Königin Myrina berichtet.

Penthesilea, Antiope, Hippolyte und Thalestris sind mithin die am häufigsten genannten Namen von Amazonen; Myrina ist eher eine – wenn auch bemerkenswerte – Randerscheinung. Hyginus in seinen „Fabulae" (163) nennt sogar eine noch längere Liste: „Ocyale, Dioxippe, Iphinome, Xanthe, Hippothoe, Otrere, Antioche, Laomache, Glauce, Agaue, Theseis, Hippolyte, Clymene, Polydora, Penthesilea."

Hinzu kommen zahlreiche Darstellungen auf Vasenbildern sowie Plastiken.[1] Damit haben wir noch nicht die wichtigste Quelle genannt, was die Frage nach dem historischen Hintergrund betrifft: es ist eine längere Passage des Historikers Herodot, der sich nicht darauf beschränkt, uns mythische Geschichten zu erzählen, sondern versucht, der Sache auf den Grund zu gehen. Weitere antike Autoren, die sich allgemein mit dem Phänomen der Amazonen befaßt haben, gibt es obendrein. Diese Fülle an Material gilt es nun zu sichten (Abb. 1).

Beginnen wir mit zwei Details, die für eine Einordnung hilfreich sind. Da ist zunächst der Name: ἡ Ἀμαζών – die Amazone. Was bedeutet er? Das haben sich schon antike Autoren gefragt und uns eine skurrile Geschichte dazu vorgetragen. Bezogen haben sie es auf ὁ μαζός – die weibliche Brustwarze, die Brust. Zusammen mit dem verneinenden α (Alpha privativum) wurde das dann als „die Brustlose" gedeutet, wozu es die Erläuterung gab, die Amazonen hätten den weiblichen Kindern die rechte Brust ausgebrannt, damit sie nicht beim Bogenschießen hinderlich

---

[1] Es fällt auf, daß genau so wie sie auch die personifizierte römische Virtus (Tugend, Tauglichkeit, Tapferkeit) bildlich dargestellt wird: „als bewaffnete Amazone, bekleidet mit einem kurzen Chiton, der einer Brust unbedeckt lässt". (Vgl. Thomas Ganschow: Krieg in der Antike. Darmstadt 2007, S. 111).

Abb. 1 Verwundete Amazone (römische Kopie nach einem griechischen Original aus dem 5. Jhdt. v.u.Z.)

sei. So berichten es der Arzt Hippokrates (genauer: das „Corpus Hippocraticum", d. h. die Sammlung der unter seinem Namen überlieferten Schriften) in „Von der Umwelt" (c. 17), ferner Apollodoros (II 98), Curtius Rufus in seiner „Alexandergeschichte" (VI 5), Justin in seinem Auszug aus Pompeius Trogus (II 4), Orosius in seiner „Geschichte gegen die Heiden" (I 15) und schließlich der christliche Enzyklopädist Isidor von

Sevilla (ca. 560–636 u.Z.), der in seinen „Etymologiae" (IX 64) sogar noch eine zusätzliche Deutung nennt: „Die Amazonen sind so benannt, weil sie gleichzeitig ohne Männer leben, d. h. ἅμα ζῶν." Das sind viele Stellen, doch es ist nicht viel davon zu halten. Bildlich, und das ist schon ein gewichtiger Einwand, werden die Amazonen nie einbrüstig dargestellt; und die Sprachforschung hält nichts von dieser Erklärung, gibt vielmehr zu, daß die Herkunft des Namens nicht sicher gedeutet werden kann. Möglich ist z. B. eine Herleitung aus einem hypothetischen iranischen Volksnamen, der soviel wie „Krieger" bedeutet.[2] Wenn selbst die Sprachwissenschaftler nicht zu einem eindeutigen Ergebnis kommen, dürfen wir die Frage offenlassen, wobei wir die antike Deutung als „Brustlose" distanziert zur Kenntnis nehmen.

Die andere Vorab-Frage ist die der räumlichen Zuordnung. Dabei liegt der Schwerpunkt auf Kleinasien und dem nördlichem Schwarzmeerraum, etwa dem Kaukasus. Öfters genannt wird der Fluß Thermodon, der etwa bei der Stadt Themiskyra (türkisch heute: Terme) ins Schwarze Meer mündet: so Herodot (IV 110), der Redner Lysias in seiner „Grabrede für die im Korinthischen Krieg gefallenen Athener" (II 4), der jüngere Seneca in seinem Drama „Oedipus" (Vers 481), Apollodor (II 98), Diodorus Siculus (II 45; III 52; XVII 77, 1), Apollonios von Rhodos in seinem „Argonautenepos" (II Vers 970), in Vergils „Aeneis" (XI 659), bei dem Geographen Strabon (XI 5, 2 und 4), bei Curtius Rufus (VI 5), im anonymen „Alexanderroman" des 3. Jhdts. u.Z. (III 27), bei Plutarch in seiner Theseus-Biographie (27) sowie in seiner Pompeius-Biographie (35), bei Pausanias in seiner „Beschreibung Griechenlands" (VII 2, 7), wiederum Justin (II 4), dann Quintus Smyrnaeus in seinen „Posthomerica" (I 18), Orosius (I 15) und schließlich Prokop in den „Gotenkriegen" (IV 3). An der Fülle dieser Textstellen merkt man schon, daß sich die Antike da sehr sicher war … oder ein Autor die Angabe einfach von seinen Vorgängern übernommen hat. (Es könnte einem heute beim Einsatz von Google etwas Ähnliches passieren.) Wichtig ist, daß sie alle eine Region angeben, die keineswegs ganz weit weg, gar ganz aus der Welt war; bei Kleinasien handelte es sich um einen traditionellen Teil des antiken Kulturraumes. Und innerhalb dessen sollten sie leben, die Amazonen.

---

[2] Vgl. Hjalmar Frisk: Griechisches etymologisches Wörterbuch. Heidelberg ³2017, Bd. 1, S. 83 f.

Man hätte sie dort eigentlich zu Gesicht bekommen müssen oder zumindest mit Leuten sprechen können, denen dies als Augenzeugen beschieden war.

Sehen wir nun, wie Achill im Trojanischen Krieg auf die Amazonenkönigin Penthesilea getroffen ist – ein Stoff, aus dem Heinrich von Kleist 1808 ein Drama gemacht hat. Wie schon betont, wird diese Episode nicht in Homers „Ilias" erzählt; sie war jedoch beliebt für Vasenmalereien (schon im 6. Jhdt. v.u.Z.) und wird auch in vielen Texten aus der Antike erwähnt – nicht nur von griechischen, sondern auch von lateinischen Autoren.

Da ist zunächst der für uns weitgehend verlorene „Troische Epenkreis" um die „Ilias" herum zu erwähnen. Zu diesem Epenkreis gehörte auch eine „Amazonia" (Ἀμαζονία), welche die Geschichte des Kampfes und der Liebe zwischen Achilleus und der Amazonenkönigin Penthesileia enthielt. Vermutlich bildete diese „Amazonia" kein eigenes Epos, sondern einen Bestandteil der „Kleinen Ilias" (Ἰλίας μικρά). Erhalten ist lediglich ein einziges, zweizeiliges Fragment[3]; es besagt nicht mehr, als daß nach der Beisetzung Hektors die Amazone, die Tochter des Kriegsgottes Ares, nach Troja gekommen sei. Gemeint sein muß damit die Penthesilea, selbstverständlich mit ihrem Gefolge kriegerischer Frauen. Auffallend ist daran immerhin, wie hoch ihre Kriegstüchtigkeit eingeschätzt worden ist, wenn sie als Tochter des Kriegsgottes höchstselbst galt. Dazu paßt dann der renommierte griechische Held, dem sie bei dieser Gelegenheit begegnen wird.

Indem wir die weiteren Stellen, an denen bloß die Existenz der Penthesilea und ihr Einsatz vor Troja erwähnt werden, ignorieren und uns auf die Begegnung mit Achill konzentrieren, kommen wir zunächst zu dem inzwischen gut eingeführten Pseudo-Apollodor, der uns gewöhnlich mit Überblicksinformationen versorgt; so auch in diesem Fall (Epitome 5, 1):

„Penthesileia, die Tochter der Otrere und des Ares, hatte unbeabsichtigt die Hippolyte (die Königin der Amazonen) getötet. Von Priamos entsühnt, nahm sie, als es zur Schlacht kam, vielen das Leben, darunter auch Machaon, kam aber später durch Achilleus ums Leben, der sich – nach ihrem

---

[3] Erich Bethe (Hrsg.): Der Troische Epenkreis, a. a. O., S. (168) 20.

Tod – in die Amazone verliebte und den Thersites, der ihn deshalb verhöhnte, tötete."

Hier erfahren wir den Grund, warum Penthesilea sich den Trojanern bzw. deren König Priamos verpflichtet fühlte, weshalb sie zu ihrer Unterstützung in den Krieg eingriff. Und wir erhalten einen ersten Hinweis auf eine tragisch verlaufene Liebesbeziehung zwischen ihr und Achilles.

Diesen Hintergrund und den Zweikampf mit Achilles bestätigt auch Diodorus Siculus (II 46), jedoch ohne Erwähnung der Liebesgeschichte. Da wird der römische Dichter Properz (ca. 50–15 v.u.Z.) in seinen „Elegien" (III 11, 13–16) deutlicher ... und poetischer: „aurea cui postquam nudavit cassida frontem, vicit victorem candida forma virum. – Doch als der goldene Helm ihr Antlitz freigab, besiegte ihre strahlende Schönheit den Sieger." Der Sturz im Tod muß erst den Helm fallen lassen und dabei den Blick auf die Schönheit ihres Gesichtes freigeben, um das Herz des Achilles zu entflammen – zu spät. Der Tod war die Voraussetzung der Liebe.

Auch der römische Dichter Vergil (70–19 v.u.Z.) führt in seinem römischen Nationalepos „Aeneis" in zwei Rückblicken die Penthesilea ein (I Verse 485–493; XI Verse 648–665), und zwar als heroische Kämpferin, als „rauhe Jungfrau – aspera virgo", die den Kampf mit Männern wagt; von der Begegnung mit Achill spricht er nicht, doch sei die Stelle angeführt, weil eine Erwähnung in der „Aeneis" allemal für Popularität sorgte.

Von unvergleichlichem Umfang ist die Darstellung des Quintus Smyrnaeus in seinen „Posthomerica", in der er das komplette Buch I seiner in Hexameterversen gestalteten Schilderung der Ereignisse des Trojanischen Krieges nach der homerischen Episode einem Thema widmet: der Penthesilea – ihr und ihren Amazonen. Mit viel Phantasie schmückt Quintus die Schlachtszenen aus, in denen die Amazonen die Griechen an den Rand einer Niederlage bringen und Kampfesmut selbst in den Trojanerinnen wecken. Als sogar die Schiffe der Griechen, die Voraussetzung für ihre Rückkehr, in Gefahr geraten, da appelliert der Grieche Aias an den immer noch grollenden Achill, endlich wieder in den Kampf einzugreifen (I Verse 494–507). Achill läßt sich bewegen, und bald stoßen er und Aias auf die Amazone (I Verse 538–546):

> Als die nun bemerkte die kriegskundige Penthesileia,
> rasend wie wilde Tiere im schauerlichen Getümmel,
> da stürmte sie gegen die beiden, wie eine grausame
> Leopardin im Dickicht mit einem zerstörerischen Herzen
> furchtbar ihren Schwanz schwingt und den angreifenden Jägern
> entgegenstürmt, die nun – gerüstet mit ihren Waffen –
> warten auf sie, wie sie heranstürmt, in Vertrauen auf ihre Speere:
> so also warteten auf Penthesilea die kriegerischen Männer
> mit erhobenen Speeren.

Hier kündigt sich ein dramatischer Höhepunkt an. Zunächst greift Penthesilea den Aias an, der sich jedoch gegen die Trojaner wendet und sie dem Achilleus überläßt. Dieser beginnt den Zweikampf mit der unter Helden üblichen verbalen Herausforderung und spricht dabei gleich mit den ersten Worten Entscheidendes aus: „Frau – ῏Ω γύναι". Eine Frau hat geprahlt und wagt es, mit Männern zu kämpfen, „die wir bei weitem die besten sind unter den Helden auf der Erde" (Verse 575 f.). Natürlich dürfen weder seine Abstammung noch seine größte Heldentat, die Tötung Hektors, fehlen. „Es wird dich nämlich auch dein Vater selbst nicht mehr retten, Ares,/vor mir, du wirst ein schlimmes Todeslos leiden müssen" (Verse 585 f.). Schon mit dem ersten Speerstoß trifft er sie an der rechten Brust (die sie offenbar noch hat), so daß Penthesilea erwägt, entweder mit dem Schwert weiterzukämpfen oder vom Pferd zu steigen und ihm Erz und Gold gegen Verschonung zu versprechen. Dazu kommt es jedoch nicht, denn Achill durchbohrt nun mit dem Speer ihr Pferd und sie selbst zugleich. Der Kampf ist entschieden; Penthesilea stürzt vom Pferd – „mit Anstand", wie Quintus betont, „keine Schande nämlich entstellte ihre schöne Gestalt" (Verse 622 f.). Sie gab sich also, wie man so sagt, keine Blöße. Kommt es nun zu später Liebe? Achill verhöhnt die Sterbende wiederum in einem Akt verbaler Aggressivität, zieht den Speer heraus und nimmt ihr den glänzenden Helm vom Haupt. Das ist die letzte Chance für ihre Schönheit: „Obwohl sie im Staub und im Blut lag,/ leuchtete unter den lieblichen Augenbrauen ihr schönes Gesicht auf,/ wenn sie auch tot war." (Verse 659–661). Die umstehenden Griechen bewundern sie und denken an den Umstand, daß ihr Vater Ares die Aphrodite als Geliebte hatte – ein Gedanke, den Aphrodite selbst in ihnen erregt, um den Achill zu betrüben (Verse 666–668). Das gelingt (Verse 671–674):

> Und Achilleus quälte sich unaufhörlich in seinem Herzen,
> weil er sie tötete und nicht als herrliche Gemahlin
> in das pferdereiche Phthia führte, da sie an Größe und Aussehen
> untadelig war und den Unsterblichen gleich.

Es ist eine bei Männern nicht seltene Assoziation von Gewalt und Erotik, die wir hier vorgeführt bekommen. Sie entzündet sich an einer Amazone. Das sollte man nicht nur beiläufig erwähnen.

Zwei weitere Varianten des Penthesilea-Mythos sind noch bekannt: die des Dictys Cretensis, ein fiktiver Autor, dessen Werk „Tagebuch des Trojanischen Krieges" in der Bearbeitung eines Lucius Septimius (mutmaßlich aus dem 4. Jhdt.) vorliegt. Ein kurioses Werk übrigens, von dem besagter Septimius in der Einleitung behauptet, man habe den Text in Knossos auf Kreta in einem verschlossenen Kästchen in phönizischer Schrift gefunden, worauf es von einem gewissen Praxis ins Griechische übertragen und dem Kaiser Nero übergeben worden sei; er selbst, Septimius, habe es lediglich ins Lateinische übersetzt. Dieser Autor berichtet (IV 2 f.) von dem überaus heftigen Kampf, den Penthesilea mit einer förmlichen Armee den Griechen geliefert habe, wobei sie schließlich verwundet von Achill an ihren Haaren vom Pferd gezogen worden sei. Die Griechen hätten sie bestaunt:

> „So strömten in kurzer Zeit alle an denselben Ort, und man beschloss, sie, die es ja gewagt hatte, sich über die Bedingungen der Natur und des Geschlechts hinwegzusetzen, solange sie noch einen Rest an Lebenshauch hatte, um etwas zu empfinden, in einen Fluss oder vor die Hunde zum Zerreißen zu werfen. Achilleus wünschte, die Getötete zu begraben, wurde aber bald von Diomedes daran gehindert. Der nämlich fragte die Umstehenden, was man denn mit ihr machen solle, und ließ sie dann mit Zustimmung von allen an den Füßen wegziehen und in den Skamandros werfen, zur Strafe nämlich für ihren ärgsten Verzweiflungsmut und Wahnsinn."

Hier bleibt statt der Liebe des Achill lediglich sein unerfüllter Wunsch, die Tote anständig zu begraben.

Ein ähnlich kurioses Werk ist das des Phrygers Dares, der ebenfalls fiktive Verfasser einer angeblich zeitgenössischen Schilderung des Trojanischen Krieges: „Die Geschichte vom Untergang Trojas". Der anonyme lateinische Autor gibt sich als Cornelius Nepos aus und behauptet, er habe den von ihm aufgefundenen Bericht des Dares übersetzt und veröffentlicht, um die Darstellung Homers (die es zu unserem Thema gar nicht gibt!) zu korrigieren. Hier (36) ist Achill bereits gefallen, als es zum Einsatz der Amazonen auf der Seite Trojas kommt, und es ist Achills Sohn Neoptolemos, der sich mit ihr einen Zweikampf liefert und sie, erzürnt durch eine Verwundung, niedermacht. Soweit die „Korrektur Homers".

Kommen wir nun zur zweiten großen Begegnung zwischen einem griechischen Helden und einer Amazonenkönigin: Herakles und Hippolyte. Wiederum verschafft uns Apollodor (II 98–102) einen Überblick. Demzufolge quälte ein König namens Eurystheus den Herakles mit berühmt gewordenen Aufgaben (wie etwa dem Ausmisten des Augiasstalles), deren neunte von insgesamt zwölf die Beschaffung eines besonderen Gürtels der Hippolyte war, den diese von „Ares als Zeichen, daß sie die Erste von allen sei", erhalten hatte und den die Tochter des Eurystheus begehrte. Herakles begab sich zum Wohnort der Amazonen, und Hippolyte sicherte ihm freundlicherweise den Gürtel zu. Das wäre nun eine leichte Aufgabe gewesen, hätte sich nicht Hera, die dem Herakles übel gesonnen war, eingeschaltet und im Volk der Amazonen das Gerücht verbreitet, der Fremde und sein Gefolge wollten die Königin rauben. Als die Amazonen daraufhin das Schiff stürmen wollten, wähnte Herakles sich von Hippolyte verraten, tötete sie und nahm ihr den Gürtel weg. Auch hier besiegt und tötet also der männliche Held die weibliche Gegenspielerin, wobei die Tragik darin besteht, daß sie eigentlich gar nicht seine Gegenspielerin ist. In viel kürzerer Form erwähnt Hyginus (Fabula 30) diesen Gürtelraub, und zwar nur als eine der zwölf Aufgaben des Hercules.

Eine andere Version finden wir bei Apollonios von Rhodos (3. Jhdt. v.u.Z.), und zwar in seinem „Argonautenepos", das dem Konflikt um Iason, Medea und das sog. Goldene Vlies gewidmet ist. Am Rande erzählt er (II Verse 964–969), daß Herakles einst auf die Arestochter und Amazone Melanippe gestoßen sei und sie gefangengenommen habe; den Gürtel habe er von ihrer Schwester Hippolyte als Lösegeld erhalten und diese dann freigelassen, „ohne ihr ein Leid angetan zu haben". Eine Verbindung zu den Aufgaben des Herakles gibt Apollonios nicht an, und es ist auch niemand zu Tode gekommen.

Arrian erwähnt in seinem „Alexanderzug" (VII 13) die Geschichte ganz kurz, und zwar in dem Sinne, wie auch Apollodor sie berichtet.

Weitaus komplizierter klingt die Version, die wir bei Justin (II 4) lesen: Hier verbindet sich der Herakles-Mythos mit einem anderen, dem von Theseus, auf den wir ohnehin noch in Verbindung mit den Amazonen zu sprechen kommen müssen. Nachdem die Amazonen „den größeren Teil Europas" und „auch von Asien einige Staaten" erobert hatten, kam ihre Königin Martesia bei Kämpfen ums Leben, und deren Tochter Oreithyia folgte ihr auf dem Thron nach, gleichermaßen berühmt für ihre Kriegstüchtigkeit wie ihre Jungfräulichkeit. Auf diese, so Justin, bezog sich der Auftrag des Eurystheus an Herakles – genauer gesagt nicht auf einen Gürtel, sondern deren Kriegswaffen. Als Herakles „mit neun Kriegsschiffen und begleitet von der Jungmannschaft der Fürsten Griechenlands" bei den Amazonen eintraf, befand sich Oreithyia allerdings gerade auf einem Kriegszug, und daheim wurde sie von ihrer Schwester Antiope vertreten. Da nur wenige Amazonen vor Ort waren und zudem nichts Übles ahnten, hatten Herakles und seine Mannen ein leichtes Spiel. Von den zwei Schwestern der Antiope nahm Herakles die Melanippe gefangen, Theseus – der sich in seinem Gefolge befand – die Hippolyte. Und während Theseus die Hippolyte heiratete, gab Herakles die Melanippe an Antiope zurück, wofür er als Dank die erstrebten Waffen der Königin erhielt. Die Waffen, keinen Gürtel.

Hier wird mithin der bei Apollodor einfach zusammengesetzte Personenkreis aufgebläht, so daß wir es gleich mit vier Führungsgestalten der Amazonen zu tun haben. Deren erste, die Oreithyia, will sogar Rache nehmen für den Überfall und wendet sich an den Skythenkönig um Hilfe. Das ist nun eine interessante Verbindung, zumal Justin die Oreithyia ausdrücklich sagen läßt, die Amazonen seien mit den Skythen verwandt, und auch die Skythenfrauen seien kriegerisch. Diese Nähe der Amazonen zu dem Reitervolk der Skythen an der Nordseite des

Schwarzen Meeres hat Justin sich nicht ausgedacht; sie wird schon bei Herodot ausführlich thematisiert, worauf wir noch zurückkommen werden, denn sie gibt uns einen Ansatz zum Verständnis des historischen Hintergrundes des Amazonen-Mythos.

Der Skythenkönig jedenfalls schickt Truppen zur Unterstützung; allerdings kommt es noch vor der entscheidenden Schlacht mit den Griechen zu einem internen Konflikt, weshalb die Amazonen letztlich doch alleine kämpfen müssen und verlieren. Immerhin können diese sich dank skythischer Unterstützung in ihre Heimat zurückziehen, wo auf Oreithyia als Königin der Amazonen die Penthesilea folgt.

So erbringt uns die Darstellung des Justin eine Einbindung verschiedener Akteure und gleichzeitig – soweit das im Mythos zu erwarten ist – eine chronologische Einordnung der uns schon bekannten Penthesilea und damit des Trojanischen Krieges.

Sehr ähnlich klingt die Darstellung des Orosius in seiner „Geschichte gegen die Heiden" (II 15), nur daß dort einige Namen anders angegeben werden. So wird aus Martesia Marpesia, aus deren Tochter Oreithyia eine Sinope, aus Melanippe und Hippolyte Melanippe und Oreithyia. Aber die Ereignisse verlaufen – samt Theseus – wie bei Justin. Bemerkenswert ist noch eine abschließende Würdigung der Geschichte durch Orosius (II 16):

> „Ach, Schmerz, man schämt sich über menschliche Verirrung! Frauen, aus dem Vaterland flüchtend, betraten, durchschweiften, zerstörten Europa und Asien, also die größten und stärksten Teile der Welt. Sie hielten sie fast hundert Jahre in Besitz, wobei sie sehr viele Städte zerstörten und andere gründeten. Dennoch rechnete man die Drangsal dieser Zeiten nicht zum Elend der Menschen."

Frauen und Katastrophen! Orosius zeigt hier seine Tendenz, der heidnischen Behauptung entgegenzutreten, die Wirren seiner eigenen Zeit seien dem Abfall von den traditionellen Göttern geschuldet, indem er darauf hinweist, welche Wirren schon in der ‚guten alten Zeit' geherrscht hätten.

Wir können diesen Aspekt auf sich beruhen lassen und uns einem weiteren, hier bereits angesprochenen Paar zuwenden: Theseus und Hippolyte (oder Antiope).

Schon der attische Bürger Aischylos gibt in seinen „Eumeniden", dem dritten Teil seiner „Orestie", über die Geschichte Athens an (Verse 685–690):

> Den Areshügel hier, der Amazonen Sitz
> Und Lager, als sie kamen, Theseus voller Haß
> Mit Kampf zu überziehn, und ihre neue Burg,
> Die hochgetürmte hier, entgegentürmten einst
> Und Ares opferten, woher den Namen trägt
> Die Felsenhöh Areopag [...]

Der Areopag (Ἄρειος πάγος, Areshügel) war der traditionelle Sitz des Rats der Athener, dessen Funktion im Laufe der Zeit auf die eines Gerichtshofes reduziert worden war, trägt also, so Aischylos, seinen Namen nach dem Gott, auf den sich die Amazonen zurückführten. Der Bezug besteht darin, daß diese einst in einem Krieg gegen Theseus die Stadt besetzt und dort, auf dem Areshügel, ihr Lager aufgeschlagen hatten. Theseus wiederum war ein mythischer König und Staatsheld der Athener. Daß er irgendwie an einem Konflikt mit den Amazonen beteiligt gewesen sei, haben wir bereits bei der Herakles-Sage erfahren. Eine sonderliche Sympathie mit den Amazonen hat Aischylos anscheinend nicht empfunden, denn an einer anderen Stelle (Die Schutzflehenden, Verse 284–290) nennt er sie „mannlose, fleischverzehrende Amazonen auch – καὶ τὰς ἀνάνδρους κρεοβόρους Ἀμαζόνας".

Der Redner Isokrates erläutert dies etwas näher an zwei Stellen seiner Lobrede auf Athen (Panegyrikos 19 und 78), wobei es an der zweiten Stelle heißt:

> „[Es fielen in unser Land ein] die Skythen aber mit den Amazonen, des Ares Töchtern, die den Zug gegen Hippolyte unternahmen, welche die bei ihnen bestehenden Gesetze übertreten hatte, indem sie sich in Theseus verliebte und ihm aus ihrer Heimat folgte und mit ihm lebte."

An einer Stelle des Redners attischen Lysias (ca. 445 – nach 380 v.u.Z.), der „Grabrede für die im Korinthischen Krieg gefallenen Athener" (II 3–6), wird in ähnlicher Weise der Ruhm Athens durch den Sieg über die Amazonen hervorgehoben:

> „Sie herrschten über viele Völker und hatten sich bereits durch ihre Taten ihre Nachbarn unterworfen, als sie Kunde erhielten vom großen Namen unseres Landes. Verführt durch die Aussicht auf großen Ruhm und die Hoffnung auf Erfolg, versammelten sie die streitbarsten Völker um sich und zogen gegen unsere Stadt. Da sie es aber mit tapferen Männern zu tun bekamen, wurde ihr Mut ihrem Geschlecht entsprechend, und in Widerspruch zu ihrem früheren Ruhm erschienen sie im Kampf mehr als Frauen, als sie es durch ihre Gestalt waren."

Mit dem Ergebnis: „sie starben hier, und bestraft für ihre Torheit verschafften sie unserer Stadt unsterblichen Ruhm der Tapferkeit."

Vage bleibt bei beiden Autoren, warum genau die Amazonen gegen Athen – und gegen eine der Ihren: die Hippolyte! – Krieg führten; dazu später mehr. Dabei gibt Apollodor (Epitome 1, 16) drei mögliche Namen der von Theseus ehehalber entführten Amazone an: Antiope, Melanippe oder Hippolyte; ferner daß Theseus von ihr einen Sohn namens Hippolytos gehabt habe – was für den letzten der drei Mutternamen spricht. An anderer Stelle (Epitome 5, 2) schildert er allerdings den Grund des Krieges mit den Amazonen deutlich anders: Hippolyte (die auch Glauke und Melanippe genannt werde) habe im Herzen bzw. Bett des Theseus der Phaidra weichen müssen und sei deswegen ein äußerst unwillkommener Gast der Hochzeitsfeier geworden, nämlich mit ihren Amazonen in Athen erschienen, um alle Teilnehmer zu töten. Dabei sei sie allerdings selbst ums Leben gekommen, wofür Apollodor uns gleich drei Versionen nennt: durch Verrat der Penthesilea (das war der Grund, weshalb sie von Priamos entsühnt werden wollte: die Tötung ihrer Schwester), durch Theseus oder durch listige Gäste, die sie von ihren Gefährtinnen trennten und im Haus töteten. Die Penthesilea-Variante läßt Apollodor in Epitome 1, 17 übrigens weg.

Die Ehe des Theseus mit Phaidra hat später ebenfalls einen unglücklichen Verlauf genommen und Stoff für weitere Dramen geboten, was jedoch nicht hierher gehört.

Die ausführlichste Darstellung der Beziehung des Theseus zu einer Amazone, die in diesem Falle Antiope heißt, verdanken wir Plutarch in seiner Theseus-Biographie (26–28). Ihm zufolge stellt die Behauptung, Theseus habe an der Fahrt des Herakles teilgenommen und sei bei dieser Gelegenheit in Kontakt zu den Amazonen gekommen, eine Minderheiten-Meinung dar, während die Mehrzahl der Berichtenden es so schildert, daß Theseus später einen eigenen Zug zu den Amazonen unternommen und dabei die Antiope – mehr oder weniger gewaltsam – für sich gewonnen habe. In einer Version, die Plutarch wiedergibt, geschieht dies ausgesprochen unheldenhaft:

> „Bion behauptet sogar, daß er sich auch Antiopes nur durch List bemächtigt und sie entführt habe. Denn von Natur seien die Amazonen durchaus keine Männerfeindinnen und wären da-rum, als Theseus anlegte, nicht vor ihnen geflohen, sondern hätten ihm sogar Gastgeschenke geschickt; er aber habe die Überbringerin eingeladen, an Bord zu kommen, und sobald sie das Schiff betreten hätte, sei er davongefahren."

Von ihrer ursprünglichen Veranlagung her waren sie demnach keine Männerfeindinnen, doch die Erfahrung läßt so manche Frau ihre Meinung ändern. Auf der Rückfahrt sei es nun zu folgendem Drama gekommen: Einer der Begleiter des Theseus, ein junger Mann namens Soloeis, verliebte sich in Antiope, vertraute dies einem Freund an, der es dann – o Verschwiegenheit unserer Freunde! – der Antiope mitteilte. Diese wies den Antrag ab, hielt es freilich nicht für nötig, dem Theseus davon zu berichten. Soloeis nahm sich die Abweisung zu Herzen und stürzte sich in einen Fluß. Erst jetzt erfuhr auch Theseus von dem Ereignis.

Ab jetzt wird die Geschichte in der Erzählung des Plutarch etwas nebulös. Von einer Reaktion des Theseus gegenüber Antiope berichtet er nämlich nichts, sondern nur, daß Theseus traurig über den Tod des Freundes gewesen sei und ihm zu Ehren an der betreffenden Stelle eine Stadt gegründet habe, was Plutarch einen längeren Textabschnitt wert ist. Unvermittelt beginnt er dann das folgende Kap. (27) mit dem Satz: „Dies wurde der Anlaß zu dem Amazonenkrieg, den man offenbar nicht als ein unbedeutendes Weiberunternehmen ansehen darf." Wir bleiben im Unklaren, wie genau die Amazonen durch diese Episode zu einem Krieg gegen Theseus und Athen motiviert worden sein sollen. Hat Theseus die Antiope des Betrugs, Verrats, Ehebruchs beschuldigt und deshalb die Unschuldige verstoßen? Dagegen spricht, daß Plutarch ebenfalls in diesem Kapitel den Namen der „Amazone, die mit Theseus zusammenlebte" diskutiert (Antiope oder doch Hippolyte?), was ja nun darauf deutet, daß es der Held noch nach seiner Rückkehr einige Zeit lang mit seiner Gefährtin ausgehalten hat. Der andernorts erwähnte Umstand einer neuen Liebe und einer neuen Heirat (Phaidra) könnte den Zwist erklären, hat jedoch nichts mit dem Schicksal des unglücklichen Soloeis zu tun, das Plutarch damit in Verbindung bringt.

Größere Beachtung schenkt Plutarch der Umständen des nun ausgebrochenen Krieges. Dabei erscheinen mir zwei Aspekte bedeutsam: Zum einen meint Plutarch, es müsse sich um einen großen Krieg gehandelt haben, da die Amazonen vom Stadtgebiet aus gekämpft hätten, was dessen vorherige Eroberung voraussetzt; zweitens gibt er als Beleg für die historische Wahrheit (jenseits eines bloßen Mythos) an, daß mehrere Stellen in Athen nach den Amazonen benannt seien (den Areopag alias Areshügel kennen wir schon, Plutarch nennt noch das Amazoneion) und es noch zu seiner Zeit Gräber gefallener Amazonen in der Stadt gebe.

Theseus habe die Entscheidungsschlacht eröffnet – Plutarch gibt taktische Details und einzelne Kampforte an – und schließlich die Amazonen auf ihr Lager zurückgedrängt. Es ist, als ob man eine historische Schlachtschilderung läse. Dann aber eine Überraschung:

> „Endlich im vierten Monat sei es zu einem Friedensvertrag gekommen durch Vermittlung der Hippolyte. [...] Einige sagen freilich, die Frau sei, an der Seite des Theseus kämpfend, von Molopadia durch einen Speerwurf getötet worden, und die Stele beim Heiligtum der olympischen Gē sei für sie errichtet."

Hippolyte ist gar nicht die Anführerin der angreifenden Amazonen, sondern vermittelt den Friedensvertrag oder stirbt sogar kämpfend an der Seite des Theseus!

„Daß jedoch der Krieg mit einem Frieden endete, dafür ist Zeugnis sowohl die Benennung des Platzes beim Theseusheiligtum, der Schwurstätte (= Horkomosion) heißt, als auch das Opfer, das seit alters vor dem Theseusfest den Amazonen dargebracht wird."

Von Grabmälern der Amazonen (Antiope und Molpadia) in Athen berichtet auch Pausanias (I 2, 1), der im übrigen die Liebesbeziehung zwischen Theseus und der Amazone, die er Antiope nennt, unter Berufung auf einen Autor, den wir nicht kennen, bestätigt und daß sie von Molpadia, diese aber von Theseus getötet worden sei.

Diese Überlieferung steht nicht nur quer zu dem, was wir sonst über diesen Krieg der Amazonen vs. Theseus und die Athener erfahren, sondern auch zu dem, wie eine Auseinandersetzung heldenhafter Griechen gegen dieses Frauenvolk typischerweise dargestellt wird. Da haben die griechischen Helden zu siegen, nicht friedlich-schiedlich auseinanderzugehen. Und dies hält Plutarch abschließend sogar als historische Wahrheit gegen die Legenden:

„Das ist das Wichtigste, was von den Amazonen zu berichten ist. Denn was der Dichter des Theseusepos von einem Aufstand der Amazonen erzählt hat, daß Antiope den Theseus, als er Phaidra heiratete, mit Hilfe ihres Gefolges von Amazonen überfallen und daß Herakles sie erschlagen habe, das klingt offenkundig nach Fabel und Erfindung. Tatsächlich heiratete er Phaidra erst nach dem Tode der Antiope, von welcher er einen Sohn hatte, den Hippolytos oder, wie Pindar sagt, Demophon."

Es handelt sich daher um nicht mehr und nicht weniger als die Geschichte einer harmonischen, wenngleich durch äußere Umstände dramatischen Liebes- und Ehebeziehung zwischen einem griechischen Helden, *dem* athenischen Helden und einer Amazone. Vielleicht ist die dahinterstehende Botschaft die, daß athenische Helden auch auf andere Weise als durch Krieg über Amazonen zu siegen wissen. Übrigens findet man auch in modernen Büchern (Röhl, Pomeroy, Börner) über die Amazonen eine Version des Mythos samt glorreichem Sieg des Theseus, welche zumindest der des Plutarch widerspricht. Plutarch stammte übrigens, anders als die Lobredner Isokrates und Lysias, nicht aus Athen, sondern aus Chaironeia; er hatte also keinen Anlaß, Lokalpatriotismus ins Spiel zu bringen. Gerade deshalb sollte man diese Version über Theseus und seine Amazone nicht ignorieren.

Den Athenern war diese Episode ihrer Geschichte so wichtig, daß sie ihr einen eigenen Fries an ihrem berühmten Parthenon-Tempel auf der Akropolis gewidmet haben: den Kampf zwischen Griechen und Amazonen, neben dem Kampf zwischen Göttern und Giganten.

Wir kommen nun zum dritten Paar, zu Alexander dem Großen und Thalestris. Hierzu finden wir einen ausführlichen Bericht in der „Geschichte Alexanders des Großen" des Curtius Rufus (VI 5). Ihm zufolge zeigte nicht Alexander, der ja mit Kleinasien auch das Wohngebiet der Amazonen eroberte, ein Interesse an ihnen; vielmehr habe ihre Königin den Wunsch gehabt, Alexander zu sehen, und um eine Zusammenkunft gebeten, die ihr auch gewährt worden sei. Begleitet von 300 wohlbewaffneten Kriegerinnen sei sie Alexander gegenübergetreten … und zunächst von seiner Erscheinung enttäuscht gewesen. „Denn alle Barbaren empfinden vor einer majestätischen Körpergestalt Ehrfurcht und halten dagegen niemand für großer Taten fähig, den die Natur nicht mit einem ausgezeichneten Äußern gewürdigt hat." Anscheinend war ihr der Makedone nicht imposant genug. Aber da er nun einmal ein erfolgreicher Eroberer war, äußerte sie unverblümt den Wunsch, mit ihm Kinder zu bekommen. Sollte der Versuch zu einem Mädchen führen, so wolle sie es selbst aufziehen, einen Knaben aber seinem Vater aushändigen. Eine spontane Reaktion Alexanders auf diesen Wunsch überliefert uns Curtius Rufus nicht, wohl aber die Frage, ob sie, Thalestris, mit ihm in den Krieg ziehen wolle. Das wiederum lehnt sie ab unter Hinweis darauf, sie wolle ihr Land nicht ohne Schutz zurücklassen. Was ihren eigenen Wunsch angeht, so schreibt Curtius Rufus, ihr Interesse daran sei größer gewesen als das des Königs. Immerhin habe man dreizehn Tage mit dem Versuch seiner Realisierung verbracht, bevor jeder wieder seines Weges zog. Ende der Episode. Auf die naheliegende Frage, ob der Versuch von Erfolg gekrönt gewesen sei, geht Curtius Rufus nicht ein.

Wir können feststellen, daß wir auch hier eine Verbindung zwischen einer Amazonenkönigin und einem – in diesem Falle sogar historischen – Superhelden geschildert bekommen und daß die Begegnung eher erotisch als kriegerisch war. Sie erfolgt, so mein Eindruck, sogar auf Augenhöhe, insofern beide nicht gerade hingerissen voneinander sind: neugierig und praktisch auf Seiten der Thalestris, praktisch orientiert auch von Alexander aus, der in erster Linie eine mögliche militärische Unterstützung sondiert. So etwa wird die Begegnung auch bei Diodorus Siculus (XVII 77) wiedergegeben, wobei allerdings Andeutungen von Distanziertheit fehlen, d. h. die beiden Personen treten einander mit Hochachtung entgegen, und es wird von Alexander auch kein militärisches Anliegen ausgesprochen. Von der Frucht dreizehntägiger Bemühungen erfahren wir bei Diodor ebenfalls nichts.

Justin (II 4) bestätigt die Anekdote, nennt als zweiten Namen der Thalestris Minithyia und ergänzt etwas kryptisch, daß sie kurz nach ihrer Rückkehr zusammen mit dem ganzen Volk der Amazonen umgekommen sei. Das macht die Frage nach dem Nachwuchs hinfällig, läßt jedoch völlig offen, wie es denn zu dieser Katastrophe gekommen sei. Für die Leser des Justin bzw. seiner Quelle Pompeius Trogus dürfte damit immerhin klar gewesen sein, warum man die Amazonen nirgends mehr finden konnte. Eine Erklärung, die selbstverständlich für die Griechen der Zeiten vor Alexander unbefriedigend bleiben mußte.

Die phantastischste Version des Alexander-trifft-auf-Amazonen-Mythos begegnet uns bei dem anonymen Verfasser eines Alexanderromans: „Leben und Taten Alexanders von Makedonien" (3. Jhdt. u.Z.). Ihr zufolge (III 25–28) machte sich Alexander, nachdem ihm die persischen Satrapen als König gehuldigt hatten, von sich aus auf den Weg zu den Amazonen und schickte ihnen, sobald er sich in ihrer Nähe befand, taktvollerweise einen Brief, um sie vorzubereiten und seiner freundlichen Gesinnung zu versichern:

„König Alexander grüßt die Amazonen! Ich nehme an, daß ihr von meinem Sieg über Dareios gehört habt. Von dort zogen wir gegen die Inder, besiegten ihre Führer und unterwarfen sie nach dem Willen der Vorsehung. Dann marschierten wir zu den Brahmanen, Gymnosophisten genannt; wir nahmen Tribut von ihnen und ließen sie auf ihre Bitten hin an ihren angestammten Plätzen in Frieden weiterleben. Von dort kommen wir nun zu euch. Ihr aber ziehet uns freudig entgegen, denn wir kommen nicht im bösen, sondern um euer Land zu sehen und euch Gutes zu tun. Lebt wohl!"

Die Amazonen beantworten diesen Brief selbstbewußt und eine Spur warnender; vor allem schildern sie ausführlich ihre Lebensweise und ihren Umgang mit Männern:

„Die Führerinnen der Amazonen grüßen Alexander! Wir schreiben dir, damit du Bescheid weißt, bevor du gegen unser Land anrückst, und dich nicht später ruhmlos zurückziehst. Durch diesen Brief werden wir dich über die Beschaffenheit unseres Landes und über uns und unsere strenge Lebensweise unter-richten. Wir wohnen auf der anderen Seite innerhalb des Amazonenflusses, und zwar in der Mitte; die Grenze unseres Landes ist ein Fluß ohne Anfang und Ende vom Umfang einer Jahresreise. Es gibt nur einen Zugang zu uns. Wir, die dort wohnenden Jungfrauen, sind zweihundertsiebzigtausend Bewaffnete. Kein männliches Wesen existiert bei uns: Die Männer wohnen jenseits des Flusses und bebauen das Land. Jedes Jahr feiern wir ein großes Fest und bringen dreißig Tage lang dem Zeus, Poseidon, Hephaistos und Ares Pferdeopfer dar. Welche von uns nicht mehr Jungfrau sein will, siedelt zu den Männern über. Alle Mädchen, die sie zur Welt bringen, schicken sie im Alter von sieben Jahren zu uns. Wenn Feinde gegen unser Land anrücken, ziehen einhundertzwanzigtausend von uns zu Pferde aus, die übrigen bewachen die Insel. Wir ziehen den Feinden bis zur Grenze entgegen, die Männer folgen uns in Kampfordnung. Wird eine von uns im Kampf verwundet, so wird sie durch unsere Bewunderung hoch geehrt; sie wird bekränzt, und ihr Andenken währt immer. Wenn aber eine bei der Verteidigung der Heimat fällt, erhält ihre nächste Verwandte viel Geld und Gut geschenkt. Wenn eine den Leichnam eines Feindes mit sich auf die Insel bringt, wartet ihrer als Lohn viel Gold und Silber und öffentliche Speisung zeit ihres Lebens. So also kämpfen wir, alle für unseren eigenen Ruhm. Wenn wir die Feinde besiegen und sie müssen fliehen, so bleibt ihnen die Schande für alle Zeit; besiegen sie aber uns, so haben sie nur Weiber besiegt. Sieh also zu, König Alexander, daß dir solches nicht widerfährt! Überlege dir die Sache und schreibe uns zurück; du wirst unser Feldlager an der Grenze vorfinden."

Ein derart ausführliches Selbstzeugnis der Amazonen, auch wenn es selbstverständlich fiktiv ist, findet sich in der antiken Literatur sonst nicht.

Immer noch nicht kommt es zu einer physischen Begegnung; vielmehr schreibt Alexander einen weiteren Brief, in dem er nun seinerseits auf seine militärischen Erfolge (die Eroberung dreier Erdteile: Europa, d. h.

Griechenland; Asien, d. h. das persische Reich; Afrika, d. h. Ägypten) verweist und den Amazonen zwei Optionen offeriert: die militärische Konfrontation oder die Kooperation auf der Basis von Tributzahlungen seitens der Amazonen sowie Soldzahlungen seitens Alexanders.

Nach einer Volksversammlung, also nicht aufgrund königlicher Entscheidung, antworten die Amazonen, daß sie sich für die zweite Option entschieden hätten. Von diesem Erfolg berichtet Alexander sodann seiner Mutter Olympias in Makedonien brieflich. Immerhin ist es – so der Text des Romans – wenigstens zu einem visuellen Kontakt zu den Amazonen gekommen, denn Alexander beschreibt ihr Aussehen. Sein Sieg aber, und das ist in der Alexander-Überlieferung so ziemlich einmalig, beruhte in diesem Falle auf einem Briefverkehr.

Von Thalestris ist namentlich in dieser Episode nicht die Rede; vielmehr sprechen die Amazonen von ihren Führerinnen im Plural (αἱ κράτισται καὶ ἡγούμεναι); in Verbindung mit der Volksversammlung als Entscheidungsinstanz klingt dies nach einer gar nicht monarchischen Verfassung, vielmehr nach einer, in welcher die Heeresversammlung die höchste Entscheidungsinstanz darstellte – wobei in diesem Falle der bei anderen Völkern übliche Unterschied zwischen Kriegern und Frauen naturgemäß entfiel. Eine interessante Konstruktion, allerdings die eines Romans.

Arrian, dem wir den ausführlichsten Bericht des Alexanderzuges verdanken, erwähnt (VII 13) eine Begegnung Alexanders mit Amazonen wiederum auf eine andere Weise, und auch in diesmal ohne eine direkte Zusammenkunft mit ihrer Königin. Als Alexander sich schon lange nicht mehr in Kleinasien befand, so schreibt Arrian, sondern tief im Persischen Reich, in Medien, führte ein persischer Satrap (Fürst, Statthalter) namens Atropates ihm 100 bewaffnete Reiterinnen zu, von denen er behauptete, es seien Amazonen. Arrian gibt auch eine besondere Art der Bewaffnung an. Alexander habe gefürchtet, diese Frauen könnten zu Gewalttaten seitens seiner Makedonen oder der Barbaren (Perser) führen, und sie zu ihrer Königin zurückgeschickt mit dem Auftrag, sie herzlich zu grüßen und ihr zu melden, er „werde sie besuchen, um mit ihr Kinder zu zeugen". An dieser Stelle kann man die andere Version noch in etwa erkennen.

Arrian geht nun aber detailliert auf die Glaubwürdigkeit dieses Berichtes ein. Die ihm vorliegenden Werke von Teilnehmern des Alexanderzuges (Aristobulos und Ptolemaios) hätten keine solche Angabe, und außerdem habe es seiner Ansicht nach zu dieser Zeit und auch schon vor Alexander keine Amazonen mehr gegeben, sonst hätte z. B. Xenophon, der zur Zeit des Persischen Reiches sich dort aufgehalten hat, darüber berichten müssen. Daß es jedoch die Amazonen überhaupt nie gegeben habe, nimmt Arrian nicht an, indem er sich auf viele „höchst wichtige" Autoren beruft und dann die Geschichten von Herakles und Theseus nennt, ebenso Herodot und die attischen Redner. Daher zieht Arrian das Fazit:

„Wenn demnach Atropates Alexander berittene Weiber zuführte, dann sind das meines Erachtens irgendwelche andere, reitkundige Barbarenweiber gewesen, die man nach Art von Amazonen ausgerüstet hatte, so gut man dies nach der Kunde eben wußte."

Einen amüsanten Kommentar zur angeblichen Begegnung von Alexander uns Thalestris lesen wir in Plutarchs Alexander-Biographie (45 f.): Er erwähnt kurz die Geschichte und zählt sodann die Historiker auf, die sie berichten, sowie diejenigen, die sich nicht berichten – auf beiden Seiten übrigens Teilnehmer des Zuges. Einer der Historiker, welche die Episode samt Amazone wiedergeben, habe sie später einmal einem der ehemaligen Generale Alexanders, dem Lysimachos, vorgelesen. „Da habe Lysimachos nur leise gelächelt und gesagt: ‚Und wo war ich da? (Καὶ που, φάναι, τότε ἤμην ἐγώ;)'"

Daß die Angaben der Historiker widersprüchlich seien, schreibt auch Strabon in seiner „Geographie" (XI 5, 4), und er fügt noch die unwahrscheinlich große Entfernung hinzu, über die Thalestris bis zu Alexanders Standort gekommen sein müßte, wäre sie von dort gekommen, wo ein Historiker es behauptet.

Fast wie ein Satyrspiel nach einem Drama mutet ein Bericht über eine weitere Amazonenkönigin an: Diodorus Siculus (III 52–55) schreibt, gestützt auf Dionysios Skytobrachion, dessen Werk wir sonst nicht kennen, von einem gynaikokratisch (matriarchalisch) regierten Volk (ἔθνος γυναικοκρατουμένον) in Libyen, bei dem die Männer die ansonsten den Frauen bestimmte Rolle (Haushaltführung, Kinderbetreuung) übernahmen, während die Frauen Krieg führten und die politischen Entscheidungen trafen. Ein Amazonenvolk also, anscheinend älter als das bekanntere, am Thermodon angesiedelte und im Unterschied zu diesem in Gemeinschaft mit Männern lebend, nur mit vertauschten Rollen.

Dieses Volk hatte, so Diodorus, eine Königin namens Myrina, die auffallende Parallelen zu Alexander dem Großen aufweist:

- Unter ihrer Führung eroberten die libyschen Amazonen große Teile des Mittelmeerraums: von den Atlantiden bei den Säulen des Herakles und Nordafrika, über Syrien, Kilikien und Phrygien in Kleinasien, die ionischen Inseln und bis nach Samothrake; nur Ägypten haben sie nicht erobert, weil Myrina sich mit dessen damals regierendem König Horus gut verstand.
- Myrina hat zahlreiche Städte gegründet, darunter auch solche, die nach ihr benannt wurden (Myrina bei den Atlantiden, also im heutigen Marokko, und Myrina in Mysien/Kleinasien), weitere nach ihren führenden Mitstreiterinnen: Kyme, Pitana, Priene, Mytilene.
- Wie dem Alexander Zeus Ammon, so erschien ihr in einer kritischen Lage die Mutter der Götter, die Große Mutter Kybele, der sie ein spezielles Heiligtum auf Samothrake weihte.

Anders als Alexander freilich ist sie nicht an einem ruinösen Lebenswandel zugrundegegangen, sondern in der Schlacht gestorben: besiegt von dem thrakischen Exilanten Mopsos und dem skythischen Exilanten Sypilos – zwei eher unbedeutenden Gestalten, ihrer im Grunde nicht würdig. Lediglich Reste dieses Volkes hätten sich in die Heimat nach Libyen zurückgezogen. Übrigens verwendet Diodorus in diesem Zusammenhang ausdrücklich den Begriff Amazonen und flicht auch für diese Libyerinnen das Detail von den bei Mädchen ausgebrannten Brüsten ein.

Zum Abschluß dieses Kapitels müssen wir auf diejenige Passage im Werk Herodots eingehen, die jenseits poetischer Werke die rationalste Auseinandersetzung der Antike mit den Amazonen enthält (IV 110–117). Gewidmet ist sie dem Volk der Sauromaten, das zwischen dem Schwarzen und dem Kaspischen Meer, also im Kaukasus, lebte. Bei der Erklärung von dessen Herkunft kommt Herodot auf die Amazonen zu sprechen. Nach dem kurzen Hinweis, bei den Skythen hießen sie Oiorpata, d. h. Männertöter, schreibt er, sie hätten einst – da bleibt er ganz vage – mit den Griechen Krieg geführt; Herakles erwähnt er nicht, spielt aber wohl auf ihn an. Die besiegten, auf drei Schiffen mitgeführten Amazonen hätten unterwegs die griechische Mannschaft getötet und sich dann mangels nautischer Kenntnisse dem Wind und der Strömung überlassen. Sie seien an der Küste der Skythen, einem nördlich des Schwarzen Meeres lebenden Reitervolk, gestrandet. In bewohntes Gebiet gelangt, hätten sie den Skythen Pferde geraubt und nun weitere Raubzüge durch deren Gebiet unternommen. Über die Reaktion der Skythen schreibt Herodot:

„Die Skythen wußten nicht, wie ihnen geschah. Sie kannten weder Sprache noch Kleidung noch das Volk. Erstaunt, woher sie wohl gekommen seien, hielten sie sie für junge Männer und lieferten ihnen eine Schlacht. Dabei fielen ihnen die Toten in die Hände; und nun sahen sie, daß es Frauen waren. Sie hielten Rat und beschlossen, auf keinen Fall die Frauen mehr zu töten, sondern ihre jüngsten Krieger gegen sie zu schicken, ungefähr ebenso viele, wie sie Amazonen schätzten. Diese sollten sich in der Nähe von ihnen lagern und tun, was jene täten. Wenn die Amazonen sie verfolgten, sollten sie nicht kämpfen, sondern fliehen. Wenn sie mit der Verfolgung aufhörten, sollten sie sich ihnen nähern und von neuem ein Lager aufschlagen. Die Skythen hatten dabei die Absicht, Kinder von ihnen zu bekommen."

Die jungen Männer folgen dem Befehl, und auch die Absicht haben sie sehr wohl verstanden: Es kommt zu erotischen Beziehungen zwischen skythischen Männern und Amazonen und schließlich zu einer Gewöhnung aneinander in Form eines Familienlebens. In diesem Stadium schlagen die Jungmannen den Amazonen vor, mit ihnen zum skythischen Stamm zu ziehen und dort als ihre rechtmäßigen Frauen zu leben. Das jedoch stößt bei den Amazonen auf wenig Begeisterung:

„Da erwiderten die Amazonen: „Mit euren Frauen können wir nicht zusammenleben; denn wir haben nicht die gleichen Sitten wie sie. Wir schießen mit Pfeilen und Speeren und leben auf dem Pferd; Frauenarbeit haben wir nicht gelernt. Eure Frauen hingegen tun nichts von dem, was wir aufzählten, sondern leisten Frauenarbeit, bleiben auf den Wagen, gehen weder auf die Jagd noch anderswohin. Wir werden uns also kaum mit ihnen vertragen können. Wenn ihr uns aber zur Ehe haben und rechtliche Männer sein wollt, dann geht zu euren Eltern und holt euch euer Erbe! Dann werden wir losziehen und für uns allein leben.'"

So geschieht es. Das auf diese Weise entstandene Volk der Sauromaten entfernt sich sogar räumlich von den Skythen, um mit diesen nicht in Konflikt zu geraten, und siedelt sich dort an, wo Herodot eingangs dieses Volk lokalisiert hat. Er beschließt seinen Bericht folgendermaßen:

„Die Sauromaten sprechen die skythische Sprache; doch haben sie darin seit altersher ihre Eigenheiten bewahrt, weil die Amazonen die Sprache damals nicht gut gelernt hatten. Bei ihrer Verheiratung besteht folgende Sitte: Nicht eher darf eine Jungfrau heiraten, bevor sie nicht einen Feind getötet hat. Manche werden alt und sterben, ohne sich zu vermählen, weil sie das Gesetz nicht erfüllen konnten."

Der in der kriegerischen Rolle der Frauen bestehende Erbteil der Amazonen bleibt mithin gewahrt. Herodot hat damit etwas Wichtiges geleistet: Was immer von den historischen Details zu halten ist, er hat mit dem Mythos der Amazonen begonnen (ohne seine Wahrheit zu bezweifeln) und dann eine Verbindung gezogen zu demjenigen Volk, von dem auch die meisten heutigen Historiker annehmen, daß es die Herkunft dieses Mythos bildet, nämlich den Skythen und Sauromaten, bei denen – wie archäologische Funde belegen – die Frauen eine bemerkenswert kriegerische Rolle einnehmen, freilich ohne männerlos zu leben, wie man es den Amazonen nachsagt. An dieser Stelle begegnen sich also die antike und die moderne Reflexion über das erstaunliche Phänomen der Amazonen. Schon in der Antike hat Herodots Darstellung erkennbar Spuren hinterlassen, etwa wenn Arrian schreibt, die Amazonen, die man dem Alexander vorgeführt habe, seien sicher „reitkundige Barbarenweiber" gewesen. Und der antike Mythenkritiker Palaiphatos (4. Jhdt. v.u.Z.) vermutet in seinen „Unglaublichen Geschichten" (32):

„Folgendes sage ich über die Amazonen, dass sie nicht Frauen waren, sondern Barbarenmänner (ἄνδρες βάρβαροι): Sie trugen wie die Thrakerinnen Gewänder, die bis zum Fuß reichten; sie banden ihre Haare mit Bändern zusammen; sie rasierten ihre Wangen wie heute die Leute von Patara oder die am Xanthos – und deshalb wurden sie von ihren Feinden als Frauen bezeichnet."

So bildeten Mythos, Beobachtung und Nachdenken bei den Amazonen bereits damals eine erstaunliche Legierung.

Eine Groteske sei zum Abschluß erwähnt: Der römische Kaiser Commodus (reg. 180–192 u.Z.) hat sich – als Mann! – den Beinamen Amazonius zugelegt (Cassius Dio LXIII 5, 3 f.). Nach einer anderen Quelle (Scriptores Historiae Augustae, Aelius Lampridius, Commodus 11, 8) hat er dies deswegen getan, weil er sich in seine liebste Geliebte verliebt hatte, als er sie auf einem Gemälde als Amazone verkleidet sah; diesem Bericht zufolge plante er sogar, selbst als Amazone in der Arena aufzutreten. In einer verwirrten Weise kann man wohl selbst hier die erotische Attraktivität der Amazonen erkennen.

Das Trojanische Pferd und sein Erbauer

Noch bis zu den „Trojanern" als versteckten, invasiven Computerviren hat es die Erinnerung an das trojanische Pferd gebracht, und zwar in einer nicht weniger seltsamen Wortbildung. Die Allgemeinbildung weiß, daß das trojanische Pferd eine von Griechen konstruierte pferdförmige Gestalt war, um im hohlen Inneren verborgene Kämpfer unauffällig in die belagerte Stadt Troja gelangen zu lassen, wobei die Trojaner dann auch tatsächlich auf diese List hereingefallen sind und das Pferd in ihre Stadt gebracht haben. Ein gefährliches, ein todbringendes Geschenk der Griechen, das eigentlich nach ihnen und nicht nach dem Beschenkten hätte benannt werden müssen: das griechische Pferd; es gibt wohl kaum einen anderen Fall, in dem ein Geschenk in dieser Weise nach dem Empfänger bezeichnet wird. Und erst recht bei den Computerviren: Es waren Griechen, nicht Trojaner, die in die Festung eingedrungen sind. Und auch wenn die Antike noch keine Computerprobleme kannte, hat sie die Geschichte des Pferdes so überliefert, hat sie das Pferd so genannt?

Bei der Suche danach in den Quellen erhalten wir schon früh, schon bei Homer (Odyssee VIII 492–495) eine Information, die es überhaupt nicht an den Platz geschafft hat, den noch heute in der Ruhmeshalle der Antike das trojanische Pferd einnimmt: den Namen seines Erfinders und

Erbauers. Da denkt man wohl am ehesten an den für seine Listen berühmten Odysseus, aber nein, er heißt Epeios:

> [...] Sing vom Gefüge des Pferdes aus Balken (ἵππου δουρατέου)!
> Dieses erbaute Epeios mit Hilfe Athenes; als Falle
> Brachte es dann auf die Burg der hehre Odysseus; er hatte
> Ganz es mit Männern gefüllt, die Ilion schließlich zerstörten.

Odysseus war also lediglich für den praktischen Einsatz verantwortlich; und Epeios bedurfte bei seinem Einfall göttlicher Hilfe seitens der von Haß auf die Trojaner (man erinnere sich an das Urteil des Paris) erfüllten Athene. Das Pferd selbst aber nennt Homer schlicht eines aus Balken – aus großen Balken, wie er es (VIII 512) erneut erwähnt (Abb. 1).

So gibt es auch Vergil in seiner „Aeneis" wieder (II 259–267):

> [...] Das Pferd, nun offen, gibt jene
> wieder der Luft: froh kommen hervor aus der Höhlung des Holzbaus
> nun Thessander und Sthenelus, kommt der grause Ulixes,
> gleitend am niedergelassenen Seil, kommt Acamas, Thoas,

Abb. 1 Pithos von Mykonos – Die älteste bekannte Darstellung des Trojanischen Pferdes (670 v.u.Z.)

kommt Neoptolemos, Peleus' Enkel, als erster Machaon,
auch Menelaos, zuletzt der Erbauer der Falle (doli fabricator), Epeos:
dringen dann ein in die Stadt, die im Schlaf und im Weinrausch begraben,
hauen nieder die Wachen und lassen durch offene Tore
all die Gefährten und scharen sich wohlunterrichtet zusammen.

Ulixes, das ist der lateinische Name des Odysseus. Epeos ist der Erbauer. Das Pferd heißt einfach Pferd und ist aus Holz.

Bei Petronius (Satyrica 89) wird es, wie er kurz erwähnt, auf Geheiß des Apollon erbaut – was seltsam ist, da dieser doch auf der Seite der Trojaner stand.

Den ausführlichsten Bericht bekommen wir wiederum bei Quintus aus Smyrna, dessen Thema in seinen „Posthomerica" ja die Geschichte des Trojanischen Krieges nach dem von Homer geschilderten einen Jahr bis zur Eroberung der Stadt ist. Bei ihm (XII 104–156) verläßt Athene eines Nachts den Sitz der Götter und erscheint in Gestalt eines jungen Mädchens dem „aresgeliebten Epeios" im Traum. Auf diese Weise inspiriert sie ihn, „das hölzerne Pferd (δούριον ἵππον)" zu bauen; sie werde ihm auch bei der Konstruktion beistehen. Epeios berichtet den Griechen von der göttlichen Eingebung, worauf diese sich mit ihm an die – von Quintus ausführlich geschilderte – Arbeit machen, im Gebirge des Ida vor Troja massenhaft Bäume zu fällen. Demnach haben sie also nicht etwa vorhandene Schiffsplanken benutzt. Bemerkenswert ist des Quintus eindringliche Schilderung der dabei angerichteten Umweltschäden: „Lange Hügel in den hohen Bergen/wurden ihres Gehölzes beraubt. Jedes Tal kam ans Licht/und war den wilden Tieren nicht mehr so lieb wie zuvor./Die Baumstämme wurden trocken und sehnten sich nach der Kraft des Windes." Derlei liest man in der Antike, die beim Abholzen nicht kleinlich war, selten.

Von den einzelnen Teilen eines Pferdes wird keines vergessen, auch nicht die Augen als Gucklöcher. Wir sind geneigt anzunehmen, daß das Pferd zu seiner Bewegung auf Rollen oder Rädern gestanden haben müsse; Quintus schreibt ausdrücklich: „und alles andere,/womit ein Pferd sich bewegt" (ein Laufroboter?), aber an anderer Stelle (XII Vers 425) erwähnt er „gutlaufende Holzbohlen" und daß die Trojaner es mit einem Seil gezogen haben.

Ausdrücklich von daruntergebauten Rädern (rotis interpositis) spricht Dictys Cretensis (V 11), der kurz erwähnt, daß Epeios (Epius) ein Pferd aus Brettern errichtet habe.

In der unter dem Namen des Aristoteles überlieferten Schrift „Mirabilia" (etwa: Staunenswertes) ist die Angabe überliefert (840a [108]), daß es in der Nähe des süditalischen Metapont einen Athene-Tempel gebe, „wo sich die Werkzeuge des Epeios als Weihgaben fänden, die er zum Bau des hölzernen Pferdes (εἰς τὸν δούρειον ἵππον) verfertigt hatte". Auf die Abfahrt (d. h. günstige Winde) wartend, sei ihm Athene im Traum erschienen und habe die Werkzeug als Weihgabe von ihm gefordert.

Eine abweichende Version steht bei Apollodor (Epitome 5, 14), und zwar diejenige, auf die man am ehesten vorab getippt hätte: daß es nämlich Odysseus war, dem der Einfall mit dem Bau eines hölzernen Pferdes gekommen ist, und er den Epeios nur als Baumeister beauftragt hat. Interessant dort noch die Angabe der Zahl der in dem Pferd untergebrachten Krieger: „die fünfzig Besten" gibt Apollodor an, erwähnt jedoch auch eine andere Quelle, die von dreitausend spricht! Es mögen Details wie diese sein, die manche Forscher heute vermuten lassen, mit dem Pferd sei ursprünglich ein Schiff gemeint.

In dem mythenkritischen Werk „Unglaubliche Geschichten", das unter dem Namen eines Palaiphatos überliefert ist, wird die Geschichte wiederum anders erzählt (16): Das Pferd sei einfach ein großes hölzernes Pferd gewesen, zu groß, um in die Stadt Troja gezogen werden zu können. Ein angeblicher Überläufer habe den Trojanern aber genau dies suggeriert, sie müßten das Pferd in die Stadt bringen, andernfalls kämen die Griechen zurück. Daher hätten die Trojaner die Mauer geschleift und sich so für die letzte griechische Attacke wehrlos gemacht. Daß Männer in dem Pferd gesteckt hätten, hält Palaiphatos für unglaubwürdig – den Rest freilich für historisch. Von dem, der diesen Einfall hatte, schreibt er nichts.

Über die Bezeichnung eines hölzernen Pferdes kommen wir bis dahin nicht hinaus. Die im Grunde unpassende, allerdings gut verständliche Titulierung als trojanisches Pferd (equus Troianus) habe ich nur bei einem einzigen antiken Autor finden können: Hyginus in seinen Fabeln 108 (dort im Titel) und 135 (im Zusammenhang mit dem Priester Laokoon, der um ein Haar den Trojanern den gefährlichen Inhalt verraten hätte). Zu Verteidigung dieses Namens mag man immerhin sagen, daß die eigentliche korrekte Bezeichnung als griechisches Pferd nicht spezifisch genug klingt – das könnten viele Pferde von sich behaupten. Pferd des Epeios, das wäre möglich. Aber wer kennt noch Epeios?

Der Exodus aus nichtbiblischer Sicht

Setzen wir einmal die Geschichte des Auszugs der Juden aus Ägypten, wie das 2. Buch Moses (Exodus) sie schildert, als bekannt voraus: also die Gefangenschaft der Juden in Ägypten, den göttlichen Befehl zum Auszug und dessen Durchführung unter dem Befehl des Moses gegen den Willen des Pharao.

Weitaus weniger bekannt ist der Umstand, daß es im Gegensatz dazu außerbiblische Berichte über ein solches Ereignis gibt, die völlig anders lauten und vermutlich historisch nicht glaubwürdiger sind als die biblische Version, aber immerhin existieren und es durchaus verdienen, einmal zur Kenntnis genommen zu werden.

Da ist zunächst der in jüdischer Tradition stehende Autor Flavius Josephus (37/8 – nach 100 u.Z.), der Jude (Joseph) war, aber als Kriegsgefangener des jüdischen Krieges gegen die Römer (66–73/4 u.Z.) und Freigelassener den Namen der flavischen Kaiser (Flavius) angenommen hatte. Von ihm gibt es nicht nur eine Geschichte dieses Krieges, sondern ebenso eine des jüdischen Volkes („Jüdische Altertümer"), in der er auch den Exodus schildert (II 13–16), allerdings ganz auf dem biblischen Bericht fußend.

Eine wirklich externe Quelle ist der hier schon eingeführte Diodorus Siculus in seiner „Weltgeschichte", der hier (XL 3, 1–4) einen Bericht des Hekataios von Abdera (4. Jhdt. v.u.Z.), eines für uns weitgehend verlorenen Historikers, übernimmt. Demzufolge kam es „in alter Zeit" in Ägypten zu einer Pest, und daher

> „führten viele die Ursache für dieses Übel auf das Wirken der Gottheit (τὸ δαιμόνιον) zurück. Denn da im Lande Fremde vieler Arten mit unterschiedlichen religiösen Riten und Formen ihrer Opfer lebten, kam es, daß die eigene, herkömmliche Art der Götterverehrung außer Gebrauch geriet.
> So gelangten die alteingesessenen Bewohner des Landes zu der Ansicht, es werde keine Lösung des Übels geben, wenn man nicht diese Menschen fremder Abstammung außer Land es weise."

Diese Fremden habe man daher vertrieben, und „die Angesehensten und Tüchtigsten" seien in Griechenland und benachbarten Gebieten an Land gegangen, „wobei sie bedeutende Führer hatten, an der Spitze Danaos, Kadmos und andere hervorragende Leute". Hier erkennen wir Gestalten der griechischen Mythologie.

> „Die große Menge aber geriet in das heute so benannte Land Judaea, nicht weit von Ägypten entfernt und damals vollkommene Wüste.
> Der Führer dieses Auswanderergruppe aber war ein Mann namens Moses, weit herausragend an Verstand und Tüchtigkeit. Dieser nahm das Land in Besitz und gründete neben anderen Städten auch jene, die jetzt die bedeutendste ist, mit Namen Jerusalem."

In dieser Darstellung waren die Juden also keine Flüchtlinge gegen den erbitterten Widerstand der Ägypter, sondern von diesen als Unglück bringende Fremdlinge Vertriebene. Das ist ein anderes Erzählmuster: nicht das versklavte und sich befreiende Gottesvolk, sondern die angesichts einer Katastrophe ausbrechende Fremdenfeindlichkeit, die einen Schuldigen für den auf dem Lande lastenden göttlichen Zorn sucht. Gott, so wird suggeriert, steht nicht auf der Seite dieser Fremden, sondern ist gegen sie. Auch ist von einer Versklavung dieser Fremden in Ägypten nicht die Rede und ebensowenig davon, daß die Juden die einzigen Opfer der Vertreibung gewesen seien.

Diodor bzw. sein Gewährsmann Hekataios schildert dann noch die von Moses – der in dieser Version anders als in der biblischen die neue Heimat der Juden erreicht – eingeführten Bräuche und religiösen Regeln, etwa den Tempelbau und die Einteilung des Volkes in zwölf Stämme. Dann heißt es:

„Ein Götterbild anzufertigen aber erlaubte er ihnen in keinem Fall, da man nicht glaubte, daß die Gottheit von menschlicher Gestalt sei. Allein der die Erde umgebende Himmel sei Gott und Herr über alles (ἀλλὰ τὸν περιέχοντα τὴν γῆν οὐρανὸν μόνον εἶναι θεὸν καὶ τῶν ὅλων κύριον). Die Opfer richtete er so ein, daß sie sich von denen der anderen Völker unterschieden, und gleiches galt für die ganze Lebensweise. Die Ursache aber für eine derartige, irgendwie menschenfeindliche und fremdenhassende Lebensform (τὴν ἰδίαν ξενηλασίαν ἀπάνθρωπόν τινα καὶ μισόξενον βίον), die er einführte, war die eigene Vertreibung."

Das heißt, die den antiken Menschen wohlbekannte Eigentümlichkeit des jüdischen Volkes, sich durch einen bestimmten Glauben an einen bildlich nicht vorstellbaren Gott und eine besondere Beziehung zu ihm von den anderen Völkern abzuheben, wird hier als ein aus dem erlebten Fremdenhaß heraus entstandener Fremdenhaß gedeutet. Offenbar verfügte der Verfasser über eine gewisse Kenntnis jüdischer Traditionen, erklärte sie jedoch ganz und gar unbiblisch. Wer diesen Bericht für unhistorisch hält, dem möchte ich nicht widersprechen – sofern er nicht die bekanntere Darstellung samt einem Gott, der das Meer sich teilen und dann über den Verfolgern zusammenschwappen läßt, als glaubwürdiger ansieht.

Diodor kommt auch noch an einer anderen Stelle seines Werkes (XXXIV/XXXV 1, 1 f.) auf dieses Thema zu sprechen, als nämlich ein Herrscher aus der Dynastie der Seleukiden die Juden bekämpft und seine Berater nach der Eroberung Jerusalems mit dem König darüber diskutieren, was nun mit den Juden geschehen solle. Das ganze Geschlecht der Juden auszurotten, so lautet ihre Empfehlung, denn dieses Volk allein lasse sich mit keinem anderen Volk ein. Zur Erklärung erinnern sie den König daran,

„daß deren Vorfahren als frevelhafte und den Göttern verhaßte Menschen aus ganz Ägypten vertrieben worden waren. Denn da sie am Körper Krätze und Lepra gehabt hätten, seien sie zur Reinigung wie Fluchbeladene zusammengetrieben und über die Grenze gejagt worden. Als Vertriebene aber hätten sie sich des Landes um Jerusalem bemächtigt. Das Volk der Juden, das auf diese Weise zusammenkam, aber hätte seinen Haß gegen die Menschen weiter vererbt."

Hier ist also von religiösen Gründen für die Vertreibung nicht die Rede, sondern von abstoßenden Krankheiten; dazu paßt die Behauptung, daß sie nicht als Juden, sondern als Ansteckende vertrieben worden seien und sich erst anschließend als Volk konstituiert hätten. Man nimmt an, daß Diodor sich hier auf den Philosophen und Historiker Poseidonios van Apameia (ca. 135 – 51 v.u.Z.) gestützt, d.h. dessen Bericht wiedergegeben hat.

Eine zweite Quelle hat die Besonderheit, daß sie zwar ebenfalls außerjüdisch ist, uns jedoch erhalten ist nur durch eine Wiedergabe des Flavius Josephus, und zwar in dessen Schrift „Gegen Apio" (Contra Apionem). In dieser (94/95 u.Z. verfaßt) geht es um eine Verteidigung des Judentums gegen judenfeindliche Angriffe, wie sie vor allem in Ägypten (Alexandria) vorkamen. Die dabei von Flavius Josephus zitierte Quelle ist die des Manetho, eines – die Details sind unsicher – hellenisierten Ägypters unter Ptolemaios I. und II., also etwa 300–250 v.u.Z., dessen bekanntestes Werk eine „Geschichte Ägyptens" (Aegyptiaca) ist. Als Gesamtwerk ist sie verloren und nur in Auszügen wie denen des Flavius Josephus erhalten. Und wie gesagt, dieser gibt den Manetho wieder (232–252) im Rahmen eines Werkes, das die Juden verteidigen soll.

Es habe, so Manetho, einst einen König (Pharao) Amenophis gegeben, womit verschiedene Pharaonen des 14. oder 13. Jhdts. v.u.Z. gemeint sein können. Dieser habe den Wunsch gehabt, zu einer Anschauung der Götter zu gelangen, wie es einem seiner Vorgänger gelungen war. Zu diesem Zwecke habe er einen Seher befragt, der zufällig ebenfalls Amenophis geheißen habe. Dieser habe erwidert, sein Wunsch könne erfüllt werden, wenn er das Land von den Leprakranken und anderen mit Seuchen infizierten Personen reinige. (Man erinnert sich an die Version, die wir bei Diodor/Poseidonios kennengelernt haben.) Der König ließ daraufhin 80.000 Erkrankte erfassen und in Steinbrüche bringen, wo sie unter Quarantäne Zwangsarbeit leisten sollten. Bei ihnen befanden sich etliche lepröse Priester.

Der Seher Amenophis wurde nun jedoch von Angst vor göttlichem Zorn erfaßt, wenn bekannt würde, was man diesen Menschen angetan hatte. Daher schrieb er eine weitere Prophezeiung auf, daß Fremde sich mit diesen Kranken verbünden und 13 Jahre lang Ägypten beherrschen würden; dies ließ er dem König zukommen und beging daraufhin Suizid. Der König war verunsichert und stimmte einer Bitte der unter harten Bedingungen lebenden Häftlinge zu, ihnen eine verlassene Stadt der „Hirten" (womit die einst nach Ägypten eingedrungenen Hyksos gemeint sein könnten) zu überlassen. Dort aber planten sie einen Aufstand und wählten zu ihrem Führer einen der Priester namens Osarsêph. Diesen Namen kann man als Joseph verstehen, jedoch wird er später im Text mit Moses identifiziert. Damit haben wir den Bereich der bisher gar nicht erwähnten Juden betreten.

Dieser neue Anführer erließ nun religiöse Vorschriften, welche alle Verbindungen zur ägyptischen Vielgötterei und Tiergötter-Verehrung kappten, ein Gleichheitsgebot beinhalteten und jeglichen Kontakt auf die eigene Gruppe beschränkten. Das klingt jüdisch bzw. so, wie die Nichtjuden der Antike sich Judentum vorstellten.

Den nächsten Schritt stellte die Wiederbefestigung der Stadt dar, woraufhin die Priester eine Botschaft zu den „Hirten" (oder Hyksos) sandten, die, von einem früheren Pharao aus Ägypten vertrieben, in Jerusalem siedelten; sie sollten kommen und Ägypten unterwerfen – ein Akt, den man heute Hochverrat nennen würde.

Sie, die „Hirten", ließen sich das nicht zweimal sagen und erschienen mit 200.000 Mann in Ägypten. Dem Pharao schwante jetzt, daß es mit der Prophezeiung einer Fremdherrschaft seine Richtigkeit haben könnte. Er ließ seinen fünfjährigen Sohn mit Namen Sethos oder Ramesses in Sicherheit bringen und trat den Eindringlingen mit einem Heer von 300.000 Mann entgegen. Noch vor Beginn der Schlacht reifte jedoch in ihm die Entscheidung, es sei unklug, gegen den Willen der Götter (die Prophezeiung!) zu handeln, weshalb er sich – und, wie Manetho hinzufügt, seine heiligen Tiere – zunächst nach Memphis (wo sich der Nil zum Delta auffächert) und dann nach Äthiopien zurückzog. Dort wurde er vom äthiopischen König willkommen geheißen, und für Ägypten begann eine dreizehnjährige Phase harter und (im Sinne der ägyptischen Religion) gottloser Fremdherrschaft und Unterdrückung durch die Jerusalemiter, welche den Ägyptern die historische Herrschaft der Hyksos (1640–1532 v.u.Z.) im Vergleich als Goldenes Zeitalter erscheinen ließ. Brandschatzung, Tempelverwüstung, Sturz der Götterbilder, Schlachtung der heiligen Tiere – es wird in der Schilderung des Manetho kaum etwas ausgelassen, was den Haß eines Ägypters auszulösen geeignet war. Daß Osarsêph sich nun in Moses umbenannte, wird am Ende der länger zitierten Manetho-Stelle noch ausdrücklich erwähnt.

Flavius Josephus gibt dann noch an, daß Manetho später (also wohl nach 13 Jahren) mit einer Armee in Ägypten erscheint und sowohl die „Hirten" als auch ihre Lepra-Verbündeten besiegt, teils tötet, teils nach Syrien vertreibt.

All dies erklärt Flavius Josephus für Albernheit und Lüge (252). Daß die Juden nicht in Ägypten heimisch gewesen, sondern von außerhalb dorthin gekommen seien, sieht er als Zugeständnis an die historische Wahrheit an; aber alles weitere, insbesondere ihre Verbindung mit ägyptischen Seuchenopfern, deren einer auch noch Moses gewesen sei, ist ihm ein Dorn im Auge, und er unternimmt große Anstrengungen, die Unwahrscheinlichkeiten in Manethos Bericht deutlich zu machen.

Auch in diesem Falle möchte ich mich auf den Hinweis beschränken, daß ebenso der biblische Exodus-Bericht einen rationalen Standpunkt sehr strapaziert, während wir es auf der Ebene der Literatur eben mit zwei Mythen zu tun haben.

Mit dem Bericht des Diodor (Hekataios) stimmt Manetho insofern überein, als es einen Exodus im biblischen Sinne gar nicht gegeben habe, sondern – und das ist ein Unterschied zu Diodor – eine Invasion der Juden in Ägypten (in Analogie zu derjenigen der Hyksos), wobei die Juden sich noch mit einem eigentlich ägyptischen, aber ausgestoßenen Bevölkerungsteil zusammengetan hätten, der aus sich heraus und unter der Führung eines Moses (ein ägyptischer Name immerhin) das entwickelt habe, was man die jüdische Religion nennen könne. Die Vertreibung war dann eine gewaltsame, eine aus ägyptischer Sicht siegreiche.

Mit Wunderberichten geht diese Version sparsam um und beschränkt sich auf das in der Antike beliebte Phänomen der Orakelsprüche und Prophezeiungen.

Noch einen dritten außerjüdischen Bericht gibt es, und zwar von dem römischen Historiker Tacitus in dessen „Historien" (V 3 f.). Dieser übernimmt wohl, ohne das zu erwähnen, die entscheidenden Elemente dem Bericht des Diodor bzw. des Hekataios und spricht von einem ägyptischen König namens Bocchoris, der sich angesichts einer üblen, den ganzen Körper entstellenden Seuche an das Orakel von Hammon gewandt und von dort den Auftrag erhalten haben – und nun wird Tacitus deutlicher als Diodor –, das gottverhaßte (invisum deis) Volk der Juden im Zuge einer Säuberung seines Reiches in andere Länder abzuschieben. So geschah es, und in der Wüste riß ein Anführer namens Moses sein resigniert von sich hinbrütendes Volk aus der Lethargie – mit der Parole, daß Gott denen hilft, die sich selber helfen. Eine Herde Wildesel habe ihnen den Weg zu einer Quelle gewiesen, und auf diese Weise seien sie am siebten Tag (!) in dem Land angekommen, das ihre neue Heimat werden sollte. Das ist eine extreme Verkürzung im Vergleich mit dem biblischen Bericht, demzufolge erst die nächste Generation nach Jahrzehnten das gelobte Land erreichte.

Dort habe Moses dann das religiöse und kultische Leben der Gemeinschaft neu geordnet:

„Um sich des Volkes für die Zukunft zu versichern, führte Moses neue religiöse Bräuche ein, die mit den sonst auf der Welt üblichen im Widerspruch standen (Moyses quo sibi in posterum gentem firmaret, novos ritus contrariosque ceteris mortalibus indidit). Dort bei den Juden ist alles unheilig, was bei uns heilig ist; anderseits ist bei ihnen gestattet, was wir als Greuel betrachten (profana illic omnia quae apud nos sacra, rursum concessa apud illos quae nobis incesta)."

Daß Tacitus von den Juden nicht viel hält, wird hier mehr als deutlich. Aber wenn in allen drei Berichten die Juden mit einer Seuche in Verbindung gebracht werden, kann man diese Tendenz verallgemeinern. Daraus erwächst dann konsequent der Standpunkt, sie seien aus Ägypten vertrieben worden und nicht unter Führung ihres Gottes ausgezogen.

Es gibt schließlich noch einen Bericht des Geographen Strabon (XVI 2, 34–36), der ausgesprochen sachlich klingt und im Rahmen der Beschreibung Judaeas mit der Feststellung beginnt, daß nach den zuverlässigsten Angaben die Vorfahren der heutigen (damaligen) Judäer aus Ägypten stammen. Moses, so heißt es, war ein ägyptischer Priester in Unterägypten und mit den Zuständen dort unzufrieden. Deshalb sei er mit einer Vielzahl von Menschen nach Judaea, genauer: nach Jerusalem gezogen. Dabei wird als das verbindende Element der Gruppe ein religiöser Glaube angegeben, nämlich die Verehrung eines göttlichen Wesens (τὸ θεῖον). Das ist eine recht unbestimmte Bezeichnung und klingt nicht nach dem Gott Abrahams oder des Moses. Strabon fügt deshalb als Erläuterung hinzu, daß er, Moses, den Glauben der Ägypter an Tiere und insbesondere Rinder (der Apis-Stier!) als Repräsentanten der Götter abgelehnt habe. Für diese Götter, oft mit Menschengestalten und Tierköpfen, waren die Ägypter schon in der Antike berühmt. Moses habe dem einen Gott entgegengehalten, der uns allen, dem Land und Meer, innewohne und als Himmel, Universum oder als die Natur alles Existierenden aufgefaßt werden könne. Das läßt an einen wenig jüdischen Pantheismus denken. Strabon betont weiterhin das Bilderverbot – immerhin hieran wird die jüdische Religion erkennbar – und schreibt, Gott spreche in Träumen zu Menschen, die in seinem Heiligtum schliefen, und zwar mit Botschaften, die nicht nur sie selbst, sondern auch die anderen dieses Volkes beträfen. Hiermit sind wohl die Propheten gemeint.

Als Geograph befaßt Strabon sich sodann noch mit der Lage und der Wahl des Ortes, an dem die Juden siedeln.

Weder von einer Versklavung in Ägypten noch einer Vertreibung dieser Gruppe von dort schreibt Strabon irgendetwas.

Und schließlich gibt es noch den Auszug aus dem Geschichtswerk des Pompeius Trogus von Justin (XXXVI 2). Dieser lokalisiert den Ursprung der Juden in Syrien, nämlich in Damaskus, und erzählt dann die aus der Bibel bekannte Geschichte von Joseph in Ägypten, der das Vertrauen des Königs (Pharaos) erworben habe. Der Sohn dieses Joseph – und ab jetzt weicht Justin von der biblischen Geschichte ab – sei Moses gewesen, welcher zum Anführer der Juden geworden sei, als die Ägypter die Juden auf Weisung eines Orakels wegen einer Epidemie (Krätze und Aussatz) vertrieben hätten. Als Dieb habe Moses die Heiligtümer der Ägypter mitgenommen und sei deshalb von diesen – die an sich über den Auszug erfreut waren – verfolgt worden. Diese Verfolgung sei freilich an einem Unwetter (von göttlicher Einwirkung ist nicht die Rede) gescheitert. Dies gibt dem Vorgang eine unehrenhafte Tendenz. Moses habe das Volk „in die Gegend von Damaskus" geführt und dort „den Berg Sinai besetzt" – eine geographische Absonderlichkeit. Sieben Tage habe Moses für den Vorgang benötigt und deshalb den Sabbat als den siebten Tag geheiligt. Daß Moses also das Ziel erreicht habe, deckt sich mit Diodor/Hekataios sowie Tacitus, aber nicht mit der Thora.

Als Fazit kann man festhalten, daß es nicht nur keinen archäologischen Nachweis einer Knechtschaft der Juden in Ägypten gibt, sondern auch keinen aus nichtjüdischen Texten der Antike, dafür jedoch Anti-Mythen zum Exodus-Mythos, in denen die Juden schlecht wegkommen, und eben diesen kurzen Bericht des Strabon, der ausschließlich von einer religiösen Meinungsverschiedenheit redet und obendrein eine ansatzweise, aber keine tiefgehende Kenntnis verrät, worum es sich dabei handelte.

Jesus aus nichtbiblischer Sicht

Auch die Existenz des historischen Jesus – Jesus als Mensch also – wird in außerbiblischen Quellen der Antike angesprochen. Und diese Stellen sind beinahe alle eine eingehende Betrachtung wert. Sie sind geschichtlich spannend und selbstverständlich von Christen wie Nichtchristen ausführlich diskutiert worden, und das seit der Aufklärung im 18. Jahrhundert. Ich möchte nicht den Anspruch erheben, diese Diskussionen nachzuzeichnen, sondern mich weitgehend darauf beschränken, die Quellen in Erinnerung zu rufen.

Die wohl älteste Belegstelle steht bei Flavius Josephus, wird „Testimonium Flavianum" genannt und findet sich in seinen bereits angesprochenen „Jüdischen Altertümern" (Antiquitates Iudaicae, XVIII 3); sie ist in ihrer Echtheit stark umstritten und lautet:

> „Um diese Zeit lebte Jesus, ein weiser Mensch, wenn man ihn überhaupt einen Menschen nennen darf. Er war nämlich der Vollbringer ganz unglaublicher Thaten und der Lehrer aller Menschen, die mit Freuden die Wahrheit aufnahmen. So zog er viele Juden und auch viele Heiden an sich. Er war der Christus. Und obgleich ihn Pilatus auf das Betreiben der Vornehmsten unseres Volkes zum Kreuzestod verurteilte, wurden doch seine

früheren Anhänger ihm nicht untreu. Denn er erschien ihnen am dritten Tage wieder lebend, wie gottgesandte Propheten von ihm vorherverkündet hatten. Und noch bis auf den heutigen Tag besteht das Volk der Christen, die sich nach ihm nennen, fort."

Flavius Josephus war – dies zur Erinnerung – Jude, und zwar in einer Zeit, in der sich aus einer jüdischen Sekte das Christentum als eigene Religion entwickelte. Er wird, theologisch gebildet, diese neue Bewegung zur Kenntnis genommen haben; aber wie es hier den Anschein hat, hat er Jesus als Christus, d. h. als Messias, anerkannt – wovon sonst in seinem gesamten Werk keine Rede ist. Hier werden nicht nur Jesu Existenz, sondern auch seine Wundertaten, sein Tod am Kreuz durch Urteil des Pilatus und seine Auferstehung bestätigt. Ein Jude, der das tut, begibt sich mit auf den Weg, der zur Entstehung der neuen Religion führt. Lediglich der weitere, der nächste Schritt des Apostels Paulus, sie auch für Nicht-Juden zu öffnen, wird nicht vollzogen.

Es besteht nun der Verdacht – und das macht diese Stelle so umstritten –, daß sie nachträglich von Christen in den Text eingefügt worden ist, um durch diese Fälschung (ein angeblich bestätigendes Zeugnis durch einen Juden) dem Glauben an Jesus als Christus ein größeres Gewicht zu verschaffen. Sollte es sich tatsächlich um eine christliche Fälschung handeln, dann entfiele die Stelle als außerchristlicher Beleg für die Existenz Jesu. Auf der anderen Seite würde diese auch nicht zusätzlich in Frage gestellt – sie würde einfach nichts besagen zu der Frage, ob es außerbiblische Zeugnisse gibt.

Ich selbst halte sie für hochgradig verdächtig, gerade deshalb, weil sie so singulär im Werk des Flavius Josephus ist. Wäre er tatsächlich mit vollem Ernst des Glaubens, Jesus sei der Messias, dann müßte man dies bei einem Autor, der so viel über das Judentum geschrieben hat, auch an anderen Stellen merken, denn es wäre eine Sensation in seiner Religion: der langerwartete Messias war da!

Man vergleiche aber damit die viel distanziertere Stelle in demselben Werk (XX 9, 1), an der es heißt:

„[...] Er [sc. der Hohepriester Ananus] versammelte daher den hohen Rat zum Gericht und stellte vor dasselbe den Bruder des Jesus, der Christus ge-

Jesus aus nichtbiblischer Sicht 141

nannt wird (τὸν ἀδελφὸν Ἰησοῦ λεγομένου Χριστοῦ), mit Namen Jakobus, sowie noch einige andere, die er der Gesetzesübertretung anklagte und zur Steinigung führen ließ."

Er wird Christus genannt, nämlich von seinen Anhänger – so darf man es erwarten von einem Autor, der berichtet, ohne sich mit dieser Annahme zu identifizieren.

Daß Jesus gelebt hat, wird hier freilich bestätigt, und es fällt lediglich auf, daß ihm umstandslos ein Bruder zugeordnet wird. Was aber nur für diejenigen eine Frage aufwirft, die an die Jungfräulichkeit Mariens glauben.

Eine zweite, kaum minder bekannte Stelle bietet uns der römische Historiker Tacitus in seinen „Annalen" (XV 44): Als er berichtet, daß Nero, um von dem Verdacht abzulenken, er sei für den Brand Roms verantwortlich, die Schuld auf die Christen lädt, hält Tacitus es für hilfreich, seinen Lesern zu erklären, worum es sich dabei handelt. Er nennt sie „Chrestianer" (Chrestiani) und schreibt dann:

„Der Mann, von dem sich dieser Name herleitet, Christus, war unter der Herrschaft des Tiberius auf Veranlassung des Pro-kurators Pontius Pilatus hingerichtet worden; und für den Augenblick unterdrückt, brach der unheilvolle Aberglaube (exitiabilis superstitio) wieder hervor, nicht nur in Judäa, dem Ursprungsland dieses Übels, sondern auch in Rom, wo aus der ganzen Welt alle Greuel und Scheußlichkeiten zusammenströmen und gefeiert werden."

Das bestätigt – eingerahmt von einer großen Portion Feindseligkeit gegenüber dieser Religion und dem multikulturellen Charakter Roms –, was wir auch der Bibel entnehmen können: daß ein gewisser Christus (hier als Name und nicht als Titel zu verstehen) unter Pontius Pilatus hingerichtet worden ist, und zwar unter der Herrschaft des Kaisers Tiberius (14–37 u.Z.). Vor allem dieser letzte Zusatz gibt einen Hinweis darauf, daß Tacitus sich hierbei nicht auf die zu seiner Zeit bereits existierenden Evangelien als Quelle stützt, denn in ihnen wird der Kaiser zwar, aber nicht sein Name erwähnt. Tacitus könnte dies einem Dokument im Archiv, etwa einem Bericht des Pontius Pilatus an die Zentrale, entnommen haben. Natürlich besitzen wir einen solchen Bericht nicht. Der Name Christus könnte darin enthalten gewesen sein, denn daß Jesus sich als König (Messias, Christos) der Juden verstehe, bildete den entscheidenden Anklagepunkt: „Iesus Nazarenus Rex Iudaeorum (oder INRI) – Jesus von Nazareth, König der Juden" soll auf dem Kreuz gestanden haben. Aber es handelt sich um eine Vermutung; insgesamt freilich ist das Zeugnis des Tacitus, soweit es das Faktum der Existenz und Hinrichtung Jesu betrifft, unverdächtig.

Gleich an zwei Stellen begegnet uns das Thema bei Sueton in seinen Kaiserbiographien: in Claudius (25, 4) und in Nero (16, 2):

„Die Juden, welche, aufgehetzt von Chrestos, fortwährend Unruhen anzettelten, vertrieb er [sc. Kaiser Claudius] aus Rom."

„Ganz schwer setzte man den Christen mit Martern zu; dieser Menschenschlag hing einem neuartigen und schädlichen Aberglauben an (genus hominum superstitionis novae ac maleficae)."

Dabei reicht die erste Stelle sogar in die Zeit des Kaisers Claudius (reg. 41–54 u.Z.) zurück, dem zweiten Nachfolger des Tiberius nach dem kurzen Intermezzo des Caligula (37–41). Das heißt, schon ca. zwanzig Jahre nach dem Tode Jesu und noch vor der Entstehung der schriftlich fixierten Evangelien, sogar noch vor der durch Paulus ausgelösten Diskussion, ob die Gemeinde sich auch für Nichtjuden öffnen solle, hat es anscheinend Auseinandersetzungen innerhalb der Juden in Rom (!) gegeben, die von der Obrigkeit als Unruhen aufgefaßt wurden und zu einer Vertreibung aus der Stadt führten. Man möchte annehmen, daß es dabei um diese Frage ging: War Jesus es nun oder war er es nicht, der Messias? Jedenfalls erfahren wir von Sueton, daß es um Chrestos ging, wobei er den Eindruck erweckt, daß dieser noch gar nicht tot war, sondern höchstselbst die Auseinandersetzungen befeuerte. Das darf man nicht ernstnehmen, das ist der Oberflächlichkeit und wohl auch dem Desinteresse des Sueton geschuldet, dem derlei Feinheiten wenig bedeuteten, solange es nur um Unruhen unter Anhängern einer exotischen Religion ging.

Davon zeugt auch seine zweite Stelle, die im Zusammenhang mit der von Tacitus erwähnten Schuldverlagerung auf die Christen durch Nero steht. Über Jesus besagt diese Stelle nichts, außer daß Sueton den Aberglauben neuartig nennt. Schädlich, übelbringend sowieso aus seiner Perspektive.

Einem gegen die Christen polemisierenden Heiden namens Kelsos (Celsus, 2. Hälfte 2. Jhdt. u.Z.) können wir eine heftige Invektive gegen Jesus entnehmen. Überliefert ist seine Schrift „Wahre Rede" (Ἀληθής λόγος) nicht gänzlich, sondern nur in den Auszügen eines Werkes des Christen Origines (185–253/4), „Gegen Kelsos", das dieser zu dessen Widerlegung verfaßt hat. Origines hatte das Unglück, aus anderen Gründen von der Amtskirche selbst als Abweichler, also wegen Heterodoxie verurteilt zu werden. Das muß uns freilich nicht beschäftigen, denn wir suchen ja lediglich heidnische Äußerungen zu Jesus. So schreibt denn Kelsos u. a. (I 26):

„Anführer (ἡγεμών) der Entstehung der Christen aber ist Jesus gewesen; er hat vor ganz wenigen Jahren diese Lehre eingeführt, von den Christen angesehen als der Gottessohn. Sein verderbliches Wort hat diese Menschen [sc. die Juden] betrogen, freilich bei seinem idiotischen Charakter und seinem Mangel an Vernunftgründen fast nur unter Unwissenden Macht gewonnen, wenn es schon immer auch maßvolle, fromme, verständige und zu allegorischen Deutungen geschickte Leute unter ihnen gibt."

Eine gewisse Anerkennung spricht hieraus gegenüber einigen Juden, die er für fromm und verständig hält; aber das Urteil über Jesus fällt vernichtend aus. Anschließend (I 27 f.) gibt Kelsos uns eine ehrenrührige Abstammungsgeschichte, derzufolge Maria von ihrem Mann, einem Zimmermann, wegen Ehebruchs verstoßen worden sei und dann, ausgestoßen umherirrend, von einem Soldaten, dessen Name mit Panthera angegeben wird, Jesus geboren habe. Der Name Panthera, wohl von πᾶν θηρῶν (= ganz tierisch) abgeleitet, ist sprechend und soll seine Wildheit hervorheben. Jesus habe sich später als Tagelöhner in Ägypten verdingt und sei schließlich in seine Heimat zurückgekehrt, wo er sich öffentlich als Gott erklärt habe.

Hier befinden wir uns schon mitten in einer offenen, feindseligen Kontroverse zwischen Christen und ihren Gegnern; als historisches Zeugnis über Jesus hat das kaum ein Gewicht. Offenbar hat Kelsos auch nicht angegeben, woher er seine Kunde hatte.

Weitaus witziger fällt die Polemik bei Lukian aus in seiner Schrift „Das Lebensende des Peregrinos", zeitlich noch vor Kelsos liegend. Hierbei handelt es sich um eine Parodie auf philosophische Gurus, wobei auch auf Jesus und die Christen Bezug genommen wird; ich bin mir fast sicher, daß die Monty-Python-Truppe, als sie ihren berühmten Film „Das Leben des Brian" konzipiert hat, dieses Werk von Lukian vor Augen hatte – es handelt sich jedenfalls um die gleiche Idee: einem Guru einen anderen Namen zu verpassen und sein Leben als Komödie oder Groteske darzustellen, keine Spur von heilig. Hier ein kleiner Ausschnitt (11; 13), der von Jesus und den Christen spricht:

„Noch heute verehren sie jenen großen Mann, den in Palästina gekreuzigten Menschen, weil er diese neuen Mysterien in die Welt eingeführt hat." […]

„Denn diese armen Leute haben sich in den Kopf gesetzt, daß sie mit Leib und Seele unsterblich werden und in alle Ewigkeit leben würden: daher kommt es auch, daß sie den Tod verachten, und daß viele von ihnen ihm sogar freiwillig in die Hände laufen. Überdies hat ihnen ihr erster Gesetzgeber beigebracht, daß sie alle untereinander Brüder würden, sobald sie den großen Schritt getan hätten, die griechischen Götter zu verleugnen und ihre Knie vor jenem gekreuzigten Sophisten (τὸν δὲ ἀνεσκολοπισμένον σοφιστήν) zu beugen und nach seinen Gesetzen zu leben." […]

Wohlgemerkt, er spricht von einem Mann namens Peregrinos („der Fremde"), einem gekreuzigten Sophisten, was man in der satirischen Sprache des Lukian wohl als Wortverdreher und Rechthaber verstehen kann. Auch hier geht es selbstverständlich nicht um historische Richtigkeit, sondern um eine literarische Form der Auseinandersetzung, mit einem neu aufkommenden, als befremdlich empfundenen religiösen Stil. Sowohl bei Kelsos als auch bei Lukian wird dieser an Stellen angegriffen, die für Christen zentral sind: ihres Stifters besondere Abstammung, seine Kreuzigung und sein Glauben an das ewige Leben. Bei Lukian kommt noch das Verhalten seiner Anhänger hinzu: daß sie mit augenscheinlicher Bereitwilligkeit den Tod (christlich: das Martyrium) auf sich nehmen. Der historische Hintergrund hierfür besteht darin, daß im 2. Jahrhundert, etwa seit dem Philosophenkaiser Marc Aurel (reg. 161–180), die römische Obrigkeit eine Linie vertrat, die auf die Verfolgung dieser Christen hinauslief.

Erwähnt werden sollen auch zwei antike Zeugnisse, die schon früh von Christen als eine Art Prophezeiung des Kommens Jesu und damit eines neuen Zeitalters gedeutet worden sind, ohne daß die nichtchristlichen Autoren dergleichen im Sinn gehabt haben mögen.

Den ersten Fall stellt ein Gedicht des Vergil dar (der deutlich vor Christi Geburt gelebt hat): Bucolica IV, die sog. 4. Ekloge. Sie ist betitelt als „Deutung eines neuen Weltjahres" (Saeculi novi interpretatio) und behandelt, ja preist die Geburt eines Kindes, die einen Einschnitt in der Geschichte bedeutet; so heißt es u. a.:

> Letzte Weltzeit ist nun da cumaeischen Sanges
> (Ultima Cumaei venit iam carminis aetas);
> Nun kehrt wieder die Jungfrau, kehrt wieder saturnische Herrschaft,
> nun wird neu ein Sproß entsandt aus himmlischen Höhen
> (iam nova progenies caelo demittitur alto).
> Sei der Geburt nur des Knaben, mit dem die eiserne Weltzeit
> gleich sich endet und rings in der Welt eine goldene aufsteigt,
> sei nur, Lucina, du reine, ihm hold; schon herrscht dein Apollo.

Der Verweis auf den „cumaeischen Sang" bezieht sich auf eine Prophezeiung der Sibylle von Cumae, deren Bücher als eine Art geheime Informationsquelle für die Geschicke des Römischen Reiches angesehen wurden, etwa wie später für uns die Prophezeiungen des Nostradamus. Der Bezug auf Apollo und die Geburtshelfergöttin Lucina ist natürlich ebenfalls traditionell, und auch der Mythos vom verlorenen und wiedererwarteten Goldenen Zeitalter, verbunden mit Saturn (lat.) bzw. Kronos (griech.), bewegt sich ganz im Rahmen des heidnischen Denkens seit Hesiod, bei dem wir diesen Mythos zuerst finden. Aber „Jungfrau" (virgo) und „Geburt eines Knaben" in diesem Zusammenhang, da wurden Christen sehr aufmerksam. Dabei ist wohl mit dieser Jungfrau lediglich die Göttin Dike (die personifizierte Gerechtigkeit) gemeint, die nach dem Untergang des Goldenen Zeitalters zum Himmel entflohen ist.[1]

Jenseits vom Glauben an Prophezeiungen bleibt unerklärlich, wie Vergil Jesus hätte ahnen sollen; und man muß schon wissen, daß dieses Gedicht einem Freund Vergils, Asinius Pollio, gewidmet ist, der im Jahre 40 v.u.Z. erstens eine politisch sehr wichtige Rolle in Rom spielte und zweitens in diesem Jahre Vater eines Sohnes geworden ist: Gaius Asinius Gallus. Eine besondere Bedeutung hat dieser zwar nicht bekommen, aber das neue, Goldene Zeitalter wird man – im Sinne Vergils – als das des Augustus und seiner Friedenszeit, der „Pax Augusta", ansehen, nach vielen Jahrzehnten blutigen Bürgerkrieges. Bei dem Gedicht handelt es sich also um römische Staatsideologie und nicht um Verkündung eines menschgewordenen Gottes namens Jesus.

Das Gedicht endet übrigens mit einem hübschen Kompliment an die Mutter des Knaben:

Auf denn, Knabe, du kleiner, erkenne mit Lachen mit Mutter!
(incipe, parve puer, risu cognoscere matrem:)
Lange Beschwerde doch brachten der Monate zehn deiner Mutter.
Auf denn, Knabe, du kleiner: wer nicht anlachte die Mutter,
nimmer würdigt ein Gott ihn des Mahls, eine Göttin des Lagers.

Asinius Gallus hat sich übrigens später mit dem Nachfolger des Augustus, Tiberius, angelegt (privat, nicht politisch) und ist im Jahre 33 u.Z. im Gefängnis verhungert – die Katastrophe eines Messias.

Die Umdeutung des Gedichts im christlichen Sinne begann mit Lactanz (Göttliche Unterweisungen VII 24, 11) und Augustinus (Epistolae ad Romanos incohata expositio 3).

Noch etwas nebulöser liegt der zweite Fall, der von Plutarch überliefert worden ist, und zwar in seiner Abhandlung „Über die eingegangenen Orakel" (De defectu oraculorum); wir befinden uns nun im 1. Jahrhundert u.Z. An dieser Stelle (17; Moralia 419B-D) berichtet Plutarch von

---

[1] Vgl. Hildebrecht Hommel: Vergils „messianisches" Gedicht (1950); in: Hans Oppermann (Hrsg.): Wege zu Vergil. Darmstadt 1963, S. 368–425.

einem Ereignis, das ihm sein Lehrer Epitherses geschildert habe, also offenbar ein Mann, dem er vertraute. Epitherses befand sich einst auf einer Schiffsreise nach Italien und hörte eines Abends in der Nähe der Paxos-Insel (Paxos und Antipaxos bildeten eine Inselgruppe) eine Stimme,

„die laut „Thamus!" rief, so daß man sich verwunderte. Thamus war aber ein Ägypter und Steuermann des Schiffes, doch nicht vielen der Fahrgäste mit Namen bekannt. Beim ersten und zweiten Anruf habe er geschwiegen, beim dritten Mal aber dem Rufer geantwortet. Dieser habe nun seine Stimme noch mehr erhoben und gerufen: „Wenn du auf die Höhe von Palodes kommst, dann melde, daß der große Pan tot ist (ὁπόταν γένῃ τὸ Παλῶδες, ἀπάγγειλον ὅτι Πὰν ὁ μέγας τέθνηκε)!""

Alle wunderten sich, aber der Steuermann beschloß, daß es besser sei, den Auftrag auszuführen.

„Als sie auf der Höhe von Palodes angelangt waren [...], habe Thamus, vom Heck nach dem Land hin blickend, gerufen, wie ihm gesagt worden war: „Der große Pan ist tot!" Kaum aber habe er diese Worte geendigt, so habe sich, nicht von einer, sondern von vielen Stimmen, ein lautes Wehklagen, vermischt mit Ausdrücken der Verwunderung, erhoben."

Dieses merkwürdige Erlebnis, so fährt Plutarch fort, habe man nach der Ankunft in Rom berichtet, es habe sich rasch herumgesprochen und sei dem Kaiser Tiberius zu Ohren gekommen, der daraufhin bei Gelehrten an seinem Hof Erkundigungen über diesen Pan eingezogen habe. Deren Auskunft war eine gelehrte, die jedoch zur Erhellung des mysteriösen Elementes in der Geschichte nichts beitrug.

Was sagt uns das? Zum einen ist das Ereignis chronologisch recht gut einzuordnen: Tiberius war der Kaiser, unter dessen Herrschaft Jesus hingerichtet worden ist. Zwar regierte er von 14–37 u.Z., aber da er sich seit 26 nicht mehr in Rom, sondern dauerhaft auf Capri aufhielt, ist der zeitliche Rahmen abgesteckt ... und liegt vor der Kreuzigung Jesu um das Jahr 30 herum. Sollte der Sinn der Meldung vom Tode des Pan in dem Untergang der antiken Götter und dem Wechsel zu einem neuen Zeitalter liegen, so wäre das eine echte Prophezeiung.

Aber warum sollte diese gerade an dem Gott Pan festgemacht werden? Bei ihm handelte es sich (vereinfacht) um einen griechischen Hirtengott, der oft mit dem Spielen einer Flöte (daher: Panflöte) in Verbindung gebracht wurde. Häufig tritt er in der Überlieferung auch im Gefolge des Dionysos auf und wird dessen Satyrn angeglichen. Was Dionysos angeht, so sind wir heute (!), nämlich nach Friedrich Nietzsche und seinem Diktum „Dionysos gegen den Gekreuzigten" (Schlußsatz des „Ecce homo"), gewohnt, ihn als Gegenfigur zu Jesus anzusehen. Doch „Der große Dionysos ist tot!" hat die Stimme ja nicht gerufen. Man muß daher schon viel hineinlesen in diesen rätselhaften Bericht, um darin, wie es christliche Theologen und Kirchenväter (z. B. Eusebius: Praeparatio evangelica V 17) getan haben, die Prophezeiung eines Religionswechsels zu finden. Dabei steht für Eusebius Pan umstandslos als Dämon, d. h. stellvertretend für die heidnischen Götter, die man seitens der Christen so nannte.

Dieser Umstand hat jedenfalls Plutarchs Anekdote und damit dem Pan eine gewisse Popularität verschafft.

„Die Würfel sind gefallen" – Caesar und der Rubikon

Daß die Würfel gefallen seien, gehört nun zum relativ gut erhaltenen Zitatenschatz der Antike, und es wird zuverlässig auf Caesar und einen Fluß namens Rubikon bezogen, den er mit diesen Worten überschritten habe. Überliefert ist die Geschichte aus der Antike durch nicht mehr als zwei Quellen.

Der Hintergrund ist folgender: In der Antike bildete der Fluß Rubico (griechisch: Ρουβίκων, daher das „n" am Ende) in Mittelitalien die Grenze zwischen der Provinz Gallia Cisalpina (in Norditalien) und Italia; er durfte von keinem Feldherrn mit seinen Truppen in Richtung Rom überschritten werden, auf daß er keinen militärischen Druck auf die politischen Entscheidungen in der Stadt ausüben könne. Genau darum ging es Caesar im Jahre 49 v.u.Z., als er, mit seinem Heer aus der transalpinischen Gallia kommend, den finalen Machtkampf gegen seinen Gegner Pompeius (Gnaeus Pompeius Magnus) eröffnen wollte. Indem er die Rückgabe seiner Legionen verweigerte und stattdessen mitsamt Heer den Fluß überschritt, beging er – juristisch gesehen – Hochverrat und eröffnete einen offenen Bürgerkrieg. Eine schwerwiegende Entscheidung also, die wohl überlegt sein wollte.

Und so informierten uns die beiden Quellen über diese Entscheidung: Sueton (Divus Iulius 32) schreibt:

„Als außer den Hirten auch noch Soldaten und mit ihnen auch Tubabläser von ihren Posten zahlreich zusammengelaufen waren, um ihm [sc. Caesar] zuzuhören, riß er einem von ihnen die Tuba aus der Hand, sprang vor zum Fluß, blies kräftig ins Horn und ließ das Signal ertönen; dann watete er ans andere Ufer. Da sagte Caesar: „Man soll dorthin gehen, wohin der Götter Zeichen und die Ungerechtigkeit der Feinde einen rufen. Der Würfel ist gefallen (eatur, inquit, quo deorum ostenta et inimicorum iniquitas vocat. iacta alea est)."‟

Der auf das damals verbreitete Glücksspiel mit Würfeln bezogene Ausdruck lautet also: „iacta alea est – Geworfen ist der Würfel." „Geworfen" ist genauer als das in der obigen Übersetzung verwendete „gefallen", denn das Verb „iacere" bezeichnet eindeutig eine Tätigkeit; und um ein Tun handelt es sich hier klarerweise. Daß von dem Würfel im Singular die Rede ist, sei nur am Rande bemerkt. Da man das Spiel auch mit mehreren Würfeln spielte, ist das unwesentlich.

Die zweite Quelle finden wir bei Plutarch (Caesar 32):

„Schließlich aber schob er in leidenschaftlicher Bewegung die Zweifel von sich und tat den Schritt in die Zukunft mit dem Wort, das schon so vielen über die Lippen gekommen ist, die einem ungewissen Schicksal und kühnen Wagnis entgegengingen: „Der Würfel soll geworfen sein (Ἀνερρίφθω κύβος)!" So überschritt er den Fluß, [...]."

Plutarch schreibt griechisch, aber die entscheidende Formulierung enthält noch einen anderen Unterschied: eine sehr spezielle Form des Verbs ἀναρρίπτειν = in die Höhe werfen, in die Höhe schleudern (sehr dramatisch!), und zwar 3. Person Imperativ Perfekt Passiv – da muß man im Deutschen zu einer Umschreibung greifen: der Würfel soll hoch geschleudert worden sein! Das Außergewöhnliche der Wortwahl entspricht der Dramatik der Entscheidungssituation. Und doch sei, so Plutarch, dieses Wort schon vielen in hochkritischer Lage über die Lippen gekommen; es handelte sich also wohl um ein griechisches Sprichwort. Auch seine Pompeius-Biographie gibt Plutarch Gelegenheit, auf die Anekdote zu sprechen zu kommen (60). Das Zitat ist dasselbe, nur fügt Plutarch ausdrücklich hinzu, Caesar habe das auf Griechisch gesagt – da er ohnehin griechisch schreibt, wäre das sonst nicht aufgefallen.

Ein dritter Bericht, der des zeitlich am nächsten stehenden Velleius Paterculus (Römische Geschichte II 49, 4), schildert lediglich den Übergang über den Fluß – seinen Zeitgenossen war noch klar, was dieser Vorgang, der in der weiteren Kaiserzeit seine Signifikanz verloren hatte, bedeutete. „Cn. Pompeius, die Konsuln und die meisten Senatoren aber verließen erst die Stadt, dann Italien ..." Vielleicht nicht Caesar, aber doch dieser Historiker verzichtet auf einen klassischen Ausspruch.

„Veni, vidi, vici" – Caesars schneller Sieg

Dies gehört nun gewiß zum Bekanntesten, was Caesar gesagt hat bzw. gesagt haben soll. Man braucht es in der Regel nicht einmal zu übersetzen. Einprägsam ist es durch die zweisilbigen, alliterierenden Wörter. Ist damit alles gesagt? Dann gäbe es hier kein eigenes Kapitel dafür.

Bei weitem nicht so bekannt, vielmehr geradezu unbekannt ist, bei welcher Gelegenheit Caesar dies gesagt haben soll. Und ist es in der Antike genau so überliefert? Und siehe da, die Sache hat noch eine kleine Pointe.

Das Zitat ist zweifach bezeugt, jedoch auf unterschiedliche Weise. Da ist zunächst Plutarch, wiederum in seiner Caesar-Biographie (50). Nach seinem schon im Zusammenhang mit dem Schicksal der großen Bibliothek angesprochenen Aufenthalt in Alexandria (und der Liebesbeziehung zu Kleopatra VII.) wandte sich Caesar im Jahre 47 v.u.Z. einem Problem in Kleinasien zu, wo ein gewisser Pharnakes II. Eroberungen unternahm, welche die römische Provinz Asia bedrohten. Caesar schlug ihn bei dem Ort Zela gründlich. Plutarch schreibt nun:

„Um zu melden, welch überraschend schnellen Sieg er errungen habe, schrieb er seinem Freund Matius die drei Worte nach Rom: „Kam, sah, siegte." (ἦλθον, εἶδον, ἐνίκησα) Im Lateinischen klingen diese Worte auf die gleiche Endung und sind von eindrücklicher Kürze."

Dem „Kam, sah, siegte" muß man eigentlich ein „ich" hinzufügen, aber dann wird die deutsche Version etwas länger. Plutarchs Angabe ist für sich genommen völlig klar, zumal er eigens auf die lateinische Form verweist, die ja die uns bekannte ist.

Auf der anderen Seite ist da Sueton in seiner Caesar-Vita „Divus Iulius", in welcher er (37) über die von Caesar gehalten Triumphzüge in Rom und dabei aufgetretene Besonderheiten berichtet. Dort heißt es zum „pontischen Triumph" (das war der über Pharnakes):

„Beim Pontischen Triumph ließ er neben den Gegenständen, die im Festzug mitgeführt wurden, auch eine Inschrift, die aus den (drei) Worten bestand „Ich kam, sah, siegte" (VENI·VIDI·VICI), vorbeitragen; anders als alles andere sollte sie nicht auf das, was im Krieg geschehen war, hinweisen, vielmehr war sie als Hinweis darauf gedacht, daß der Krieg schnell beendet worden war."

Anscheinend war die von Plutarch erwähnte Mitteilung Caesars nach Rom unmittelbar nach dem Sieg dort dermaßen „eingeschlagen", d. h. populär geworden, daß der Sieger sich beim Triumphzug selbst zitierte. Und das Eingängige an der Formulierung hat sich dermaßen bestätigt, daß die Erinnerung an diesen speziellen Sieg heute beinahe völlig verblaßt ist, der Spruch hingegen sich gehalten hat. So mancher Kriegsherr würde das gerne über seine Kriege sagen, doch es gelingt nicht oft.

Die 300 Spartaner bei den Thermopylen

In diesem Falle dürfte – auch dank der tatkräftige Hilfe Hollywoods („300" aus dem Jahre 2006) – noch etwas von den Zusammenhängen präsent sein: Ein Zug der Perser mit einem großen Heer gegen Griechenland (480 v.u.Z.), 300 Spartaner unter der Führung ihres Königs Leonidas wollen sie an einem Engpaß, den Thermopylen, aufhalten, verzögern durch dieses Opfer den Einfall und verschaffen den Griechen so Zeit für ihre Vorbereitungen. Vielleicht ist Älteren sogar noch Schillers Zweizeiler (Distichon) als Grabinschrift der Spartaner bekannt (aus dem Gedicht „Der Spaziergang"):

> Wanderer, kommst du nach Sparta, verkündige dorten, du habest
> Uns hier liegen gesehn, wie das Gesetz es befahl.

Tendenz: Pathos, Tod fürs Vaterland.

Der klassische Bericht über die Ereignisse steht bei Herodot (VII 204–228) und ist recht lang. Etwas vorher noch (VII 202) nennt Herodot folgende Zahlen für das griechische Aufgebot gegen die Perser: 300 schwerbewaffnete Spartaner, 1000 Schwerbewaffnete aus Tegea und Mantineia, 1120 Männer Arkadier, 400 Korinther, 200 Männer aus

Phlius, 80 aus Mykene, 700 Thespier aus Boiotien, 1000 Phoker, eine nicht genau angegebene Zahl von Lokrern sowie 400 Thebaner. Das persische Heer unter dem Befehl des Großkönigs Xerxes umfaßte nach Herodots Bericht (VII 185 f.) 2641610 kampffähige Männer, inkl. Troß 5283220 Mann. Die phantastisch hohen (und phantastisch genauen) Zahlen für das persische Heer unter dem Großkönig Xerxes (486–465 v.u.Z.) sind gewiß stark übertrieben; aber immerhin waren sie den griechischen Truppen, die ihm an den Thermopylen entgegentraten, um ein Vielfaches überlegen. Beachtenswert ist der Umstand, daß das griechische Aufgebot keineswegs nur aus 300 Spartanern bestand, sondern sich – Herodot zufolge – aus mehr als 5200 Mann verschiedener griechischer Stämme zusammensetzte, unter denen sich allerdings keine Athener befanden, die vielmehr damit beschäftigt waren, sich in ihrer Heimat auf den Großangriff vorzubereiten: die Aufrüstung der Flotte (der Angriff fand auch zur See statt) und die Evakuierung der Stadt.

Terminologisch kann man an dieser Stelle einfügen, daß „Spartaner" oder „Lakedaimonier" die Bezeichnungen für das Volk ohne die von ihm beherrschten Untertanen (Heloten) war, die Bezeichnung für die Krieger aber „Spartiaten". Es gab bei ihnen immer zwei Könige, von denen Leonidas damals der eine war. Herodot hebt hervor, daß die 300 Spartiaten ein Voraustrupp waren, und zwar von Männern, die bereits Kinder hatten – lediglich ein Voraustrupp deshalb, weil die Spartaner noch ein Fest feierten (die Karneien) und die Griechen insgesamt übrigens noch ein weiteres (die Olympischen Spiele). Darauf nahmen die Perser freilich keine Rücksicht.

Als diese sich nun näherten, kam unter den Griechen eine Diskussion auf: Rückzug? Die Meerenge von Korinth verteidigen und so wenigstens die Halbinsel der Peloponnes sichern? Oder den Engpaß der Thermopylen (eine Engstelle zwischen Berg und Meer) sperren, der an seiner engsten Stelle günstigerweise nur 15 m breit war? Das hing natürlich mit unterschiedlichen Interessen, d. h. unterschiedlicher Gefährdung der einzelnen Stadtstaaten entsprechend ihrer geographischen Lage zusammen. Jedenfalls bröckelte die Widerstandsfront.

Der Perserkönig sandte derweil einen Späher aus und erfuhr von diesem, daß der Paß nur schwach besetzt sei, wobei ihm besonders die Spartaner aufgefallen waren, weil sie sich anscheinend unbekümmert mit

Die 300 Spartaner bei den Thermopylen 157

Training und Körperpflege beschäftigten. Irritiert befragte Xerxes einen griechischen Überläufer, einen gewissen Demaratos, um Rat. Dieser erklärte ihm, genau diese Lakedaimonier seien der entscheidende Gegner. Das mochte Xerxes wegen ihrer geringen Zahl von 300 Leuten nicht glauben. Vier Tage wartete er auf den Abzug der Gegner, und als dieser nicht erfolgte, begann er am fünften Tag den Angriff.

Herodot macht nicht genau klar, wieviele Griechen nun insgesamt an der Front standen und wieviele sich zurückgezogen haben, zumal er in seinem Bericht der Kampfhandlungen manchmal von Spartanern bzw. Lakedaimoniern spricht, manchmal von Griechen; eindeutig ist aber, daß es keineswegs nur die Spartaner waren, die den Kampf aufnahmen.

Trotz hoher griechischer Verluste wurde die erste Angriffswelle, vorgetragen von dem medischen Teil des persischen Heeres, zurückgeschlagen. Im zweiten Anlauf schickte der König seine Elitetruppe, „die Unsterblichen"; aber auch diese hatte keinen Erfolg. Herodot erwähnt besonders – und diesmal auf die Spartiaten bezogen – die Taktik der scheinbaren Flucht und des darauf folgenden unvermuteten Sich-Wendens zum Widerstand. Dies alles geschah noch am ersten Tag, und Xerxes schaute von erhöhter Stelle aus mit zunehmender Irritation zu.

Auch der zweite Tag brachte keinen persischen Durchbruch, obwohl die Perser gehofft hatten, es seien inzwischen schon entscheidend viele Griechen gefallen. An dieser Stelle erwähnt Herodot den Umstand, daß ein bestimmter Teil der Griechen, die Phoker, nicht direkt an den Kämpfen teilnahm, sondern einen gefährlichen Fußpfad bewachte, auf dem man die eigentliche Kampffront hätte umgehen können.

Auf diesen Fußpfad machte nun den Xerxes ein griechischer Überläufer namens Ephialtes aufmerksam, dessen späteres Schicksal – er wurde erschlagen, sein Mörder von den Spartanern hoch geehrt – Herodot an dieser Stelle einflicht. Der Großkönig schickte daraufhin ein starkes Detachement auf diesen Umgehungsweg, das zur beiderseitigen Überraschung (die Perser glaubten zunächst, es handele sich um die legendären Spartaner) auf die Phoker stieß. Diese zogen sich höher auf den Berg zurück, während die Perser dem Weg weiter hinab folgten.

Ein Seher hatte den Griechen im Tal für diesen Tag Unheil verkündet, und das kam nun vom Berg herab. Es setzte eine neuerliche Diskussion ein: Flüchten oder standhalten? Leonidas und seine Spartiaten plädierten für den Kampf, die anderen Griechen zogen ab. Hierfür gibt Herodot zwei mögliche Erklärungen: daß sie sich fürchteten oder daß Leonidas sie weggeschickt habe, entweder aus Sorge um ihr Wohlergehen oder um den Ruhm des Kommenden für sich und die Seinen zu reservieren. Herodot neigt zu der zweiten Version und nimmt an, Leonidas habe den fehlenden Kampfesmut seiner Mitgriechen bemerkt. Aber: Die Thespier und Thebaner (beides Böotier, deren Kriegerzahl Herodot mit 1100 Mann angegeben hatte) blieben bei den Spartanern!

An einer etwas breiteren Stelle des Engpasses kam es nun zur finalen Auseinandersetzung, in der die Lage der Griechen aussichtslos war. Sie wurden niedergemacht.

Als größten Held erwähnt Herodot dabei nicht den Leonidas, sondern einen anderen Spartaner namens Diënekes. Zum Beleg – wohl für unerschütterlichen Kampfesmut – schreibt Herodot, Diënekes habe, als ihm jemand angekündigt habe, die Pfeile der Perser würden so zahlreich sein, daß sie die Sonne verdunkelten, geantwortet: „Umso besser, dann kämpfen wir im Schatten." Herodot: „Diese und ähnliche Aussprüche, erzählt man, hat der Lakedaimonier Diënekes zu seinem Gedenken hinterlassen." Für derlei kurze und prägnante Bemerkungen waren die Spartaner in der Antike berühmt, und bis heute spricht man von einer lakonischen Bemerkung.

An dieser Stelle und dazu passend kann man eine andernorts (Plutarch: Aussprüche von Spartanern; Moralia 225D; 306D) überlieferte Äußerung des Leonidas vor Beginn des Endkampfes zitieren: Sie, die Spartaner, sollten ihr Frühstück einnehmen, wie wenn sie ihr Abendessen im Hades einnähmen.

Halten wir an dieser Stelle fest, daß gemäß Herodot nicht die 300 Spartaner alleine kämpften, sondern mit ihnen – zieht man die Phoker ab – weitere 1100 Thebaner und Thespier. Außerdem hebt Herodot für die letzte Phase des Kampfes nicht den Leonidas, sondern, wie gesagt, den Spartaner Diënekes hervor.

Er schließt seinen Bericht damit, daß die Toten an Ort und Stelle begraben worden seien und man (später) zu ihrem Gedenken zwei Inschriften in den Fels gemeißelt habe:

Zu ihrer Ehre und zur Ehre derer, die vorher den Tod fanden, ehe Leonidas
die andern weggeschickt hatte, ist folgende In-schrift eingemeißelt:
„Hier zur Stelle bekämpften dreihundert Zehntausende einstmals
Aus der Peloponnes Männer der Tausende vier."
Diese Inschrift ist der Gesamtheit der Toten gewidmet. Für die Spartaner
aber persönlich steht folgende Inschrift:
„Fremdling, melde daheim Lakedaimons Bürgern: Zur Stelle
Liegen wir, ihrem Befehl, den sie uns gaben, getreu."
(ὦ ξεῖν', ἀγγέλειν Λακεδαιμονίοις, ὅτι τῇδε
κείμεθα τοῖς κείνων ῥήμασι πειθόμενοι.)

Von diesen beiden Inschriften ist die zweite natürlich die ungleich bekanntere; mit einer geringen Abweichung wird sie auch von Strabon in seiner „Geographie" (IX 4, 16) überliefert. Sie soll auf den griechischen Dichter Simonides von Keos (556–467/6 v.u.Z.) zurückgehen (Fragment 66). Die erste aber wird dem Umstand gerecht, daß eben nicht nur die Spartaner dort kämpften. Wobei die Angabe der Zahl 300 × 10000 für die Perser in Herodots Sinn ist, die 4000 von der Peloponnes jedoch seinen Angaben zumindest für die letzte Kampfphase nicht entsprechen.

M. Cicero hat in seinen „Gesprächen in Tusculum" (I 101) das Distichon des Simonides ins Lateinische übersetzt:

Dic, hospes, Spartae nos te hic vidisse iacentis,
Dum sanctis patriae legibus obsequimur.

Schillers Nachdichtung habe ich bereits erwähnt. Sie galt dann als die klassische Version, die man später auf deutschen Gymnasien lernen mußte.

Eine weitere umfangreiche Schilderung der Kämpfe bei den Thermopylen ist uns von Diodorus Siculus (XI 4–11) erhalten. Wir können uns hier auf die Hervorhebung von Unterschieden beschränken. Die Griechen reagierten auf den persischen Angriff mit einer Doppelstrategie: Eine Flotte sandten sie unter dem Befehl des Spartaners Eurybiades zu der Insel Euboia, ein Heer unter dem Kommando des Leonidas zu den Thermopylen. Dieser wollte sich auf 1000 Lakedaimonier vom Peloponnes beschränken, darunter 300 Spartiaten. Das Regierungsgremium der

Ephoren in Sparta hielt diese Zahl für zu niedrig angesichts der persischen Übermacht, doch Leonidas bestand darauf: „Obwohl es nur wenige sind, um die Barbaren am Marsch durch die Pässe zu hindern, so sind sie doch eine Menge, um die Tat zu vollbringen, derentwegen sie jetzt ausziehen." Das verstanden die Ephoren nicht, weshalb Leonidas entgegnete, „daß er die Männer nur scheinbar zum Schutz der Pässe führe, in Wirklichkeit sollten sie für die allgemeine Freiheit den Tod finden". Dies sei, so fügt Diodor hinzu, so gemeint gewesen, daß der Tod von 1000 den Spartanern größeren Ruhm bringen, der Tod des gesamten Aufgebots hingegen deren völligen Untergang bedeuten würde. Leonidas war also nicht bereit, die Existenz des Staates aufs Spiel zu setzen. So blieb es denn bei 1000 Spartanern; hinzu kamen allerdings noch 3000 von den übrigen griechischen Stämmen – etwas weniger also als die von Herodot angegebene Zahl. Für 1000 Lokrer ergab sich die besondere Situation, daß sie sich bereits den Persern unterworfen und ihnen die Sicherung der Thermopylen zugesagt hatten, nach dem Eintreffen des Leonidas und seiner Leute aber wieder die Front wechselten und doch zu den Griechen hielten.

Als er von dem Widerstand erfuhr, stockte Xerxes noch einmal seine Truppen auf, und zwar auf eine Million (für die Flotte gibt Diodor die gleiche Zahl an). Den Griechen bot er an, Verbündete der Perser zu werden, sich in ihre Heimatstädte zu begeben und besseres Land von ihm zu empfangen, als sie es derzeit besäßen. Dies war nicht im Sinne des Leonidas und der Seinen. Bundesgenossen könnten sie nicht sein, wenn sie von den Persern angegriffen würden, sondern nur als freie Besitzer ihres Landes, das sie nach väterlichem Brauch nicht durch Feigheit, sondern durch Tüchtigkeit besitzen wollten.

Auch bei Diodor verläuft die Beratung des Xerxes mit dem griechischen Überläufer Demaratos unbefriedigend für den König, wovon dieser sich jedoch nicht beeindrucken läßt. Der ersten Angriffswelle der Meder fügt Xerxes – so Diodor – noch die Brüder und Söhne derer hinzu, die zehn Jahre zuvor bei der Schlacht von Marathon gefallen waren – in der Annahme, diese würden aus Rache besonders hingebungsvoll kämpfen. Leonidas verteidigte die engste Stelle des Passes. Für den Kampf auf engem Raum waren die Meder nicht optimal bewaffnet, weshalb der

Abb. 1 Jacques-Louis David: Léonidas aux Thermopyles

Erfolg auf der Seite der Griechen war, wie auch Herodot berichtet (Abb. 1). Die zweite Welle wird von den „Unsterblichen" geführt – ohne Erfolg. „Auf Seiten der Barbaren hatte es hohe Verluste gegeben, während bei den Griechen nur wenige gefallen waren."

Bevor nun auch bei Diodor der Verräter des Umgehungspasses zum Einsatz kam, versuchte es Xerxes noch mit einem weiteren psychologischen Mittel zwecks Motivation seiner Truppen: hohe Belohnung im Erfolgsfall, Tod aber bei Rückzug und Flucht. Vergeblich.

Als nun Xerxes 20.000 Mann auf den Umgehungspfad schickte, kam es zu einem weiteren Verrat, diesmal auf Seiten der Perser: ein gewisser Tyrrhastiades verließ heimlich das Lager der Perser und unterrichtete Leonidas von dieser Gefahr. Daraufhin kam es (wie bei Herodot) zu einer Beratung, in deren Verlauf Leonidas (deutlicher als bei Herodot) allen anderen Griechen den Abzug befahl,

„damit sie in den verbleibenden Schlachten Seite an Seite mit den anderen Griechen kämpfen könnten. Die Lakedaimonier jedoch müßten, wie er sagte, zurückbleiben und dürften den Schutz der Pässe nicht aufgeben; es zieme sich nämlich für die Führer Griechenlands, im Kampf um den höchsten Preis bereitwillig in den Tod zu gehen."

Sein Motiv war, so Diodor, der größtmögliche Ruhm für die Spartaner. Er habe nur die Thespier bei sich behalten und daher mit nicht mehr als 500 Mann den letzten Kampf aufgenommen. Die Zahlen stimmen also wiederum nicht mit denen von Herodot überein, aber doch darin, daß es nicht bloß 300 waren. Die Anekdote, sie sollten rasch ihr Frühstück verzehren, während sie die Hauptmahlzeit im Hades einnähmen, steht auch bei Diodor.

Was nun in seinem Bericht aber folgt, ist ein tolles Stück: Leonidas befahl einen nächtlichen Angriff auf das Perserlager mit dem Zelt und dem Leib des Xerxes als eigentliches Ziel! Das erweckt den Eindruck, sie hätten sich um den Umgehungsweg nicht weiter gekümmert, sondern eine für die Perser völlig überraschende Attacke durchgeführt. Sollten die Perser hier nicht an die Sicherung des Lagers gedacht haben? Die Dunkelheit führte zu einiger Verwirrung: Die Perser glaubten an einen Angriff des gesamten griechischen Heeres, also der 4000 Mann, brachten sich im Durcheinander gegenseitig um, und wenn Xerxes tatsächlich in seinem Zelt geblieben wäre, statt zu fliehen, hätte es ihn das Leben gekostet und sein Feldzug wäre gescheitert. So dicht dran sei Leonidas am Erfolg gewesen, meint Diodor. Als es aber Tag wurde und die Perser bemerkten, wie klein die Zahl der Angreifer in Wirklichkeit war, umzingelten sie diese und töteten sie mit Distanzwaffen wie Pfeilen und Speeren.

In dieser Version steht der tollkühne Leonidas völlig im Zentrum; kein anderer Spartaner wird auch nur namentlich erwähnt. „Wer hätte erwartet, daß eine Schar von nur 500 Mann an Zahl es wagen würde, den einhundert Myriaden entgegenzutreten!" Nicht in der Verteidigung eines Engpasses, sondern in einem Angriff auf das Zentrum der persischen Macht, den Großkönig selbst sind sie gefallen. Der Würdigung dieser Ruhmestat widmet Diodor das gesamte 11. Kapitel. Das ist eine geradezu epische Überhöhung.

Die 300 Spartaner bei den Thermopylen 163

Diodor schließt nicht mit Grabinschriften, sondern mit einem ganzen Loblied des Dichters Simonides:

> Der bei Thermopylai Gefallenen Schicksal
> ist ruhmvoll, untadelig ihr Todeslos,
> ihr Grab ein Altar, statt Trauerklage ewiges Gedenken, ihr
> Geschick ein Lobgesang.
> Solch Leichentuch wird weder Moder
> noch die allbezwingende Zeit vergehen lassen.
> Diese heilige Stätte wackerer Männer hat Griechenlands Ruhm
> zum Wohngefährten erwählt. Und Zeugnis legt ab dafür Leonidas,
> Spartas König, der die Krone der Tugend
> und ewigen Ruhm hinterlassen hat.

Hierbei könnte es sich um ein in Sparta an einer Gedenkstätte vorgetragenes Lied handeln. Denn den Ruhm dieser militärisch ja nicht besonders folgenreichen Episode nahmen bereits in der Antike die Spartaner für sich in Anspruch und fokussierten ihn auf den Leonidas als ihren König. Diodor, der aus Sizilien stammte (Siculus) und zeitweise in Ägypten, zeitweise in Rom lebte, hat diese Sichtweise für sich übernommen.

Bei Plutarch, aus Chaironeia in Böotien stammend, klingt die Geschichte sehr viel nüchterner, wenn er das Leben des Themistokles, also aus der Perspektive der Athener beschreibt (9), die an der Schlacht nicht teilgenommen, sondern sich auf die Flotte konzentriert hatten:

„Allein, als die Kunde von der Niederlage in den Thermopylen nach Artemision gelangte, als man erfuhr, daß Leonidas gefallen, Xerxes Herr der Pässe sei, da zog sich die Flotte nach Süden in die zentraler gelegenen Gebiete Griechenlands zurück. Die Athener, welche sich besonders tapfer gehalten hatten und stolz waren auf ihre Waffentaten, erhielten Auf-trag, den Rückzug zu decken."

Leonidas ist gefallen, Xerxes hat die Pässe erobert und befindet sich nun auf dem Weg nach Athen – das ist aus dieser Sicht entscheidend. Die ausgeschickte Flotte muß schleunigst zurück nach Athen!

Daß Leonidas in der Tat sich bis zu Xerxes durchgekämpft und diesen persönlich bedroht habe, bestätigt Plutarch allerdings – wenn auch kurz –

an anderer Stelle, nämlich in seinen „Parallelen Geschichten" (4; Moralia 306C-E); er habe sogar (und das ist nun vollends phantastisch) dem König die Krone vom Haupt gestoßen. Plutarch beruft sich dabei auf eine „Persische Geschichte" des Aristeides, die für uns verloren ist.

In der für die griechische Geschichte wichtigen, traditionellen Rivalität zwischen Athen und Sparta (die sogar zum einem jahrzehntelangen, mörderischen Krieg zwischen beiden geführt hat, dem Peloponnesischen Krieg) konnte es freilich vorkommen, daß die Spartaner, wenn sie einmal die Hilfe der Athener dringend benötigten, sich auf das beriefen, was sie einst auch zum Schutze Athens bei den Thermopylen getan hatten bzw. getan haben wollten. So berichtet es jedenfalls Xenophon, Athener von Geburt, aber mit einer spartafreundlichen Einstellung, in seiner „Hellenika" (VI 5). Er legt einem Bewohner der Peloponnes bei der Schilderung einer Episode aus dem 4. Jhdt. v.u.Z. die folgenden Worte in den Mund:

> „Sollte sich irgendwann für Hellas wieder einmal eine Gefahr von seiten der Barbaren erheben, auf wen würdet ihr da eher vertrauen als auf die Lakedaimonier? Wen würdet ihr dann wohl lieber zu eurem Beistand machen als diejenigen, deren Soldaten bekanntlich schon einmal, als Vorposten in den Thermopylen aufgestellt, alle miteinander lieber den Tod im Kampfe wählten als ein Leben, durch welches sie zu Wegbereitern für den Einmarsch der Barbaren in Hellas geworden wären. Wie sollte es also nicht recht und billig sein, ihnen als Entgelt für das, was sie mit euch zusammen als tapfere und rechtschaffene Männer vollbracht haben und was sie, wie zu hoffen ist, auch ein anderes Mal wieder vollbringen werden, von eurer und von unserer Seite alle erdenkliche Hilfsbereitschaft zu beweisen?"

Dankbarkeit ist nun natürlich ein gerne berufenes, aber nicht gar so häufig befolgtes Motiv in der Geschichte.

Zwei Epigramme, davon eines auf die Kämpfer insgesamt und eines speziell auf Leonidas, finden sich auch in der Gedichtsammlung der „Anthologia Graeca" (oder Anthologia Palatina) (VII 436 und 437), wobei das erstere wiederum andere Zahlen für die Beteiligten angibt als Herodot: 1000 Spartaner gegen 800.000 Perser. Man tut gut daran, sich auf diese Angaben nicht zu verlassen.

Schließlich beschreibt uns noch Justin in seinem Auszug aus Pompeius Trogus (II 11) die Schlacht bei den Thermopylen. Er läßt 4000 Mann den Engpaß sperren und berichtet ebenfalls davon, daß der Angriff auf dem Umgehungsweg dazu geführt habe, daß Leonidas die übrigen Griechen zum Rückzug aufgefordert und selbst – diesmal nur noch die Spartaner, ohne daß ihre Zahl angegeben würde – das Lager des Königs attackiert habe, ohne diesen jedoch zu treffen.

„Schließlich fielen sie, nicht besiegt, sondern des Siegens müde, zwischen ungeheuren Leichenhaufen erschlagener Feinde. Xerxes selbst, nachdem er zweimal im Kampf zu Lande Schaden genommen, beschloß, es jetzt mit dem Glück zur See zu versuchen."

Als Besonderheit erwähnt Justin einen Orakelspruch: „Als man zu Beginn dieses Krieges zu Delphi das Orakel befragte, hatte man erfahren, entweder der König der Spartaner oder ihre Stadt müsse fallen." Von daher sei den Männern des Leonidas klargewesen, was ihnen bevorstand. Das zumindest kann man wohl kaum leugnen.

Aus dem Teppich – Die Begegnung von Caesar und Kleopatra

Caesar hatte in Alexandria, der Hauptstadt des ptolemäischen Ägyptens, zu tun, weil sein Gegner Pompeius (Gnaeus Pompeius Magnus) sich nach seiner Niederlage bei Pharsalos (48 v.u.Z.) dorthin geflüchtet hatte. Gegen den Wunsch Caesars ließ ihm dort der junge König Ptolemaios XIII., der Bruder seiner Mitregentin Kleopatra VII., den Kopf abschlagen. Nun befand sich aber Caesar vor Ort und wurde in die Auseinandersetzungen zwischen den Geschwistern hineingezogen, die – für Angehörige der Ptolemäer-Dynastie nicht ganz ungewöhnlich – auch noch miteinander verheiratet waren. Beides, die Teilung der Macht und die Ehe: eine gute Grundlage für heftigen Streit. Den mächtigen Römer hätte Kleopatra gerne auf ihre Seite gezogen. Das war die Ausgangslage.

Diese beschreibt Caesar selbst in seinen „Kommentaren zum Bürgerkrieg" (Commentarii de bello civile) folgendermaßen (III 107):

„Inzwischen glaubte er [sc. Caesar], daß die Streitigkeiten der königlichen Geschwister das römische Volk und ihn als Konsul angingen und um so mehr in seinen Amtsbereich fielen, als während seines letzten Konsulats mit dem Vater auf Grund eines Gesetzes und Senatsbeschlusses ein Bündnis geschlossen worden war. Er gab daher seine Entscheidung kund, König

Ptolemaios und seine Schwester Cleopatra sollten ihre Heere entlassen und über ihren Streit, nach dem Gesetz, lieber vor ihm, als durch das Schwert entscheiden lassen."

Das schloß selbstverständlich nicht aus, daß beide Seiten versuchten, den Richter auf ihre Seite zu ziehen und dabei alles einzusetzen, was sie zu bieten hatten. Auf Kleopatras Seite war dies unter anderem ihre Attraktivität als Frau; sie mußte nur eine Gelegenheit finden, diese zur Geltung zu bringen, d. h. zu Caesar in den Palast vorzustoßen. Der Klassiker unter den Filmen, „Cleopatra" (1963) mit Elizabeth Taylor in der entsprechenden Rolle, stellt das so dar, daß sie sich in einen Teppich eingerollt zu Caesar bringen ließ, statt offiziell und dadurch mit Wissen ihres Bruders und Rivalen (er residierte in einem anderen Teil des weitläufigen Palastes) um eine Audienz nachzusuchen. Dadurch ist die heutige Vorstellung der Szene geprägt. Aber wie berichten es die antiken Quellen? Caesar selbst äußert sich dazu, siehe oben, überhaupt nicht – was nicht verwundert (Abb. 1).

Wir finden eine ausführliche Darstellung der Ereignisse in dem Epos „Der Bürgerkrieg" (Bellum civile, Pharsalia) des römischen Dichters Lucan (39–65 u.Z.) (X 53–105). Ihm zufolge befand sich der Knabe Ptolemaios als Friedensgeisel im Palast. Der Kleopatra – er nennt sie mit starken Worten: „Ägyptens Schande, Latiums Todesfurie, Buhlerin zu Roms Verderben (dedecus Aegypti, Latii feralis Erinys, Romano non casta

Abb. 1   Münzporträt Kleopatras VII.

malo)" – unterstellt Lucan, den offenen Konflikt zu wagen und deshalb Caesar auf ihre Seite ziehen zu wollen. Sie habe die Hafenwächter bestochen und sei mit einem kleinen Zweiruderer zum Palast gefahren, um Caesar zu verführen: „Solche Kühnheit gab ihr jene Nacht, die zum ersten Mal die schamlose Ptolemäerin mit einem Römerführer im Bett vereinte." Optisch zurechtgemacht und mit geheucheltem Kummer, habe sie Caesar eine Werberede gehalten, die Lucan in wörtlicher Rede, allerdings in Versform, wiedergibt: den Bruder schlecht machend, sich selbst ins beste Licht rückend. Hinweise auf einen Eunuchen als wichtigsten Ratgeber des Bruders und auf den Mord an Pompeius durften nicht fehlen. Demzufolge hat sie also alles angesprochen, was Caesar an dem Knaben abstoßen mußte. Der Erfolg: „Ihre Versuche wären vergeblich, Caesars Ohren verstockt geblieben, hätte nicht ihr Blick die Bitten unterstützt und ihr Buhlerinnenantlitz (facies incesta) nicht das letzte Wort gesprochen." Unter Einsatz ihres Körpers hat sie Caesar auf ihre Seite gezogen.

So sehr hier klar ist, daß der Autor alles in seiner Macht Stehende tut, um Kleopatra in einem schlechten Licht erscheinen zu lassen, so sehr fällt andererseits auf, daß Lucan mit keinem Wort erwähnt, sie sei irgendwie verpackt in den Palast gebracht worden; nur von der Bestechung der Hafenwärter, auf daß die die Zufahrt sperrende Kette angehoben werde, ist die Rede.

Dies sieht anders aus bei Plutarch (Caesar 49): Auch dort ist davon die Rede, daß Kleopatra in einem Nachen in den Palast gekommen sei; dort habe sie aber immer noch vor der Schwierigkeit gestanden, unauffällig in Caesars Räumlichkeiten zu gelangen, weshalb sie sich in einen Bettsack (στρωματόδεσμος) gelegt habe und von einem Diener ans Ziel gebracht worden sei. In einen solchen Bettsack legte man Polster und Decken, und er war zum Verstecken gut geeignet. Ein Teppich ist klarerweise etwas anderes. Immerhin betont Plutarch, daß sie schon durch diesen listigen Einfall Caesar für sich eingenommen habe; der restliche Beitrag zum Erfolg habe in ihrer Anmut und dem Reiz ihres Umgangs bestanden. Das klingt eher nach Charme als nach plumper Erotik.

In einer dritten Version, nämlich der von Cassius Dio (XLII 34 f.), ist hingegen weder von einem Boot noch von einem Bettsack die Rede, vielmehr wird die Begegnung so dargestellt, daß Kleopatra zunächst durch

Mittelsmänner ihre Ansprüche gegenüber ihrem Bruder habe vertreten lassen, dann aber den Einfall gehabt habe, im Hinblick auf Caesars bekannte Schwäche für Frauen sei eine direkte Zusammenkunft der bessere Weg:

„Sie war ja überhaupt eine Frau von einzigartiger Schönheit und damals in der Blüte ihrer Jugend besonders berückend. Auch führte sie eine sehr gepflegte Sprache und verstand es, jedermann auf gewinnende Art zu begegnen. Herrlich war es, sie anzusehen und ihr zu lauschen, und sie konnte so jeden, selbst einen liebessatten (δυσέρωτα) Mann in bereits vorgerücktem Alter, sich gefügig machen. Daher fand sie es wünschenswert, Caesar zu begegnen, und setzte alle Thronansprüche auf ihre Schönheit."

Hier kommt zusammen, was zusammen paßt, wenn man von Kleopatras Interessenlage ausgeht: eine junge, schöne, kultivierte Frau und ein liebeserfahrener Mann, der starke Reize braucht. In diesem Sinne hat, so Cassius Dio, Kleopatra um eine Audienz bei Caesar nachgesucht, sich hübsch zurechtgemacht und dann zur Nachtzeit, ohne Wissen ihres Bruders, den römischen Feldherrn aufgesucht.

„Caesar sah sie und hörte sie einige Worte sprechen und war sofort derart gefesselt, daß er alsbald noch vor Tagesanbruch Ptolemaios zu sich entbot und eine Versöhnung der Geschwister versuchte; dabei trat er als Anwalt gerade der Frau auf, über die als Richter zu entscheiden er zuvor beansprucht hatte."

Immer noch war Caesar der Richter im Konflikt; doch jetzt hatte er seine Neutralität aufgegeben. Man kann sich fragen, ob sein Urteil unter anderen Umständen anders ausgefallen wäre. Wäre für Roms Interessen der jüngere, unreife und bis zum Mord gehende Ptolemaios die bessere Option gewesen? Nur dann, wenn Rom einen schwachen Partner brauchte. Die niveauvollere Wahl war Kleopatra anscheinend allemal.

Die Szene mit dem Teppich allerdings, die hat sich Hollywood für eine effektvolle Inszenierung ausgedacht.

Das Faß, nicht die Büchse der Pandora

Meist spricht man von der Büchse der Pandora, und was darin gewesen sei, bleibt ein wenig unbestimmt: etwas Schreckliches jedenfalls. Bezug genommen wird auf darauf etwa noch in der Psychologie, wo man einen Pandora-Effekt kennt: der übermächtige Reiz der Neugier auf das Schreckliche gegenüber der Vernunft, verbunden mit dem Umstand, daß selbst in diesem Abgrund noch etwas Positives liege, nämlich die Hoffnung. Das klingt etwas nebulös und hat mit der Bedeutung des antiken Mythos möglicherweise nicht mehr zu tun als der Ödipus-Komplex mit dem antiken Ödipus.

Der Mythos ist alt und geht auf Hesiod zurück, der ihn uns in gleich zwei Versionen überliefert. Doch bevor wir uns ihm zuwenden, sollte etwas über den Namen der Frau: Pandora (Πανδώρα) gesagt werden. Er bedeutet „die alles Gebende", „Allgeberin", „Allschenkerin", und er wurde auch auf die Erde (γῆ) bezogen, die uns alles schenkt, was wir zum Leben brauchen, freilich manchmal auch etwas, worüber wir uns nicht freuen; alles eben.

Und dies ist nun der Name einer Frau. In seinem ersten Werk, der „Theogonie", in der es um die Entstehung und das Schicksal der Götter geht, berichtet uns Hesiod (Verse 570–612), wie Zeus als Strafe dafür, daß der Titan Prometheus den Menschen gegen den Willen des Göttervaters das Feuer geschenkt hat, ein Übel über die Menschen verhängt. Dieses Übel besteht darin, daß er dem Handwerksgott Hephaistos befiehlt, eine Frau zu schaffen: Pandora. Da Pandora als die erste Frau galt, erhält man eine Ahnung, wie Griechen – jedenfalls diejenigen, die zu uns sprechen – über Frauen dachten. Nachdem er geschildert hat, wie Athene die Pandora geschmückt hat, so daß die anderen Götter über ihre Schönheit staunten, fügt Hesiod einen längeren Abschnitt hinzu, in dem er sich über die Bedeutung von Frauen für „uns Männer" ausläßt. So heißt es u. a.:

> Von ihr nämlich kommt das verderbliche Geschlecht,
> Die Stämme der Frauen,
> Die, ein großes Leid,
> Unter den sterblichen Männern wohnen;
> Nicht bei der verhaßten Armut
> Sind sie passende Begleiter,
> Wohl aber im Überfluß.

Erst am Ende eines längeren Schimpfens und des Eingeständnisses, daß einem andererseits ohne Ehe ein Alter ohne Pflege droht, gesteht Hesiod zu, daß es auch gute Frauen gibt, nämlich einige Ehefrauen, die „wohl gefügt" sind in ihrem Sinn. Er schließt mit den Worten:

> Wer aber an die böse Art von Weib gerät,
> Der lebt mit unstillbarem Weh in der Brust,
> An Sinn und Herz,
> Und nicht zu heilen ist dies Übel.

Damit hat er freilich die Pandora aus dem Blick verloren, und in der „Theogonie" schildert er nicht, was es mit dieser weiter auf sich hat. Darauf kommt er aber in seiner anderen Schrift, „Werke und Tage", zu sprechen (Verse 53–105). Auch hier macht Zeus dem Prometheus klar, daß er die Menschen bestrafen werde für dessen Tun:

> „[…] Denen werd ich für das Feuer verleihn ein Übel, das allen Freude bereitet im Herz, wenn ihr eigenes Weh sie umarmen."

Das Faß, nicht die Büchse der Pandora 173

Sprachs, und lachte heraus, der Vater der Menschen und Götter.

Man kann hier geradezu von einem Zynismus des Zeus sprechen. Es wird also Pandora geschaffen, und diesmal lehrt Athene sie noch die Kunst des Webens, während weitere Göttinnen, Aphrodite eingeschlossen, an ihrer optischen Ausgestaltung beteiligt sind, zwecks Erzeugung von Liebesschmerz. Deshalb, so Hesiod, erhält sie auch den Namen Pandora: weil alle an ihrer Ausstattung beteiligt sind. Und jetzt beginnt die Katastrophe für die Menschen:

> Nämlich zuvor, da lebten der Menschen Stämme auf Erden
> Frei von allen Übeln und frei von elender Mühsal
> Und von quälenden Leiden, die Sterben bringen den Menschen.
> Doch als das Weib von dem Tonfaß den mächtigen Deckel emporhob,
> Ließ es sie los; es brachte ihr Sinn viel Unheil den Menschen.
> Einzig die Hoffnung blieb da in unzerstörbarer Wohnstatt,
> Innen unter dem Rande des Krugs, und flog nicht ins Freie
> Auf und davon; denn vorher ergriff sie der Deckel des Kruges,
> Wie es der Träger der Aigis gewollt, Zeus, Herr der Gewitter.

Beginnen wir mit einem Detail: Meist ist von der Büchse der Pandora die Rede; doch hier wird klar, daß es sich um einen größeren Behälter handelt, und wenn der Übersetzer das Wort „Krug" gebraucht, so ist dies für das griechische πίθος knapp kalkuliert – man kann eher von einem Faß sprechen. Die Größe des Behältnisses korreliert mit der Größe des Inhaltes, d. h. des Unheils. (πίθος ist übrigens dasselbe Wort, das auch für das Faß als Wohnsitz des Diogenes von Sinope verwendet wird.)

Weiterhin: Während die Menschen – Hesiod gebrauchte tatsächlich das entsprechende Wort (ἄνθρωπος), das im Griechischen nicht identisch ist mit Mann, obwohl es sich hier doch nur um Männer handelt – vorher in einem Goldenen Zeitalter lebten (auch dieser Mythos ist uns zuerst von Hesiod überliefert), bricht jetzt die Strafe des Zeus über sie herein: alle Übel dieser Welt, von denen Hesiod vor allem die Krankheiten erwähnt.

Festzuhalten ist ferner, daß hier die Menschen für etwas bestraft werden, das nicht sie zu verantworten haben, sondern Prometheus, der dann – dem Mythos zufolge – noch eigens für seine Tat bestraft wird, indem er an einen Felsen im Kaukasus gekettet wird, wo ihm ein Adler (Symbol des Zeus) täglich die Leber zerhackt.

Und schließlich gibt es noch diesen rätselhaften Aspekt an der Geschichte, daß nämlich nicht der gesamte Inhalt des Fasses ins Freie gerät, sondern die Hoffnung im Deckel hängenbleibt, mit dem Zusatz: gemäß dem Willen des Zeus. Das läßt nun mehrere Deutungen zu. Da das Faß mit Übeln gefüllt war, gehört auch die Hoffnung zu den Übeln? Das erschiene uns, die wir an die Dreiheit von „Glaube, Liebe und Hoffnung" gewöhnt sind, als ungewöhnlich, wäre aber von griechisch-pessimistischer Sichtweise nicht so weit entfernt, daß man es ausschließen könnte. „Selig sind die Hoffnungslosen, denn sie können nicht enttäuscht werden." (Aleister Crowley) Von den leichten, leichtfertigen Hoffnungen, die uns narren, schreibt Solon (640– ca. 560 v.u.Z.) (Stobaios III 9). Dann hätte Zeus vielleicht Mitleid gehabt, indem er uns wenigstens dies ersparen wollte. Allerdings wird davon nichts gesagt. Auf der anderen Seite könnte sein Zorn auch dermaßen groß gewesen sein, daß er uns nicht einmal die Hoffnung (auf Besserung) gewähren wollte. Doch was, wenn sie etwas Positives ist, hatte die Hoffnung dann in dem Faß voller Übel zu suchen? Und was ist davon zu halten, daß die Hoffnung im Faß blieb, sich also nicht ausbreitete, wo doch die Menschen voller Hoffnungen sind? Dieser Aspekt der Geschichte bleibt bei Hesiod rätselhaft.

Einen Hinweis gibt uns Aischylos in seinem Drama „Der gefesselte Prometheus". Mit Bezug auf sein Erkunden dessen, was eigentlich zur Bestrafung des Prometheus geführt hat, fragt dort (Verse 247–251) der Chorführer:

> Chorführer: Gingst du in diesem deinem Tun nicht weiter noch?
> Prometheus: Die Menschen ließ ich nicht voraussehn mehr ihr Los.
> *Chf:* Welch ein Heilmittel fandst für diese Krankheit du?
> *Pr:* Hoffnungen, blinde, pflanzt ich ihren Herzen ein.
> *Chf:* Höchst hilfreich war, was so dem Erdvolk du geschenkt.

Wir kennen unsere Zukunft nicht, und die Lücke dieses Unwissens füllen wir mit blinden Hoffnungen (τυφλὰς ἐλπίδας). Höchst hilfreich, wie der Chorführer (ironisch?) meint, doch eben blind. Es ist etwas Zwiespältiges an dieser Hoffnung. Allerdings blieb laut Pandora-Mythos die Hoffnung ja doch gerade im Faß!

Im Stich läßt uns diesmal Pseudo-Apollodor, der (I 46) lediglich bemerkt, daß Pandora von den Göttern als erste Frau gebildet worden sei; vom Faß und seinem Inhalt schreibt er nichts. Ähnlich knapp informiert uns Hyginus (142).

Eine komplette, aber überraschende Deutung liefert uns hingegen der Fabeldichter Babrios (ca. 100 u.Z.) in einer seiner Fabeln (58):

> In einem Faß versammelte Gott Zeus die guten Gaben alle,
> Macht' einen Deckel drauf und stellte es bei einem Manne ein.
> Doch der war unbeherrscht und wollte wissen gleich,
> Was in dem Fasse sei, und hob den Deckel an.
> Die Gaben drauf zum Himmel entschwanden,
> im Fluge weit sich übers Land erhebend.
> Es blieb allein die Hoffnung; der Deckel, als er zuschlug,
> Hielt drin sie fest. So also steht allein die Hoffnung
> Den Menschen bei und will dafür verbürgen sich, daß sie
> Uns Menschen die entschwundnen Gaben werde wiederbringen.

Keine Übel, sondern gute Gaben befanden sich in dem Faß! Hier ist der Zusammenhang mit einer Bestrafung des Prometheus völlig aufgelöst, und auch Pandora kommt nicht mehr vor. Es ist die Neugier des Menschen (ἄνθρωπος auch hier; da nimmt sich die Übersetzung mit „Mann" eine Freiheit), welche das Unheil auslöst. Dieses Unheil besteht nun nicht darin, daß sich der Inhalt des Fasses ausbreitet, sondern daß er sich verflüchtigt. Auf diese Weise erhält die im Faß verbleibende Hoffnung einen neuen Sinn: sie bleibt uns erhalten, dank einer Geistesgegenwart des Menschen, der den Deckel rasch zuschlug. Mit dem klassischen Mythos hat das so wenig zu tun, daß man nicht einmal mehr vom Faß der Pandora sprechen kann.

Der spätantike Epiker Nonnos von Panopolis (5. Jhdt. u.Z.), dem wir das umfangreichste erhaltene Epos der Antike verdanken, die „Dionysiaka", geht kurz auf den Pandora-Mythos ein (VII 56–60), und zwar mit dem Ausruf, Pandora hätte besser nicht den Deckel des himmlischen Fasses mit seinem „süßen Übel" (γλυκερὸν κακόν) geöffnet, und Prometheus hätte uns statt des Feuers, des Anfangs alles Bösen, lieber süßen

Nektar schenken sollen. Nonnos schwelgt gerne in Worten, und das süße Übel ist eine seiner Kreationen; vielleicht hatte er das Verführerische daran, z. B. im Falle der Gewalt, im Sinn – oder er brauchte nur ein Pendant zum süßen Nektar. Jedenfalls sind hier die beteiligten Elemente – Prometheus, Pandora, Faß, Übel – wieder beisammen.

In der „Anthologia Graeca" ist noch das Weiheepigramm eines byzantinischen Hofbeamten namens Makedonios Konsul aus dem 6. Jhdt. u.Z. überliefert (X 71), das einigen Witz hat:

> Lächelnd betracht ich die Büchse (πίθος) Pandoras, sie selbst auch gefällt mir,
> bös sind die Flügel jedoch, die an den Gaben ich seh.
> Wie sie von sämtlichen Landen hinauf zum Olympos sich schwingen,
> könnten sie ebenso gut nieder zur Erde auch gehen.
> Bei dem gehobenen Deckel steht bleichen Gesichtes Pandora,
> all der Liebreiz und Glanz, den sie gehabt hat, ist fort.
> Denn ihr jetziges Leben ist doppelt betrogen: sie selber
> ist nun zu altern verdammt, und ihre Büchse – ist leer.

Der Übersetzung mit Büchse erliegt in diesem Falle auch der Nachdichter. Hier haben also die Gaben Flügel und schwingen sich hinauf zur Wohnstatt der Götter, dem Olymp – was ja nicht ungerecht wäre. Aber ihr Flug scheint unentschlossen, sie könnten auch zur Erde niedergehen. Schön ist der Einfall, einmal der entsetzten Pandora zu gedenken, die vielleicht gar nicht wußte, was ihr Faß enthielt. Nun weiß sie es, bleichen Gesichtes; sie ist eine Betrogene, ihr kostbarer Behälter leer. Zwar ist sie von unsterblichen Göttern geschaffen, aber als Mensch und damit sterblich, zum Altern verdammt. Vorsicht bei den Gaben der Götter!

„Wenn du den Frieden willst, bereite den Krieg vor."

„Wenn du den Frieden willst, bereite dich auf den Krieg vor", dieses Sprichwort wird auch heute noch gelegentlich zitiert, auf Deutsch oder sogar auf Lateinisch. Im II. Deutschen Reich, dem preußischen Kaiserreich, ist gar eine Pistole danach benannt worden, die Parabellum (Pistole 08 oder Luger).

Geht dieses Sprichwort auf die Antike zurück? In dieser Form nicht. Aber der Gedanke ist vielfach bezeugt, sehr häufig sogar. Da ist zunächst der attische Historiker Thukydides (ca. 460–ca. 396 v.u.Z.), dem wir das erste Beispiel einer analytischen Geschichtsschreibung verdanken, die „Geschichte des Peloponnesischen Krieges" zwischen Athen und Sparta. Darin läßt er (I 124, 2) die Verbündeten der Spartaner, die Korinther, in der Beratung, ob der Krieg gegen Athen aufgenommen werden solle, unter anderem sagen:

„[…] beschließt also den Krieg ohne Angst vor den vorüber-gehenden Schrecken, im Streben vielmehr nach einem desto dauerhafteren Frieden; denn aus dem Krieg kommt um so zuverlässigere Ruhe, aber aus dem Frieden heraus keinen Krieg zu wollen ist nicht ebenso gefahrlos (ἐκ πολέμου μὲν γὰρ εἰρήνη μᾶλλον βεβαιοῦται, ἀφ' ἡσυχίας δὲ μὴ πολεμῆσαι οὐχ ὁμοίως ἀκίνδυνον)."

Der Krieg ist der sicherste Weg zum Frieden, wenn auch nicht ungefährlich; hingegen um des Friedens willen keinen Krieg zu wollen, ist weit weniger ungefährlich. Hier ist allerdings nicht – wie im Sprichwort – an den friedenserhaltenden Charakter der Abschreckung gedacht, sondern an die Gefahr des Nachgebens im Angesicht einer Bedrohung: lieber Krieg als Unterwerfung. Beide Gedanken kommen darin überein, daß der *unbedingte* Friedenswille höchst gefährlich ist.

Dem thebanischen Feldherrn Epaminondas legt Cornelius Nepos (1. Jhdt. v.u.Z.), ein Verfasser von Kurzbiographien, die Worte in den Mund (Epaminondas 5, 3 f.):

„Dein Bemühen die Bürger vom Krieg abzuhalten geht auf Betrug aus. Von der Friedensruhe sprichst Du und die Knechtschaft bringst Du. Nur durch Krieg wird der Frieden gewonnen und nur die Kampfbereitschaft sichert seine Früchte auf die Dauer (nam paritur pax bello. itaque qui ea diutina volunt frui, bello exercitati esse debent)."

Das kommt dem Standpunkt, den wir bei Thukydides formuliert finden, gleich. Hierfür gibt es auch noch eine dritte Stelle, und zwar bei M. Cicero in seinen „Philippischen Reden", die sich gegen seinen Gegner Marcus Antonius richten, also auf einen Bürgerkrieg beziehen (VII 6, 19):

„Es ist nicht so, daß ich den Frieden nicht wollte, aber mir graut vor einem mit dem Wort „Frieden" verbrämten Kriege. Wenn wir also echten Frieden wollen, dann müssen wir Krieg führen; können wir uns dazu nicht entschließen, werden wir niemals in den Genuß echten Friedens gelangen.

(Nec ego pacem nolo, sed pacis nomine bellum involutum reformido. quare, si pace frui volumus, bellum gerendum est; si bellum omittimus, pace numquam fruemur.)"

Noch passender zu dem Sinn des Sprichwortes ist eine Äußerung Platons in seinen „Gesetzen" (829a):

„Dasselbe läßt sich auch von einem Staat sagen: wenn er gut ist, wird ihm ein friedliches Leben zuteil; ein kriegerisches dagegen nach außen wie im Innern, wenn er schlecht ist. Da sich das etwa so verhält, muß sich ein jeder nicht erst im Krieg für den Krieg einüben, sondern während des Lebens im

Frieden (Τούτων δὲ ταύτῃ σχεδὸν ἐχόντων, οὐκ ἐν πολέμῳ τὸν πόλεμον ἑκάστοις γυμναστέον, ἀλλ' ἐν τῷ τῆς εἰρήνης βίῳ)."

Ein guter und daher mit Frieden beglückter Staat ist der, welcher sich schon im Frieden in den Krieg einübt, d. h. auf ihn vorbereitet ist. Dies deshalb, weil der Krieg immer als Möglichkeit droht – selbst dann, wenn man eine friedliche Gesinnung hat. Diese Friedfertigkeit darf man beim Nachbarn nicht ohne weiteres voraussetzen. Und Platon weist sogar darauf hin, daß dies ebenfalls für den inneren Frieden gilt, weil auch dort Kräfte existieren können, die auf einen Umsturz sinnen.

Auf einen solchen Bürgerkrieg bezieht sich der römische Dichter Horaz (65–8 v.u.Z.), nämlich den um die Caesar-Mörder, denen er sich zeitweilig angeschlossen hatte, und die späteren Kämpfe zwischen Octavian (Augustus) und Marcus Antonius. Horaz schreibt in seinen „Satiren" (ein Begriff, der hier nicht die bei uns geläufige Bedeutung hat) folgendes (II 2, 107–111):

Und sprich, wer kann im Unglück fester auf sich trauen: der eine, welcher
Geist und Leib im Überfluß verzärtelt, oder jener, der mit wenigem zufrieden stets der Zukunft bang gedenkt, der schon im Frieden weise für die
Kriegszeit rüstet?
([...] uterne
ad casus dubios fidet sibi certius? hic qui
pluribus adsuerit mentem corpusque superbum,
an qui contentus parvo metuensque futuri
in pace, ut sapiens, aptarit ideonea bello?)

In poetischer Form und als rhetorische Frage wird hier der Gedanke des Sprichwortes ausgedrückt. Wer darf sich sicherer fühlen, der friedliche Genießer oder der Gerüstete und Geübte? Das ist, wie man heute sagt, eine gute Frage.

Was bisher fehlt, ist die knappe Formulierung einer Sentenz, wie sie dem „Si vis pacem ..." eignet. Diese, wenn auch nicht das Sprichwort selbst, finden wir bei Publilius Syrus, einem römischen Schauspieler und Stückeschreiber (1. Jhdt. v.u.Z.); seine Werke sind nicht erhalten, aber offenbar neigte er in ihnen zu prägnanten Sprüchen, und diese sind eigens gesammelt worden. Darin heißt es (P 16): „Prospicere in pace oportet, quod bellum iuvet. – Im Frieden rüste, was der Krieg erfordert." Das ist zumindest eine einprägsame Formulierung, auch wenn ihr der Hinweis auf den Friedenswillen („Wenn du den Frieden willst ...") fehlt. Die Version des Publilius Syrus besagt daher etwas weniger als das bekannte Sprichwort.

In einem Zitat im Geschichtswerk des Livius (VI 18, 7) finden wir eine deutlich auf den Abschreckungscharakter gehende Formulierung:

„Stellt ihnen nur Krieg in Aussicht, und ihr werdet Frieden haben. Sie sollen euch bereit sehen zur Gewalt; dann werden sie selbst in ihren Ansprüchen nachgeben.
(Ostendite modo bellum: pacem habebitis. Videant vos paratos ad vim: ius ipsi remittent.)"

Das ist sicherlich der eigentliche Sinn, den das bekannte Sprichwort meint: Wenn man auf den Krieg vorbereitet ist, weiß der Gegner, wie riskant ein Angriff wäre, und wahrt deshalb den Frieden. So drückt es auch der Redner Dion Chrysostomos (Dion Cocceianus von Prusa, ca. 40 – nach 112 u.Z.) in seiner „Ersten Rede über das Königtum" aus (I 27): „Sicher ist er [sc. der gute König] sich sehr bewußt, daß diejenigen, die am besten auf den Krieg vorbereitet sind, es am meisten in ihrer Macht haben, in Frieden zu leben."

Ein auf die Selbstbeherrschung der Seele gerichtetes Verständnis, dem der wohlgerüstete Soldat als Metapher dient, ist bei dem stoischen Philosophen Seneca der Jüngere zu finden, und zwar in seinen „Briefen an Lucilius" (18, 6):

„Gerade in der Sorglosigkeit bereite sich die Seele auf Schweres vor und stärke sich gegen Ungerechtigkeiten des Schicksals inmitten seiner Wohltaten. Der Soldat macht mitten im Frieden Manöver, ohne irgendeinen Feind wirft er einen Wall auf und ermüdet sich bei überflüssiger Strapaze, um einer unausweichlichen genügen zu können."

Die Ungerechtigkeiten des Schicksals, gegen die wir uns wappnen sollten, entsprechen der feindseligen und unzuverlässigen Haltung anderer Staaten, auf die man kein Vertrauen setzen darf.

Ganz dicht an den Wortlaut der Sprichwortes führt uns ein spätantiker Militärschriftsteller heran: Vegetius (um 400 u.Z.) in seiner nicht sehr bekannten „Epitoma rei militaris" (III, Prolog). Er schreibt: „Wer den Frieden begehrt, möge (sich auf) den Krieg vorbereiten. – qui desiderat pacem, praeparet bellum." Das ist es, wenn auch nicht genau wörtlich.

In seinem sehr berühmten „Gottesstaat" (De civitate Dei) hat der Kirchenvater Augustinus den Hintergrund dieser Haltung im Hinblick darauf analysiert, daß „eigentlich" doch jeder Mensch den Frieden wolle (XIX 12, 1):

„Mit Friedensabsicht werden also auch die Kriege geführt, sogar von denen, die durch Kommandieren und Kämpfen die kriegerische Tüchtigkeit üben wollen. Friede ist demnach das er-wünschte Ende des Krieges. Denn jedermann erstrebt durch Kriegführung Frieden, keiner durch Friedensschluß Krieg. Auch die, welche den Frieden, in dem sie leben, stören wollen, hassen ja nicht den Frieden als solchen, sondern wollen nur einen anderen, der ihren Wünschen entspricht. Sie wollen also nicht etwa überhaupt keinen Frieden, sondern nur solch einen, wie er ihnen paßt.

(Nam et illi qui pacem, in qua sunt, perturbari volunt, non pacem oderunt, sed eam pro arbitrio suo cupiunt commutari. Non ergo ut sit pax nolunt, sed ut ea sit quam volunt.)"

Das erscheint mir als eine optimistische Deutung der Einstellung mancher Machthaber, die auf Eroberungen aus sind: daß auch sie im Grunde den Frieden wollen, wenn auch einen *anderen* als den bestehenden, nämlich den Frieden durch die Unterwerfung des Feindes. An anderer Stelle dieses Werkes (XVI 17) nimmt Augustinus Bezug auf das wohl kaum überbietbare, ihm also bekannte Beispiel eines Eroberervolkes: die Assyrer. Der „assyrische Friede" ging einher mit der Vierteilung und Pfählung der Unterworfenen. Und wenn Augustinus das Reich der Assyrer als den Höhepunkt des gottlosen Staates bezeichnet, dann dürfen wir nicht annehmen, daß er sich über den Friedenswillen mancher Herrscher große Illusionen machte.

Das Regenwunder des Marc Aurel

Ich zögere sehr, dieses Ereignis heute unter die vorhandenen Restbestände antiker Kultur im Allgemeinwissen zu rechnen; aber es ist noch in neuerer Zeit gerne von christlicher Seite als Wunder angeführt worden – heute wohl am ehesten und allenfalls in evangelikalen Kreisen. In Rom ist seine Darstellung auf der Marc-Aurel-Säule zu sehen, die auf der Piazza Colonna steht, was dazu beitragen mag, daß es nicht völlig aus der Erinnerung verschwindet. Auf jeden Fall ist das Ereignis ein gutes Beispiel dafür, wie die genaue Analyse der Überlieferung einen Mythos entzaubern kann. Insofern paßt es hierher (Abb. 1).

Marcus Aurelius (reg. 161–180 u.Z.), der „Philosoph auf dem Kaiserthron", war der erste römische Kaiser, der es im großen Stil mit den Wanderbewegungen der germanischen Stämme zu tun bekam, die auf das römische Territorium drängten. Er hatte 174 u.Z. die Markomannen bekämpft und stand danach in Auseinandersetzung mit den Quaden, beides auf dem heutigen Balkan. Was sich dabei ereignete, berichtet der Heide Cassius Dio (LXXI 8), wobei uns seine Darstellung nicht mehr im Original, sondern in einer späteren Zusammenfassung des Christen Xiphilinos erhalten ist, der jedoch zunächst den Sinn des Cassius Dio getreu wiedergibt:

Abb. 1 Das Regenwunder in der Darstellung auf der Säule des Marc Aurel(Rom, Piazza Colonna)

„Marcus unterwarf nun die Markomannen und Jazygen nach vielen schweren Schlachten und Gefahren; auch mit den sogenannten Quaden geriet er in einen gewaltigen Krieg, wobei ihm ein unerwarteter Sieg vom Glück oder besser gesagt vom Himmel geschenkt wurde. Als nämlich während des Kampfes die Römer in Gefahr gerieten, rettete sie die himmlische Macht auf ganz unerwartete Weise:

Die Quaden hatten ihre Gegner an einem für sie günstigen Platz eingekesselt. Als nun die Römer Schild an Schild mutig stritten, stellten die Barbaren den Kampf ein, in der Erwartung, ihre Feinde durch Hitze und Durst leicht bezwingen zu können. Sie riegelten zu diesem Zweck – auch zahlenmäßig den Römern weit überlegen – die ganze Umgebung ab und hinderten sie daran, von irgendwoher Wasser zu bekommen.

Während sich die Römer infolge Erschöpfung, Wunden, Sonnenhitze und Durst in einer höchst üblen Lage befanden und daher weder zu kämpfen noch sich irgendwie von der Stelle zu rühren vermochten, sondern durch die Glut fast versengt in Reih und Glied und an ihren Posten standen, ballten sich plötzlich zahlreiche Wolken und – nicht ohne göttliches Eingreifen – rauschte ein gewaltiger Wolkenbruch nieder.

Es geht in der Tat die Rede, Arnuphis, ein ägyptischer Zauberer im Gefolge des Marcus, habe mit Beschwörungen neben einigen anderen Gottheiten vor allem den Merkur, den Gott der Lüfte, angerufen und so den Regenguß herbeigeholt."

Es hat sich also ein für die Römer Wunder oder ein günstiger Zufall ereignet. Getreu ist diese Wiedergabe des Xiphilinos insofern, als er sich erst danach in eigener Sache einschaltet und dem Text einen Kommentar hinzufügt, welcher dem Cassius Dio widerspricht: „So lautet Dios Bericht über dieses Ereignis, er begeht damit offensichtlich einen Irrtum, sei es absichtlich, sei es unbeabsichtigt, meinem Dafürhalten nach freilich mehr bewußt." Es folgt nun (LXXII 9) die Gegendarstellung des Xiphilinos. Er weist darauf hin, daß Cassius Dio den Namen der beteiligten Legion verschwiegen habe: Legio Fulminatrix [τὸ κεραυνοβόλον], d. h. die Donner und Blitz Werfende. Und diesen Namen habe sie bei genau dieser Gelegenheit erhalten. Sie habe aus Soldaten bestanden, die aus der Gegend von Melitene (einer Stadt an einem Nebenfluß des Euphrat) stammten ... und diese seien Christen gewesen. Deren Gebet sei für das Regenwunder verantwortlich; es handele sich daher um ein christliches Wunder. Ägyptischen Zauberern hingegen sei Marc Aurel ganz abgeneigt gewesen; vielmehr habe er den Wunsch geäußert, „daß die sogenannten Christen (οἱ καλούμενοι Χριστιανοί)" in der bestehenden Notlage zu ihrem Gott beten mögen. Mit Erfolg:

„So beteten sie denn und sogleich erhörte sie ihr Gott und zerschmetterte die Feinde mit seinem Blitz, während er die Römer mit einem Regenguß erquickte. Marcus war darüber sehr erstaunt und ehrte nicht nur die Christen durch einen Erlaß, sondern verlieh auch der Legion den Beinamen Fulminatrix.
  Es soll sich nach einem Bericht auch noch ein Brief des Marcus vorfinden, der darauf Bezug nimmt."

An dieser Stelle muß sich nun der Historiker einschalten.[1] Zunächst hieß die Legion nicht Fulminatrix (was griechisch in der Tat

---

[1] Vgl. Gábor Barta: Legende und Wirklichkeit – Das Regenwunder des Marcus Aurelius (1968); jetzt in: Richard Klein (Hrsg.): Marc Aurel. Wege der Forschung Band 550. Darmstadt 1979, S. 347–358.

κεραυνοβόλος wäre), sondern Fulminifera oder Fulminata (griechisch: κεραυνοφόρος), und so nennt Cassius Dio sie auch an anderer Stelle (LV 23). Der Unterschied besteht darin, daß sie in dieser Bedeutung Donner und Blitz nicht hervorruft, sondern mit sich trägt, also agiert wie der Blitz.

Außerdem hat sie ihren Namen nicht erst bei dieser Gelegenheit erhalten, sondern er ist für die 12. Legion schon etwa seit der Zeitenwende bezeugt. In keiner Weise stellt also der Name der Legion – sofern sie an den Ereignissen um Marc Aurel überhaupt teilgenommen hat und tatsächlich ganz oder überwiegend aus Christen bestand – ein Argument dafür dar, daß sie etwas so Entscheidendes wie ein Regenwunder bewirkt hat.

Es mag ferner sein, daß Marc Aurel sich in einem Brief über den wundersamen Verlauf der Schlacht geäußert hat – wir wissen nicht, was darin gestanden hat. Der in der „zweiten Apologie des Justin" erwähnte Brief mit einem offenen Bekenntnis des Kaisers, die Rettung seines Heeres sei nicht auf seine zuvor vergeblich angerufenen Götter, sondern auf den allmächtigen und ewigen Gott der Christen zurückzuführen (Fronto: Correspondence, II 302–305), ist mit Sicherheit eine christliche Fälschung, noch deutlicher als das früher (Kap. „Jesus aus nichtbiblischer Sicht") angesprochene „Testimonium Flavianum".

In einer spätantiken Kaisergeschichte verschiedener Verfasser, „Scriptores Historiae Augustae", berichtet ein Julius Capitolinus, das Gebet des Kaisers selbst habe die Rettung gebracht (Marcus Antoninus Philosophus 24, 4): „Durch sein Gebet zog er einen Blitzstrahl, der in einen Belagerungsturm der Feinde einschlug, vom Himmel herab, wie auch den Seinigen, als sie vor Durst vergingen, ein Regenguß erwirkt worden war." Diese nicht unproblematische Verbindung von Blitzstrahl und Regenguß könnte übrigens darauf hinweisen, daß hier zwei verschiedene Ereignisse bei verschiedenen Schlachten zu einem Wundern zusammengefügt werden.

So, also auf ein kaiserliches Gebet zurückgehend, schildert den Vorgang auch ein griechischer Redner und Philosoph namens Themistios (ca. 317–388 u.Z.), und zwar in seiner 15. Rede (191b). Welcher Verwirrung hier herrscht, erhellt daraus, daß er dieses Wunder einem ganz anderen Kaiser zuschreibt:

„Als das Heer des römischen Kaisers Antoninus, der bezeichnenderweise den Beinamen „der Fromme" trug, unter Durst litt, streckte der Kaiser die Hände zum Himmel und sprach: „Mit dieser Hand, mit der ich nie Leben zerstört habe, erflehe ich deinen Beistand und bitte den Spender des Lebens". Mit seiner Bitte beschämte er den Gott so sehr, daß aus heiterem Himmel wassertragende Wolken zu den Soldaten kamen.

Auf einem Bild habe ich eine Darstellung dieses Vorgangs gesehen: Betend stand der Alleinherrscher mitten in der Schlachtreihe, die Soldaten hielten ihre Helme in den Regen und füllten sie mit der gottgegebenen Flüssigkeit."

Der „Antoninus, der den Beinamen der Fromme" trug, ist kein anderer als der Vorgänger des Marc Aurel und regierte von 138–161 u.Z.: Antoninus Pius. Offenbar hat sich in späterer Zeit die Phantasie eines staunenswerten Ereignisses bemächtigt und hantiert freizügig mit den Details. Unbestreitbar ist lediglich, daß es ein Ereignis gegeben haben muß, das man auf der Säule des Marc Aurel verewigte. Der Mann, der auf dem Bild kniend die Hand des Kaisers küßt und ihm so dankt, zeigt an, wem hier das Wunder zugeschrieben wurde.

Der Kirchenschriftsteller Tertullian (ca. 150–230 u.Z.), also sogar ein jüngerer Zeitgenosse des Marc Aurel, geht an zwei Stellen seines Werkes auf das Regenwunder ein, und klarerweise interpretiert er es im christlichen Sinne. In seinem „Apologeticum" (5, 6) beruft er sich auf den erwähnten Brief Marc Aurels als Zeugnis (und daß das so früh schon geschieht, spricht dafür, daß es einen Brief gegeben hat), aber: „die Gefahr des Verdurstens bei dem Feldzug in Germanien sei durch einen Regen vertrieben worden, den die Gebete von ‚zufällig christlichen' Soldaten erwirkt hatten", daß dies darin gestanden hat, ist mehr als fraglich. Es gibt keinen echten Anhaltspunkt dafür, daß Marc Aurel mit den Christen auch nur sympathisiert hätte; unter seiner Herrschaft ist es vielmehr zu Christenverfolgungen gekommen.[2] An einer zweiten Stelle (Ad Scapulam 4) lokalisiert Tertullian unter Beibehaltung der göttlichen Urheberschaft und der Gebete christlicher Soldaten das Ereignis auf einem ger-

---

[2] Vgl. Paul Keresztes: Das Christenmassaker von Lugdunum im Jahre 177 (1967); ders.: War Marc Aurel ein Christenverfolger? (1968); jetzt in: Richard Klein (Hrsg.): Marc Aurel, a. a. O., S. 261–278 und 279–303.

manischen Feldzug (in Germanica expeditione); entweder weiß er es nicht genauer, oder es kommt ihm nicht darauf an.

Auch der Kirchenhistoriker Eusebius läßt sich das Wunder als Beleg für die Wahrheit des christlichen Glaubens nicht entgehen. In seiner „Kirchengeschichte" (V 5, 1–3) stellt er die Geschichte in etwa so dar wie Xiphilinos, also mit der melitenischen Legion (ohne deren auf den Blitz bezogenen Beinamen zu erwähnen) und ihrem Gebet, allerdings mit dem Zusatz, es habe sich eigentlich um ein Doppelwunder gehandelt, nämlich ein Unwetter, das die Feinde vertrieb, und einen Regenguß, der den Durst stillte. Bezeichnend ist der Zusatz des Eusebius:

„Diese Geschichte wird sowohl von nichtchristlichen Schriftstellern, welche über die damalige Zeit geschrieben haben, berichtet, als auch von unseren eigenen Geschichtsschreibern mitgeteilt. Aber die heidnischen Schriftsteller erwähnen zwar das Wunder, geben indes, weil dem Glauben fremd, nicht zu, daß es auf unsere Bitten hin erfolgt ist. Die Unsrigen jedoch überliefern als Freunde der Wahrheit in einfacher und ehrlicher Weise die Tatsache."

Er gibt also zu, daß die Darstellung des Ereignisses umstritten ist, aber die Deutung der Christen, dieser Freunde der Wahrheit, entspricht „in einfacher und ehrlicher Weise" den Tatsachen. Dies gilt allerdings nicht – man muß es wiederholen – für den Namen der Legion und seine Herkunft.

Den Doppelaspekt der Labung durch Regen einerseits und der entsetzten, in die Flucht getriebenen Feinde andererseits finden wir auch bei Orosius (VII 16, 8–11); und wenn er schreibt: „Es soll auch jetzt noch bei sehr vielen der Brief des Kaisers Antoninus vorhanden sein, in dem er bekennt, daß wegen der Anrufung des Namens Christi durch christliche Soldaten sowohl jener Durst vertrieben als auch der Sieg errungen worden sei", dann wird daran deutlich, daß er diesen Brief nur vom Hörensagen kennt. Daß er den Kaiser „Antoninus" nennt, ist hier kein Einwand, denn Marc Aurel trug den Namen seines Adoptivvaters als Beinamen, allerdings ohne den Zusatz „der Fromme" (Pius).

Einer sehr dubiose Quelle soll zum Schluß noch erwähnt werden. Viele Menschen der Antike liebten Orakel, und für die Römer gab es eine geheimnisvolle Sammlung: die Sibyllinischen Orakel. Was darunter zunächst zu verstehen war, muß uns hier nicht interessieren; in der uns überlieferten Form (Oracula Sibyllina) handelt es sich eine im 5. oder 6. Jhdt. u.Z. zusammengestellte Sammlung sehr unterschiedlichen Ursprungs, d. h. mit hellenistischen, jüdischen und christlichen Bestandteilen, verfaßt in griechischer Sprache. Dort finden wir im Buch XII, aus christlichem Ursprung, eine auf das Regenwunder bezogene „Prophezeiung":

„Aber eine furchtbare Kriegswunde wird über die Römer kommen und er wird das ganze Land der Germanen verwüsten, wann ein großes Zeichen des Gottes vom Himmel erscheinen und die erzgerüsteten Männer um der Frömmigkeit des Kaisers willen befreien wird. Denn ihm wird der himmlische Gott alles erhören und dem Betenden zur rechten Zeit Regengüsse senden."

Nach dem Ereignis prophezeit es sich leicht. Und das 5. bzw. 6. Jhdt. ist nun sehr weit entfernt von dem Ereignis. Ich kann den Eindruck nicht verhehlen, daß hier christlicherseits einiges an Unredlichkeit im Spiel ist. Was aber nicht heißen soll, daß ich an Cassius Dios ägyptischen Zauberer glaube.

Spartacus – Ein Sklave revoltiert

Als die deutschen Kommunisten nach dem Ersten Weltkrieg eine Revolution machen wollten, nannten sie sich Spartakisten. Aber nicht nur den Anhängern von Rosa Luxemburg und Karl Liebknecht ist dieser Sklave in Erinnerung geblieben. Einer späteren Generation wurde er durch einen Film von Stanley Kubrick mit Kirk Douglas in der Hauptrolle (1960) nahegebracht, und noch danach gab es von 2010 bis 2013 eine Fernsehserie unter diesem Namen zu schauen. Man kann wohl sagen, daß Spartacus bis heute eine der bekanntesten Gestalten der Antike ist. Dies bezieht sich auf einen Gladiator (d. h. einen zum Kampf in der Arena gezwungenen Sklaven), der sich auflehnt (gegen sein Sklaventum? gegen die Sklaverei?), Anhänger sammelt und findet, über eine erstaunlich lange Zeit den römischen Heeren widersteht, schließlich aber besiegt wird, worauf seine Anhänger – und in der Version Stanley Kubricks sogar er selbst – die Straße von Rom nach Kampanien, die Via Appia, entlang gekreuzigt werden. Was aber berichten die antiken Quellen, auf die sich das ja alles stützen muß bzw. müßte, uns darüber?

Sklavenaufstände waren in der römischen Geschichte nicht ganz ungewöhnlich, und auch über den von Spartacus angeführten gibt es soviele Berichte, daß es sich nicht um ein für die Römer unbedeutendes Ereignis gehandelt haben kann.

Da der Aufstand in den Jahren 73–71 v.u.Z. stattgefunden hat, ist der Autor es ältesten Berichtes, den wir kennen, Sallust (86–47 v.u.Z.), ein – wenn auch jugendlicher – Zeitzeuge. Leider ist sein Werk „Historia", in dem er über den Spartacus-Aufstand schreibt, nur bruchstückhaft überliefert. In dem erhaltenen Teil geht es (III 5) einerseits um Details der militärischen Auseinandersetzungen mit den „Flüchtigen" (fugitivi), d. h. Sallust sieht sie als entlaufende Sklaven an; andererseits – und das ist interessanter – um interne Auseinandersetzungen über das Ziel der Sklaven bei ihrem Aufstand. Während einige, so Sallust, sich in ihre Heimat durchkämpfen wollen (ein naheliegendes Ziel), kommt es anderen auf Plünderung und Raub an. Von ideologischen Absichten wie der Abschaffung der Sklaverei ist nicht die Rede – und man kann das vorwegnehmen: es ist davon nie die Rede in den uns erhaltenen Berichten.

Indem wir zunächst bei den frühen Berichten verweilen, stoßen wir auf einer kurze Erwähnung bei M. Cicero (der den Aufstand schon als Mann erlebt hatte) in einem Brief an seinen Freund Atticus (VI 2, 8), in dem er Spartacus als historisches Beispiel dafür verwendet, wie aus einer kleinen Zahl zu Anfang etwas Großes werden kann: „ ‚Nur fünfzig' sagst du. – Spartacus hat anfangs noch weniger zu Verfügung gehabt! (‚non amplius' inquis' quinquaginta.' cum Spartaco minus multi primo fuerunt.)" Er behandelt den Fall als etwas Bekanntes, was gegenüber einem Gebildeten nicht weiter erläutert werden muß – etwa wie wenn wir heute über 9/11 sprechen.

Schon nicht mehr zu den Zeitgenossen, aber doch zu denen, denen noch Zeitzeugen zugänglich waren, gehört Velleius Paterculus, der uns eine angenehm kurze Gesamtdarstellung bietet (II 30, 5 f.):

> „Während in Spanien Krieg geführt wurde, brachen in Capua 64 entflohene Sklaven unter der Führung des Spartacus aus einer Gladiatorenschule aus. Sie raubten sich Schwerter in der Stadt und setzten sich zunächst am Vesuv fest. Ihre Menge wuchs von Tag zu Tag an, und Italien hatte von ihnen bald alles mögliche Unheil zu leiden. Ihre Zahl nahm

schließlich so zu, daß sie sich in ihrer letzten Schlacht mit 90.000 Mann dem römischen Heer entgegenstellten. Der Ruhm, diesen Krieg beendet zu haben, fiel M. Crassus zu, der bald darauf nach einhelliger Meinung zu einem der einflußreichsten Männer des Staates wurde."

Nicht, wie Cicero schrieb, weniger als 50, sondern 64 Leute aus einer Gladiatorenschule, die wiederum als entlaufene Sklaven bezeichnet werden und unter der Führung des Spartacus kämpften. Daß diese kleine Gruppe letztlich auf 90.000 Mann anwuchs, mag man zunächst erstaunlich finden; aber die Zahl der Sklaven in Italien – wie übrigens auch auf Sizilien, wo es zuvor schon zwei große Sklavenaufstände gegeben hatte – war sehr groß. Wo es um die Hoffnung auf Plünderung ging, mögen sich auch andere Leute angeschlossen haben. Bisher erfahren wir allerdings über die Person des Spartacus beinahe nichts. Er war einer der Gladiatoren.

Leider ist das für die römische Geschichte so wichtige Geschichtswerk des Livius für diese Zeit nicht im Original erhalten; es gibt jedoch Zusammenfassungen der entsprechenden Passagen (XCV–XCVII) aus späterer Zeit. Darin werden einige Namen der Anführer der Sklaven neben Spartacus genannt (Crixus, Castus, Gannicus), ferner die Zahl 74 für die aus der Gladiatorenschule des Lentulus Entflohenen, vor allem aber die großem Schwierigkeiten erwähnt, welche die Römer unter der Führung von Prätoren sowie eines Proconsuls – ein hoher Beamter also – bei der Bekämpfung des Aufstandes hatten, bis schließlich diese Aufgabe dem Prätor M. Crassus übertragen wurde, der in zwei Schlachten zunächst eine Gruppe von 35.000 Germanen und Galliern, dann eine zweite Gruppe von 60.000 unter der Führung des Spartacus „erschlug".

Sehr viel ausführlicher ist eine Livius-Zusammenfassung (Epitome) des Florus (II 8, 1–13). Er beginnt mit der abschätzigen Bemerkung:

„Ich weiß allerdings nicht, wie ich den unter der Führung des Spartacus angezettelten Krieg nennen soll. Denn Sklaven haben Kriegsdienst geleistet und Gladiatoren haben militärische Kommandos gegeben; und das haben die Sklaven getan, die das niedrigste soziale Ansehen unter den Menschen genießen, bzw. es haben Gladiatoren getan, die doch den schlechtesten Ruf genießen. Durch ihren Hohn und Spott vergrößerten sie noch unsere unheilvolle Lage."

Die Bekämpfung eines Sklavenaufstandes „Krieg" (bellum) zu nennen, also so wie der ehrenvolle Kampf unter Freien, kam Römern in der Tat nicht leicht über die Lippen. Florus nennt dann die Namen der Anführer, die bei ihm Spartacus, Crixus und Oenomaus heißen, den Namen des Inhabers der Gladiatorenschule (Cn. Lentulus Batiatus) sowie die Zahl „30 oder noch mehr" für die Anfangsgruppe. Dabei verdeutlichen die Namen, daß Spartacus keineswegs der einzige Anführer war, auch wenn die Quellen mit ihm eine besondere Bedeutung verbinden; die variierenden Zahlen machen deutlich, daß wir es nicht mit einer exakten und eindeutigen Überlieferung zu tun haben.

Als Motiv nennt Florus zunächst das Entkommen, dann, sobald die Zahl auf 10.000 angewachsen war, Rache (vindicari volebant) – Rache für das, was man ihnen angetan hatte. Sie errichteten zunächst ein Lager an den Hängen des Vesuv und verwüsteten dann das umliegende Kampanien. Wenn wir die Schilderung einzelner Schlachten übergehen und uns in dieser Hinsicht mit dem Überblick bei Velleius begnügen, dann ist zu Florus doch noch zweierlei zu bemerken: Einerseits liefert er uns Angaben zum Lebenslauf des Spartacus: „vom thrakischen Söldner zum Soldaten, vom Soldaten zum Fahnenflüchtling, von dort zum Räuber, schließlich in Anerkennung seiner Kräfte zum Gladiator"; andererseits erwähnt Florus, Spartacus habe seine ehemalige Rolle als Gladiator umgedreht und bei Begräbnisfeiern für seine Mit-Anführer römische Gefangene am Grab um ihr Leben kämpfen lassen. Das ist wohl als Rache zu verstehen und spielt darauf an, daß dies die etruskische Wurzel der Gladiatorenkämpfe war: Kämpfe auf Leben und Tod zu Ehren eines Verstorbenen. Ihr habt mich dazu gezwungen, jetzt zwinge ich euch – so ist das anscheinend gemeint.

Frontin (ca. 40–103 u.Z.), der Verfasser eines Buches über Kriegslisten, erwähnt deren drei von Spartacus (I, 5, 20–22), die darauf hinauslaufen, daß er einerseits sehr einfallsreich und andererseits nicht zimperlich in der Wahl seiner Methoden war, was die Kriegsführung angeht. So habe er z. B. einen römischen Feldherrn genarrt, indem er nicht nur durch zahlreiche Lagerfeuer, sondern auch durch die Postierung bewaffneter, an Pfosten gebundener Leichen den Eindruck erweckte, das Lager sei gut bestückt und gesichert.

Wir können uns nun den beiden Hauptquellen aus der Antike zuwenden, die zwar aus größerer zeitlicher Distanz entstanden, aber umfänglicher als alle anderen erhaltenen Berichte sind. Da ist zum einen Appian (90/95–160 u.Z.) mit seiner „Römischen Geschichte", die aus einer Reihung von Kriegsgeschichten besteht, zu denen auch eine Abteilung Bürgerkriege gehört. Dort finden wir einen Abschnitt über Spartacus, dessen Aktionen ja in die Zeit der Bürgerkriege des 1. Jahrhunderts v.u.Z. fielen. Appian berichtet uns, daß Spartacus thrakischer Herkunft war und mit ca. 70 seiner Gefährten, unter ihnen als Unterführer Oinomaos und Krixos (Crixus), aus der Gladiatorenschule ausgebrochen ist. Den rasch wachsenden Zulauf erklärt Appian so: „Da er die Beute zu gleichen Teilen aufteilte, hatte er schnell eine Menge Menschen beisammen." Wir erkennen hier eine Art Gleichheitsprinzip, aber auf der Basis von Beute, also von Raub und Plünderung. Bei den Kämpfen mit den gegen sie ausgeschickten römischen Truppen war Spartacus erfolgreicher als Krixos, der sogar in einer Schlacht sein Leben verlor. Ihm brachte Spartacus ein Totenopfer von 300 römischen Gefangenen dar – was die schon erwähnten Gladiatorenspiele sein müssen, die offenbar eine größeres Format hatten.

Für die Härte und taktische Konsequenz des Spartacus spricht dann diese Passage:
„[Er] zog mit hundertzwanzigtausend Mann Fußvolk gegen Rom, nachdem er die nutzlose Ausrüstung verbrannt, alle Gefangenen getötet und die Zugtiere geschlachtet hatte, um sich leichter bewegen zu können; von den vielen Überläufern, die zu ihm stoßen wollten, nahm er keinen auf."

Die Angabe von 120.000 Mann ist erstaunlich hoch, vor allem wenn man beachtet, daß er laut Appian noch viel mehr Leute, die zu ihm stoßen wollten, abwies. Spartacus habe sogar ein von zwei Konsuln (den höchsten Staatsbeamten) geführtes Heer geschlagen und einen Marsch auf Rom ins Auge gefaßt; davon habe er jedoch Abstand genommen, weil er sich dem nicht gewachsen fühlte mit seinem Heer aus „Sklaven, Deserteuren und zusammengelaufenen Leuten". Ganze Städte hätten sich ihm freilich nicht angeschlossen – was den Aufruhr auf eine andere Ebene gehoben hätte. Die anderen Quellen berichten uns weder von einem Sieg über Konsuln noch über einen möglichen Angriff auf die Hauptstadt selbst.

Interessant ist der Hinweis, Spartacus habe in den von ihm besetzten Gebieten die Einfuhr und – zumindest für seine Leute – den Besitz von Gold und Silber verboten. Gekauft habe er von Händlern (wo Geschäfte zu machen sind, sind immer welche zur Hand) lediglich Eisen und Bronze, d. h. für den Krieg taugliche Metalle.

Nach dreijährigem furchtbarem Krieg bestimmten die Römer Licinius Crassus zum Feldherrn und statteten ihn mit nicht weniger als sechs neuen (neu ausgehobenen) Legionen aus, wozu Crassus auch noch die beiden Legionen der besiegten Konsuln an sich zog. Wenn man für eine Legion 3000 bis 6000 Mann rechnet, bekommt man eine Vorstellung, was für ein Heer da im Kampf gegen unbotmäßige Sklaven zusammengestellt wurde. Und das waren kriegsmäßig ausgestattete Leute im Vergleich zu den aufsässigen Sklaven, wieviele es auch gewesen sein mögen. Crassus erlaubte es sich sogar (möglicherweise nach einer ersten Niederlage, wie Appian schreibt), seine Truppen zu „dezimieren" im ursprünglichen Sinne dieses Wortes, d. h. jeden Zehnten zur Strafe hinzurichten. Crassus besiegte daraufhin eine sich etwas abseits haltende Einheit von 10.000 Sklaven, tötete zwei Drittel von ihnen und ging dann auf den Hauptteil und Spartacus selbst los. Dieser zog sich zurück und wollte nach Sizilien übersetzen. Crassus jedoch holte ihn ein und ließ ihn belagerungsmäßig einschließen. Der Kampf wurde mit aller Härte geführt, und Appian berichtet, Spartacus habe sogar einen römischen Gefangenen zwischen den Fronten kreuzigen lassen, um seinen eigenen Leuten vor Augen zu führen, was ihnen im Falle einer Niederlage bevorstand. Die Kreuzigung war eine traditionelle Strafe für Sklaven und andere Nichtbürger, während römische Bürger das Privileg genossen, im Ernstfall mit dem Schwert hingerichtet zu werden.

Da den Römern dieser Krieg zu lange dauerte – den entscheidenden Erfolg hatte auch Crassus ja noch nicht erringen können –, wählten sie einen noch weit berühmteren Feldherrn, der gerade aus Spanien zurückgekehrt war, zum Mitbefehlshaber: Pompeius. Nun entstand für beide Seiten eine unangenehme Situation, denn Spartacus sah sich mit der Aussicht auf wesentliche römische Verstärkungen konfrontiert, Crassus mit

Spartacus – Ein Sklave revoltiert   197

der auf einen Rivalen. Daher schlug Spartacus dem Crassus ein Abkommen vor (über dessen Inhalt Appian sich ausschweigt) und brach nach dessen Ablehnung durch den Belagerungsring, um nach der Hafenstadt Brundisium auf der anderen Seite der Stiefelspitze zu gelangen. Erkennbar wird hier, daß Spartacus daran dachte, übers Meer zu entkommen, sei es nach Sizilien oder von Brundisium aus in östliche Gebiete. Die Sache mit dem Beutemachen hatte sich inzwischen erledigt, und so trat die Alternative in Kraft: sich irgendwie in die Heimat durchzuschlagen. Kein Wunder, daß sich die Sklaven nicht früher darauf hatten einigen können, stammten sie doch aus den verschiedensten Himmelsrichtungen. Jetzt aber blieb ihnen nichts anderes mehr übrig.

Kehren wir zu Appians Bericht zurück: Zu allem Unglück traf nun auch noch die Meldung von einem weiteren römischen Heer ein, dem des aus Asien zurückkehrenden Lucullus, und das war soeben in Brundisium gelandet. Spartacus entschloß sich zu einer letzten, einer Verzweiflungsschlacht – einem Gemetzel, in dem auf der einen Seite 1000 Römer fielen, auf der anderen Seite die meisten Sklaven niedergemacht wurden. Offenbar auch Spartacus selbst, obwohl sein Leichnam nicht gefunden wurde. Möglicherweise hatte er auf irgendwelche Insignien verzichtet, die ihn erkennbar gemacht hätten. Jedenfalls leisteten er und seine Leute verzweifelt Widerstand – und jetzt folgt in Appians Bericht ein berühmter Satz – „bis alle aufgerieben wurden außer sechstausend, die übrig blieben und längs des ganzen Weges von Capua nach Rom ans Kreuz geschlagen wurden". Dieses Bild von 6000 Menschen, welche die Via Appia entlang am Kreuz hingen und jämmerlich starben, hat sich eingeprägt ... bis hin zu Stanley Kubricks Verfilmung des Stoffes. Nur daß im Film auch Spartacus selbst dazu gehörte, was der Dramatik förderlich ist, jedoch der Aussage Appians widerspricht. Schon gar nicht erzählt er uns irgendetwas über eine dort stattfindende tragische Liebesszene, wie es der Film tut, indem die Geliebte des Spartacus an ihrem sterbenden Liebhaber vorbeigeht, sich aber bei Strafe nicht äußern darf.

Die zweite große Quelle, die uns den Aufstand darstellt, ist die des Plutarch, und zwar in seiner Biographie des Crassus (8–11), wobei wir die Zuordnung zu diesem Römer jetzt verstehen: Er hat eine entscheidende Rolle gespielt in den Ereignissen.

200 Sklaven hätten den Plan gefaßt, aus der Gladiatorenschule auszubrechen (welche Zustände mögen dort geherrscht haben?), doch da der Plan verraten worden sei, sei es schließlich nur 78 gelungen – mit Messern und Bratspießen aus der Küche. Überwiegend Gallier und Thraker seien die Insassen dieser Einrichtung gewesen; und daß Spartacus ein Thraker war, bestätigt Plutarch. Für ihn – einen von drei Anführern – findet er erstaunlich freundliche und auch ein paar prophetische Worte:

„ein Thraker aus dem Stamme der Maider, der nicht nur einen stolzen Sinn und große Körperkraft besaß, sondern auch durch Verstand und Herzensgüte besser war als sein Stand und sein Schicksal und hellenischer als seine Geburt. Ihm soll sich, als er zuerst zum Verkauf als Sklave nach Rom gebracht wurde, während er schlief, eine Schlange um das Gesicht gewunden haben, und die Frau des Spartacus, vom gleichen Stamm, doch mit prophetischer Kraft begabt und teilhaft der Weihen des Dionysos, erklärte die Erscheinung für hochbedeutsam, Vorzeichen einer großen und furchtbaren Macht, die ihm zuteil werden, aber zu einem unglücklichen Ende führen werde. Sie war damals auch bei ihm und nahm teil an seiner Flucht."

Hier und nur hier, an dieser einzigen Stelle, begegnet uns eine Frau des Spartacus, und das im Rahmen einer Wundererzählung, wie sie die Antike liebte, die uns aber historisch verdächtig erscheint.

Es folgen dann die inzwischen bekannten Details über erste erfolgreiche Schlachten und Listen des Spartacus. Erwähnt wird dann sein Plan, in Richtung Alpen zu ziehen, damit sich anschließend, nach deren Überquerung, jeder in seine Heimat begeben könne. Das klingt rational und paßt auch zu dem rekonstruierten Weg des Zuges seiner Gefolgsleute: von Kampanien aus die adriatische Küste entlang nach Norden. Das wirkt wie ein vernünftiger Plan (Abb. 1).

Es mag damit zusammenhängen, daß die Herkunft dieser großen Zahl von Menschen zu heterogen war für eine bestimmte Himmelsrichtung, oder daß – wie Plutarch suggeriert – bei den Leuten Übermut und Habgier sich breitmachten, jedenfalls geriet der Zug zu einem Exzeß von Raub, Plünderung und Verwüstung. Um so dringlicher wurde die Angelegenheit für den römischen Senat, und auch Plutarch berichtet uns, beide Konsuln dieses Amtsjahres – Gellius und Lentulus – seien mit der

Spartacus – Ein Sklave revoltiert 199

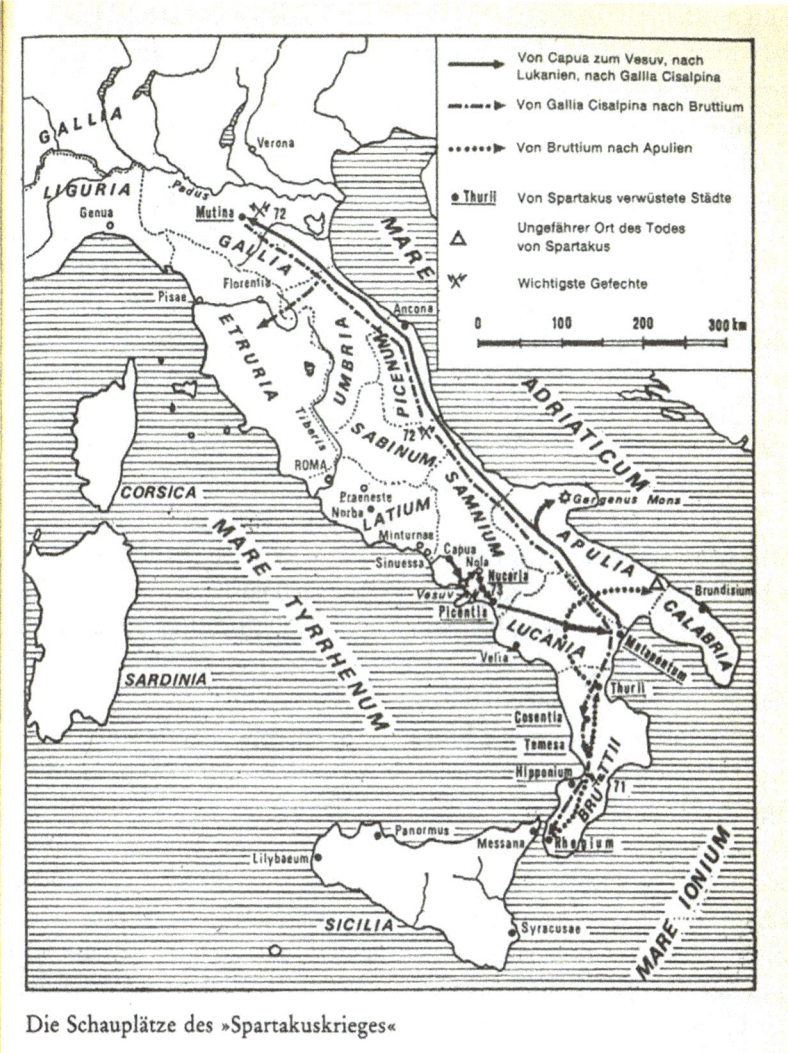

Die Schauplätze des »Spartakuskrieges«

Abb. 1   Die Schauplätze des „Spartacuskrieges"

Aufgabe betraut worden, dem Spuk ein Ende zu bereiten. Das Ergebnis war uneinheitlich (Gellius konnte 10.000 separat marschierende Germanen besiegen, der Statthalter der norditalischen Provinz Gallia Cisalpina, Cassius, wurde dagegen besiegt), jedenfalls nicht zufriedenstellend. Nun befahl der Senat den beiden Konsuln, ihr Kommando niederzulegen, und beauftragte stattdessen den Crassus mit der Aufgabe. Offenbar bewegte Spartacus sich inzwischen wieder nach Süden, und bei Picenum in Mittelitalien ließ sich ein Unterfeldherr des Crassus unvorsichtigerweise auf einen Kampf ein, der zu seinen Ungunsten verlief. An dieser Stelle fügt Plutarch die Strafmaßnahme der Dezimierung durch Crassus ein, und zwar an 500 Leuten, die in der Schlacht geflohen waren, was dann auf 50 Opfer hinausläuft. Da diese Bestrafung aus alter Zeit offenbar damals bereits aus der Mode gekommen war, erläutert sie uns Plutarch eigens.

Jetzt hat Spartacus den Einfall, Seeräuberschiffe zu chartern und nach Sizilien überzusetzen, wobei Plutarch hinzufügt, er habe dort vor Jahrzehnten stattgefundene Sklavenaufstände neu entfachen wollen. Die Seeräuber hätten ihn jedoch betrogen. Anscheinend verfügte Spartacus über kein strategisches Konzept, sondern erprobte verschiedene Möglichkeiten unter Bedingungen, die er nicht kontrollierte.

Nun kommt es zu der schon bei Appian geschilderten Umzingelung und Belagerung durch Crassus, d. h. ab jetzt ist Spartacus nicht mehr der Agierende, sondern der Reagierende. Dennoch erwähnt Plutarch an dieser Stelle, allerdings als Befürchtung des Crassus, Spartacus könne auf den Einfall kommen, gegen Rom zu ziehen. Das wirkt wie eine Fehleinschätzung durch Crassus, ähnlich wie der Umstand, daß er – so Plutarch – zunächst den Senat darum ersucht habe, Pompeius aus Spanien und Lucullus als Thrakien zur Unterstützung heranzuziehen – eine Bitte, die Crassus bald bereut habe, weil solche Hilfe seinen eigenen Ruhm schmälern könne.

Er verlegt sich nun mit unterschiedlichem Erfolg darauf, von der Hauptmacht des Spartacus separierte Gruppen anzugreifen, was diesen immerhin so unter Druck setzt, daß er sein Lager verlegt. Bemerkenswert ist die Äußerung Plutarchs, die entlaufenen Sklaven hätten dermaßen tapfer gekämpft (fast niemand wurde am Rücken verwundet, das gilt ihm als Indiz), daß ihr allzugroßes Selbstvertrauen ihren Untergang herbeiführte: sie wollten die Entscheidungsschlacht. Dies entsprach dem Wunsch des Crassus, nämlich seinem Ehrgeiz, den Sieg noch vor dem Eintreffen des Pompeius zu erringen. Ihn Lucanien kam es zur letzten Schlacht. Das Ende berichtet Plutarch zusammen mit einem singulären Ausspruch der Spartacus:

„Da nun ständig mehr Leute von beiden Seiten zu Hilfe eilten, erkannte Spartacus die Notwendigkeit und stellte das ganze Heer in Schlachtordnung. Sein erstes war, als ihm sein Pferd vorgeführt wurde, daß er sein Schwert zog und mit den Worten, siege er, so werde er viele gute Pferde haben, die der Feinde nämlich, unterliege er aber, so brauche er keins, das Pferd niederstach. Hierauf drängte er durch viele Waffen und Wunden gegen Crassus selber los, erreichte ihn zwar nicht, tötete aber zwei Centurionen, die ihm entgegentraten, und als schließlich alle um ihn flohen, stand er allein und wurde von vielen umringt und, sich immer noch wehrend, nieder-gehauen."

Offensichtlich steht Plutarch dem Spartacus nicht ohne Sympathie gegenüber und achtet seinen Mut, den er auch durch die Anekdote mit dem Pferd bestätigt. Den Crassus schätzt er weniger und berichtet, selbst der Ruhm des Sieges sei eher dem inzwischen herbeigeeilten Pompeius zugutegekommen, indem er die 5000 Sklaven, die der Schlacht entkommen waren, niedergemacht habe. Sogar der kleine Triumph (Ova), der dem Crassus zugebilligt wurde, sei im Grunde, weil gegen Sklaven errungen, kein ehrenhafter gewesen – im Gegensatz zum großen Triumph des Pompeius für dessen Siege in Spanien.

Von einer Kreuzigung Tausender schreibt Plutarch nichts – das bleibt eine Spezialüberlieferung des Appian, so berühmt es auch sein mag.

Einer Anekdote, die Spartacus als Person beleuchtet, kommt wenigstens nahe eine kurze Mitteilung bei Diodor (XXXVIII/XXXIX 21): „Spartacus, ein Barbar, erwies sich dankbar gegen jemand, der ihm Gutes getan hatte. Denn die Natur selbst der Barbaren schafft sich ihre eigene Art von Bildung, und sie sucht erwiesene Wohltaten mit solchen zu vergelten." Darin steckt ebensoviel Hochmut der zivilisierten Griechen und Römer (mit ihrer Sklaverei) gegenüber den (versklavten) Barbaren wie Anerkennung ihrer guten Seiten; es zeigt jedoch ein weiteres Mal, daß das Bild des Spartacus in der Antike nicht durchweg negativ war.

Tacitus in seinen „Annalen" (XV 46) verdeutlicht uns, daß noch mehr als 100 Jahre nach diesen Ereignissen die Erinnerung an den Spartacus-Aufstand sehr lebendig war. Als nämlich zur Zeit Neros Gladiatoren in der Stadt Praeneste aus ihrem Gewahrsam ausbrachen, sprach das Volk sofort von Spartacus und den alten Sklavenaufständen. Da muß es sich wohl um eine auch mündlich tradierte Erinnerung gehandelt haben.

Eher um eine literarische Überlieferung wird es sich bei Athenaios von Naukratis handeln, wenn er (VI 272c) um das Jahr 200 u.Z. herum die Geschichte des aus der Gladiatorenschule von Capua entflohenen Thrakers Spartacus erzählt, der mit seinem großen Anhang „ziemlich lange ganz Italien" verwüstet habe und erst in der Schlacht gegen Crassus gefallen sei.

Ganz im Rahmen einer konventionellen und knappen Zusammenfassung der Ereignisse verbleibt auch Eutrop in seiner kurzgefaßten Geschichte Roms (Breviarium Historiae Romanae) aus dem 4. Jhdt. u.Z., wobei erwähnenswert ist, daß er die Zahl der bewaffneten Aufständischen – auf welcher Grundlage auch immer – mit 60.000 angibt (beginnend mit 74) und die Ereignisse in ihrer Bedeutung fast auf eine Stufe stellt mit dem jahrelangen Zug Hannibals kreuz und quer durch Italien.

Selbst der Kirchenvater Augustinus widmet in seinem „Gottesstaat" (III 26) dem Spartacus einen kleinen Abschnitt, allerdings ohne dessen Namen zu nennen; ihm kommt es vielmehr darauf an, die Schrecken im Römischen Reich vorchristlicher Zeit vor Augen zu führen:

> „Wie sodann aus dem Aufstand von ganz wenigen, nicht einmal siebzig Gladiatoren der Sklavenkrieg erwuchs, wie deren geringe Anzahl anschwoll und mit welcher Heftigkeit und Wildheit der Kampf geführt wurde, wieviel römische Feldherren das Sklavenheer überwand, was für Staaten und Gebiete dadurch verwüstet wurden und wie sehr, das haben die Geschichts-schreiber kaum zu schildern vermocht."

Die Betonung liegt darauf, daß selbst aus einer anfangs kleinen Zahl von Sklaven dem Römischen Reich eine beinahe katastrophale Gefahr erwachsen konnte.

Einen längeren Passus seines Geschichtswerkes widmet der ebenfalls christliche Autor Orosius dem Spartacus-Aufstand (V 24, 1–8). Inhaltlich handelt es sich um eine nicht auffallend tendenziöse Darstellung mit vielen Zahlenangaben, aus der nur eine besondere Version des von Spartacus veranstalteten Gladiatorenkampfes hervorsticht:

„Nachdem sie durch Mord, Brand, Raub, Vergewaltigung alles in Unordnung gebracht hatten, veranstalteten sie beim Leichen-begräbnis für eine gefangene Ehefrau, die sich aus Schmerz über die verletzte Scham getötet hatte, ein Gladiatorenspiel mit 400 Gefangenen. Dabei schauten freilich die zu, die eigentlich Objekte des Zuschauens waren, da sie ja vielmehr Lehrmeister von Gladiatoren als Anführer von Soldaten waren."

Der Hinweis auf die Verdrehung der üblichen Rolle findet sich also auch bei ihm, aber der Anlaß sei der Suizid einer gefangenen und offenbar vergewaltigten Ehefrau gewesen – vergewaltigt doch wohl durch die Sklaven. Auch bei Orosius besteht das Ende in einer Niedermetzelung der Aufständischen ohne irgendwelche Überlebenden, die man hätte kreuzigen können.

Spartacus ist kein bloßer Mythos, aber er bietet den Stoff, aus dem man einen spinnen kann. Eine Figur, die emotionalisiert und in der Erinnerung haften bleibt. In der Überlieferung sind Licht- wie Schattenseiten enthalten, und das von Autoren, die ihm mit all ihren Emotionen gegenüberstanden. „Die Wahrheit über die Vergangenheit ist nur dann möglich, wenn sie keine Emotionen hervorruft. Wenn die Vergangenheit Emotionen hervorruft, ist sie unergründbar."[1]

---

[1] Alexander Sinowjew: Gähnende Höhen. Zürich 1981, S. 544.

Der Wettlauf zwischen Achill und der Schildkröte

In dem Film „Welt am Draht" von Rainer Werner Fassbinder (1973), der Verfilmung eines Science-fiction-Romans von Daniel F. Galouye, geht es – lange vor dem berühmteren „Matrix" (1999) – um eine simulierte Computer-Welt mit simulierten Individuen. In ihm wird einer der Hauptpersonen aus einer höheren Ebene (ist es die der Realität?) eine Information zugespielt, die ein verschlüsselter Hinweis darauf sein soll, daß sich die betreffende Person in einer nur scheinbaren Wirklichkeit befindet. Entschlüsselbar ist sie nur für einen Kundigen. Es handelt sich um ein Blatt, auf dem die Zeichnung eines antiken Kriegers neben der einer Schildkröte zu sehen ist. Das zu deuten, daran würden heute nicht wenige scheitern; aber zu Fassbinders Zeit ging das noch, zumindest unter Gebildeten.

Worauf geht das Rätsel zurück? Von Zenon dem Eleaten (nicht zu verwechseln mit Zenon dem Stoiker) berichten uns etliche Quellen aus der Antike, was wir hier zusammenfassen können: Er lebte etwa 490–430 v.u.Z. und war ein Schüler des Philosophen Parmenides (ca. 515– ca. 460), vielleicht sogar sein Geliebter (Diogenes Laërtios IX 25), und ebenfalls aus Elea im griechisch besiedelten Teil Süditaliens stammend. Parmenides vertrat – und soweit man es sagen kann, folgte Zenon ihm hierin – den Standpunkt, man müsse zwischen einem wahrhaft und dauerhaft Seienden (nur dem Denken zugänglich) auf der einen Seite und einem Bereich der Täuschung auf der anderen Seite unterscheiden; letzterer umfaßt das Viele, was in Bewegung ist und sich ständig ändert, also die Welt, wie wir sie mit unseren Sinnen wahrnehmen. Ihr kommt kein wahres Sein zu. Dies ist in einem unvollständig erhaltenen Lehrgedicht des Parmenides überliefert. Uns, die wir es gewöhnt sind, die wahrnehmbare Welt für die einzig wirkliche zu halten, mag das seltsam vorkommen; doch damals kündigte sich eine Weltansicht an, der Platon in seinem Höhlengleichnis (Der Staat 514a–517a) einen als Metaphysik bezeichneten und das Denken des Abendlandes bis weit in die Neuzeit hinein prägenden Ausdruck gegeben hat. Das, was wir wahrnehmen, ist vergänglich und beruht auf Täuschung; nur das, was wir mit Gedanken erfassen (z. B. die Mathematik), existiert in Wirklichkeit und ewig.

Was immer davon zu halten ist, kann hier nicht diskutiert werden; ich erwähne es lediglich deshalb, damit das, was nun kommt, nicht als völlig absurd erscheint.

Mit Zenon hat sich Aristoteles an vielen Stellen seines Werkes auseinandergesetzt, und laut Diogenes Laërtios (V 25) soll er sogar ein ganzes Buch über bzw. gegen ihn verfaßt haben.

Dieser Zenon, ich sagte es, war ein treuer, allerdings origineller Schüler seines Lehrers. Davon sollten wir bei seinen Paradoxien, für die er berühmt geworden ist, ausgehen. Auch dürfen wir voraussetzen, daß Zenon bei vielen antiken Autoren (von Platon über Aristoteles bis Seneca) dafür berühmt ist, widersinnig Erscheinendes, Paradoxes behauptet zu haben.

Was den Wettlauf Achills mit der Schildkröte angeht: Auch wenn er so berühmt ist, besteht die Textgrundlage dafür nur in einer einzigen Quelle: der „Physik" des Aristoteles sowie einem späten Kommentar dieser Schrift durch Simplikios von Kilikien (6. Jhdt. u.Z.). Aristoteles nennt (23b–240a) vier Bewegungstheoreme (οἱ λόγοι περὶ κινήσεως) des Zenon, die er – leider nicht mit optimaler, unmißverständlicher Klarheit – formuliert und dann kritisiert, darunter das des „Achill", auf das ich mich konzentrieren möchte. Hierzu heißt es bei Aristoteles:

„Das zweite Theorem ist der sogenannte Achilleus; es lautet: Das Langsamste kann in seinem Lauf vom Schnellsten niemals eingeholt werden.

Denn der Verfolger muß, bevor es zum Überholen kommen soll, erst einmal den Punkt erreicht haben, an dem der Verfolger gestartet war (ein Verhältnis, das sich dauernd fortsetzt), so daß das Langsamere dauernd einen gewissen (wenn auch abnehmenden, so doch nie zu Null werdenden) Vorsprung behalten muß."

Für „den Schnellsten" wählt Zenon (oder Aristoteles) den größten mythischen Helden der Antike, der offenbar nicht nur als tapfer und kräftig, sondern auch als guter Läufer vorgestellt wird. Für „das Langsamste" wird traditionell die Schildkröte eingesetzt, obgleich es selbstverständlich auch eine Schnecke sein könnte. Was für das Paradox entscheidend ist, jedoch von Aristoteles nicht erwähnt wird, ist der Umstand, daß der Schnelle dem Langsamen fairerweise einen Vorsprung gewährt, sagen wir von 100 m. Nun laufen beide los, soweit man bei einer Schildkröte von Laufen reden kann. Wenn Achill die Stelle nach 100 m erreicht, an der die Schildkröte gestartet ist, befindet diese sich klarerweise nicht mehr dort, sondern ist – seien wir großzügig – bereits 10 m weiter. Kommt Achill dort, also bei 110 m an, ist die Schildkröte 1 m weitergekommen. Und so geht es weiter: 111 m für Achill – 111,1 m für die Schildkröte. Das heißt: Achill kommt immer näher an die Schildkröte heran, beliebig nahe sogar, aber er kann sie nicht überholen!

Das klingt verrückt, weil wir doch *sehen*, wie ein schneller Läufer einen langsamen selbst dann überholt, wenn dieser einen Vorsprung hat. Daß wir das sehen, war selbstverständlich auch Zenon bekannt; doch er will darauf hinaus, daß das, was wir sehen – Bewegung –, eine Täuschung sein muß, weil es unlogisch ist, d. h. dem Denken widerspricht. Ich erinnere an die oben erwähnte Annahme des Eleatismus. Hierfür haben wir jetzt, so Zenon, einen Beweis: Was wir sehen (Bewegung), kann gar nicht wahr sein. Und das war es, was der Mann im Film der Computersimulation mitteilen wollte: Was du wahrnimmst, ist eine Täuschung.

Ähnlich verhält es sich, um das zur Verdeutlichung noch zu erwähnen, auch bei einem sehr anschaulichen weiteren Paradox, das Aristoteles – wiederum nicht optimal – an dieser Stelle wiedergibt: dem „fliegenden Pfeil". Jemand schießt einen Pfeil ab, der nach seinem Flug in einer Parabelbahn auf der Erde landet. Wir sehen, wie er fliegt. Aber wenn wir nachdenken, ergibt sich folgendes: An welchem Ort und zu welcher Zeit bewegt sich der Pfeil? Am Anfangspunkt seiner Bahn nicht, denn ein Punkt ist ausdehnungslos und hat keine zeitliche Dimension, in welcher der Pfeil von … bis … fliegen könnte. Ebenso der Endpunkt. Er muß sich daher zwischen Anfangs- und Endpunkt bewegen. Doch was haben wir zwischen Anfangs- und Endpunkt? Halbieren wir die Strecke und nehmen wir den Mittelpunkt – auch er ist nur ein dimensionsloser Punkt. Wir können die Strecke weiter teilen, wir erhalten immer nur Punkte; die Strecke besteht aus nichts weiter als dimensionslosen Punkten. Und an keinem Punkt kann der Pfeil fliegen, sich bewegen. Er könnte es nur von Punkt zu Punkt, doch dazwischen existieren ja lediglich weitere Punkte. Fazit: Wir sehen, wie der Pfeil fliegt, doch das Nachdenken sagt uns, daß nicht sein kann, was wir sehen.

Modern gesprochen, können wir uns eine Filmaufnahme vorstellen, die aus lauter Standbildern besteht, deren rasche Aufeinanderfolge die Illusion von Bewegung erzeugt. Darum handelt es sich: Bewegung ist eine Illusion.

Diese Argumentation durfte nicht erwarten, unwidersprochen zu bleiben. Beginnend mit Aristoteles und hin bis zur Logik bzw. Mathematik des 20. Jahrhunderts sind Einwände dagegen formuliert worden, wobei schon deren Vielfalt und Menge den Skeptiker skeptisch machen, der sich denken mag, daß es so ganz einfach und eindeutig mit der Widerlegung vielleicht doch nicht steht. Manche vertreten sogar die Ansicht, daß es Zenon mit seinen Paradoxa gar nicht ernst gemeint gewesen, sondern eher um einen Scherz, ein spielerisches Sophisma gegangen sei.

Für uns soll es genügen, darauf hinzuweisen, von welchen Voraussetzungen Zenon bei seinen Gedanken ausgeht. Da ist zunächst beim „fliegenden Pfeil" die Prämisse, daß eine Strecke mitsamt ihrer Dimension Länge aus nichts weiter als Punkten besteht, die ihrerseits keine Dimension haben. Beim Wettlauf geht es um die Unerreichbarkeit eines Grenzwertes durch immer kleiner werdende Intervalle, womit Zenon immerhin eine mathematische Entdeckung gemacht hätte.

Wie auch immer, sollten wir eines Tages am Toilettenspiegel oder auf dem Schreibtisch einen geheimnisvollen Zettel finden, auf dem ein antiker Athlet und eine Schildkröte abgebildet sind, dann sind wir im Bilde, nämlich doch in einer Matrix-Welt.

Phalaris und der hohle Stier

Fragt man heute jemanden nach Phalaris von Agrigent (Akragas), dann wird man höchstwahrscheinlich auf eine Leerstelle stoßen. Nicht einmal in der reichhaltig bestückten Liste historischer Tyrannen ist er der Erinnerung erhalten geblieben. Fragt man hingegen nach einem Tyrannen, der seine Gegner in einem hohlen Stier aus Metall unter Feuer gesetzt und sich an ihren Schmerzensschreien ergötzt hat, dann könnte man bei dem einen oder anderen die Antwort erhalten: Ja, davon habe ich schonmal gehört. Sollte diese Vermutung zutreffen, dann ist Phalaris eher durch eine besonders grausame Tat als durch seinen Namen noch präsent.

Aber wie ist das überliefert? Phalaris war von 570–555 v.u.Z. auf der griechisch geprägten Insel Sizilien Tyrann der Stadt Akragas (lateinisch Agrigentum). Und auch wenn das Wort Tyrann (τύραννος) im Griechischen nicht zwingend diesen negativen Klang hat, an den wir gewohnt sind – ein Beispiel dafür ist der Umstand, daß Sophokles sein Drama über den König Ödipus Οἰδίπους τύραννος nannte -, so trifft es auf Phalaris, der Überlieferung zufolge, doch im negativen Sinne zu: er galt als Prototyp des Willkürherrschers. Als solcher wird er häufig erwähnt, d. h. in der Antike war er auf seine Weise populär, und zwar nicht nur mit Bezug auf den legendären Stier.

Die älteste erhaltene Aussage über ihn findet sich bei dem Dichter Pindar (ca. 520 bis nach 446 v.u.Z.), nämlich in seinen „Pythischen Oden" (1, 95–98):

> [...]
> Doch der roh im erznen Stier Menschen verbrannt: nieder hält ihn
> Voll Abscheu, den Phalaris, allwärts schlimmer Ruf;
> Nehmen ihn doch Harfen nicht auf unter gleichem Dache zu
> Trauter Gemeinschaft mit der Jugend Gesängen.

Hier wird also sein äußerst negatives Ansehen angesprochen, das seine Erwähnung bei angenehm-kultiviertem Zusammensein, vor allem in Gegenwart der Jugend, ausschließt. Dennoch erkennen wir schon hier, daß Phalaris bekannt war (einige Jahrzehnte nach seiner Herrschaft), denn Pindar hält es nicht für nötig, seinen Zuhörern zu erläutern, um wen es sich handelte. Details erhalten wir allerdings aus dieser Quelle nicht.

Diese erfahren wir bei dem Historiker Diodor, der zwar Jahrhunderte später schrieb, aber, wie sein Beiname „Siculus" sagt, aus Sizilien stammte; für ihn bildete Phalaris also einen Teil der Regionalgeschichte. Bei ihm heißt es (IX Fragment 18; 19):

> „Der Bildhauer Perilaos verfertigte für den Tyrannen Phalaris einen Stier, um damit seine eigenen Volksgenossen zu bestrafen, doch mußte er selbst als erster die fürchterliche Art der Strafe erfahren; denn gewöhnlich fallen jene, die etwas Böses gegen andere ersinnen, ihren eigenen Anschlägen zum Opfer.
> [...]
> Phalaris ließ jenen berühmten attischen Bronzearbeiter im ehernen Stier verbrennen. Dieser hatte nämlich die Gestalt eines Stieres künstlich in Erz nachgebildet, wobei er in die Nasenlöcher der Stieres kleine Flöten einbaute und an der Seite des Stieres eine Türe zum Öffnen anbrachte. Diesen Stier machte er dem Phalaris zum Geschenk, und der hieß den Mann mit Geschenken willkommen und befahl, daß die Figur den Göttern geweiht werde.
> Wie aber der Erzbildner dann die Seite, die tückische Vorrichtung, öffnete, sagte er auf unmenschliche Art: „Phalaris, wenn du einen Menschen bestrafen willst, so sperre ihn nur in den Stier und lege Feuer darunter!

Man wird dann meinen, der Stier brülle, infolge der Jammerrufe seines Opfers, und du wirst an diesen Jammerrufen deine Freude haben, wenn sie durch die Flöten in den Nasenlöchern zu dir drin-gen."

Als Phalaris dies hörte, ekelte ihn der Mensch und er sprach: „Wohlan denn, Perilaos, du sollst als erster dieses zeigen, und ahme mir die Flötenspieler nach und erkläre mir deutlich, wie dein Kunstwerk arbeitet!" Und sobald Perilaos hineingekrochen war, um, wie er glaubte, eine Probe des Flötenklanges zu geben, da ließ Phalaris den Stier abschließen und Feuer darunter legen.

Damit aber Perilaos nicht durch seinen Tod das Bronzewerk beflecke, ließ er ihn halbtot herausholen und die Felsen hinunterwerfen."

Das ergibt nun eine Geschichte mit speziellen Nuancen. Denn hier geht die Konstruktion nicht auf eine Idee und Initiative des Phalaris zurück, sondern sie wird ihm von einem Bildhauer namens Perilaos angetragen, dessen Motiv nicht genannt wird, aber vermutlich in Dank, Anerkennung und Belohnung bestanden haben dürfte – ohne Rücksicht auf moralische Skrupel. Die Reaktion des Phalaris auf dieses Ansinnen ist auffallend: Er nimmt das Geschenk an, obwohl es ihn vor dem Schenkenden ekelt, und drückt diesen Ekel aus, indem er den Perilaos in seinem eigenen Stier zu Tode quält. Und ehe einem jetzt Phalaris ein wenig sympathisch wird, bemerken wir den Hinweis des Diodor, daß Perilaos nur „der erste" war, der auf diese Art jämmerlich umkam. Wo ist da der Ekel des Phalaris geblieben, wenn er von dem Stier weiter Gebrauch gemacht hat?

Plutarch in seinen „Parallelen Geschichten" (39; Moralia 315C-D), der den Künstler übrigens Perillos nennt, meint, Phalaris habe sich wenigstens in diesem einen Falle als gerechter Mann gezeigt. Dazu passend überliefert Stobaios, ein Zitatesammler aus dem 5. Jhdt. u.Z., eine entsprechende Aussage (Florilegium II 49, 49), schreibt aber außerdem: „Phalaris, der Tyrann von Akragas, war ein grausamer und gefühlloser Mensch. Mit fremdartigen und speziell erfundenen Foltern quälte und verstümmelte er seine Mitbürger." Perillos (so heißt er auch bei Stobaios) sei ein gelernter Kupferschmied gewesen und habe dem Phalaris eine hohle Kuh gebaut (also keinen Stier), und von speziell eingebauten Flöten ist nicht die Rede; man gewinnt vielmehr den Eindruck, es sei lediglich das Gebrüll des Gefolterten aus dem Maul des Tieres gedrungen. So schildert es auch Polybios (XII 25):

> „Was nun den ehernen Stier betrifft, den Phalaris in Agrigent hatte anfertigen lassen, in den er Menschen einschloß, Untertanen, die er bestrafen wollte, und unter denen er dann ein Feuer anzünden ließ, so daß, wenn das Erz zu glühen anfing, der Unglückliche von allen Seiten geröstet und gebraten wurde, und wenn er nun im Übermaß der Schmerzen aufschrie, der Ton, der aus diesem Folterwerkzeug ans Ohr drang, dem Brüllen eines Stieres glich."

Hier ist wiederum von einem Stier, gar nicht mehr aber von dem Hersteller die Rede. Daß dies alles ursprünglich dessen Einfall gewesen sei, wird weder bei Plutarch, noch bei Polybios oder Stobaios (bzw. dessen Quelle) erwähnt.

Ganz kurz spricht Aristoteles in seiner „Nikomachischen Ethik" (1148b) von Phalaris als Beispiel für Menschen von tierischem bzw. bestialischem Wesen und stellt ihn auf eine Stufe mit Menschenfressern. Lukian (Das Lebensende des Peregrinos 21) nennt ihn als Metapher, als Typus einer besonders grausamen Bestrafung.

Ovid schließlich vergleicht in seinen im Exil am Schwarzen Meer geschriebenen „Klagebriefen" (Tristien) diejenigen, die für seine Verbannung aus dem geliebten Rom verantwortlich sind, mit dem grausamen Phalaris, dessen Untat mit dem Stier er bei dieser Gelegenheit eigens in Versen darstellt (III 11, 38–54).

In der Weise einer Moralpredigt führen auch die mittelalterlichen „Gesta Romanorum" den Phalaris an (48):

> „Perillus, ein Erzschmied, brachte dem grausamen und tyrannischen König Phalaris, der die Agrigentiner plagte und ihnen ausgesuchte Martern auferlegte, einen für seine Grausamkeit nur zu gut passenden ehernen Stier, den er kürzlich gemacht hatte. Dieser besaß an der Seite eine versteckte Öffnung, durch welche die zum Tode verurteilten Menschen hineingesteckt werden sollten, auf daß sie von dem darunter angefachten Feuer verzehrt würden. Und wenn sie nun wegen der Bitterkeit des Todes in dem Stiere schreien würden, so hielt man ihre Stimme nicht für eine mensch-

liche, sondern für die eines Tieres; dadurch würde der König auf keine Weise zum Mitleid bewegt.

Der König lobte das Werk, sprach aber zu dem Erfinden drohend also: „Du wirst dieses zuerst auf dich nehmen und eine Probe machen mit dem, was du mir Grausamem noch weit grausamer angeboten hast. Denn nichts ist billiger, als daß der Erfinder einer neuen Todesart durch seine eigene Kunst umkomme!"«

Diese Legendensammlung ist vermutlich Ende des 13. Jahrhunderts entstanden, so daß man sieht, wie Phalaris zumindest bis dahin die Zeit überdauert hat: als moralisierendes Beispiel. Als solches fungierte er auch schon in der Antike.

Eines kann man noch am Rande erwähnen: was aus dem anrüchigen Kunstwerk geworden ist. Dazu gibt es aus der Antike verschiedene Versionen. Die erste, in einem Scholion (d. h. Kommentar) zu der zitierten Pindar-Stelle erhalten, berichtet kurz und bündig:[1] „Den ehernen Stier des Phalaris versenkten die Akragantiner ins Meer, wie Timaios berichtet. Den sie in der Stadt zeigen, sei nicht von Phalaris, wie man weithin glaubt, sondern ein Abbild des Flusses Gela." Bei dem genannten Timaios handelt es sich um einen Historiker des 4. Jahrhunderts v.u.Z., dessen Werk für uns nicht bzw. nur in solchen Zitaten erhalten ist.

Es stand also in Akragas noch ein eherner Stier, doch bei ihm habe es sich nicht um den legendären des Phalaris gehandelt. Man sollte meinen, daß der Unterschied leicht an einem wesentlichen Detail zu erkennen gewesen sein müßte: der Klappe, um die Opfer hineinzustecken. Mit diesem Argument wendet sich Polybios als Vertreter einer zweiten Ansicht im Anschluß an seiner oben zitierten Stelle gegen Timaios, denn es gebe durchaus noch diesen Stier, und zwar mit Klappe, wenn auch nicht auf Sizilien und in Akragas:

„[...] obwohl dieser Stier zur Zeit der karthagischen Herrschaft von Agrigent nach Karthago transportiert worden ist und die Tür an den Schulterblättern, durch die die Verurteilten hinabgelassen wurden, noch jetzt vor-

---

[1] Fragmente der Historiker: Ephoros von Kyme – Timaios von Tauromenion. A. a. O., S. 196.

handen ist und schlechthin kein Grund ausfindig gemacht werden kann, weshalb ein solcher Stier in Karthago hätte angefertigt werden sollen, hat Timaios trotzdem versucht, die feste, einhellige Tradition umzustoßen und die Angaben der Dichter und Geschichtsschreiber für Lügen zu erklären, indem er behauptet, weder stamme der Stier in Karthago aus Agrigent, noch habe es je in dieser Stadt einen solchen Stier gegeben, und hierüber hat er sich des langen und breiten ausgelassen."

Die Karthager haben demnach zur Zeit ihrer Herrschaft in Sizilien (sie eroberten und plünderten Akragas 405 v.u.Z.) den sicher damals bereits berühmten Stier nach Karthago gebracht. M. Cicero, der den Phalaris verschiedentlich als einen typischen Tyrannen darstellt, der von seinem eigenen Volk gestürzt worden sei (De re publica I 28, 44; De officiis II 26; Briefe an Atticus VII 12, 1; 21), bestätigt die Version von der Transferierung des Stieres nach Karthago; in seiner „Zweiten Rede gegen Verres", einen korrupten römischen Statthalter in der Provinz Sizilien, sagt er (II 4, 73) folgendes:

„Als Scipio den Agrigentinern diesen Stier zurückgab, da soll er gesagt haben: es sei recht und billig, daß sie darüber nachdächten, was vorteilhafter für sie sei, Sklaven der eigenen Leute zu sein oder dem römischen Volk zu gehorchen, da sie ja doch in dem gleichen Gegenstand ein Denkmal der eigenen Grausamkeit und unserer Milde besäßen."

Demzufolge hat Scipio nach seiner Eroberung Karthagos (146 v.u.Z.) offenbar den dort vorgefundenen Stier des Phalaris den Agrigentinern zurückgegeben – als Wink mit dem Zaunpfahl, wie schrecklich eine einheimische Herrschaft im Vergleich mit der römischen sein könne. Dazu wäre dann allerdings die Schreckensherrschaft des Römers Verres ein eigentümlicher Kommentar.

Dies, die Verbringung nach Karthago, schließt natürlich aus, daß die Bewohner von Akragas den Stier nach dem Ende des Phalaris im Meer versenkt haben. Beides ist für sich genommen denkbar: die Versenkung als symbolische Abrechnung mit einem Tyrannen und die Mitnahme nach Karthago als Kriegsbeute. Übrigens nennt Cicero an einer Stelle (Gegen Piso 73) einen Gegner in einer Frage der Textauslegung einen

„Phalaris grammaticus", was man heute als „Korinthenkacker" oder „Grammar Nazi" bezeichnet; der Name war also auch metaphorisch brauchbar.

Eine dritte, allerdings eher literarische als ernsthaft vertretene Version vertritt Lukian, der gleich zwei fiktive Briefe verfaßt hat, die Gesandte des Phalaris in Delphi, dem bekannten Orakelort und Heiligtum des Apollon, in dessen Namen vorgetragen haben sollen: „Phalaris A" und „Phalaris B". In „Phalaris A" verteidigt sich Phalaris gegen den Vorwurf, er sei ein grausamer und ungerechter Tyrann, behauptet vielmehr, er habe harte Strafen nur gegen ungerechte und böse Menschen verhängt. Dann kommt das Entscheidende: Er berichtet den Priestern in Delphi die ganze Geschichte von dem hohlen Stier, wie sie auch andernorts überliefert ist – mit der Betonung, Perilaos sei von sich aus mit diesem Folterwerkzeug an ihn herangetreten. Und nun bietet er, Phalaris, dem Heiligtum in Delphi diesen Stier als Opfergabe für den Gott an! Selbstverständlich, das hebt er hervor, nachdem er kultisch gereinigt worden sei, im Anschluß an den einzigen Fall seiner Anwendung mit dem Künstler selbst. „Wahrlich, ein Werk, das des Apollo würdig ist!" So will er seinen Abscheu ausdrücken und seinen Ruf reinigen. Eine hübsche Satire des Lukian. So läßt sich aus dem ganz und gar Schlechten, der Tyrannei des Phalaris, nicht nur eine moralische Warnung, sondern auch witzige Literatur ableiten.

Der Pyrrhus-Sieg

Noch heute ist er sprichwörtlich, trotz der unangenehmen Schwierigkeit, das Wort richtig, nämlich mitsamt „h", zu schreiben. Auch dürfte die Bedeutung einigermaßen klar sein: ein dermaßen verlustreicher Sieg, daß er fast einer Niederlage gleichkommt. Aber wer war dieser Pyrrhus (oder griechisch Pyrrhos), und unter welchen Umständen ist aus seinem Schicksal diese Bezeichnung hervorgegangen? Das ist dann schon eine andere Frage. Auch in diesem Falle erwartet uns die eine oder andere Überraschung.

Pyrrhos war ein Herrscher in dem nordwestgriechischen Land Epirus (Epiros), der von ca. 319/8–272 v.u.Z. lebte, aber größere Ziele verfolgte als die Herrschaft in seinem relativ kleinen Land. Wir brauchen seinem Ehrgeiz nicht bis in jede einzelne Aktion zu folgen; aber 280 wandte er sich, gerufen von den in Problemen steckenden Bürgern der Stadt Tarent im griechisch besiedelten Süditalien, dorthin und geriet dadurch in einen Konflikt mit Rom und dessen Auffassung von der eigenen Interessensphäre.

Über das, was nun folgte, verdanken wir einen ausführlichen Bericht dem Historiker der römischen Frühgeschichte: Dionysios von Halikarnassos (2. Hälfte des 2. Jahrhunderts v.u.Z.), wobei dieser Textpassage leider nicht ganz vollständig erhalten ist. Darin schildert uns Dionysios

(Exz. XX C. 3, D. 6) die Schlacht des Pyrrhos bei Ausculum gegen die Römer im Jahre 279, die einem ersten, eindeutigen Sieg des Pyrrhos noch 280 bei Heraclea (Herakleia) folgte. Am Ende dieser zweiten Schlacht zogen die Römer sich vom Schlachtort zurück in ihr Lager, wobei eine verbreitete Definition des Sieges in der Schlacht darin besteht: wer am Ende deren Ort kontrolliert. Demnach hatten Pyrrhos und seine Truppen gewonnen. Doch in welchem Zustand?

„Pyrrhus' Streitkräfte aber lagerten sich, weil sie Zelte, Zugtiere, Sklaven und die gesamte Ausrüstung verloren hatten, auf einer Anhöhe, wo sie die nächste Nacht unter freiem Himmel verbrachten, ohne Ausrüstung, ohne medizinische Versorgung, nicht einmal gut mit der nötigen Verpflegung ausgestattet, sodass auch viele Verwundete umkamen, die noch hätten gerettet werden können, wenn sie Hilfe und Pflege erfahren hätten."

Das ist kein guter Zustand für einen Sieger. Und Pyrrhos selbst kommentiert ihn in dem Bericht des Dionysios. Mit einem treffenden Bonmot aus der Kategorie Galgenhumor? Keineswegs.

„Pyrrhus aber trug persönlich die Homerischen Verse vor, die der Dichter Hektor zu Aias sagen lässt, als seien sie von den Römern zu ihm gesprochen worden:

Τῷ σε καὶ οὐκ ἐθέλω βαλέειν, τοιοῦτον ἐόντα,
λάθρη ὀπιπτεύσας, ἀλλ' ἀμφαδόν, αἴ κε τύχοιμι.
Ich will damit nicht zielen auf dich, den tapferen Kämpfer,
heimlich im Hinterhalt liegend, nein öffentlich, ob ich dich treffe!

Und danach sagte er, anscheinend habe er mit dem Krieg gegen Menschen, die frömmer und gerechter seien als die Griechen, eine schlechte Entscheidung getroffen, und äußerte dann, er sehe eine einzige ehrenvolle und nützliche Beendigung des Kriegs, nämlich sie aus Feinden zu Freunden zu machen, indem er den ersten Schritt mit einer gewichtigen freundlichen Geste tue."

Das Homer-Zitat findet sich in der Ilias (VII 242 f.), von Dionysios oder Pyrrhos selbst wohl aus dem Gedächtnis zitiert, denn die Verse lauten bei Homer etwas anders. Angespielt wird hier wohl – das „als seien sie von den Römern zu ihm gesprochen worden" bezeugt es – auf ein Ereignis nach der Schlacht bei Herakleia und vor der bei Ausculum. Überliefert wird es von Cicero (Über die Pflichten I 40), Plutarch (Pyrrhos 21) sowie von Aulus Gellius (III 8). Demzufolge hatte der Leibarzt des Pyrrhos sich mit einem Geheimschreiben an die Römer gewandt und ihnen gegen eine stattliche Belohnung angeboten, seinen Herrscher zu vergiften und ihnen auf diese Weise viel Ärger zu ersparen. Die Römer jedoch hatten dieses Anerbieten abgelehnt und Pyrrhos in einem Brief darüber informiert, den Plutarch in wörtlicher Rede wiedergibt:

„Gaius Fabricius und Quintus Aemilius, die Konsuln der Römer, grüßen den König Pyrrhos. Du hast, wie es scheint, keine glückliche Hand in der Beurteilung der Freunde wie der Feinde. Wenn du den uns gesandten Brief liest, wirst du erkennen, daß du mit ehrlichen und rechtlichen Männern Krieg führst und ungerechten und bösen Vertrauen schenkst. Diese Anzeige erstatten wir nicht dir zu Dank, sondern damit nicht dein Tod uns Verleumdung einträgt und den Glauben erweckt, wir hätten den Krieg durch List entscheiden wollen, weil wir es durch unsere Tapferkeit nicht konnten."

Auch Aulus Gellius zitiert diesen Brief – allerdings mit einer abweichenden Formulierung, wenn auch mit gleicher Tendenz; antike Historiker waren in dieser Hinsicht oft kreativ. Cassius Dio erwähnt die Episode ebenfalls (X 40, in einer Zusammenfassung des Zonaras 8, 5), ordnet sie aber zeitlich etwas später ein.

Pyrrhos war davon dermaßen beeindruckt gewesen, daß er den Römern den Frieden angeboten hatte; das hatten diese allerdings ebenfalls abgelehnt – es sei denn, der Epirote ziehe sich komplett aus Italien zurück. Es gibt noch einen weiteren Bericht über die Schlacht von Ausculum, mit dem wir dem Pyrrhussieg näher kommen: den von Diodorus Siculus (XII 6, Exc. 2):

„Als ihn einer seiner persönlichen Freunde fragte, wie ihm die Schlacht bekommen sei, da antwortete er, wenn er in noch einer einzigen Schlacht die

Römer besiege, dann werde keiner der Soldaten mehr übrig sein, die mit ihm herübergekommen waren."

Bei ihm fällt ein spezieller Begriff für einen derartigen Sieg, der in der Antike bereits vor Pyrrhos geläufig war: der kadmeische Sieg oder Kadmossieg (ἡ Καδμεία νίκη). Und er erläutert (Exc. 1): „Es bedeutet: Die Sieger erleiden Unglück, für die Besiegten aber besteht keine Gefahr, weil der Umfang ihrer Macht groß ist." Erstmals finden wir diesen Ausdruck bei Herodot (I 166): Καδμείη τις νίκη, wo er auf eine für die Sieger extrem verlustreiche Seeschlacht angewendet wird. Dies ist also die ursprüngliche, die antike Bezeichnung für das, was wir den Pyrrhussieg nennen. Sie bezieht sich wohl auf den mythischen König Kadmos von Theben und seinen Sieg über einen Drachen, den er mit achtjährigem Dienst bei Ares bezahlen mußte. Pausanias (IX 9, 3) wendet diese Bezeichnung auf einen Krieg zwischen Theben und Argos, zwei Städten des griechischen Mutterlandes, an.

Aber nicht Pyrrhos verwendet diesen Ausdruck, und zu einem passenden Bonmot aus seinem Munde sind wir immer noch nicht vorgedrungen. Dazu müssen wir zum Bericht des Plutarch zurückkehren (Pyrrhos 21), und zwar zu der Stelle, an der er das Resultat der Schlacht von Ausculum schildert: Pyrrhos habe dank des Einsatzes seiner Elefanten gesiegt, die Römer hätten sich in ihr Lager zurückgezogen, die Verluste auf Seiten der Römer 6000, auf Seiten der Epiroten 3500 betragen. Das klingt nach einem doch recht eindeutigen Sieg. Plutarch weist jedoch sofort darauf hin, daß Dionysios von Halikarnassos das Ergebnis anders und bei weitem nicht so günstig für Pyrrhos angibt; dieser sei sogar verwundet, sein Lager – ich erwähnte es schon – geplündert worden. Erst vor diesem Hintergrund bekommt das, was Plutarch nun schreibt, einen klaren Sinn:

„Beide Parteien trennten sich, und Pyrrhos soll zu einem von denen, die ihn beglückwünschten, gesagt haben: „Wenn wir noch eine Schlacht über die Römer gewinnen, werden wir ganz und gar verloren sein (Ἂν ἔτι μίαν μάχην Ῥωμαίους νικήσωμεν, ἀπολούμεθα παντελῶς)." Denn ein großer Teil des Heeres, das er herübergeführt hatte, war gefallen, die Freunde und Offiziere alle bis auf wenige, andere Truppen, die er hätte nachkommen lassen können, waren nicht da, und die Bundesgenossen im Lande sah er in ihrem Eifer erkalten, während bei den Römern wie aus einer aus der Heimat ihnen zuströmenden Quelle das Heer sich immer leicht und schnell wieder auf-füllte und sie durch die Niederlagen nicht den Mut verloren, sondern vielmehr neue Kraft und Kampfbegier aus der Erbitterung schöpften."

Demnach war nicht nur die Schlacht selbst, sondern auch die strategische Lage des Pyrrhos alles andere als vielversprechend. Und in dieser Situation wird uns das gesuchte Bonmot des Pyrrhos von der Art des Galgenhumors überliefert: „Wenn wir noch eine Schlacht über die Römer gewinnen, werden wir ganz und gar verloren sein." Das ist der Sinn des Pyrrhussieges.

Die von Plutarch angedeutete Verwirrung im Hinblick auf die Details dieser Schlacht – Dionysios geht nicht einmal von zwei Schlachten (Herakleia und Ausculum) aus –, läßt sich bei weiterer Lektüre der antiken Quellen noch vergrößern.

Der christliche Autor Orosius (IV 8; 14; 19) widmet viel mehr Aufmerksamkeit der ersten Schlacht, der bei Herakleia, und gibt uns hierzu ein Wort des Pyrrhos wieder:

„Pyrrhos aber bezeugte die Schrecklichkeit der in diesem Kampf erlittenen Verluste seinen Göttern und den Menschen, indem er am Tempel des tarentinischen Zeus eine Inschrift mit folgenden Worten anbringen ließ: „Männer, die bisher unbesiegt waren, gütigster Vater im Olymp, habe ich im Kampf besiegt, und ich wurde von den gleichen Männern besiegt."

Als er von den Bundesgenossen gescholten wurde, warum er sich als Sieger besiegt nenne, soll er geantwortet haben: „Ich werde, wenn ich ein zweites Mal auf die gleiche Weise gesiegt habe, ohne einen Soldaten nach Epirus zurückkehren.""

Demzufolge wäre die Schlacht von Herakleia der eigentliche Pyrrhussieg gewesen, während dieser die zweite Schlacht – Orosius gibt es nur knapp, aber eindeutig an – verloren habe.

Eutrop (II 11/6; 8) läßt den Pyrrhos in der ersten Schlacht mit Mühe und großen Verlusten, nur dank der Hilfe seiner Kriegselefanten siegen, die zweite Schlacht hingegen verlieren und mit einer Flucht nach Tarent enden, so daß auch hier der Kadmos- oder Pyrrhussieg (keinen der beiden Begriffe erwähnt Eutrop) allenfalls auf den Kampf bei Herakleia passen würde.

Und Florus (2. Jhdt. u.Z.) schließlich, dessen Werk sich auf ältere Autoren stützt, läßt den Pyrrhos die erste Schlacht bei Herakleia ebenfalls nur mühsam gewinnen, weil die Pferde der Römer vor den ihnen unbekannten Elefanten in Panik geraten; es war dies die erste Schlacht, in der die Römer mit diesen Tieren konfrontiert wurden. Aber schon in der zweiten Schlacht wenig später, der von Ausculum, wissen sie sich erfolgreich dagegen zu wehren, weil sie gelernt haben, wie man die Elefanten in Panik versetzt: indem man ihnen den Rüssel abschlägt und sie mit Brandfackeln bewirft. Ein klarer Sieg der Römer, eine ganz unklare Lage für uns Nachgeborene. In diesen Berichten, sofern sie zwei Schlachten unterscheiden, würde der berühmte Begriff nur auf die erste Schlacht passen – mit der einzigen Ausnahme des Plutarch, der uns auch als einziger das passende Wort des Pyrrhos überliefert.

Es gibt noch eine Anekdote zu diesem Pyrrhos, die zwar nicht den Pyrrhussieg betrifft, aber zu schön ist, um nicht erwähnt zu werden. Sie steht wiederum in der Pyrrhos-Biographie des Plutarch (14) und enthält folgendes: Bevor er seinen letztlich katastrophal endenden Feldzug nach Italien und Sizilien unternimmt, führt der König ein Gespräch mit einem gewissen Kineas, der offenbar ein Weiser an seinem Hof war. Das Gesprächsthema ist der bevorstehende Krieg. Kineas warnt vor den Römern und geht dann von der optimistischen Annahme aus, es werde dennoch gelingen, sie zu besiegen. Was, mein König, werden wir dann tun? Dann gehört uns ganz Italien, erwidert Pyrrhos. Und dann?, fragt Kineas. Dann, so der König, können wir uns Sizilien zuwenden. Kineas: Und wenn Sizilien erobert sein wird? Pyrrhos hat wahrlich große Pläne: Anschließend können wir leicht von dort nach Libyen und Karthago übersetzen. Kineas zeigt sich angemessen beeindruckt. Aber:

> „„Jedoch, wenn nun alle diese Länder uns unterwürfig sind, was werden wir dann beginnen?"
> Pyrrhos lachte: „Nun, dann wollen wir, mein Bester, ganz die Ruhe und Muße genießen, alle Tage mit Schmausereien und Vergnügungen zubringen und uns untereinander durch angenehme Gespräche ergötzen."

Der Pyrrhus-Sieg 223

Nachdem Kineas den Pyrrhos auf diesen Punkt gebracht hatte, sagte er zu ihm: „Was hindert uns denn, wenn wir wollen, jetzt gleich in Saus und Braus zu leben und die Ruhe miteinander zu genießen, da wir schon ohne alle Mühe dasjenige bei der Hand haben, wozu wir erst durch Blutvergießen, durch viele Strapazen und Gefahren und eine Menge Übel, die wir teils selbst erlitten, teils anderen zugefügt haben, gelangen werden?""

Kurz gesagt: Wenn alles, was dabei herauskommen soll, ein großes Fest ist, warum feiern wir nicht ohne all diesen Aufwand jetzt schon?

Plutarch schreibt, daß Pyrrhos nicht amüsiert darüber gewesen sei und sich dadurch – wir wissen es ja – nicht von seinen Plänen habe abbringen lassen. Weshalb er uns heute vor allem durch den zweifelhaften Ruhm des Pyrrhussieges bekannt ist.

Hannibal und seine Elefanten

Die kriegsmäßige Überquerung der Alpen durch den karthagischen Feldherrn Hannibal mitsamt Elefanten zählt sicher zu den noch recht gut bekannten Ereignissen der Antike. Eine spektakuläre Aktion, eine Sensation. Doch was hat Hannibal dazu gebracht? Strategisch gesehen mag es eine einleuchtende Erklärung für diesen Marsch geben, doch warum mit Elefanten, also Tieren, die für eine Überquerung der eisigen Höhen der Alpen denkbar ungeeignet waren?

Den Hintergrund dieses Plans bildete der Kriegsausbruch zwischen Karthago und Rom in Spanien, das teils zur karthagischen, teils zur römischen Interessensphäre gehörte. Hannibal selbst stand in Spanien, wo er die unter römischem Schutz stehende Stadt Sagunt erobert hatte. Damit begann der 2. Punische Krieg (218–201 v.u.Z.). Punisch heißt er, weil die Karthager von den Phöniziern an der Levante abstammten und die Römer diese Abkömmlinge Punier (Poeni) nannten.

Wie aber sollte Hannibal diesen Krieg führen? Er hätte sich für eine defensive Strategie entscheiden, also abwarten können, wie die Römer ein Heer nach Spanien brachten. Manchmal ist die Defensive die erfolgversprechendere Vorgehensweise, glanzvoller und ruhmreicher ist sie selten. Hannibal hätte auch auf eine ihm von Karthago zur Verfügung gestellte Flotte warten und damit nach Italien übersetzen können. Das wäre das Erwartbare gewesen. Hannibal entschied sich für das Unerwartete. „Use surprise tactics when you use the troops/Führe Krieg mit überraschenden Maßnahmen", heißt es bei dem chinesischen Weisen Lao-tse (Gedicht 57),[1] den Hannibal gewiß nicht kannte, dem er aber ebenso gewiß zugestimmt hätte. Daß er auf dem Landweg nach Italien gelangen und dabei nicht einmal dicht an der Küste entlang, sondern mitten durch das Hochgebirge marschieren würde, war das Letzte, womit die Römer rechneten. In Norditalien siedelten außerdem von den Römern unterworfene Gallier (Gallia cisalpina), die Hannibal für einen Aufstand zu gewinnen hoffen durfte.

Aber dieser Marsch mit Elefanten! Natürlich stellten diese eine wichtige Waffe dar, sozusagen die Panzer der Antike; aber Hannibal sollte doch gewußt haben, daß die Römer in ihrem Krieg gegen Pyrrhos gelernt hatten, sich auf sie einzustellen – auch wenn sie selbst diese Waffe nicht benutzten. In Italien mit einer Einsatzeinheit von Kriegselefanten einzutreffen, dürfte Hannibal dennoch für einen erheblichen taktischen Vorteil gehalten haben. Doch wie konnte er allen Ernstes hoffen, sie lebend durch die Alpen zu bringen? Die erste Vermutung ist die, daß er, der nie im Hochgebirge gewesen war, nur eine ganz ungenaue Vorstellung von den Alpen hatte und nach dem Motto „Wer wagt, gewinnt" handelte. Allerdings waren auch seine Elefanten noch nie in einem Hochgebirge gewesen und würden, hätten sie etwas geahnt, anderen Sinnes gewesen sein. Begonnen hat der Marsch im Oktober 218. Wir haben es also mit einem Unternehmen im Spätherbst zu tun, mit Eis, Schnee und Dunkelheit als Dreingabe zu den sonstigen Schwierigkeiten!

Was sagen uns die Quellen zu dieser Aktion? Die Forschung liest sie meist unter der Fragestellung, welchen Weg genau Hannibal eingeschlagen hat. Wir aber schauen auf die Elefanten.

Vorab können wir feststellen, daß auf dem Marsch von Spanien nach Italien zunächst die Pyrenäen zu überwinden waren und bereits der Übergang über die Rhône in Südfrankreich bzw. Gallien sich im Hinblick auf die Elefanten äußerst schwierig gestaltete, da die Tiere nicht bereit waren, in tiefes Wasser zu gehen. Offenbar haben Hannibals Fachleute sich eine

---

[1] Die Übersetzung variiert stark und ergibt in manchen Fällen einen anderen Sinn.

List ausgedacht, die darin bestand, daß man aus Flößen eine Brücke in den Fluß hineinbaute und mit einem Belag aus Erde wie normalen Boden aussehen ließ. An deren Ende war ein ebenso getarntes, aber bewegliches großes Floß befestigt, dessen Taue gelöst wurden, sobald sich die erste Gruppe Elefanten dorthin hatte locken lassen. Auf dem Wasser wurden die Tiere dann unruhig, hatten jedoch keine Rückzugsmöglichkeit mehr. Es sei, so heißt es, nichts Schlimmeres passiert, als daß einige der Elefanten ihre Treiber abwarfen und ins Wasser stürzten. Dank ihres Gewichts, ihrer Größe und ihrer Rüssel (die sie über Wasser halten konnten) seien sämtliche Tiere heil ans andere Ufer gelangt (Polybios III 45–47; Livius XXI 28). Welch ein Aufwand, den Hannibal schon dort für seine Elefanten betreibt! Sie müssen ihm sehr wichtig gewesen sein. Leider verraten uns die Quellen nicht, um wieviele es sich handelte; Livius spricht unbestimmt von einer Herde (grex).

Die erste und in manchen Hinsichten wichtigste Quelle für die eigentliche Alpen-Überquerung ist der Bericht des Polybios (III 51–53). Dort erfahren wir zweierlei: Zum einen hatte Hannibal es nicht nur mit der Kälte und den Unwegsamkeiten des Gebirges (eine bequeme Paßstraße gab es selbstverständlich damals noch nicht) zu tun, sondern auch mit einheimischen Kriegern, die Polybios Allobogrer nennt; zum anderen leisteten ihm gerade ihnen gegenüber seine Elefanten gute Dienste, denn diese Allobogrer kannten solche riesigen Tiere vermutlich nicht einmal vom Hörensagen: „Den größten Dienst leisteten ihm dabei die Elefanten. Denn dort, wo diese sich in der Marschkolonne befanden, wagten sich die Feinde nicht nahe heran, aus Angst vor der ungewohnten Erscheinung dieser Tiere."

Dort, wo Polybios über die Ankunft bei den Galliern in Norditalien berichtet (III 87), erwähnt er ausdrücklich das Erholungsbedürfnis von den unsäglichen Strapazen für Soldaten und Pferde; die Elefanten erwähnt er nicht. Darf man daraus schließen, daß sie das tollkühne Wagnis nicht überlebt haben? Von einem Einsatz einer Elefantentruppe bei den nun bevorstehenden Schlachten ist jedenfalls bei Polybios – und übrigens auch bei den anderen Historikern, um dies vorauszuschicken – nicht die Rede.

Der römische Historiker Livius und gestandene Karthager-Feind Livius ist der nächste, bei dem wir Auskunft suchen. Er berichtet (XXI

33–35), daß vor allem die Pferde angesichts der schmalen, steilen Pfade und der Abgründe an der Seite scheuten:

> „Sie liefen ängstlich hin und her; und wenn sie zufällig einen Stoß bekamen oder verwundet wurden, wurden sie derart wild, daß sie gleichzeitig Leute und alles mögliche Gepäck massenweise zu Boden rissen. Der Paß war auf beiden Seiten steil und abschüssig; so schleuderte das Gedränge auch viele in den unermeßlichen Abgrund, manche sogar samt Rüstung. Die Lasttiere aber rollten mit ihren Lasten fast wie bei einem Bergrutsch in die Tiefe."

Die Angriffe der Bergbewohner schildert Livius ebenfalls, und zwar noch ausführlicher als die Gefahren des Geländes. Und auch bei ihm heißt es zu den Elefanten:

> „Die Elefanten wurden zwar mit großem Zeitverlust über die engen und steilen Wege getrieben, aber wiederum machten sie den Zug überall dort, wo sie auftauchten, sicher, weil die Feinde, die sie ja nicht kannten, Angst hatten, näher heran-zukommen."

Dieser Umstand erweist sich als ein Nutzen, den die Mitnahme der Elefanten hatte, wenn auch einer, den Hannibal wahrscheinlich gar nicht oder nur ganz abstrakt einkalkuliert hatte: Diese Tiere lösen Angst und Schrecken aus bei jedem, der sie nicht kennt. So wenig die Elefanten die Alpen kannten, so wenig kannten die Alpenbewohner Elefanten (Abb. 1).

Livius stellt ausdrücklich fest, daß die Tiere – sicherlich bereits in reduzierter Zahl – noch auf dem Abstieg, auf dem es zu einer phantastischen Felssprengung gekommen sei, existierten: „So konnte man nicht nur die Zugtiere, sondern sogar die Elefanten hinabführen. Vier Tage hatten sie mit diesem Felsen zu tun, und die Tiere wären beinahe verhungert." (XXI 37)

Hier erhalten wir immerhin einen Hinweis auf ein anderes Problem: die Ernährung der Elefanten in den Alpen. Dessenungeachtet erwähnt er die Elefanten überhaupt nicht mehr, als er uns die ihm vorliegenden Schätzungen der Zahl von Soldaten und Pferden mitteilt, mit denen Hannibal schließlich die Ebene erreicht habe. 80.000 Fußsoldaten und

Abb. 1 William Turner: Snow Storm. Hannibal and his Army Crossing the Alps

10.000 Reiter hält er für die plausibelste Zahl, in diese eingeschlossen allerdings bereits norditalische Gallier, die sich von Hannibal anwerben ließen. Es mag sein, daß für die Elefanten der oft steile Abstieg noch gefährlicher war als der Aufstieg. So scheinen diese spektakulären Tiere nach dem Alpenübergang aus der Geschichte zu verschwinden, und wenn sie eine militärische Funktion hatten, dann war es die, die Alpenbewohner abzuschrecken.

Fast möchte man es eine tragische oder groteske Szene nennen, die uns der ältere Plinius in seiner „Naturgeschichte" überliefert (VIII 7):

> „Berühmt ist der Kampf eines Römers gegen einen Elephanten, als Hannibal die gefangenen Römer unter sich zu kämpfen gezwungen hatte. Er warf nämlich den Einzigen, der übriggeblieben war, einem Elephanten vor, mit dem Versprechen, daß er frei sein solle, wenn er denselben tödte; und dieser, ihm ganz allein auf dem Kampfplatze gegenüber tretend, tödtete denselben zum großen Verdruß der Punier wirklich. Allein Hannibal, der nun wohl einsah, daß der Ruhm dieses Kampfes die Thiere in Verachtung bringen werde, sandte ihm Reiter nach, die ihn tödten sollten."

Ein einziger Elefant hätte demnach überlebt und wurde für ein Zirkusspiel mit einem für ihn tödlichem Ausgang verwendet.

Damit sind wir freilich noch nicht ans Ende unserer Suche gelangt, denn Hannibals Alpenübergang erschien den Menschen der Antike als so spektakulär, daß sich noch mehr Historiker mit ihm befaßt haben. Da ist zum Beispiel Appian in seinem „Hannibalischen Krieg", der uns mit Zahlenangaben behilflich ist (I 4): 90.000 Infanteristen habe Hannibal mit sich geführt, 12.000 Kavalleristen und 37 Elefanten. Die letztere Zahl verdeutlicht die Verluste, wenn nur ein einziger Elefant italischen Boden erreicht hat – wovon Appian freilich nichts sagt. Dem gesprengten Felsen widmet er mehr Aufmerksamkeit. Die Zahl 37 wird übrigens bei Eutrop (III [4]) bestätigt; und da Eutrop die Zahlen für Fußvolk und Reiter etwas anders angibt als Plinius, kann er sie nicht einfach von diesem abgeschrieben haben.

Und dann ist da der Dichter Silius Italicus (ca. 26–101 u.Z.), von dem uns eine epische Dichtung mit dem Thema der Punischen Kriege überliefert ist: „Punica" (III 455–646). Der poetische Bericht des Silius (in Versen) ragt heraus durch sein phantasievolles Sich-Hineinversetzen in die Lage der gegen Feinde, Kälte, Schnee und Eis ankämpfenden Karthager. Sogar eine Ansprache Hannibals an die verzweifelnden Soldaten denkt er sich aus. Der Schnee habe sich rot gefärbt vom Blut der Verwundeten. Zwölf Tage habe der Weg bis zur Paßhöhe gebraucht (wobei die Zahlenangaben dafür bei den verschiedenen Autoren auffallend variieren). Silius fügt sogar eine vollends mythische Passage ein, in der sich Venus bei Jupiter über die drohende Gefahr für die ihr am Herzen liegenden Römer bitter beklagt, woraufhin dieser sie mit einer Prophezeiung künftiger römischer Größe beruhigt.

Die Elefanten erwähnt er allerdings lediglich bei seiner Beschreibung des Rhône-Übergangs, obwohl sie der Dramatik in den Alpen doch noch eins draufgesetzt hätten.

Einen mittellangen Bericht haben wir noch von Ammianus Marcellinus (Römische Geschichte XV 10, 10 f.); doch ihm erscheint vor allem die technische Leistung bemerkenswert, einen riesigen Felsen zunächst mit Feuer zu erhitzen und dann mit Essig zu sprengen – eine zweifelhafte, aber von mehreren Historikern erwähnte Geschichte. Von den Tieren kein Wort. Nicht daß man daraus schließen könnte, es habe keine

Elefanten gegeben auf diesem Marsch; sie sind Ammianus Marcellinus nicht wichtig genug. Da sind die Geschmäcker der Historiker verschieden.

So steht es auch um Orosius (IV 14, 3–5), der überraschenderweise dem Übergang über die Pyrenäen mehr Raum gibt als dem über die Alpen, von dem er schreibt, er sei in fünf Tagen vollzogen worden. Wir erinnern uns, daß Livius allein für die Auseinandersetzung mit dem Felsen vier Tage veranschlagt hatte. Man merkt, daß das Ereignis ins Mythische entrückt ist.

Justin schließlich (I 22, 9) widmet den Geschehnissen von Sagunt bis Norditalien einen einzigen Satz, in dem dann freilich weder Felsen noch Elefanten eine Rolle spielen.

Hannibals Alpenüberquerung ist schon für die Antike „großes Kino", in dem die Elefanten zwar nicht unter „Ferner spielten ..." fungieren, aber auch keine unverzichtbare Rolle spielen. Sieht man von ihrer Bedeutung für die Abschreckung feindlicher Alpenstämme ab, von der zwei Historiker sprechen, so handelt es sich um sehr viel Aufwand – und sehr viel Tierquälerei – für einen wenig bedeutenden, aber spektakulären Beitrag zu Hannibals Feldzug.

War Sappho lesbisch?

Von „sapphischer Liebe" sprach man früher; und auch wenn daraus heute die lesbische Liebe bzw. sexuelle Orientierung geworden ist, so haben doch beide Bezeichnungen einen Bezug auf dieselbe Person: die griechische Dichterin Sappho von der Insel Lesbos in der Ägäis. Prinzipiell ist es fragwürdig, ein heutiges Konzept sexueller Identität, etwa der Homosexualität, auf eine andere Kultur und damit auch auf die Antike ungeprüft zu übertragen. Schauen wir stattdessen, was uns von damals über Sappho berichtet wird.

Sie lebte im ausgehenden 7. und beginnenden 6. Jahrhundert v.u.Z. und entstammte einem Adelsgeschlecht aus der Stadt Mytilene auf Lesbos. Wieviel Verwirrung bzw. Unkenntnis über ihr Leben herrschte, erkennt man schon daran, daß die Suda, ein um das Jahr 1000 entstandenes byzantinisches Lexikon (dem noch für uns heute verlorenes Material zur Verfügung stand), gleich zwei Sapphos kennt: beide Dichterinnen und beide mit Schülerinnen, wobei die eine einen Mann geheiratet und eine Tochter geboren hat, während die andere sich aus unglücklicher Liebe zu einem Mann ins Meer gestürzt hat.

Die wichtigste und authentische Quelle für ihr Leben bilden ihre Gedichte, und von denen ist kein einziges vollständig überliefert – so berühmt sie auch schon in der Antike waren. Es sind, soviel kann man immerhin erkennen, sehr eindrucksvolle Gedichte mit einer starken Bildersprache und interessanten Stilmitteln. Zur Lektüre sind sie sehr zu empfehlen, wobei man sich freilich vorstellen kann, daß ihre Übersetzung in eine andere Sprache – an sich schon problematisch – angesichts der nur noch vorhandenen Bruchstücke eine große Herausforderung darstellt.

Um eine bessere Vorstellung von der Lage zu geben, stelle ich einmal zwei dieser Fragmente vor: ein halbwegs rekonstruierbares und ein völlig unverständliches.

1. Fragment 31 (Voigt)

φαίνεταί μοι κῆνος ἴσος θέοισιν
ἔμμεν' ὤνηρ, ὄττις ἐνάντιός τοι
ἰσδάνει καὶ πλάσιον ἆδυ φωνεί-
    σας ὐπακούει

καὶ γελαίσας ἰμέροεν, τό μ' ἦ μὰν
καρδίαν ἐν στήθεσιν ἐπτόαισεν·
ὠς γὰρ <ἔς> σ' ἴδω βρόχε' ὤς με φώναι-
    σ' οὐδὲν ἔτ' εἴκει,

ἀλλὰ †καμ† μὲν γλῶσσα †ἔαγε†, λέπτον
δ' αὔτικα χρῶι πῦρ ὐπαδεδρόμακεν,
ὀππάτεσσι δ' οὐδὲν ὄρημμ', ἐπιβρό-
    μεισι δ' ἄκουει,

†έκαδε† μ' ἴδρως κακχέεται, τρόμος δὲ
παῖσαν ἄγρει, χλωροτέρα δὲ ποίας
ἔμμι, τεθνάκην δ' ὀλίγω' πιδεύης
    φαίνομ' ἔμ' αὔται.

ἀλλὰ πὰν τόλματον, ἐπεὶ †καὶ πένητα†

Scheinen will mir, daß er den Göttern gleich ist,
jener Mann, der neben dir sitzt, dir nahe

auf den süßen Klang deiner Stimme lauscht und,
wie du voll Liebreiz

ihm entgegenlachst: doch, fürwahr, in meiner
Brust hat dies die Ruhe geraubt dem Herzen.
Wenn ich dich erblicke, geschieht's mit einmal,
daß ich verstumme.

Denn bewegungslos liegt die Zunge, feines
Feuer hat im Nu meine Haut durchrieselt,
mit den Augen sehe ich nichts, ein Dröhnen
braust in den Ohren,

und der Schweiß bricht aus, mich befällt ein Zittern
aller Glieder, bleicher als dürre Gräser
bin ich, dem Gestorbensein kaum mehr ferne
schein ich mir selber.

Aber alles muß man ertragen, da doch
....

2. Fragment 12 Voigt

]...[
]σθε.[
]   [
]νοημ[
].απεδ[
].ηνεο[
]   [
]..ρισ[
].ιφ[
...
...
...

Im zweiten Fall ist lediglich ein einziges Wort zu identifizieren: νόημα,
d. h. das Gedachte, das Erdachte, das Ersonnene, der Gedanke, die

Gesinnung, der Sinn, die Sinnesart, die Willensmeinung, das Vorhaben, der Beschluß, der Entschluß – all diese Bedeutungen sind möglich, und welche am besten paßt, entscheidet im Normalfall der Kontext, der hier jedoch nicht zu rekonstruieren ist.

Aber wie im ersten Gedicht der Leser zunächst in die Irre geführt wird, indem man den Eindruck bekommt, es richte sich an einen Mann, während dann aber klar wird, daß die eigentlichen Liebesgefühle sich auf eine Frau konzentrieren bzw. auf die Beziehung eines Mannes zu einer Frau, das ist schon raffiniert … und stellt gleichzeitig die Frage, mit welcher erotischen Orientierung wir es hier einerseits beim lyrischen Ich und andererseits bei der Autorin selbst zu tun haben. Hier kann es, so der erste Eindruck, ebenso um Eifersucht wie um eine homoerotische Beziehung gehen – um beides oder um eines von beiden. Es ist auch möglich, daß sich das weibliche lyrische Ich mit dem Mädchen und dessen Beziehung zu einem Mann identifiziert. Das alles bleibt in der Schwebe.

Man kann nun zwei Arten von Berichten über Sapphos Leben und ihre Einstellungen unterscheiden: antike Berichte über sie und ihre eigenen Aussagen in ihren Gedichtfragmenten. Erstere können mythisch ausgestaltet und daher unhistorisch, letztere Selbststilisierungen oder gefiltert sein durch das, was sie sich zu sagen getraut hat. Vollkommen zuverlässig ist also beides nicht.

Wenden wir uns zunächst der ersten Gruppe zu. Der wahrscheinlich 264/3 v.u.Z. entstandene „Marmor Parium" (oder die Parische Chronik) berichtet, daß Sappho in einem bestimmten Jahr, „als der erste Kritias Archon in Athen war und in Syrakus die Großgrundbesitzer regierten", von Mytilene nach Sizilien geflohen, d. h. ins Exil gegangen sei; den Grund erfahren wir dort nicht, aber anscheinend hatte es etwas zu tun mit einem politischen Konflikt, in den ihre Familie verwickelt war. Gar keinen Grund haben wir zu der Annahme, es sei um einen erotischen Skandal gegangen.

Herodot (II 134 f.) erzählt uns bei der Erwähnung der Pyramiden in Ägypten, daß eine von ihnen, die er und wir als die des Mykerinos kennen, einer Hetäre (also eine Edelprostituierten) namens Rhodopis zugeschrieben werde, was er zeitlich und den finanziellen Aufwand betreffend für gänzlich unglaubwürdig hält. Für uns ist diese Information von Belang, insofern Herodot dazu schreibt:

„Als sie dort als Dirne Geld verdiente, wurde sie von Charaxos aus Mytilene, dem Sohn des Skamandronymos, dem Bruder der Dichterin Sappho, um einen hohen Preis losgekauft. So wurde denn Rhodopis frei; sie blieb in Ägypten."

Auf diese Weise erfahren wir nicht nur den Namen von Sapphos Vater, sondern auch, daß ihr Bruder offenbar eine Liebesaffäre mit dieser Rhodopis hatte. Auf diesen Bruder bezieht sich Sappho übrigens in zwei nur sehr fragmentarisch erhaltenen Gedichten (5 & 15 Voigt), wo dessen Geliebte übrigens Doricha genannt wird.

In einem Fragment des Komödiendichters Menander (342/1–293/2 v.u.Z.) aus dessen Stück „Leukadia" (Fragmenta poetarum comoediae novae, S. 158) heißt es, daß Sappho sich aus unglücklicher Liebe zu Phaon, einem mythischen Schönling aus dem Umfeld der Aphrodite, vom Leukadischen Felsen gestürzt, also Suizid begangen habe. Leukas ist eine der Ionischen Inseln an der Westküste Griechenlands. Das hat man sich offenbar in der Antike über sie erzählt, und Ovid hat in seinen Heldenbriefen (Heroides) ein ganzes Liebesdrama daraus gesponnen (XV): einen verzweifelten Abschiedsbrief der auf Lesbos weilenden Sappho an ihren nach Sizilien entwichenen Geliebten Phaon in nicht weniger als 220 Versen. Am Ende faßt sie auch hier den Entschluß, sich vom Leukadischen Felsen zu stürzen ... sofern nicht doch noch in letzter Minute ihr Phaon zu ihr zurückkehrt. Dabei handelt es sich um eine eindrucksvolle, empathische Schilderung einer unglücklich liebenden Frau, die aus anhaltendem Schmerz ihre eigene Kreativität eingebüßt hat, geschrieben von einem Mann. Ovids Fähigkeiten, Frauen aus einer anderen als nur männlichen Perspektive zu beschreiben, sind nicht gering zu schätzen.

Und auch wenn die hier vorliegende Liebesbeziehung die zu einem Mann ist, erfahren wir im Hinblick auf unsere Fragestellung einige interessante Details – selbstverständlich mit der oben genannten Einschränkung, daß sie nämlich historisch nicht unbedingt zuverlässig sind. Da ist zuerst der Umstand zu erwähnen, daß Sappho (in Ovids Version) die Liebe zu Phaon so beschreibt, als habe sie sich darüber von ihren Mädchen aus Lesbos (es werden einige namentlich genannt, die in ihren Gedichten vorkommen) abgewendet – ihren Mädchen, „die ich nicht ohne

Vorwurf geliebt habe (quas non sine crimine amavi)" (Vers 19). „Crimen" – unser daraus abgeleitetes Wort „kriminell" darf uns nicht dazu verführen, an gesetzlich strafbare Beziehungen zu denken, denn das lateinische Wort hat viele Bedeutungen, die von Beschuldigung, Schuld, Vorwurf bis hin zu förmlich angeklagter Schuld, Vergehen, Verbrechen und Buhlerei, Ehebruch sowie Laster reichen. „non sine crimine" ist mit „nicht ohne Vorwurf" vorsichtig übersetzt; Ovid spricht jedenfalls an, daß Sappho gesellschaftlich nicht akzeptierte Liebesbeziehungen zu jungen Frauen unterhalten habe. An späterer Stelle (Verse 199 & 201) lesen wir eine Bestätigung: „Lesbierinnen am Meer, jung vermählt oder vor der Vermählung, [...] Lesbierinnen, die mich in Verruf gebracht haben als Geliebte (Lesbides aequoreae, nupturaque nuptaque proles, [...] Lesbides, infamem quae me fecistis amatae)." Lesbierinnen, dies zur Erinnerung, sind zunächst nur Frauen aus Lesbos. Und nochmals: es ist Ovid, der Sappho diese Worte in den Mund legt – Ovid, der in erotischen Angelegenheiten übrigens nicht prüde und Sappho gewiß nicht feindselig gesinnt war. Es ist nicht er, der ihr hieraus einen Vorwurf macht.

Weiterhin spricht Ovids Sappho (Verse 61–70) die Affäre ihres Bruders Charaxus mit einer Prostituierten (meretrix) an, die sie als das Schamgefühl verletzend (turpis pudor) bezeichnet und durch die er viel Geld verloren habe. Der Geldverlust mag in dem teuren Freikauf einer Sklavin ebenso wie in den Kosten für die anschließende Beziehung bestanden haben. Das stand ja schon bei Herodot. Sie habe gewarnt und getadelt und sei ihrem Bruder seitdem verhaßt.

Bemerkenswert ist auch ihre Äußerung, worin für sie die erotische Attraktivität des Phaon bestanden habe: die nicht mehr ganz junge, erfahrene und auch als Dichterin wie Sängerin berühmte Frau auf der einen Seite und der Geliebte, der noch nicht junger Mann und nun nicht mehr Knabe ist (nec adhuc iuvenis, nec iam puer) (Vers 93). „Wunderst du dich, wenn mich das Alter des keimenden Bartflaums/lockte, die Zeit, wo der Mann (vir) fähig zur Liebe schon ist?" (Verse 85 f.) Selbst zur Zeit Ovids galt dies für eine vornehme Frau als eine Beziehung „non sine crimine", zumal der Geliebte ja kein Sklave war, der nicht als Rechtsperson zählte.

Dementsprechend habe ihr Bruder sie böse verspottet, vor allem nachdem der junge Mann sie verlassen hatte: „Was trauert die denn? Ihre

Tochter lebt doch noch (quid dolet haec? certe filia vivit)!" Geschwisterliche Feindschaft halt. Und: demnach hatte Sappho eine Tochter.

Zu ihrem Entschluß, sich vom Felsen zu stürzen, heißt es: „Alles, was sein wird, wird besser als jetzt sein (quidquid erit, melius quam nunc erit)!" (Vers 177)

Mit etwas anderer Tendenz schreibt Ovid in seinen „Klagebriefen" (Tristien) (II Verse 365 f.): „Was hat auf Lesbos Sappho die Mädchen gelehrt als zu lieben (Lesbia quid docuit Sappho, nisi amare, puellas)?" Und er fügt hinzu, sie sei dennoch vor Tadel bewahrt geblieben (tuta tamen Sappho). Jedenfalls vor Ovids Tadel, der Sapphos Verse bewundert.

Das eingangs erwähnte byzantinische Lexikon, die Sudas, gibt für eine der beiden Sapphos außer Charaxos noch zwei weitere Brüder, einen Ehemann mit Namen Kerkyla sowie eine Tochter Kleïs an, die auch in Sapphos Gedicht 98a/b (Voigt) vorkommt. Dem Anschein nach eine ganz normale Familie. Dazu noch drei Schülerinnen: Atthis, Telesippa und Megara, von denen Ovid die Atthis ebenfalls nennt, denn sie spielt in Sapphos Gedichten eine Rolle.

Für unsere Frage haben wir bisher erfahren, daß Sappho neben einer tragischen Liebesbeziehung zu einem sehr jungen Mann von Ovid auch erotische Beziehungen zu jungen Frauen auf Lesbos unterstellt werden. Während jene sicherlich mythisch-fiktiv ist, bleiben wir bei diesen vorsichtig. Allenfalls kann man vermuten, daß Ovid sich auf Gerüchte bezogen hat, die im Umlauf waren. Dafür spricht auch, daß das griechische Verb λεσβιάζειν (lesbiazein) eine sexuelle Praxis bedeutete, die man Lesbierinnen unterstellte: die Fellatio (so Aristophanes: Die Frösche Vers 1308).

Können wir der anderen Art von Quellen, Sapphos eigenen Gedichten, Genaueres entnehmen?

Wenn man ein Liebesgedicht oder -lied schreibt, wird häufig (nicht immer!) das Geschlecht dessen erkennbar, auf den es sich bezieht, manchmal sogar der Name genannt. So hat der römische Dichter Catull (87–57 v.u.Z.), ein literarischer Bewunderer Sapphos, nicht nur deren zu Anfang des Kapitels zitiertes Gedicht (31) ins Lateinische übersetzt, sondern auch etliche Gedichte an seine Geliebte gerichtet, die er in poetischer Anspielung an das Vorbild, „Lesbia" nannte und bei der es sich wahrscheinlich um die römische Lebedame Clodia handelte. Nun fällt es auf, daß in

Sapphos erhaltenen Liebesgedichten keines – vielleicht mit einer einzigen Ausnahme - sich explizit an einen Mann richtet. Das ist nicht mehr, aber auch nicht weniger als ein Indiz – zumal in mehreren Gedichten auf eine weibliche Person Bezug genommen wird: z. B. 1 (Voigt):

> [...]
> Wer, o Sappho, tut dir Unrecht?
> Denn wenn sie flieht, bald wird sie dich verfolgen,
> und wenn sie keine Geschenke annimmt, dann wird sie doch
>   welche geben,
> und wenn sie nicht liebt, bald wird sie lieben,
> auch gegen ihren Willen.

Schon in Gedicht 16 (Voigt) wird sogar ein Name genannt: Anaktoria, der Sappho anscheinend vorwirft, sie für ihren Bräutigam ebenso im Stich gelassen zu haben wie die Helena den Menelaos. Ferner werden Hermione (23), Atthis (49, 130), Megara (68), Mika (71), Mnasidika (82), Gongyla (22, 95) angesprochen.

Wo hingegen Männer auftreten (z. B. 30, 44), da geschieht dies nicht in einem erotischen Zusammenhang mit dem lyrischen Ich. Selbstverständlich gibt es daneben auch zahlreiche Verse mit erotischem Inhalt ohne Bezug auf eine konkrete Person (36, 37, 47, 126) oder solche, die ein unbestimmtes Du ansprechen (48, 94). Eine Andromeda war anscheinend eine Rivalin in der Gunst eines Mädchens (57, 133), der Atthis (130). Auch zu einer Eirana hat Sappho ein ungutes Verhältnis (91, 135), obgleich hier der Grund nicht angesprochen wird.

Da die Mädchen, die sie unterrichtete, sie nach einiger Zeit verließen, etwa um zu heiraten, wie es von ihnen erwartet wurde (dementsprechend sind mehrere Brautgedichte Sapphos überliefert), gab es nicht nur einen häufigen Wechsel bei ihnen, sondern auch Trennungsschmerz (für Sappho wie für die Gruppe), der in einem Falle (94) erkennbar von dem Mädchen ausgeht, in einem anderen (95) von Sappho selbst. In einer rekonstruierten Version heißt es dort:

> Sieh, ein Gott sandte ein Zeichen mir, verstehn
>   kann es jeder. - Als Bote trat
>   zu mir Hermes, ein Helfer aller Müden.

Und ich sprach: „Herre, willkommen bist du mir!
Bei der Göttin dort drunten ! Hier
find ich nirgendmehr Freude, zuviel (litt ich).
In mir lebt wie eine Sehnsucht: tot zu sein
und die taufrischen Ufer des
Acheron , die von Lotosgrün umkränzten
bald zu sehn, und zu des Hades Haus hinab
(dann zu kommen,) zu suchen (..),
auf daß niemand ...."

Diese durch den Verlust der Gongyla ausgelöste Todessehnsucht spricht doch für eine tiefe Liebesbeziehung, und ich habe nicht den Eindruck – gerade wegen der Verbindung mit einem konkreten Namen, einer konkreten Person –, daß man hier groß von dem Unterschied zwischen Autorin und lyrischem Ich reden sollte.

Vor allem die Gedichtverse in 94, 126 und 130 lassen keinen Zweifel, daß zu diesem Mädchenkreis erotische Beziehungen gehörten: „Sie schlafend auf der Brust der zarten Gefährtin", so heißt es in 126.

Als den schönsten Ausdruck dessen empfinde ich die Verse in 130:

Ἔρος δηὖτε μ' ὁ λυσιμέλης δόνει
γλυκύπικρον ἀμάχανον ὄρπετον
Eros wiederum quält mich, der Gliederlösende,
süßbitteres, unbezwingbares Getier.
* * *
Atthis, dir aber ist's überdrüssig geworden, dich um mich
zu kümmern, und zu Andromeda fliegst du hin.

Das ist schmerzliche Liebe – einer Frau zu einer jungen Frau, einem Mädchen.

Die oben angedeutete Ausnahme eines erotischen Gedichtes mit Bezug auf ein männliches Wesen ist dieses (102) an die Liebesgöttin Aphrodite gerichtete:

Süße Mutter, ich vermag nicht das Gewebe zu spinnen,
von der Begierde bezwungen für einen Jungen der
delikaten Aphrodite wegen.

Von einem παῖς (pais) ist hier die Rede, ja, einem Jungen – ein Wort, das bei uns noch in Pädagogik enthalten ist, aber auch in Pädophilie. Wir erinnern uns, wie Ovid den Phaon beschrieben hat. „Mehr als Gello steht sie auf junge Männer – Γέλλως παιδοφιλωτέρα", lautet 168A, wobei es unklar bleibt, wer dies über wen sagt; da das Verb fehlt, kann es ebensogut heißen: „stehe ich auf junge Männer".

Aus heutiger Sicht wird man weniger über das ganz? oder überwiegend? auf das eigene Geschlecht gerichtete Begehren streiten, mehr aber über die Beziehungen einer Lehrerin zu ihren Schülerinnen. Damals stellten sie das weibliche Gegenstück zur männlichen Ephebophilie (oder Päderastie) dar, die im antiken Griechenland regulär auch ein pädagogisches, anleitendes Element enthielt.

Mein Bedürfnis, in dieser Hinsicht heutige Maßstäbe an die Zeit der Antike anzulegen, ist nur schwach entwickelt; lieber möchte ich mit einem Gedicht Sapphos schließen, welches ein physisches und psychisches Problem der Liebesbeziehung zwischen Alt und Jung artikuliert. Ein neuer Papyrusfund erlaubt hier die bessere Rekonstruktion einer Textpassage in Gedicht 58 (PKöln inv. 21351+21376r):

> Die vormals zarte Haut hat mir das Alter nunmehr
> gefangen, und weiß sind die Haare geworden von schwarz;
> und schwer ist mein Gemüt gemacht, und die Knie tragen (mich) nicht,
> die einmal wendig waren, zum Tanzen, den Rehlein ähnlich.
> Diese Dinge beklage ich häufig; aber was soll ich denn tun?
> Nicht-alternd kann ein Mensch unmöglich werden.

Nero – Der erste Christenverfolger?

Hierzu besagt die Legende, Nero habe als erster die Christen grausam verfolgen lassen, um der Öffentlichkeit einen Sündenbock zu liefern angesichts der umlaufenden Gerüchte, er selbst sei für den Brand Roms im Jahre 64 u.Z. verantwortlich. Dabei seien die Apostel Petrus und Paulus zu Märtyrern geworden.

Sieht man von dem letztgenannten Detail ab, so gibt es dafür eine eindeutig identifizierbare Quelle in der Antike: es sind die „Annalen" des Tacitus (XV 44); entsprechend berühmt ist diese Textstelle, und sie wurde ja auch hier schon eingeführt (Kap. „Nero – der Brandstifter?").

Auffallend ist allerdings, daß ausschließlich diese Quelle das in dieser Weise berichtet, bevor Jahrhunderte später ein fingierter Briefwechsel zwischen dem Apostel Paulus und dem zur Zeit Neros lebenden Philosophen Seneca von christlicher Seite die Behauptung aufnimmt. Abgesehen davon haben also nicht einmal die christlichen Theologen und Historiker es in dieser Weise überliefert: daß Nero die Christen für die Brandkatastrophe Roms verantwortlich gemacht und sie deshalb verfolgt habe. Schauen wir uns die Tacitus-Stelle an:

„Aber das entsetzliche Gerücht, Nero selber habe den Brand anlegen lassen, wollte sich durch keine teilnahmsvolle Unterstützung, durch keine Schenkungen und Sühnezeremonien aus der Welt schaffen lassen. Um ihm ein Ende zu machen, schob er daher die Schuld auf andere und strafte mit ausgesuchten Martern die wegen ihrer Verbrechen verhaßten Leute, die das Volk Christen nennt. Der Stifter dieser Sekte, Christus, ist unter der Regierung des Tiberius durch den Prokurator Pontius Pilatus hingerichtet worden. Der unheilvolle Aberglaube wurde dadurch für den Augenblick unterdrückt, trat später aber wieder hervor und verbreitete sich nicht bloß in Judäa, wo er entstanden war, sondern auch in Rom, wo alle furchtbaren und verabscheuungswürdigen religiösen Gebräuche, die es in der Welt gibt, sich zusammenfinden und geübt werden. Man faßte also zuerst Leute, die sich offen als Christen bekannten, und auf ihre Anzeige hin dann eine riesige Menge Menschen. Sie wurden nicht gerade der Brandstiftung, aber doch des Hasses gegen das menschliche Geschlecht überführt. Man machte aus ihrer Hinrichtung ein lustiges Fest: In Tierhäuten steckend, wurden sie entweder von Hunden zerfleischt oder ans Kreuz geschlagen oder angezündet, um nach Eintritt der Dunkelheit als Fackeln zu dienen. Nero hatte seine eigenen Parkanlagen für dies Schauspiel hergegeben und verband es mit einer Zirkusaufführung; in der Tracht der Wagenlenker trieb er sich unter dem Volke umher oder fuhr auf dem Rennwagen. So regte sich das Mitleid mit jenen Menschen. Obwohl sie schuldig waren und die härtesten Strafen verdient hatten, fielen sie ja doch nicht dem Allgemeinwohl, sondern der Grausamkeit eines einzigen zum Opfer."

Von Petrus und Paulus ist hier nicht die Rede, aber es fehlt nicht an grausamen Details – und diese bestimmen das Bild. Indem wir prüfend an den Bericht herangehen, fällt freilich etwas auf: Laut Tacitus hat Nero im Jahre 64 auf eine vom Volk und auch von ihm identifizierbare religiöse Gruppe namens Chrestianer, d. h. Christen, Bezug genommen. Zur Zeit, da Tacitus dies schrieb – er ist ca. 120 gestorben –, ging das glatt durch. Aber im Jahre 64? Die Evangelien waren noch nicht geschrieben. Paulus hatte bereits Briefe verfaßt, und unter den Anhängern Jesu fand die von Paulus ausgelöste Diskussion statt, ob man auch Unbeschnittene, also Nicht-Juden, in die Gemeinschaft aufnehmen solle. Es handelte sich also um eine innerjüdische Kontroverse, in der einer spezielle Gruppe, die man wohl als jüdische Sekte bezeichnen kann, sich gerade erst herausbildete. Wenn „das Volk", wenn Nero davon Kenntnis nahm (und Nero war gewiß kein gebildeter Fachmann für religiöse Fragen!), wie hätte man diese Gruppe anders identifizieren können denn als *Juden*? Nochmals: zur Zeit des Tacitus konnte man von Christen sprechen, doch zur Zeit Neros?[1] Es mögen Auseinandersetzungen unter Juden oder mit Juden stattgefunden haben – dazu gibt es in der Antike etliche Berichte aus Alexandria und Rom –, und es mag dabei die Frage eine Rolle gespielt haben, ob Jesus nun der ersehnte Messias war oder nicht – es gärte da etwas, was Sueton schon für die Zeit von Neros Vorgänger Claudius berichtet (Divus Claudius 25, 4): „Die Juden, die sich von Chrestos ständig zu Unruhen anstiften ließen, vertrieb er [sc. Claudius] aus Rom. – Iudaeos impulsore Chresto assidue tumultantis Roma expulit." Für die Zeit Neros gibt Sueton eine Verfolgung von „Christiani" an (16, 2): „Ganz schwer setzte man den Christen mit Martern zu; dieser Menschenschlag hing einem neuartigen und schädlichen Aberglauben an (genus hominum superstitionis novae ac maleficae)." Also auch er, später noch als Tacitus lebend, gibt uns die Frage auf, ob man zu Neros Zeiten schon von Christen sprechen konnte; aber er bringt die Verfolgung überhaupt nicht in Zusammenhang mit der Brandkatastrophe oder irgendeinem anderen konkreten Vorwurf. Das hat Tacitus exklusiv.

Es erscheint mir als plausibel, daß es zur Zeit des Claudius und des Nero Auseinandersetzungen unter Juden gegeben hat um die Frage, wie man zu diesem Jesus stehen solle. Dabei hatte Jesus seine Anhänger, aber es ist mehr als zweifelhaft, daß diese sich bereits nicht mehr als Teil der jüdischen Gemeinschaft verstanden. Im Lichte der späteren Entwicklung konnten Tacitus und Sueton diese Auseinandersetzung anders verstehen, nämlich als die Herausbildung einer neuen, vom Judentum nur abstammenden Religion.

Wer aber schon Nero eine Christenverfolgung unterstellt, der urteilt nicht aus einer zu dessen Zeit möglichen Perspektive. Vermutlich konnte die Obrigkeit (eine eigentliche Polizei gab es übrigens noch nicht) von Konflikten unter Juden Kenntnis nehmen – Konflikten, die mit Fäusten ausgetragen worden sein mögen –, und allenfalls dabei diejenigen als Anstifter namhaft machen, die sich dabei auf Jesus beriefen und ihn als den

---

[1] Vgl. Alexander Bätz: Nero. Wahnsinn und Wirklichkeit. Hamburg 2023, S. 349–352.

erwarteten Messias (Christos) ansahen. Die Obrigkeit ist ja gewohnheitsmäßig darum bemüht, Urheber für Unruhen zu finden und zu bestrafen. Und gerne hält sie den dafür, der etwas Neues in die Welt bringt und auf den die Vertreter des Althergebrachten mit dem Finger zeigen.

Das ist der Sinn, den ich den Worten des Tacitus und des Sueton von einer Verfolgung der „Chrestiani" oder „Christiani" zu geben vermag. Und nochmals: Von irgendeinem Zusammenhang mit dem Brand Roms schreibt ausschließlich Tacitus.

Wie Nero dann, Tacitus und Sueton zufolge, mit den „Christen" umgegangen ist, nämlich mit aller Grausamkeit, das entspricht einem Topos, d. h. es erfüllt das Klischee eines Tyrannen, als den beide Autoren Nero darstellen. Tyrannen handeln so.[2] Es gibt zahlreiche parallele Berichte aus der Antike zu diesem Thema – mit Pharsalos von Akragas ist uns einer begegnet –, und man muß sie nicht wörtlich nehmen, also als exakte historische Wahrheit verstehen. Leider wissen wir in der Regel nicht mehr als das, was die Quellen uns berichten, und wir können zu Nero immerhin feststellen, daß er unter seinen Zeitgenossen – weder Tacitus noch Sueton waren solche – auch Anhänger und Verehrer hatte: Calpurnius Siculus, der Verfasser der „Ilias Latina", der Verfasser der „Carmina Einsidlensia" und sogar der jüngere Seneca, als er die Satire „Verkürbissung des Claudius" (Apokolokyntosis) schrieb (54 u.Z.). Flavius Josephus äußerte einige Jahrzehnte nach Neros Tod über diesen (Jüdische Altertümer XX 155):

> „Denn Neros Geschichte haben viele geschrieben, von denen die einen aus Dankbarkeit für seine Gunstbezeugungen die Wahrheit absichtlich verschleierten, die anderen aber aus Hass und Feindseligkeit ihn derart mit Lügen verfolgten, dass sie dafür volle Verachtung verdienen. Freilich zu verwundern braucht man sich über diesen Mangel an Wahrheitsliebe nicht, da die betreffenden Geschichtsschreiber nicht einmal bei der Schilderung der Thaten seiner Vorgänger der Wahrheit die Ehre gaben, obwohl sie doch gegen diese keine persönliche Abneigung haben konnten, weil sie so lange Zeit nach ihnen lebten."

---

[2] Vgl. Martin Zimmermann: Gewalt. Die dunkle Seite der Antike. München 2013.

Von jüdischen Auseinandersetzungen in Rom zur Zeit Neros oder gar einer Verfolgung schreibt Flavius Josephus nichts, obwohl, falls es so etwas gegeben hat, das sicher zu seinem Thema gehört hätte.

In dem schon erwähnten erfundenen Briefwechsel zwischen Seneca und Paulus aus dem 4. Jahrhundert u.Z. lassen die anonymen Verfasser den Seneca alles „ganz offen" sagen (11):

„Sei gegrüßt, mein teuerster Paulus! Glaubst du etwa, ich sei nicht betrübt und traurig darüber, daß an euch Unschuldigen immer noch die Todesstrafe vollzogen wird? Sodann, daß das ganze Volk von eurer Grausamkeit und verbrecherischen Schädlichkeit überzeugt ist, im Glauben, alles Unheil in der Stadt sei euch zu verdanken? Aber wir wollen es mit Gleichmut tragen und uns der günstigen Umstände bedienen, wie sie uns das Schicksal bietet, bis das unbesiegbare Glück den Übeltätern ein Ende bereitet. [...] Was die Feuersbrunst betrifft, so liegt klar am Tage, vom wem die römische Hauptstadt sie so oft zu dulden hat. Aber wenn die menschliche Niedrigkeit hätte aussagen können, was die Ursache ist, und ungestraft in dieser Finsternis sprechen dürfte, so würden schon alle alles sehen. Christen und Juden sind als Brandstifter – leider Gottes! – hingerichtet worden, wie es gewöhnlich geschieht."

Hier lesen wir die Angaben des Tacitus in späterer, christlicher Deutung – aber nicht mit der immerhin möglichen Berufung auf diesen, sondern als angebliche Aussage des von Christen respektierten stoischen Philosophen Seneca, der im Jahre 65 selbst ein Opfer Neros geworden, d. h. als angeblicher Teilnehmer einer Verschwörung zum Suizid gezwungen worden ist.

Der Christ Lactanz in „Über die Todesarten der Verfolger" (II) bezieht sich bereits auf die Deutung Neros als das „Tier", von dem in der Apokalypse des Johannes die Rede ist (13, 3; 17, 1–18) und das auf einen am Ende der Zeiten wiederkehrenden Nero (Nero redivivus) gemünzt wurde – eine Ansicht, die Lactanz als abergläubisch bezeichnet und ablehnt. Für tatsächlich aber gibt er den Umstand an, daß Nero angesichts der „tagtäglichen" Zunahme von Anhängern „der neuen Religion" sich zu deren Verfolgung entschlossen und sowohl Petrus als auch Paulus habe hinrichten lassen. Irgendeine Verbindung zum Brand Roms zieht er nicht.

Dies tun ebensowenig Tertullian (Ad nationes I 7, 8 f.), Eusebius (Kirchengeschichte IV 26, 9), Augustinus (Gottesstaat XVIII 52) oder Orosius (Weltgeschichte VII 7, 10): Immer ist bei diesen christlichen Autoren von dem Christen verfolgenden Nero die Rede, jedoch nicht davon, daß er sie für die Brandkatastrophe verantwortlich gemacht habe.

Es mag also unter Nero zu Maßnahmen gegen bestimmte Juden gekommen sein, unter denen es Unruhen gab und die man späterhin als Christen bezeichnen konnte, und diese Maßnahmen mögen mehr oder weniger dem Klischee eines Tyrannen entsprochen haben. Ein besonders starkes Motiv, gegen sie vorzugehen, könnte allenfalls darin bestanden haben, daß er sie in der Öffentlichkeit für irgendein Unheil, eine Katastrophe verantwortlich machen wollte (ein an sich nicht untypisches Vorgehen für Machthaber); daß dies der Brand der Hauptstadt gewesen sei, versichert ernsthaft Tacitus. Nur er, jedenfalls vor der Spätantike und der mit ihr beginnenden christlichen Ära. Ihm folgt die Legende, beginnend mit dem apokryphen Briefwechsel zwischen Paulus und Seneca. Das Schweigen der anderen Quellen dazu stimmt bedenklich.

Keinesfalls darf man übrigens davon ausgehen, es habe sich um reichsweite, also über Rom hinausgehende Maßnahmen gehandelt; Christenverfolgungen in diesem Sinne gab es erst ab der 2. Hälfte des 2. Jahrhunderts (Marc Aurel) und dann im 3. Jahrhundert unter den Kaisern Decius und Diocletian. Dessenungeachtet erweckt der christliche Autor Sulpicius Severus (um 400 u.Z.), der sich ansonsten stark an Tacitus anlehnt, den Eindruck (Chronica II 28, 3 und 29, 1–3), Nero habe den christlichen Glauben förmlich und damit reichsweit verboten; dies aber behauptet nicht einmal Tacitus.

Singen Schwäne beim Sterben?

Daß Schwäne singen, vor allem im Angesicht ihres Todes, wird heute wohl niemand ernsthaft mehr glauben – nur das Wort vom Schwanengesang und damit die Legende haben es in die Gegenwart geschafft. Sie hat als κύκνειον ᾆσμα (cycnea mele) tatsächlich ihre Herkunft aus der Antike. Doch hat man daran damals wirklich geglaubt? Verschaffen wir uns einen Überblick. Es wird eine poetische Reise mit nüchternen Einwänden schon seinerzeit.

Bereits Hesiod (oder ein Autor unter seinem Namen) erwähnt in seiner Beschreibung eines Schildes (Der Schild des Herakles, Verse 309–311), daß auf dessen Rand sich in die Lüfte erhebende, singende Schwäne abgebildet seien: „diesen entlang dort/Huben sich Schwän' in die Luft, und tönten"; wir erfahren nicht, woran man an dem Bild erkennen konnte, daß sie Töne von sich gaben. Möglicherweise ist aber auch nur das Geräusch der schlagenden Flügel gemeint; jedenfalls muß Hesiod, gerade weil es auf der bildlichen Darstellung nicht hörbar ist, eine Annahme seiner Leser bzw. Zuhörer voraussetzen. Ein in der ägyptischen Stadt Oxyrhynchos gefundener Papyrus (Ion von Chios, fr. 746A) bringt sogar beides zusammen: Der Schwan singt zur Begleitung seiner Flügel.

In den Homer zugeschriebenen Hymnen, einer nachhomerischen Zusammenstellung von Götterhymnen unterschiedlichen Alters, wird im Apollon-Hymnus aus dem 7. Jahrhundert v.u.Z. erwähnt (Vers 21), daß der Schwan zu Ehren des Phoibos Apollon singe.
Unterhaltsam sind zwei Geschichten des Äsop, der an sich im 6. Jhdt. v.u.Z. lebte, unter dessen Namen jedoch viele Fabeln im Umlauf waren:

Der Schwan 1
„Ein Reicher hielt sich eine Gans und einen Schwan, jedoch nicht zu demselben Zweck, den letzteren vielmehr seines Gesanges wegen und jene für die Pfanne. Als nun die Zeit gekommen, da die Gans erleiden sollte, wozu sie bestimmt war, war es Nacht und darum unmöglich, die beiden Vögel in der Dunkelheit zu unterscheiden.

Doch als man den Schwan anstelle der Gans ergriff, stimmte er sein Sterbelied an. So gab sein Gesang zu erkennen, wer er war, und bewahrte ihn vor dem Tode.

Die Fabel zeigt, daß oftmals die Musik einen Aufschub des Todes bewirken kann."

Der Schwan 2
„Die Schwäne, erzählt man, singen nur im Sterben. Als nun einmal ein Mann einen Schwan fand, der zum Verkauf stand, und hörte, daß es ein sehr musisches Tier sei, da kaufte er ihn. Bei einer Gelegenheit hatte der Mann Gäste im Haus; da ging er zu dem Schwan und bat ihn, während des Umtrunkes zu singen. Damals schwieg der Schwan stille, später jedoch, als er fühlte, daß es ans Sterben ging, sang er sein Trauerlied. Als der Herr das hörte, sagte er: „Nun, da du sonst nicht singst als nur beim Sterben, war es dumm von mir, daß ich dich seinerzeit zum Singen einlud, statt dich zu schlachten."

So müssen auch manche Menschen wider ihren Willen ausführen, was sie freiwillig zu gewähren nicht bereit sind."

Hier also lesen wir das, was die Legende besonders hervorhebt: daß Schwäne nur im Sterben singen, und man sieht, daß andere Berichte der Antike dem widersprechen. So auch Euripides in seiner Tragödie „Iphigenie im Taurerlande" (Verse 1103–1105); dort heißt es:

Und beim See, der sein Wasser sendet
Rings im Kreis, wo mit Liedergesang der
Schwäne Schwarm den Musen dient.

Ähnlich wie bei der Verbindung mit Apollon hat also auch hier der Gesang einen ausgesprochen musischen, künstlerischen Charakter.

Das Gedicht eines Meleagros in der „Anthologia Graeca" (IX 363) bringt bei Schwalben, Schwänen und Nachtigallen „singen und zwitschern" zusammen, wobei für die Schwäne das Zwitschern wohl nicht in Betracht kommt. Witzig ist ein anderes Gedicht aus dieser Sammlung, das einem Lollius Bassus zugeschrieben wird (V 125):

Regnen nicht will ich als Gold, mag ein andrer zum Stier sich verwandeln
oder zum singenden Schwan an dem Gestade des Meers.
Laß diese Possen dem Zeus! Ich geh zu Korinna und zahl ihr
zwei Obolen; jedoch fliegen – das muß ich da nicht.

Damit wird auf die verschiedenen Verwandlungsgestalten des Zeus angespielt, in denen dieser sich menschlichen Geliebten (Danaë, Europa, Leda) näherte, wobei mit dem Schwan (Leda) gleich das Singen assoziiert wird ... und das Fliegen. Hier spricht schon, so meine ich, aus der Ironie ein gewisser Unglaube.

Ganz poetisch ist wiederum die Schilderung des Vergil in seiner „Aeneis" (VII 699–702), bei dem die Schwäne, von ihrer Weide (e pastu) heimkehrend, klangvoll singen, sodaß Strom, Weiher und Wiesen wiederhallen.

Selbst der zwar dichtende, aber im Sinne Epikurs zu naturwissenschaftlicher Sicht neigende Römer Lukrez (ca. 97–55 v.u.Z.) erwähnt in seinem Lehrgedicht „Über die Natur der Dinge" (De rerum natura) den Gesang der Schwäne gleich dreimal: II 504–506; III 6 f.; IV 181 f., davon einmal in Verbindung mit Phoebus Apollo. Da will er Dichter, nicht Wissenschaftler sein. Und während die letztgenannten Autoren das Singen nicht mit ihrem Sterben in Verbindung bringen, weiß Athenaios von Naukratis (IX 393d), daß sie singen, besonders wenn sie sterben, aber auch wenn sie die See überqueren. Aus skeptischer Sicht erwähnt er bei dieser Gelegenheit den Bericht eines Mannes, der vielmals sterbenden Schwänen gefolgt sei, ohne sie jemals singen zu hören. Auf eigene Forschung beruft sich auch der ältere Plinius in seiner „Naturgeschichte" (X 32): „Beim Tode der Schwäne erzählt man von einem klagenden Gesange, ich glaube jedoch nach einigen Versuchen, irrthümlich. Sie fressen auch gegenseitig ihr Fleisch." Sie fressen gegenseitig ihr Fleisch? Da weiß man nicht recht, was man von der Zuverlässigkeit der Beobachtung halten soll.

In einem metaphorischen Sinne spricht Kaiser Julian (Brief 20) von Menschen, die sich im Angesicht ihres bevorstehenden Untergangs auf ihren Schwanengesang vorbereiten.

Die gehaltvollste Stelle aber finden wir bei Platon in seinem „Phaidon", wo er Sokrates die folgende Aussage machen läßt (84e–85b):

> „Und wie es scheint, haltet ihr mich in der Wahrsagung für schlechter als die Schwäne, welche, wenn sie merken, daß sie sterben sollen, wie sie schon sonst immer gesungen haben, dann am meisten und vorzüglich singen (ᾄδοντες καὶ ἐν τῷ πρόσθεν χρόνῳ, τότε δὴ πλεῖστα καὶ μάλιστα ᾄδουσι), weil sie sich freuen, daß sie zu dem Gotte gehen sollen, dessen Diener sie sind. Die Menschen aber, wegen ihrer eigenen Furcht vor dem Tode, lügen auch über die Schwäne und sagen, daß sie, über den Tod jammernd, aus Traurigkeit sängen, ohne zu bedenken, daß kein Vogel singt, wenn ihn hungert oder friert oder ihm sonst irgend etwas fehlt, auch nicht einmal die Nachtigall selbst oder die Schwalbe und der Wiedehopf, von denen sie sagen, daß sie aus Unlust klagend singen; aber weder diese, glaube ich, singen aus Traurigkeit noch die Schwäne; sondern weil sie, meine ich, dem Apollon angehören, sind sie wahrsagerisch; und da sie das Gute in der Unterwelt voraus erkennen, so singen sie und sind fröhlich, an jenem Tage ausgezeichnet und mehr als sonst vorher."

Schwäne singen zeitlebens, aber besonders und besonders schön dann, wenn es ans Sterben geht; doch sie singen nicht – wie viele fälschlich behaupten – aus Traurigkeit, sondern weil sie sich auf das freuen, was ihnen bevorsteht: ein gutes Leben in der Unterwelt. Woher wissen sie das? Weil sie dem Apollon angehören und dieser der Gott der Weissagung ist. Und diese Gabe besitzt auch Sokrates, weshalb er sich auf den ihm bevorstehenden Tod freut. Wir erinnern uns daran, daß er (im selben Dialog) seine Freunde gebeten hat, dem Gott der Heilkunst für seinen Tod ein Dankesopfer zu bringen. Hier stehen also die singenden Schwäne beinahe auf einer Stufe mit dem Weisen, dem Philosophen.

Mit Bezug auf diese Platon-Stelle schreibt M. Cicero in seinen „Gesprächen in Tusculum" (I 73):

„Deshalb sagt er [sc. Sokrates]: wie die Schwäne, die nicht ohne Grund dem Apollon heilig sind, sondern weil sie von ihm die Gabe der Weissagung zu haben scheinen, dank deren sie vorhersehen, was an Gutem im Tode liege, so daß sie mit Gesang und Lust sterben (cum cantu et voluptate moriantur) – so müßten es alle Guten und Weisen machen."

Auf diese Weise erhalten wir zwar keine sichere, glaubhafte Aussage über den Gesang der Schwäne, aber einen Hinweis darauf, wie wir dem Tod entgegentreten sollten.

Dionysos und Ariadne

Als der bemerkenswerteste, ungewöhnlichste Gott der griechischen Mythologie ist mir immer der Dionysos (auch Bakchos, lateinisch Bacchus genannt) erschienen. Am Rande: Die Römer hatten einen eigenen, dem Dionysos ähnlichen Gott, den Liber Pater, den sie nach der Begegnung mit der griechischen Kultur in der sogenannten Interpretatio Latina mit Dionysos identifizierten, wie den Jupiter mit Zeus usw.

In seiner Neigung zum Rausch, zum Wahnsinn, zum Überschreiten von Grenzen und Vermischen von Gegensätzen entspricht er eigentlich nicht dem, was wir von einem Gott erwarten. Er widersetzt sich dem menschlichen Plan, die Dinge der Welt rational kalkulierbar und beherrschbar zu machen. So ist er beispielsweise der einzige Gott, vor dem sich nicht nur erwartbar seine Gegner, sondern selbst seine Anhänger in acht nehmen müssen, denn in dem ihm folgenden Rausch tun wir Dinge, die wir später bereuen; er verteilt den Wahnsinn sozusagen gleichmäßig an alle, die mit ihm in Berührung treten. Vielleicht ist er gerade deswegen ein noch heute recht bekannter Gott geblieben, und dies möglicherweise auch dadurch, daß manche seiner Eigenschaften bei der christlichen Umdeutung in die Gestalt des Teufels eingegangen sind.

Ihm hier in vollem Umfang gerecht zu werden, ist nicht möglich. Er ist zu komplex und wird an zu vielen Stellen in der Antike erwähnt. Besonders hervorheben möchte ich das letzte Drama des Euripides, „Die Bakchen", das noch heute beunruhigt (indem eine Mutter ihren eigenen Sohn im Rausch zerreißt) und zum gängigen Theaterprogramm gehört. Um eine Auswahl aus dem reichhaltigen Mythos zu treffen, habe ich mich für das Thema Dionysos und Ariadne entschieden, weil es besondere Spuren bei Friedrich Nietzsche und in der Oper „Ariadne auf Naxos" von Richard Strauss hinterlassen hat; auch gibt es Gelegenheit, auf die Rolle von Frauen, insbesondere gegenüber Göttern, zu reflektieren und zu schauen, ob dieser Gott des Rausches, der obendrein androgyne Züge zeigt (er negiert oft Abgrenzungen), auch in dieser Hinsicht eine Besonderheit darstellt. Der Aspekt von Rausch und Drogen wäre sicherlich ebenso interessant – und sogar aktueller –, aber von der Materialfülle her überwältigend.

Ariadne war die Tochter des Königs Minos von Kreta und dem Athener Theseus bei dessen Auseinandersetzung mit dem Minotauros im Labyrinth von Knossos durch ihren berühmten Faden eine entscheidende Hilfe. Aus Liebe zu Theseus war sie anschließend bereit, ihm nach Athen zu folgen. Dort ist sie freilich nie angekommen. Die Umstände werden sehr verschieden geschildert, und darum soll es hier gehen.

Daß – im Rahmen des Mythos – die Ariadne den Theseus geliebt hat, davon kann man ausgehen; deshalb hat sie ihm gegen die Interessen ihres Vaters aus dem Labyrinth geholfen. Ob umgekehrt Theseus sie geliebt oder nur benutzt hat, an diesem Punkt beginnt die Überlieferung zu differieren. Jedenfalls hat er sie zu Schiff mitgenommen, als er Knossos verließ – nach einer Überlieferung (Apollonios von Rhodos: Das Argonautenepos III Verse 997–1004) sogar mit Zustimmung des Minos, nachdem dessen Zorn verraucht war. Hyginus in seinen „Fabulae" (43) beschreibt die Sache so, daß Theseus sie auf Naxos zurückgelassen habe, weil er es – aus nicht erläutertem Grund – für eine Schande hielt, sie in seine Heimat zu bringen. Laut Diodorus Siculus (IV 61, 4–6) hat Theseus die Ariadne sogar entführt und gegen seinen Willen auf Naxos dem überlegenen Dionysos überlassen müssen. Pausanias in seiner „Beschreibung Griechenlands" nennt zwei unterschiedliche Versionen, entsprechend den Darstellungen auf Kunstwerken, die er beschreibt: Theseus habe die auf der Insel schlafende Ariadne verlassen (I 20, 2), oder sie sei ihm von Dionysos weggenommen worden (X 29, 2). Bei Apollodor in der „Bibliotheké" (Epitome I 9) ist es wiederum Dionysos, der sie entführt, weil er sich in sie verliebt hat. Ganz eindeutig zuungunsten des Theseus urteilen Catull (Gedicht 64, 52–237) und Ovid (gleich dreimal: Heroides 10; Liebeskunst/Ars amatoria I 525–564; Metamorphosen VIII 169–182), indem sie der Ariadne viele beredte und verzweifelte Worte der enttäuschten Liebe zu dem treulosen Theseus in den Mund legen. So schildert es schließlich auch Nonnos in einer langen Passage seiner „Dionysiaka" (XLVII 265–471).

Gleich mehrere Versionen referiert Plutarch (Theseus 20): Ariadne habe sich, von Theseus verlassen, aufgehängt (ganz ohne Dionysos); anderen zufolge sei sie nach Theseus' wegen Liebe zu einer anderen Frau begangenem Verrat von Schiffsleuten nach Naxos gebracht worden, wo sie Onaros, einen Priester des Dionysos, geheiratet habe; Theseus sei, so eine weitere Version, mitsamt Ariadne durch einen Sturm nach Zypern verschlagen worden, habe die seekranke Ariadne dort niedergelegt und sich zum Schiff zurückbegeben, um es vor dem Sturm zu sichern, woraufhin dieses vom Sturm weggetrieben worden sei. Die Bewohner der Insel hätten sich rührend um Ariadne gekümmert, ihr sogar zum Trost falsche Briefe des Theseus gegeben, jedoch sei sie bei der Geburt eines Kindes gestorben. Der schließlich zurückgekehrte Theseus sei untröstlich gewesen und habe Ariadne zu Ehren eine Kultstätte errichtet. Die tollste Version berichtet Plutarch – er führt sie auf Quellen aus Naxos zurück – zum Schluß seines Berichtes:

„es habe zwei Minos und zwei Ariadnen gegeben, von denen die eine sich auf Naxos mit Dionysos vermählt und Staphylos geboren habe, während die jüngere, von Theseus entführt und verlassen, nach Naxos gekommen sei und mit ihr ihre Amme namens Korkyne, deren Grab gezeigt werde; auch Ariadne sei dort gestorben und genieße Totenehren, aber in anderer Form als die ältere Ariadne. Denn das Fest für diese feiere man mit fröhlichen Spielen, die Opfer für die jüngere Ariadne aber würden unter Trauern und Klagen dargebracht."

Auch bei Plutarch spielt Dionysos also keine Rolle und wird nur in einer Version durch seinen Priester vertreten.

Daß Theseus unterschiedlich gut wegkommt, mag mit der Einstellung des jeweiligen Autors zu Athen und Theseus als seinem Nationalheros zu tun haben; so deutet es auch Plutarch an.

Auffallend ist, daß in zwei Versionen (Ovid in den „Heroides" sowie Catull) Dionysos überhaupt nicht vorkommt, bei Apollonios nur andeutungsweise: „Jene [sc. die Ariadne] liebten selbst die Unsterblichen, und als Zeichen dafür dreht sich die ganze Nacht mitten am Himmel ihr sternenfunkelnder Kranz, den man den Kranz der Ariadne nennt, zusammen mit den anderen Sternbildern." Dies spielt darauf an, daß die Götter – meist wird Dionysos ausdrücklich genannt – der Ariadne ein Sternbild weihten: den Kranz der Ariadne oder die Nördliche Krone (Corona Borealis); Ovid in der „Ars amatoria" und den „Metamorphosen" berichtet von diesem Geschenk des Dionysos, der ihren Hochzeitskranz in den Himmel geworfen habe. Ob dieser Mythos eine Rolle gespielt hat bei der Namenswahl für die europäische Trägerrakete Ariane (die französische Form von Ariadne), weiß ich nicht.

Gehen wir nun die Rolle des Dionysos systematisch an. Wie gesagt, in einigen Varianten der Geschichte kommt er gar nicht vor, doch diese sind in der Minderheit. Die ältesten Erwähnungen, die wir kennen, finden sich bei Homer (Odyssee XI 321–325) und Hesiod (Theogonie Verse 947–949). Bei Hesiod steht:

> Dionysos im Goldhaar machte die blonde Ariadne,
> Die Tochter des Minos, zur prangenden Gemahlin.
> Und sie machte für ihn des Kronos Sohn
> Frei von Tod und frei von Alter.

Das ist – auch wenn die näheren Umstände, insbesondere die Rivalität zu Theseus, nicht erwähnt werden – eine bemerkenswerte Version: Dionysos heiratet die Ariadne regelrecht, und sie sorgt im Gegenzug dafür, daß er, der Halbgott (Sohn von Zeus und der Menschenfrau Semele), zu einem vollgültigen, unsterblichen Gott wird. Eine engere Bindung kann ein Gott zu seiner menschlichen Geliebten nicht eingehen, und ein Parallelfall in der griechischen Mythologie, nämlich für eine Ehe zwischen Gott und Mensch, ist mir nicht bekannt; sonst handelt es sich dabei stets um vorübergehende Liebesbeziehungen. Hyginus (a. a. O.) bestätigt, wenn auch nur in einem einzigen Satz, daß Dionysos alias Liber die Ariadne liebte und von der Insel zur Heirat fortbrachte (inde sibi in coniugium abduxit); und auch wenn bei ihm – anders als bei Hesiod – von Ariadnes Willen nicht die Rede ist, so dürfen wir, anders als bei einer Vergewaltigung, bei einer Heirat doch ihre Zustimmung vermuten, zumal ihr Vater als Eheanbahner in diesem Falle ja ausscheidet.

Nicht weniger seltsam ist die Passage bei Homer, in der Odysseus seine Erlebnisse und Begegnungen in der Unterwelt berichtet:

> Phaidra sah ich und Prokris, auch Ariadne, die schöne
> Tochter des unheilsinnenden Minos. Es brachte sie einstmals
> Theseus aus Kreta zum heiligen Hügel Athens; aber Freude
> Hat er an ihr nicht erlebt; Dionysos verriet ihm als Zeuge
> (Διονύσου μαρτυρίῃσι),
> Artemis habe sie schon auf dem Eiland Dia getötet.

Dia ist ein anderer, älterer Name für Naxos. Doch das ist an dieser Stelle das kleinste Problem für ein Verständnis. Hier klingt es so, als habe Theseus die Ariadne tatsächlich nach Athen gebracht. Dann muß aber etwas entsetzlich schiefgelaufen sein. Dionysos kommt plötzlich ins Spiel: als Zeuge, und er bezeugt, daß Artemis – was macht denn die hier? – sie auf Naxos getötet habe. Warum in aller Welt, und wen hat Theseus nach Athen gebracht? Statt uns Aufklärung zu geben, wendet Odysseus sich schon der nächsten Szene zu. Die Möglichkeit, daß diese Stelle nachträglich zur Entlastung des Theseus – er verhält sich hier ja völlig korrekt – in den Homer-Text eingefügt worden ist, macht sie nicht durchsichtig. Artemis als Naturgöttin steht dem Dionysos nicht ausgesprochen fern (wie Apollon, der oft als sein Gegenteil gedeutet wird), es gab wohl auch in ihrem Kult manchmal orgiastische Elemente, aber man sieht doch nicht, in welcher Weise sie hier in die Dreiecksbeziehung Theseus-Ariadne-Dionysos involviert wäre. Sie wird auch sonst, abgesehen von dieser Homer-Stelle, nirgends damit in Verbindung gebracht.

Diodorus Siculus betont (a. a. O.) ebenfalls die Liebe des Dionysos, die auch bei ihm zu einer Hochzeit führt und sogar über ihren Tod hinaus währt, insofern er sie selbst, nicht nur ihre Krone, als Stern an den Himmel versetzt. Apollodor erwähnt sogar (a. a. O.), vier Kinder seien aus dieser Beziehung hervorgegangen.

Catull sowie Ovid in seinen „Heroides" erwähnen, wie gesagt, Dionysos überhaupt nicht, was damit zusammenhängen mag, daß es ihnen vor allem auf die Enttäuschung durch Theseus ankam, also die unglückliche Liebe, und sie deshalb die Geschichte nicht weitererzählen. An den beiden anderen Stellen (Ars amatoria, Metamorphosen) tut Ovid dies dann aber doch. In den „Metamorphosen" (a. a. O.) betont er, daß Dionysos der schmählich verlassenen Ariadne aus Liebe Kraft (ops) gab und ihre Krone an den Himmel versetzte – ein schönes Hochzeitsgeschenk. In der „Ars amatoria" gestaltet Ovid das Erscheinen des Dionysos auf der Insel als ein wahrhaftiges Spektakel, denn er tritt auf mit seinem kompletten Gefolge von Bakchen und Satyrn, Komik eingeschlossen, indem der betrunkene, tollpatschige Silen vom Esel geworfen wird und sich übel den Kopf bei der Begegnung mit dem Boden stößt. Dionysos selbst erscheint standesgemäß mit einem von Tigern gezogenen Wagen – schlichtweg überwältigend. Unter diesen Umständen ist Ariadnes Reaktion verständlich: Zwar ist Theseus sogleich vergessen, aber sie ist tief erschrocken und dermaßen gelähmt, daß sie ihrem Fluchtimpuls nicht folgen kann. Der Gott beruhigt sie und versichert ihr, er sei eine treuerer Schützer („en, adsum tibi cura fidelior") als der treulose Theseus. Er kündigt ihr an, ihr Gemahl werden zu wollen und als Hochzeitsgeschenk ihren Kranz in ein Sternbild zu verwandeln, künftigen Schiffern zur Orientierung. Er drückt sie an sich – „Sträuben zwecklos", fügt Ovid hinzu. Dies bezieht er jedoch nicht auf Gewaltanwendung, sondern auf das schlichtweg Überwältigende eines Gottes: „es vermag alles ein Gott, was er will (in facili est omnia posse deo)". Denn auch wenn es ungewöhnlicherweise um eine Ehe geht, es ist keine Ehe unter Gleichgestellten, sondern die zwischen einer menschlichen Frau und einem Gott. Eine Ebene darunter könnte man es eine Ehe zwischen einem vornehmen Mann und einer ‚einfachen' Frau nennen. Aber eine Liebesehe, kein Konkubinat, nicht bloßer Sex. Es hat den Anschein, daß Ariadne durch ihre Hilfsbedürftigkeit und Schönheit diesen wüsten, irrationalen und aller Regel sich widersetzenden Gott berührt und gezähmt hat. „Doch nur noch herrlicher machte der Schmerz das Mädchen, ihr Leiden/Schuf sie in ihrem Kummer nur schöner", heißt es bei Nonnos (a. a. O.). Hingebungsvolle, dauerhafte Liebe, Ehe gar, werden ansonsten von ihm in keinem Mythos überliefert.

Der spätantike Nonnos hat in seiner „Dionysiaka" eine überaus umfangreiche, geradezu exzessive Beschreibung der Ereignisse verfaßt. Dionysos, von Eros und Kypris (Aphrodite) nebst seinem üblichen Gefolge begleitet, begibt sich nach Naxos, wo er die schlafende Ariadne vorfindet, sie zunächst für Pallas Athene hält und seine Anhänger „behutsam" auffordert, mit dem Lärmen aufzuhören, um ihren Schlaf nicht zu stören. Erwachend, ruft Ariadne nach ihrem geliebten Theseus, von dem und ihrer Hochzeit mit ihm sie geträumt hatte. Sie schwankt, ob ein Seemann sie ohne dessen Wissen ausgesetzt oder ob er sie tatsächlich verlassen und sich einem anderen Mädchen zugewendet hat. Sie klagt um ihrer verlorene Heimat und wünscht sich, trotz allem in Griechenland bei Theseus zu sein und ihn noch einmal umarmen zu können. Es ist geradezu melodramatisch. Sie mutmaßt sogar, daß ihr Schicksal auf einen falschen Liebesschwur zurückzuführen sei, nämlich nicht bei der Ehegöttin Hera, sondern bei der jungfräulichen Athene, die zwar Athens und damit des Theseus Schutzgöttin ist, jedoch mit der Ehe nichts zu tun hat.

Dionysos hört sich diese Klage mit Freude an, findet Gefallen an dem Mädchen und bläht sich zu seiner vollen Göttergestalt auf; Eros tut alles in seiner Macht Stehende, um die Lust in der Verlassenen zu wecken.

> Und um die klagende Jungfrau im Leid der Liebe zu trösten,
> Sagte Bakchos zu ihr mit sinnbezaubernder Stimme:
> „Jungfrau, was jammerst du so um den falschen Landsmann der
>   Pallas?
> Laß die Gedanken an Theseus, nun hast du den Bakchos zum
>   Buhlen,
> Statt des sterblichen einen unsterblichen Gatten, und wenn
>   dich
> Freut der irdische Leib des Altersgenossen, so kann doch
> Niemals Theseus an Wert und Schönheit mit Bakchos sich
>   messen."

Das sind seine etwas angeberischen, plump werbenden Worte, und er fährt fort:

> „Selige, weil du verlassen des Theseus geringeres Lager
> Und nun schauen wirst das Bett des herrlichen Bakchos.
> Welchen höheren Ruhm kannst du begehren? denn beides
> Wird dir: der Himmel als Haus (οὐρανὸν οἶκον ἔχεις), als
> Schwiegervater Kronion.
> Nicht kann Kassiopeia sich dir vergleichen trotz ihrer
> Tochter sternigem Schmuck am Himmel; ätherische Fesseln
> Läßt der Andromeda auch noch unter Gestirnen ihr Perseus.
> Dir aber sei ein Kranz von Sternen bereitet, damit du
> Heißest die Glanzgemahlin des sternbekränzten Lyaios."

Lyaios ist ein Beiname des Dionysos, denn selbstverständlich spricht er von sich. Wir lesen hier wiederum das Eheversprechen und das Sternbild als Geschenk. Der Erfolg bei Ariadne bleibt nicht aus:

> Also sprach er tröstend, da bebte vor Freude das Mädchen;
> All die Erinnerung an den Athener warf sie ins Salzmeer,
> Als sie das Heiratsversprechen des himmlischen Freiers vernommen.

Eros schmückt das Brautbett, Mädchen schmücken die Szenerie mit Blumen, und das etwas weniger idyllische Gefolge des Dionysos (die Satyrn und der Silen) bleiben außen vor. Literarisch ist das nicht aus der Kategorie 1a, und wir können nur staunen, daß der Verfasser der Überlieferung zufolge Christ geworden sein und eine metrische Paraphrase Johannes-Evangeliums verfaßt haben soll.

Die bemerkenswerte Seite des Mythos, daß Dionysos sich nicht mit einer Verführung begnügt, sondern auf einen Ehebund festgelegt hat, finden wir jedenfalls bestätigt. Während Hesiods Begriff ἄκοιτις noch sowohl die Bett- als auch die Ehegenossin meinen kann, sind Diodors γαμετή, Nonnos' γαμοστόλος und Hygins coniugium ganz eindeutig auf eine Ehe bezogen, ebenso der Jubelruf „Hymenäus" bei Ovid. Das zeigt diesen Gott von einer ungewöhnlichen Seite.

Eine Passage in Xenophons „Symposion" (9) belegt, daß man damals die Begegnung von Dionysos und Ariadne auch bei einem Gastmahl aufführen konnte. Das hat komische Elemente: So wird Dionysos, dargestellt von einem Knaben, als leicht betrunken angekündigt, Ariadne ist

Dionysos und Ariadne   263

gleich als Braut ausstaffiert, Liebesschwüre werden ausgetauscht, und nach ihrer erotischen Begegnung ruft das begeisterte Publikum: „Noch einmal (Αὖθις)!" Das Ernste auch von der komischen Seite sehen zu können, gehörte zur griechischen Kultur: Auf die Dramen folgte das Satyrspiel.

Der antichristliche Philosoph Friedrich Nietzsche (1844–1900), der dem Gekreuzigten als einem lebensverneinenden, moralisierenden den Dionysos als einen lebensverherrlichenden Gott entgegenstellen wollte, hat in seinen „Dionysos-Dithyramben" eine „Klage der Ariadne" geschrieben, die an das Gegenstück bei Ovid erinnert, hier aber dazu dient, die Herrlichkeit dieses Gottes der zweifelnden Frau und uns vor Augen zu führen. Und während bei Ovid in den „Heroides" von Dionysos nicht die Rede ist, kommt bei Nietzsche Theseus nicht vor, denn Ariadne ist zwar verlassen und einsam, ahnt aber bangend und schwankend … das Nahen eines Gottes, der – als Freund oder Feind – ihre Einsamkeit lindern kann. Dionysos hält sich nicht mit glorreichen Versprechungen auf, sondern spricht, als er dann „in smaragdener Schönheit" erscheint, eher geheimnisvoll wie das Orakel von Delphi:

Sei klug, Ariadne! …
Du hast kleine Ohren, du hast meine Ohren:
steck ein kluges Wort hinein! –
Muß man sich nicht erst hassen, wenn man sich lieben soll?
…
Ich bin dein Labyrinth. …

Das hätte ein antiker Mensch wohl nicht gesagt. Aber selbst ein Labyrinth zu sein, und zwar ein Labyrinth der Psyche im Gegensatz zu dem physischen auf Knossos, das trifft den Charakter dieses Gottes nicht schlecht. Er ist unberechenbar, undurchsichtig und – wie man an seiner Begegnung mit Ariadne sieht – zu überraschendem Verhalten fähig.

Sokrates und Xanthippe

Xanthippe, die Ehefrau des Sokrates, gilt als der Prototyp (die Eponomasie) der zänkischen, streitsüchtigen Frau, die an ihrem Mann ständig etwas auszusetzen hat. Ihre eigene Stimme und Ansicht kennen wir nicht, und wir ahnen, daß sie von männlichen Autoren als solche konstruiert worden ist. Aber läßt die Überlieferung dabei irgendwelche Differenzierungen, vielleicht Humor oder tiefere Einsichten erkennen, oder ist sie die bloße Karikatur einer Ehefrau im Kontrast zu ihrem Mann, der als „der Weiseste der Sterblichen" und zugleich als der Mensch galt, der von sich selbst behauptete, nur eines zu wissen, nämlich daß er nichts wisse?

Um gleich mit einer verwirrenden Angabe zu beginnen: Wieviele Frauen hatte Sokrates? Diogenes Laërtios, der große Sammler von Anekdoten um griechische Philosophen, teilt uns eine Information mit (II 26), bei er sich auf verschiedene, uns nicht weiter bekannte Texte beruft:

„Aristoteles berichtet, er (Sokrates) habe zwei Frauen gehabt, als erste Xanthippe, von der der Sohn Lamprokles geboren sei, als zweite Myrto, die Tochter Aristeides' des Gerechten, die er ohne Mitgift geheiratet habe. Von ihr seien die Söhne Sophroniskos und Menexenos geboren. Andere wieder behaupten, Myrto sei seine erste Frau gewesen. Einige lassen ihn auch beide Frauen zugleich haben; zu ihnen gehören Satyros und der Rhodier Hieronymos. Sie behaupten nämlich, die Athener hätten, um die starken Lücken in der männlichen Bevölkerung auszufüllen, durch Volksbeschluß festgesetzt, man dürfe sich zwar nur mit einer Bürgerin verehelichen, aber Kinder auch mit einer andern zeugen. Danach habe Sokrates sich gerichtet."

Zwei Frauen, möglicherweise sogar gleichzeitig? Falls das zutreffen sollte – es handelt sich um eine Information, die wir kaum überprüfen können –, dann liegt es nahe, daß es da eheliche Konflikte gegeben hat: entweder in Form einer Trennung oder als Rivalität zwischen zwei Ehefrauen. Immerhin erwähnt auch Platon (Phaidon 116b), vor der Hinrichtung seien „die ihm angehörigen Frauen (αἱ οἰκεῖαι γυναῖκες)" anwesend gewesen. Daß man dem Sokrates eine Liebesbeziehung zu dem jungen Alkibiades nachsagte (z. B. Platon, Alkibiades I, 103a–104c[1]), mag dann noch dazukommen. Aber das ist lediglich ein möglicher Hintergrund für andere Berichte über eine feindselige Haltung der Xanthippe, die dann zu ihrem schlechten Ruf geführt haben.

Manche dieser Berichte sind eingebettet in die Diskussion philosophischer Fragen, während andere bloß witzig gemeinte Anekdoten darstellen. Zur ersten Gruppe gehört eine Passage aus dem „Symposion" des Xenophon (II 10). Dort vertritt Sokrates (es mag historisch sein oder fiktiv) den Standpunkt, daß auch Frauen gute Anlagen hätten, obwohl es ihnen eine wenig fehle an den Fähigkeiten, sie tatsächlich auszubilden; deshalb sei es die Aufgabe der Männer, ihre Frau anzuleiten und „ruhig in dem [zu] unterrichten, was sie nach seinem Wunsch und Willen wissen sollte". Eine wohlbekannte, paternalistische Einstellung, welche Frauen auf dem Niveau von – immerhin begabten – Kindern sieht. An dieser Stelle des Gespräches wird ein Gesprächspartner namens Antisthenes persönlich: „Mein guter Sokrates, wenn du das so genau erkennst, warum erziehst du dir dann nicht deine Xanthippe? Du hast das schlimmste Weib von allen, die es nicht nur gibt, sondern auch gab und geben wird." Da ist es, das klassische Bild der Xanthippe, auch wenn uns nicht mitgeteilt wird, worauf es beruht. Aber es gibt Sokrates Gelegenheit

---

[1] Die Echtheit dieses Dialoges ist umstritten.

Sokrates und Xanthippe 267

zu einer Antwort, die seine Idee bekräftigt und gleichzeitig seine Schlagfertigkeit herausstellt:

„"Weil ich weiß", antwortete er, „daß auch die künftigen tüchtigen Reiter nicht die gehorsamsten, sondern die mutigsten Pferde nehmen. Sie glauben nämlich, wenn sie diese bändigen können, werden sie auch mit den anderen Pferden leicht fertig. Ja, und ich will doch mit Menschen umgehen und verkehren. So habe ich mir diese zugelegt, weil ich weiß, daß ich leicht mit allen anderen Menschen auskomme, wenn ich sie ertrage.""

Eine Frau mit einem Pferd zu vergleichen, klingt nicht charmant, wird aber in diesem Falle durch die Bedeutung von Xanthippes Namen nahegelegt: fahles, gelbbraunes Pferd. (Griechen liebten Namen mit Pferden, wofür Philippos, der Pferdefreund, das bekannteste Beispiel ist.) Sokrates gibt also seiner Ehe mit einer schwierigen Ehefrau den Sinn einer Selbstschulung. Wenn er lernt, selbst mit ihr auszukommen, kommt er leichter mit anderen Menschen aus, indem er gelernt hat, ihre Fehler zu ertragen.

Von ähnlicher Art, nämlich daß ein Gesprächspartner den Sokrates auf seine Frau anspricht, ist eine zweite Stelle, diesmal wieder von Diogenes Laërtios überliefert (II 36 f.):

„Und als Alkibiades äußerte: „Unausstehlich ist doch die keifende Xanthippe", da entspann sich folgendes kleine Wortgefecht: „Aber ich bin doch längst daran gewöhnt, geradeso wie man sich an das unaufhörliche Geräusch einer Rolle gewöhnt; und auch du läßt dir doch das Geschrei der Gänse gefallen." – „Dafür bringt sie mir auch Eier und Junge." – „Auch ich habe von Xanthippe Kinder bekommen.""

Es handelt sich um den Alkibiades, von dem schon die Rede war, aber abgesehen von dem Aspekt, daß es hier möglicherweise einen erotischen Hintergrund für des Alkibiades Interesse am Privatleben des Sokrates gab, ist in erster Linie dessen Reaktion bemerkenswert. Sie spricht nicht mehr von einer Aufgabe, sondern nurmehr von Ertragen und Gewöhnung. Dies mit dem Geschrei von Gänsen in Verbindung zu bringen, ist noch unhöflicher als das Pferd und auch nicht mehr durch die Namensbedeutung zu erklären. Eine Frau ist wie eine Gans. Und ihre Eier, d. h.

ihre Leistung, um derentwillen man sie in Kauf nimmt, das sind die Kinder. Ob es nun eines war oder mehrere (da widersprechen sich die Angaben, s.o.), das kann man auf sich beruhen lassen.

Aulus Gellius (Attische Nächte I 17, 1–3) bringt diese beiden Anekdoten, die des Xenophon und die des Diogenes, in einer zusammen, wobei die Aussage derjenigen der Xenophon-Stelle entspricht, als Gesprächspartner jedoch nicht Antisthenes, sondern Alkibiades abgegeben wird. Anscheinend hatten diese Geschichten um Sokrates ein Eigenleben gewonnen und wurden aus ihren Elementen frei kombiniert.

Das Weitere sind dann kurze Szenen von Auseinandersetzungen und Sticheleien zwischen den Ehepartnern. Etwa die von Aelian (ca. 170–ca. 235 u.Z.) in seinen „Geschichten" (Varia Historia) überlieferte (VII 10), wo Sokrates der Xanthippe, die einer Prozession zuschauen möchte, vorschlägt, dabei seinen Mantel zu tragen – unklar, ob es der Tarnung dienen sollte (Frau in der Öffentlichkeit!) oder es eine Klage der Frau gegeben hatte, nichts Rechtes zum Anziehen zu haben. Als Xanthippe das ablehnte, erwidert Sokrates: „Du gehst nicht dahin um zu sehen, sondern um gesehen zu werden!" Wie man sich so den Ehealltag vorstellt. Diese Anekdote erzählt auch der Kaiser Marc Aurel in seinen „Selbstbetrachtungen" (XI 28). Als ein weiteres Beispiel dieses Kalibers kann man dieses ansehen (Diogenes Laërtios II 36): „Zur Xanthippe sagte er, als sie erst sich in Schmähungen gegen ihn erging und ihn dann sogar mit schmutzigem Wasser übergoß: ‚Sagte ich nicht, daß Xanthippe, wenn sie donnert, dann auch Regen bringt?'" Immer erscheinen Xanthippe als die Nörglerin und Sokrates als der mit der schlagfertigen, souveränen Antwort (Abb. 1).

Von anderer Art sind die überlieferten Aussagen des Sokrates einerseits zur Ehe allgemein und andererseits zu seinem eigenen Sexualleben; beides erhellt die Umstände, unter denen Xanthippe zu leben und ihren Ehemann zu ertragen hatte. Da ist zunächst die berühmte, als Aphorismus geeignete Feststellung des Sokrates (Diogenes II 33): „Auf die Frage, ob man heiraten solle oder nicht, gab er die Antwort: ‚Was du auch tust, du wirst es bereuen (ὅ ἄν αὐτῶν ποιήσῃς, μεταγνώσῃ).'" Gerne verheiratet war Sokrates demnach nicht, sah die Lage jedoch als alternativlos.

An einer Stelle freilich, bei Xenophon (Erinnerungen an Sokrates II 2, 1), verwickelt Sokrates seinen Sohn Lamprokles, der sich ungehörig

Abb. 1 Reyer van Blommendael: Sokrates mit seinen zwei Frauen und Alkibiades

gegenüber seiner Mutter Xanthippe betragen hatte, in einen regelrechten sokratischen Dialog über Undankbarkeit, nimmt also seine Frau in Schutz. Außerdem schreibt Platon (Phaidon 60a), Xanthippe habe Sokrates im Gefängnis besucht und dermaßen über sein (nicht ihr!) Schicksal geklagt, daß Sokrates genervt sagte: „O Kriton, laß doch jemand diese nach Hause führen."

Und dann gibt es zum Thema noch drei Anekdoten, die M. Cicero überliefert hat und Sokrates' Einstellung zu sich selbst und seiner Triebhaftigkeit beleuchten. In Ciceros Schrift „Über das Alter", die er dem älteren Cato unterstellt (Cato maior de senectute), heißt es (47):

„Als den schon vom Alter geschwächten Sophokles jemand fragte, ob er noch geschlechtlichen Verkehr mit Frauen habe, gab er treffend zur Antwort: „Gott bewahre! Mit Freuden bin ich aus der Sklaverei dieses so wilden und wütenden Gebieters entflohen (di meliora! libenter vero istinc sicut a domino agresti ac furioso profugi).""

Das ist nun von Sophokles gesagt, einem Zeitgenossen und Bekannten des Sokrates. Dort, wo Cicero diese Geschichte gefunden hat, nämlich bei Platon in „Der Staat" (329c), wird sie von Sokrates erzählt und von diesem kommentiert:

„Die Rede gefiel mir schon damals sehr und auch jetzt noch nicht minder. Denn auf alle Weise hat man vor dergleichen im Alter große Ruhe und Freiheit. Und wenn die Begierden aufgehört haben zu treiben und nun nachlassen, so ist das auf alle Weise, wie Sophokles es ausdrückt: man wird gar vieler und toller Gebieter entledigt."

Originell übrigens: Sokrates zitiert (angeblich) Sophokles, Platon zitiert (angeblich) Sokrates, und Cicero zitiert (eindeutig) Platon. Wenn wir dem folgen, dann hat Sokrates sich als einen Menschen empfunden, der unter dem Drängen seiner erotischen Triebe litt. Gut möglich, daß Xanthippe mitgelitten hat.

Gleich in zwei Versionen finden wir bei Cicero eine Begegnung des Sokrates mit einem seinerzeit bekannten Physiognomen geschildert, Zopyros mit Namen (Gespräche in Tusculum IV 80 und Über das Schicksal/ De fato V 10). Demnach verstand sich Zopyros auf die Fähigkeit, aus dem Aussehen eines Menschen auf dessen Charakter zu schließen. Sein Eindruck im Falle des Sokrates fiel sehr ungünstig aus, auch wenn seine Kriterien wie „keine Einbuchtung zwischen den Schlüsselbeinen" merkwürdig anmuten. Interessant für uns ist eine Charakterisierung: „Und er fügte noch hinzu, er sei hinter den Weibern her (mulierosus)." An dieser Stelle soll, so berichtet Cicero, der anwesende Alkibiades – er wußte es vielleicht besser – gelacht haben. Sokrates jedenfalls, und das ist auffallend, stimmte dem Befund zu: „er habe ihre Zeichen, aber sie seien durch die Vernunft von ihm unterdrückt worden (cum illa sibi signa, sed ratione a se deiecta diceret)." Soll heißen: Ja, ich besitze alle diese Schwächen, aber ich habe gelernt, sie zu beherrschen. Das Alter wird ihm dabei geholfen haben. Xanthippe hätte eine leichtere Aufgabe haben können als diesen Ehemann.

Sokrates und Xanthippe 271

Bert Brecht zeigte, als er das „Alfabet" in Verse faßte, zum einen Dankbarkeit, daß sie ihm einen Einfall für den Buchstaben X anbot, zum anderen ein Verständnis für ihre Lage:

> Xanthippe sprach zu Sokrates:
> „Du bist schon wieder blau?"
> Er sprach: „Bist du auch sicher des?"
> Er gilt noch heut als Philosoph
> Und sie als böse Frau.

Ebenfalls und sogar ohne Spott ist Friedrich Dürrenmatt bemüht, ein anderes, wenngleich auf einer Fiktion beruhendes Bild von Xanthippe zu zeichnen, und zwar in „Der Tod des Sokrates". Bei ihm ist Sokrates in Syrakus, also auf Sizilien, zum Tode verurteilt worden, weil er den dortigen Tyrannen Dionysios I. in einem Trinkwettstreit besiegt hat. Xanthippe ist von Beruf Bibliothekarin (diesen Beruf gab es in der Antike) und hält nach dem Tod des Sokrates den Syrakusern eine Verteidigungsrede zugunsten ihres Mannes. So wird also der „Apologie" (Verteidigungsrede) des Sokrates (durch Platon) eine Apologie der Xanthippe (durch Dürrenmatt) gegenübergestellt.

„Sokrates blieb Sokrates, eine Fähigkeit, welche die wenigsten Männer besitzen, zuerst sind sie Kinder, dann werden sie Männer, und wenn sie Männer geworden sind, werden sie Politiker, Feldherren, Dichter, Helden oder sonst etwas, nur nicht sie selber. Sie sind keine Männer mehr, sie spielen Männer, während wir Frauen Weiber bleiben, wenn wir Mütter, Hetären oder Huren werden.

Sokrates dagegen spielte nicht Sokrates, er blieb das, was er seit Anbeginn war, Sokrates. Er wußte, daß er nichts wußte, und darum fragte er einen jeden, was er wisse. Er fragte Handwerker, Philosophen, Astronomen, Politiker, er fragte und fragte, bis niemand mehr eine Antwort wußte, so daß er immer wieder vor dem ungeheuren Meer des Nichtwissens stand, worin alle Fragen münden und wo es unsinnig ist, weiter zu fragen, denn je mehr man zu wissen glaubt, desto unermeßlicher wird dieses Meer."

Gegen Ende sagt sie dann noch: „Ich bin stolz, seine Frau gewesen zu sein."

Immerhin leiht hier ein Mann der Xanthippe seine Stimme. Ihre eigene Stimme kennen wir nicht. Sie wird gewiß etwas über ihren Mann zu sagen gewußt haben. Diese stumme Stimme sollten wir nicht vergessen, wenn wir über Xanthippe urteilen.

Atlantis

Der Mythos von der versunkenen Insel Atlantis und ihrer Kultur dürfte zu den noch relativ bekannten Hinterlassenschaften der Antike gehören, eingeschlossen die Frage, ob er irgendeinen historischen Hintergrund hat. Nun sind – etwa nach Vulkanausbrüchen – versunkene Inseln keine Seltenheit. Im Mittelmeerraum ist da häufiger von der nördlich Kretas gelegenen Insel Santorin oder Thera die Rede, auf der bis zu einem Vulkanausbruch um 1600 oder 1500 v.u.Z. die minoische Kultur blühte. Um sich mit der Frage zu befassen, ob die Atlantis-Sage darauf zurückgehen könnte, muß man sich anschauen, was damals über dieses Atlantis erzählt wurde.

Die erste Erwähnung finden wir bei Herodot (I 202), und zwar in einem ganz unspektakulären Satz, der jedoch die Namensherkunft und damit die Lokalisierung deutlich macht:

„Denn das ganze Meer, das die Griechen befahren, und das, welches außerhalb der Säulen des Herakles beginnt und das Atlantische Meer heißt (θάλασσα ἡ Ἀτλαντὶς καλεομένη), und ferner das Rote Meer sind alle nur ein einziges."

Demnach heißt das jenseits der Säulen des Herakles (der Straße von Gibraltar) liegende Meer Atlantis, was bei uns zu der Bezeichnung Atlantik geführt hat. Dieser Name leitet sich ab von dem mythischen Riesen Atlas, dem Bruder des Prometheus; dieser soll den Himmel auf seinen Schultern tragen und versucht haben, seine Last an Herakles abzutreten – daher die „Säulen des Herakles". Im Atlas-Gebirge und sogar in unserem Kartenwerk Atlas ist er noch präsent. Atlantis liegt mithin im Atlantik, und es müßte schon viel mythische Phantasie im Spiel gewesen sein, wenn man Ereignisse in der Ägäis (Santorin) dorthin verlegt hätte.

Dabei handelt es sich aber lediglich um eine erste Zuordnung, denn von einer versunkenen, gar kulturell hochstehenden Insel erwähnt Herodot ja nichts. Die beiden klassischen Stellen zum eigentlichen Atlantis-Mythos finden wir bei Platon, und zwar zunächst in seinem „Timaios" (24d–25d), wo eine gewisser Kritias berichtet, was er von dem Weisen Solon erfahren hat, der sich auf Aufzeichnungen in ägyptischen Tempeln beruft. Dort ist von der Gründung der Stadt Athen durch ihre Namenspatronin Athene die Rede, deren Bewohner, sozusagen die Ur-Athener, in höchsten Tönen gelobt werden. Deren größte Heldentat, so Platon, bestand in einer Abwehrleistung,

> „denn die Aufzeichnungen berichten, welch großer Heeresmacht dereinst euer Staat [sc. Athen] Einhalt gebot auf ihrem frevelhaften Vormarsch gegen ganz Europa und Asien zugleich. Sie war aus der Fremde vom atlantischen Meer her gekommen. Damals war nämlich dieses Meer bereisbar; denn vor dem Eingange, den ihr, wie ihr sagt, die Säulen des Herakles nennt, besaß es eine Insel; die Insel war aber größer als Libyen und Asien zusammengenommen; von ihr stand den damals Reisenden der Zugang zu den übrigen Inseln offen, von den Inseln aber zu dem ganzen gegenüberliegenden Festland, das um jenes wahre Meer gelegen war."

Dies ist die Einführung von Atlantis: jenseits der Säulen des Herakles, im Atlantik, eine Insel größer als Libyen (Afrika) und Asien zusammen, deren Bewohner einst Europa und Asien angriffen, d. h. ins Mittelmeer vordrangen. Es ist also nicht nur die schiere Größe, die Atlantis von Santorin unterscheidet, sondern auch das Erlebnis einer Attacke auf die griechische Kultur, das sich mit diesem Atlantis verbindet. Sieht man davon ab, daß Platon, relativ kurz und ohne uns mit Details zu behelligen, den Sieg der Griechen unter Führung der Athener vermeldet, befaßt sich der Text weit mehr mit der Schilderung der atlantischen Verhältnisse, die also – so dürfen wir schließen – seinen damaligen Lesern nicht präsent waren. Platon erklärt, worum es sich bei Atlantis handelt.

„Auf dieser Insel Atlantis also entstand eine große, wundervolle Macht von Königen, welche die ganze Insel beherrschte sowie viele andere Inseln und Teile des Festlandes, außerdem herrschten sie noch über Gebiete diesseits der Säulen des Herakles, und zwar hier über Libyen bis Ägypten, über Europa aber bis Tyrrhenien."

Es muß sich, dem Mythos zufolge, um ein wahres Großreich gehandelt haben, welches so mächtig war, daß es sich stark genug fühlte, um in den Mittelmeerraum einzudringen – erfolgreich sogar, bis es auf den Widerstand der Athener stieß. Hier kann man zumindest feststellen, daß der Mythos eine Funktion hat: den Ruhm Athens entsprechend dem von ihm besiegten Feind zu vergrößern. So gesehen, kann Atlantis gar nicht groß genug gewesen sein. Schließlich hat Athen nicht nur Griechenland, sondern den gesamten Mittelmeerraum vor der Bedrohung gerettet. Und dann brach über Atlantis eine weitere Katastrophe herein:

„Als aber in späterer Zeit gewaltige Erdbeben und Überschwemmungen eintraten, versank während eines einzigen schrecklichen Tages und einer Nacht eure ganze Heeresmacht mit einem Male unter die Erde, und in gleicher Weise verschwand auch die Insel Atlantis, indem sie in das Meer versank. Dadurch ist auch das dortige Meer unbefahrbar und unerforschbar geworden, weil der in geringerer Tiefe befindliche Schlamm, den die untergehende Insel hervorbrachte, hinderlich ist."

Erdbeben, Überschwemmungen, das klingt nach einem Tsunami, dessen schreckliche Folgen wir uns vorstellen können. Daß aber seitdem der Atlantik des verbliebenen Schlamms wegen unbefahrbar sei, zeigt, daß Platon doch nur sehr ungenaue Vorstellungen von den Bedingungen jenseits der Säulen des Herakles hatte. Sowohl die Phönizier als auch die Karthager unternahmen Entdeckungs- und Handelsfahrten in dieser Gegend. Eigentlich sollte man annehmen, daß Platon das wußte, weshalb sich die Frage stellt, ob er hier überhaupt einen Tatsachenbericht geben wollte oder vielmehr bewußt einen Mythos erfunden hat. Von ihm wußte, wie gesagt, der ältere Herodot noch nichts.

Dieser Gedanke drängt sich noch mehr auf, wenn man den zweiten Bericht Platons liest, nämlich in seinem unvollendeten Dialog „Kritias" (108e; 113b–121c). Dieser greift die Erzähler-Figur aus dem „Timaios" auf, fällt sehr viel umfangreicher aus und schildert vor allem in langen Passagen die Verhältnisse in Atlantis – Verhältnisse, die Platon unmöglich gekannt haben kann (falls es die Insel wirklich einmal gab) und deren Wiedergabe deutliche Züge einer Utopie trägt, wie sie Platon auch andernorts (Der Staat; Die Gesetze) entworfen hat.

Er beginnt auch hier mit dem Kampf gegen die Ur-Athener und gibt als Datum der Ereignisse die Zeit vor 9000 Jahren (vor Platons Gegenwart!) an. Das ist eine lange Zeit selbst für einen Mythos und macht klar, daß Platon sich keineswegs auf schriftliche Aufzeichnungen von damals stützen kann. Er spricht, in heutiger Terminologie gesagt, über die Jungsteinzeit, als es noch gar keine Staaten gab, geschweige denn einen so ausgefeilten, wie er es von Atlantis beschreibt. Ich weiß wohl, in welcher Weise Mythen historische Sachverhalte zugleich bewahren und umformen können – wir haben es am Beispiel der Skythen und Amazonen gesehen –, aber hier sind die Diskrepanzen enorm, und zudem betreffen sie einen geographischen Raum, der Platon schlicht nicht zugänglich war.

In Kurzform wiederholt er zunächst (108e), was wir schon aus dem „Timaios" wissen: daß das Reich der Atlantiden größer als Asien und Libyen war, von Königen beherrscht wurde, Griechenland angegriffen hat, entscheidend durch die Athener besiegt wurde und schließlich auf Grund eines Erdbebens versunken ist. Was dann im Text folgt, ist die erwähnte Schilderung der geographischen, religiösen und politischen Verhältnisse in Atlantis. Es beginnt damit, daß einst die Götter die Erde unter sich aufgeteilt hätten (womit er offenbar etwas anderes meint als die Aufteilung zwischen Zeus – Erde, Poseidon – Meer und Hades – Unterwelt). Zu dem Bereich, der Poseidon zufiel, gehörte die Insel Atlantis, auf der er seine „mit einem sterblichen Weib" gezeugte Nachkommenschaft ansiedelte. Dem Poseidon als ihrem höchsten Gott bleiben die Bewohner laut Platon auch weiterhin besonders verbunden. Wenn er nun in allen

Details die geographischen Bedingungen und die landschaftliche bzw. bauliche Gestaltung durch die Atlantiden darstellt, dann fällt ins Auge, daß hier jemand ein Land und einen Staat gleichsam am Reißbrett entwirft, und zwar in einer für Platon typischen Weise mit einer Vorliebe für Zahlenverhältnisse. Das beginnt schon damit, daß Poseidon fünf männliche Zwillingspaare zeugt (die Mädchen finden keine Erwähnung) und daraus zehn Herrscherfamilien mit feiner Rangabstufung und dem Ältesten als dem Oberherrscher konstruiert. Der Bau von Ringen, Kanälen, Mauern, Rennbahn, Tempeln und Palästen dürfte die technischen Möglichkeiten selbst zur Zeit Platons weit überstiegen haben ... und alles wird immer mit verdächtig präzisen Zahlenangaben versehen. Hier ist Phantasie am Werk, und zwar eine Phantasie à la Platon. Ebenfalls auffallend ist der von ihm geschilderte Umstand, daß das Gemeinwesen prächtig gedieh, solange die Bewohner sich an die von Poseidon fest und vernunftgemäß gefügte Ordnung hielten. Dann spricht der Kulturpessimist:

„Als aber der Anteil des Gottes in ihnen dadurch schwand, daß er viel und häufig mit Sterblichem versetzt wurde, und der menschliche Charakter die Oberhand gewann, da vermochten sie nicht mehr ihre Lebensumstände zu ertragen und benahmen sich schändlich und erschienen dem, der sehen konnte, als häßlich, indem sie das Schönste unter allem Wertvollsten zugrunde richteten; dagegen wurden sie von denen, die nicht imstande waren, ein wahrhaft zur Glückseligkeit führendes Leben zu sehen, damals erst recht für vollkommen schön und für glückselig gehalten, wo sie erfüllt waren von ungerechter Habgier und Macht."

Jetzt wüßten wir gerne, in welcher Phase und in welchem Zusammenhang der zu Beginn erwähnte Angriff auf Griechenland erfolgte; doch das verrät uns Platon nicht – vielmehr läßt er den „nach Gesetzen waltenden Zeus" eine Götterversammlung einberufen, um über eine Bestrafung des verkommenen Geschlechts zu beraten. An dieser Stelle bricht der Text ab. Ob der Untergang von Atlantis diese göttliche Strafe darstellte, kann man nur vermuten.

Die Menschen, auch die lesenden Menschen, sind verschieden und werden auf diesen Bericht wohl auch unterschiedlich reagieren; ich aber habe an keiner Stelle den Eindruck, daß hier irgendetwas mit einer historischen Grundlage erzählt wird. Vielmehr lese ich eine ganz und gar ausgedachte Geschichte. Wie dachten die Menschen der Antike darüber, wenn sie das lasen? Es gibt einige Zeugnisse, wenngleich bei weitem nicht so viele wie im Falle des Amazonen-Mythos (Abb. 1).

Proklos, der späte Platoniker (5. Jhdt. u.Z.), schreibt in seinem Platon-Kommentar (In Platonis theologiam libri sex, V 21) eine sehr kurze Zusammenfassung ohne Bewertung. Der Geograph Strabon gibt an einer Stelle (II 3, 6) eine Aussage des Philosophen und Historikers Poseidonios (ca. 135–51 v.u.Z.) wieder, wobei uns das Original nicht erhalten ist. Poseidonios habe korrekterweise darauf hingewiesen, daß Erdbeben vorkämen und Land ebenso hervorheben wie senken könnten, und so könnte auch Platons Angabe über den Untergang von Atlantis eine Tatsache sein. Dabei wird hervorgehoben, daß es sich um eine Insel „nicht kleiner als ein Kontinent" gehandelt habe, was für ein Erdbeben natürlich eine große Herausforderung darstellt. Diese Annahme jedenfalls, so Poseidonios in Strabons Wiedergabe, sei besser, als über Atlantis zu sagen: „Sein Erfinder verursachte sein Verschwinden wie der Dichter [gemeint ist Homer] das des Walls der Achäer [Griechen]." Dies bezieht sich freilich klarerweise nur auf die Möglichkeit, daß eine Insel untergehen kann. Auf irgendwelche Aussagen über eine Kultur auf Atlantis oder auch nur über Informationen zu dieser speziellen Insel geht Strabon bzw. Poseidonios mit keinem Wort ein. Er weiß davon nichts und kennt nur den Bericht Platons.

Nicht mehr schreibt auch der ältere Plinius in seiner „Naturgeschichte" (II 92/205) über den Fall: Land kann untergehen, und so ist es, „wenn wir Platon glauben (si Platoni credimus)", mit Atlantis und dem Atlantik geschehen.

Niemand weiß etwas jenseits der prinzipiellen (und unbestreitbaren) Möglichkeit von Erd- und Seebeben, niemand außer Platon, der einen Kritias erzählen läßt, was ihm Solon erzählt hat, der in ägyptischen Tempeln Berichte gefunden haben will.

Der Christ Tertullian schließlich bezieht sich in seiner „Verteidigung der christlichen Religion" (Apologeticum) auf Atlantis, das er aus argumentationstaktischer Überlegung heraus als Tatsache behandelt. Er will nämlich die Christen gegen den Vorwurf in Schutz nehmen, durch

Atlantis 279

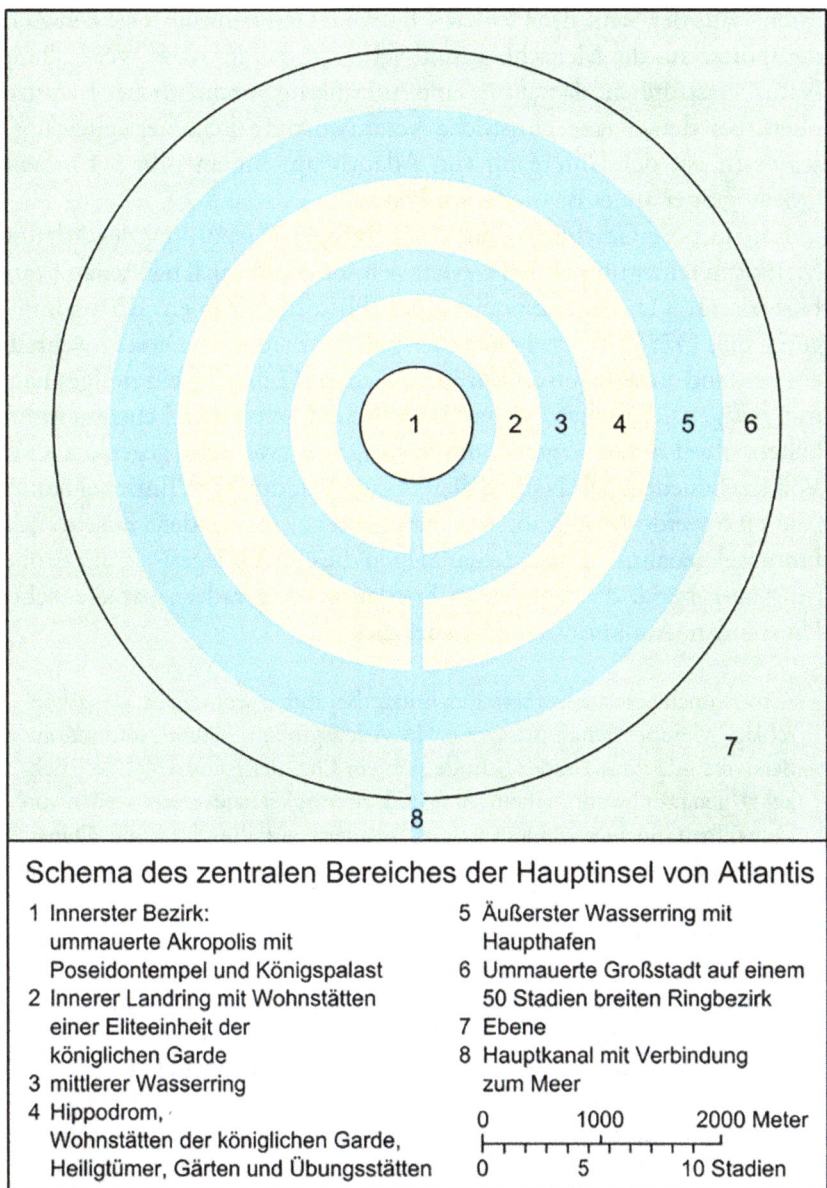

Schema des zentralen Bereiches der Hauptinsel von Atlantis

1 Innerster Bezirk:
  ummauerte Akropolis mit
  Poseidontempel und Königspalast
2 Innerer Landring mit Wohnstätten
  einer Eliteeinheit der
  königlichen Garde
3 mittlerer Wasserring
4 Hippodrom,
  Wohnstätten der königlichen Garde,
  Heiligtümer, Gärten und Übungsstätten

5 Äußerster Wasserring mit
  Haupthafen
6 Ummauerte Großstadt auf einem
  50 Stadien breiten Ringbezirk
7 Ebene
8 Hauptkanal mit Verbindung
  zum Meer

0   1000   2000 Meter
0   5   10 Stadien

Abb. 1   Schema des zentralen Bereiches der Hauptinsel Atlantis

ihren – aus der Sicht der Heiden – falschen Glauben zögen sie den Zorn der Götter auf die Menschheit und verursachten auf diese Weise allerlei Naturkatastrophen; da paßt in eine Aufzählung vorchristlicher Katastrophen, bei denen eine christliche Verantwortung logischerweise ausgeschlossen ist, der Untergang von Atlantis gut hinein (40, 3 f.). Seine Quelle gibt er an: es ist wiederum Platon.

Eine kuriose Geschichte, die vielleicht eine Verspottung des Atlantis-Mythos in seiner utopischen Gestalt sein soll, findet sich bei Aelian (Varia Historia III 11), der seinerseits einen Historiker namens Theopompos von Chios (378/376 – zwischen 323/300 v.u.Z.) zitiert. Dieser beschreibt ein Festland außerhalb von Europa, Asien und Libyen – ein riesiges Land mit riesigen Menschen, vielen Städten und seltsamen Lebensgewohnheiten. Zwei Städte ragten dort hervor, von zwei sehr gegensätzlichen Völkern besiedelt. Die Namen dieser beiden Städte sagen Entscheidendes: „die eine werde Machimos [die Kriegerische], die andere Eusebes [die Fromme] genannt". Entsprechend leben die einen kriegerisch, auf Eroberung ausgehend, die anderen in Frieden unter geradezu paradiesischen Umständen. Am kuriosesten ist aber dies:

„Etwas noch Seltsameres setzte er hinzu: Bei ihnen wohne ein Menschenschlag, Meroper genannt, sagte er, in vielen großen Städten, und am äußersten Ende ihres Landes befinde sich ein Ort, der Anostos (ohne Rückkehr) genannt werde, einem Abgrund zu vergleichen; er sei weder von Dunkelheit noch von Licht erfasst, sondern auf ihm liege ein Dunstschleier, der mit trübem Rot durchsetzt sei. Zwei Flüsse flössen um diesen Ort, und der eine werde Freude, der andere Trauer genannt, und an jedem von ihnen entlang stünden Bäume von der Größe einer stattlichen Platane. Die Bäume am Fluss der Trauer trügen Früchte, die eine derartige Eigenschaft hätten: Wenn jemand von ihnen kostet, muss er so sehr weinen, dass er für den Rest seines Lebens in Tränen zerfließt und auf diese Weise stirbt.

Die anderen Bäume, die beim Fluss der Freude stünden, brächten entsprechend gegenteilige Frucht: Wer nämlich von ihnen kostet, löst sich von all seinen früheren Begehrlichkeiten, und wenn er etwas leidenschaftlich geliebt hat, so vergisst er es, und binnen kurzem wird er jünger und erlebt die vergangenen und schon durchlaufenen Altersstufen in umgekehrter Reihenfolge noch einmal. Nachdem er nämlich das Alter abgeworfen hat, wendet er sich erneut der Blütezeit seines Lebens zu, kehrt dann ins Jünglingsalter zurück, wird dann Kind, dann Säugling und schwindet darauf ganz dahin."

Da hier weder ausdrücklich Atlantis erwähnt wird noch die Verhältnisse mit Platons Schilderung im „Kritias" übereinstimmen, erscheint mir die Annahme einer Atlantis-Parodie zweifelhaft – es sei denn, sie bezöge sich lediglich auf die Grundidee, sich etwas Phantastisches über ein Leben in einem fernen Land auszudenken. Gut vorstellen kann ich mir allerdings, daß sich Jonathan Swift in seinen „Gullivers Reisen" hier bedient hat.

Märtyrer – eine christliche Besonderheit?

Auf seine Märtyrer hält sich das Christentum seit urkirchlichen Zeiten einiges zugute. Ein Märtyrer (μάρτυς) ist dem Wortsinn nach jemand, der Zeugnis (μαρτύριον) ablegt für etwas, also zunächst etwas Triviales tut; näher aber legt er – im christlichen Sinne – Zeugnis ab für seine Weltanschauung, seinen Glauben, das von ihm für gut und wichtige Gehaltene. Und er tut dies mit seinem höchsten Einsatz: seinem Leben. Er ist bereit, für seine Weltanschauung zu sterben, er ist ein Blutzeuge. Wenn dies mehr bedeuten soll, als daß es ihm ernst ist mit seinem Glauben (welchem auch immer), wenn nämlich diese Art des Zeugnisses ein besonderes Argument und Qualitätsmerkmal zugunsten des christlichen Glaubens darstellen soll, dann müßte das Martyrium eine christliche Spezialität sein. Käme es hingegen bei beliebigen Weltanschauungen vor (schließlich haben auch Moslems ihre Märtyrer), dann würde das nicht mehr besagen, als daß die Betreffenden einen starken Glauben haben; es wäre eher ein Ernsthaftigkeits- als ein Wahrheitszeugnis. Von Fällen, in denen Tyrannenmörder anschließend zu Tode kamen (etwa Harmodios und Aristogeiton in Athen), so sehr sie als Freiheitshelden gefeiert worden sein mögen, sehe ich ab.

Gab es auch in der heidnischen Antike Märtyrer in diesem Sinne? Die Zahl der Fälle ist sogar beträchtlich, und daß sie nicht alle über jeden historischen Zweifel erhaben sind, das ist wohl eine Gemeinsamkeit mit der christlichen Martyrologie. Ganz sicher gab es die ideelle Figur eines Menschen, der sich bis zum Tod standhaft und auch unter Folter gegen Willkürherrschaft zur Wehr setzt, also seinen Glauben und seine Werte höher stellt als sein Leben. Diese Berichte kennt man ebenso aus dem griechischen wie dem römischen Bereich.

So berichtet der jüngere Seneca in „Über die Seelenruhe" (De tranquillitate animi, XIV 3):

„Es drohte dem Philosophen Theodorus der Tyrann den Tod an, und immerhin ohne Begräbnis: „Du hast", sagte er, „einen Grund, daß du mit mir zufrieden sein kannst, meine paar Tropfen Blut sind in deiner Gewalt; was nämlich mein Grab angeht – du Dummkopf, wenn du meinst, es sei für mich wichtig, ob ich über der Erde verfaule oder unter der Erde.""

Bei dem Philosophen handelt es sich um Theodoros von Kyrene, genannt „der Gottlose" (ὁ Ἄθεος), bei dem Tyrannen um Lysimachos, einen der Nachfolger (Diadochen) Alexanders des Großen. Es versteht sich, daß dieser Theodoros aus einer ganz und gar unchristlichen Gesinnung heraus spricht: Er hat ein anderes Ideal und spricht eine andere Sprache („du Dummkopf – o te ineptum!"), aber er beugt sich der Drohung nicht und steht für das, wovon er überzeugt ist, mit seinem Leben ein. Übrigens ist er anscheinend in diesem Falle davongekommen.

Über Zenon aus Elea, den ich schon mit seinen Paradoxien vorgestellt habe, heißt es in mehreren Überlieferungen (Valerius Maximus III 3, ext. 3; Diogenes Laërtios IX 26; Cicero, Gespräche in Tusculum II 52; Cicero, Vom Wesen der Götter III 82), er habe als Mitwisser einer Verschwörung gegen einen Tyrannen (dessen Name meist als Nearchos angegeben wird), lieber den Tod erduldet, als die Verschwörer zu benennen. Und wie es bei Märtyrerlegenden häufig vorkommt, gibt es auch hier mehrere Versionen: Er habe, bereits gefoltert, dem Tyrannen eine Information versprochen und, als dieser sich nah zu ihm neigte, das Ohr abgebissen. Oder die Nase. Oder ihm seine, des Tyrannen, eigene Freunde als Mitwisser genannt, sogar den Tyrannen selbst als „Fluch des Staates" bezeichnet. Oder er habe sich die Zunge abgebissen und sie dem Tyrannen ins Gesicht gespien. Die falschen, aber mitschuldigen Leute als Mittäter anzugeben, ist kein schlechter Einfall; das wäre auch in den Zeiten der Hexenverfolgung eine Option gewesen, ist aber meines Wissens dort nicht überliefert.

Der Akt, sich die eigene Zunge abzubeißen und sie dem Folterer ins Gesicht zu spucken, wird in der Antike mehrfach geschildert, etwa auch von Anaxarchos, einem Freund Alexanders des Großen (Valerius Maximus III 3, ext. 4; Diogenes Laërtios IX 59 f.; Plinius, Naturgeschichte VII 87; Cicero, Vom Wesen der Götter III 82). Anaxarchos hatte sich noch zu Alexanders Zeiten mit einem gewissen Nikokreon, Tyrann von Zypern, überworfen und fiel diesem später in die Hände. Bei der Folterung verteidigte Anaxarchos durch seine standhafte Haltung kein anderes Ideal als das, einem Feind keinen Triumph zu gönnen. Nikokreon soll ihn sogar in einem Mörser zerstampft haben (wie auch bei christlichen Märtyrern wird hier gerne die sadistische Phantasie des Verfolgers hervorgehoben). Und bevor Anaxarchos dem Folterer seine Zunge in dessen offenstehenden Mund gespuckt hat, soll er ihm gesagt haben: „Zerstampfe nur, zerstampfe des Anaxarchos Ranzen, den Anaxarchos zerstampfst du nicht!" Diese Unterscheidung zwischen dem Leib und der Person, wobei letztere zum Eigentlichen und zugleich zum unerreichbar Freien erklärt wird, klingt späteren christlichen Gedanken nicht ganz fremd, auch ohne daß hier das Wort „Seele" fiele.

Mit dem Hinweis, es gebe zahllose Beispiele („innumera documenta") für ein derartiges Ertragen körperlichen Leidens, und zwar auch bei Frauen, nennt Plinius (Naturgeschichte VII 87) die Hetäre Leaina, die sich unter Folter weigerte, gegen die Tyrannenmörder Harmodios und Aristogeiton auszusagen. Laut Polyainos (Strategika VIII 45) soll sie sich eher die Zunge abgebissen haben, als ihren Geliebten Aristogeiton zu verraten. Da ihr Name „Löwin" bedeutete, hätten die Athener ihr zu Ehren auf der Akropolis eine eherne Löwin ohne Zunge aufgestellt.

Unter die Standhaftigkeit gegenüber der Folter eines Tyrannen fällt auch dieser Fall (Flavius Josephus, Jüdische Altertümer XIX 1, 5): Die Schauspielerin Quintilia unterhielt unter Kaiser Caligula eine Liebesbeziehung mit einem Senator, welcher einer Verschwörung bezichtigt wurde. Daraufhin wurde sie selbst schwer gefoltert, verweigerte aber standhaft jedes Geständnis. Schließlich sei sie dermaßen entsetzlich gezeichnet gewesen, daß selbst der grausame Caligula gerührt gewesen sei und ihre Freilassung befohlen habe. Das ist, soweit ich sehe, der einzige überlieferte Fall, in dem der für seinen Wahnsinn berüchtigte Caligula (reg. 37–41 u.Z.) Mitgefühl gezeigt haben soll.

Auch der folgende Fall im Zuge der sogenannten Pisonischen Verschwörung (65 u.Z.) gehört dazu (Tacitus, Annalen XV 57): Der Freigelassenen Epicharis sollte unter Nero durch Folter das Geständnis der Teilnahme an dieser Verschwörung abgepreßt werden, wobei die Folterknechte, so heißt es, sich besonders angestrengt hätten, um nicht bei einer Frau zu versagen. Als dies vergeblich blieb, habe man sie am folgenden Tage in einem Tragsessel, da sie wegen der ausgerenkten Glieder nicht mehr selbst gehen konnte, erneut zur Folter gebracht, der sie jedoch entgangen sei, da sie sich an ihrem Brusttuch im Tragstuhl selbst strangulierte. Tacitus rühmt ausdrücklich die Standhaftigkeit dieser Frau:

> „ein um so leuchtenderes Vorbild, als es eine Freigelassene, eine Frau gab, indem sie in solcher Bedrängnis Fremde und fast Unbekannte schützte, während Freigeborene, Männer, römische Ritter und Senatoren, von der Folter unberührt, jeweils die Teuersten ihrer Angehörigen verrieten."

Falls der Suizid aus dem Motiv, sich nicht unterwerfen zu wollen, noch als Martyrium durchgeht, dann können die Fälle des jüngeren Cato (Plutarch, Cato Minor 70; Cassius Dio XLIII 11, 4–6) und der Lucretia (Livius I 58 f.) genannt werden. Jener hat sich getötet, weil er sein Ideal, die römische Republik, gescheitert sah und sich nicht dem siegreichen Caesar ausliefern wollte; diese hat mit Suizid auf ihre Vergewaltigung durch den letzten römischen König, Sextus Tarquinius Superbus, reagiert. Beide galten in der Folgezeit vielen Menschen als rühmenswerte Idole. Über Lucretia berichtet Livius, ihr Vater und ihr Mann hätten sie ausdrücklich von jeder Schuld daran, vergewaltigt worden zu sein, freigesprochen: „der Geist sündige, nicht der Leib (mentem peccare, non corpus), und wo es keine Absicht gegeben habe, da gebe es auch keine Schuld." Eine Einstellung, die selbstverständlich sein sollte, es jedoch noch heute nicht ist. Lucretia tötet sich dennoch, und zwar nachdem sie – anders als im christlichen Sinne – beiden Männern das Versprechen abgenommen hat, die

Tat zu rächen. Vorchristliche Märtyrer haben eben nicht die gleiche Gesinnung, sterben nicht für die gleichen Ideale, wie es von den christlichen erwartet und dargestellt wird.

Einen Suizid mit Vorbildfunktion Vorbild für einen Zögernden finden wir in einer wegen eines Ausspruchs berühmt gewordenen Episode um die ältere Arria zur Zeit des Kaisers Claudius (Plinius der Jüngere: Briefe III 16, 6–12): Arria war die Gattin des Senators Caecina Paetus; sie wollte ihren Mann, der unter Claudius der Teilnahme an einer Verschwörung beschuldigt und zum Tode verurteilt wurde, in den Tod folgen. Ihren Verwandten demonstrierte sie ihre Entschlossenheit, indem sie ihren Kopf an eine Wand schlug und bewußtlos zusammenbrach. Als ihr Mann mit dem Suizid zögerte, stieß sie sich selbst einen Dolch ins Herz und reichte ihn dann ihrem Mann mit den berühmt gewordenen Worten: „Es tut nicht weh, Paetus (Paete, non dolet)."

Von anderer Art ist das Martyrium des römischen Feldherrn Atilius Regulus aus dem Ersten Punischen Krieg der Römer gegen die Karthager, wie es von mehreren Autoren berichtet wird (Cicero: Gegen Piso 43; Cicero: Über die Pflichten/De officiis 99 f.; Livius: Periocha XVIII; Appian: Punische Kriege VIII 4). Cicero (De officiis 99) erläutert die Situation, in der dieser Atilius Regulus sich befand:

> „Marcus Atilius Regulus wurde, als er zum zweiten Mal Konsul war und in Africa in eine Falle getappt und in Gefangenschaft geraten war – damals hatte der Lakedämonier Xanthippos das Kommando und Hamilcar, Hannibals Vater, den Oberbefehl –, zum römischen Senat geschickt; er hatte zuvor geschworen, er kehre nach Karthago zurück, wenn nicht bestimmte prominente Gefangene den Puniern zurückgegeben würden."

Er ging also, als Gefangener auf Urlaub, gegen ein Versprechen nach Rom ... und stimmte dort sowohl gegen einen Frieden mit den Karthagern als auch gegen den Gefangenenaustausch, denn die karthagischen Gefangenen in römischer Hand seien „jung und gute Führer, er aber schon vom Alter gezeichnet". Er votierte mithin im Interesse Roms, gegen sein persönliches. Aber seinem Versprechen getreu begab er sich anschließend unverrichteter Dinge nach Karthago zurück. Diese Ehrenhaftigkeit wußten die Karthager nicht zu schätzen; den Berichten zufolge schnitten sie ihm die Augenlider ab, banden ihn an einen Pfahl und ließen ihn an Schlafentzug sterben. Ob das realistisch ist (Appian gibt eine andere Art der Folterung an), kann man bezweifeln – bei der Tradierung von Martyrien geht es wohl um etwas anderes, um die Visualisierung einer Idee.

Vielleicht am deutlichsten zeigt der Fall des Philosophen Julius Canus aus der Zeit des berüchtigten Caligula, worum es bei der vorchristlichen Vorstellung des vorbildlichen Märtyrers meist geht. Seneca hat ihn in „Über die Seelenruhe" (XIV 4–10) überliefert. Canus hatte sich mit Caligula offen gestritten, und dieser hatte ihm seine bevorstehende Hinrichtung verkündet. Kühl oder ironisch antwortete Canus: „Ich danke dir, bester Kaiser (Gratias ago, optime princeps)." Als er dann tatsächlich zur Hinrichtung abgeholt wurde, befand er sich gerade beim Brettspiel. Da

> „zählte er nach dem Aufruf die Steine und sagte zu seinem Partner: „Sieh zu, daß du nicht auch noch nach meinem Tode lügst, du habest gewonnen." Dann sagte er mit einer Kopfbewegung zu dem Hauptmann: „Du bist Zeuge, um einen Stein bin ich ihm voraus." Gespielt hat Canus auf diesem Spielbrett, meinst du? Sein Spiel war Hohn." (Lusisse tu Canum illa tabula putas? Illusit.)

Der letzte Satz ist ein schwer übersetzbares Spiel mit dem Wort für „spielen" (ludere – illudere). Auf dem Weg zur Exekution kündigt Canus noch an, er werde darauf achten, ob „in jenem allerflüchtigsten Augenblick" die Seele empfinde, daß sie sterbe, und er verspricht seinen Freunden, wenn er das herausgefunden habe, bei ihnen umzugehen und sie seinen Eindruck wissen zu lassen. Was teilt er auf diese Weise, von der ersten Bemerkung zu Caligula bis zur letzten Ankündigung an seine Freunde mit? Seneca drückt es so aus: „Siehe, mitten im Sturm Ruhe (Ecce in media tempestate tranquillitas)." Das ist es wohl, was hier bezeugt werden soll: die innere Freiheit, die Unabhängigkeit gegenüber der Macht – Du kannst mich nicht schrecken, du kannst mich nicht brechen.

So trifft es nicht auf alle derartigen Berichte zu, aber doch auf viele. Christlich gesprochen, wenn auch in einer etwas anderen Bedeutung: Tod, wo ist dein Sieg, Tod, wo ist dein Stachel? Und es ist nicht der Glaube an ein Leben nach dem Tod, der hier leitend ist, sondern der

Glaube an eine geistige Unabhängigkeit, die sich niemandem unterwirft. Ein Sieg über die Todesangst ist es in beiden Fällen. Übrigens hat sich noch der inhaftierte und gefolterte Philosoph Boëthius (ca. 480–524 u. Z.) angesichts der gegen ihn erhobenen Vorwürfe des Ostgotenkönigs Theoderich auf den Canus (den er Canius nennt) als Vorbild berufen (Vom Trost der Philosophie I 4.p., 90):

„Mit einem Ausspruch des Canius hätte ich geantwortet, der, als er von Gaius Caesar, Sohn des Germanicus, beschuldigt wurde, Mitwisser einer gegen ihn gerichteten Verschwörung gewesen zu sein, sagte: „Hätte ich es gewusst, hättest du es nicht gewusst. (Si ego, inquit, scissem, tu nescisses.)""

Vielleicht kann man in einer etwas weiteren Auslegung des Begriffs Märtyrer auch noch diejenigen Menschen erwähnen, die sich im Angesicht ihrer Hinrichtung oder ihres befohlenen Suizids standhaft verhalten und ihre Gelassenheit im Angesicht des Todes gezeigt haben. Natürlich gehört Sokrates dazu, aber auch der jüngere Seneca (Tacitus: Annalen XV 60–64; Sueton: Kaiserviten, Nero 35, 5; Cassius Dio: Epitome des Buches 61 und 62), der, von Nero wegen Teilnahme an einer Verschwörung zum Tode mit der Option Suizid verurteilt, eine regelrechte Zeremonie aus dem Vorgang machte: Er ließ sich die Adern öffnen, führte standesgemäß ein letztes philosophisches Gespräch, ließ – weil es sich hinzog – die Adern vorübergehend wieder schließen, versuchte es à la Sokrates mit dem Schierlingsbecher usw. Das ist schon fast Theater, d. h. die Selbstinszenierung eines Philosophen, der – wie Cassius Dio hervorhebt – in seinem Leben alles andere als ein Vorbild war.

Ähnlich, wenn auch nicht ganz so theatralisch, liegt der Fall des Thrasea Paetus – auch er unter Nero – (Tacitus: Annalen XVI 33–35). Er wie Seneca kamen auf den Gedanken, das eigene Blut als Trankopfer für den „Befreier Juppiter" (Iuppiter Liberator) einzusetzen – ein demonstrativer Akt für den Gedanken, daß der Tod eine Befreiung ist.

Es zeigt sich, daß auch bei den vorchristlichen Menschen das Martyrium als öffentliche Selbstdarstellung gestaltet werden kann. Es soll die „Wahrheit", die Vorbildlichkeit des Standpunktes, für den man steht, „beweisen". In manchen – nicht in allen – Fällen ist es dabei, so meine ich, geblieben.

Vielleicht kann man sogar den Marcus Cicero, der als Verteidiger der alten römischen Res publica auf Befehl seines Feindes Marcus Antonius geköpft wurde, unter die Märtyrer zählen; allerdings blieb ihm nicht dieser oft bei Märtyrern anzutreffende Moment der letzten Entscheidung, in dem er durch Aufgabe seines Ideals sein Leben hätte retten können. Nicht daß Cicero dies getan hätte, aber Antonius ließ ihm gar nicht die Chance, sondern befahl nur, seinen Kopf an die Rednertribüne des Forums in Rom zu nageln (Seneca der Ältere: Deklamationen 6, 18; Livius: Periocha und Fragmente zu Buch CXX; Cassius Dio XLVII 8, 3 f.).

Ähnlich wie mit den Märtyrern steht es übrigens mit den Berichten über Wunder: Auch sie sind keine christliche Besonderheit, sondern finden sich zahlreich in der nichtchristlichen antiken Literatur.

Starke Frauen im Patriarchat: Lysistrata, Artemisia, Telesilla, Zenobia, Semiramis, Teuta

Selbstverständlich war die antike Gesellschaft, die griechische ebenso wie die römische, patriarchalisch strukturiert. In Griechenland war der Ort der Frau das Haus, das sie nur unter bestimmten Voraussetzungen verlassen durfte (etwas günstiger stand es wohl nur in Sparta); in Rom unterstand die Frau (ebenso wie die Kinder und die Sklaven) der Rechtsgewalt des Hausherrn, also ihres Vaters oder Ehemannes, und diese Gewalt reichte – zumindest formal – über Leben und Tod.

Daß damit nicht schon alles gesagt ist über das Frauenbild der Antike, haben wir am Beispiel der Amazonen gesehen. Auch Sappho erfüllt nicht das Klischee einer typischen griechischen Frau; und es lassen sich weitere Dichterinnen nennen:

> Frauen mit göttlicher Stimme hat Helikon und Makedoniens
> steiler piërischer Fels einstens mit Liedern ernährt:
> **Moiro** und **Anyte**s Mund, **Praxilla** und **Sappho**, Homer in
> Weibesgestalt, die Zier lockiger lesbischer Fraun,
> **Telesilla** voll Ruhm, **Erinna**, auch dich, o **Korinna**,
> die du den kriegerischen Schild Pallas Athenes besangst,
> **Nossis**, die mädchenhaft sang, und dich, süßtönende **Myrtis**:

Schaffnerinnen sie all ewig verbleibender Kunst.
Hat des Uranos Kraft neun Musen geschaffen, neun Frauen
gab uns die Erde, der Welt nimmervergehende Lust.

So hat es Antipatros von Thessaloniki (Anthologia Graeca IX 26) gedichtet. Leider, das wurde schon im Falle Sapphos erwähnt, war die Überlieferung nicht so freundlich, uns viel von ihren Werken zu erhalten. Das gilt auch für eine gewisse Aristodama, von der wir keinen einzigen Vers, sondern lediglich eine ihr gewidmete Inschrift kennen.

Übrigens ist der erste Verfasser eines literarischen Werkes, der mit seinem Namen hervortritt, eine Autorin: die Akkaderin Encheduana (Enhedu-anna) aus dem 23. Jahrhundert v.u.Z. Hat sie über Liebe, Ehe oder Kinder geschrieben? Nein, sie hat ihre Göttin Inana (En) gepriesen und sie gebeten, ihr gegen ihre Feinde beizustehen.

Dieses Kapitel soll aber nicht ihnen, sondern Frauen aus der Antike gelten, die in ausgesprochenen Männerrollen Erfolg hatten, also als selbstständig agierende Königinnen oder militärische Führerinnen … und die dabei nicht, wie die Amazonen, Figuren des Mythos sind bzw., wie die Skythinnen, als Randvölker aus dem Zentrum der klassischen Antike herausfallen.

Eigentlich nicht dazugehörig, weil fiktiv, aber doch so berühmt, daß man sie nicht völlig übergehen sollte, ist die Lysistratē (griechisch) oder Lysistrata (lateinisch) – dem Wortsinn nach die Heeresauflöserin. Sie ist die Hauptfigur einer Komödie des Aristophanes, also eines Mannes … und wurde bei der Aufführung auch von einem Mann gespielt. Eine Komödie eben. Aber ein Mann, ein Grieche, macht sich Gedanken über die Lage der Frauen, und er legt der Lysistrata Worte in den Mund, die eine Griechin auch gut selbst hätte sagen können. Die Handlung spielt in einem schreckensreichen und langen Krieg, dem Peloponnesischen, den Athen gegen Sparta 431–404 v.u.Z. führte. Selbstverständlich sind die Männer der Ansicht, daß dies die Frauen nichts angehe. Die Antwort der Lysistrata ist beeindruckend (Verse 587–599):

RATSHERR:
Euch ficht doch der Krieg im geringsten nicht an!
LYSISTRATE:

Im geringsten nicht? Ei du Verfluchter!
Wie? Trifft er nicht doppelt und dreifach uns Frau'n? Wir
haben die Knaben geboren,
Wir haben gewappnet ins Feld sie geschickt –
RATSHERR:
Schweig still von den Unglücksgeschichten!
LYSISTRATE:
In der Zeit, wo wir sollten des Lebens uns freu'n und die
Tage der Jugend genießen,
Da bereitet der Krieg uns ein einsames Bett! Ach, und wären
nur wir so verlassen:
Doch die Jungfern zu sehn, die im Kämmerlein still
hinaltern,
das schmerzt mich noch bittrer!
RATSHERR:
Und die Männer, ei, altern denn diese nicht auch?
LYSISTRATE:
Ei was, das vergleicht sich ja gar nicht!
Denn käme der Mann auch als Graukopf heim, er erkiest sich
ein blühendes Mädchen;
Doch des Weibes Los ist ein flüchtiger Lenz, und verpaßt
sie die Tage der Blüte,
Dann begehrt sie kein Mann mehr zur Ehe, sie sitzt und legt
sich auf Träum' und Orakel!

In dieser Komödie bringen die Frauen durch einen Sexstreik die Männer dazu, Frieden zu schließen. Das hat Komik, und es wäre schön, wenn es auch wahr wäre. Jedenfalls läßt Aristophanes die Lysistrata insofern wie einen Mann auftreten, als sie in der Ratsversammlung auftritt und agiert, wo die Frauen in der Realität nicht einmal als Zuhörerinnen zugelassen waren. Und sie erzwingt eine politische Entscheidung im Sinne der Frauen.

Nun aber befassen wir uns mit Frauen jenseits der literarischen Fiktion. Da begegnet uns zunächst eine mehrfach bezeugte Artemisia aus der kleinasiatischen, aber griechisch geprägten Stadt Halikarnassos (nicht zu verwechseln mit Artemisia von Karien, der Erbauerin des Mausoleums). Über sie schreibt Herodot, der ebenfalls aus Halikarnassos stammte (VII 99), im Zusammenhang mit dem persischen Angriff auf Griechenland unter dem Großkönig Xerxes (480 v.u.Z.):

„Die weiteren Geschwaderführer erwähne ich nicht; das ist nicht nötig. Dagegen will ich Artemisia nennen, eine Frau, die am Zug gegen Griechenland teilnahm und die ich sehr bewundere. Nach ihres Mannes Tod behauptete sie die Alleinherrschaft (τυραννίς) selbst und war mutig und heldenhaft genug, am Zuge teilzunehmen, obwohl sie einen Sohn im Jünglingsalter hatte und nicht mitzuziehen brauchte. Sie hieß Artemisia und war eine Tochter des Lygdamis, stammte väterlicherseits aus Halikarnaß, mütterlicherseits aus Kreta. Sie führte den Oberbefehl über die Halikarnasser, die Koer, die Nisyrier und Kalydnier und hatte selbst fünf Schiffe gestellt. Ihre Schiffe waren nach den Sidoniern die ruhmvollsten der ganzen Seemacht; sie gab auch dem König die besten Ratschläge von allen Bundesgenossen."

Kein Zweifel daß Herodot, ihr Landsmann, der anscheinend sogar mit ihr verwandt war, sie in ihrer männlichen Rolle bewundert, und „heldenhaft" (ἀνδρηίης) kann man auch und sogar besser mit „mannhaft" übersetzen. Nicht nur als Geschwaderführerin ihrer eigenen Schiffe, sondern auch als Oberkommandierende eines größeren Aufgebots sowie als exzellente militärische Ratgeberin tritt sie hervor. In ihre Rolle gelangt ist sie – und das ist typisch – durch den Tod ihres Mannes, den ursprünglichen Herrscher, und den offensichtlichen Umstand, daß sein Nachfolger, ihr Sohn, noch unmündig war. Insofern wird schon deutlich, daß besondere Umstände eintreten mußten, damit eine Frau eine solche Rolle einnehmen konnte. Aber die füllt sie dann auch hervorragend aus. Zunächst als Ratgeberin unmittelbar vor der Seeschlacht von Salamis, als Xerxes bereits in Griechenland steht und die Stadt Athen eingenommen hat (III 67–69): Sie empfiehlt Xerxes dringend, eine Seeschlacht mit den Athenern und ihren Verbündeten zu vermeiden, denn zur See seien die Perser unterlegen; besser sei es, zu Land auf die Peloponnes zu ziehen und auf diese Weise die Interessen der verbündeten Griechen aufzuspalten, insofern sie dann auf ihre separaten Bedürfnisse zurückgeführt würden – jeder für die eigene Stadt. Da die anderen Ratgeber anderer Ansicht sind, fügt Artemisia hinzu:

„Dazu, König, bedenke auch noch folgendes: tüchtige Menschen haben gewöhnlich schlechte Diener, umgekehrt schlechte Menschen brauchbare Knechte. Du bist zwar der beste aller Menschen, hast aber schlechte Diener, die zwar dem Worte nach deine Bundesgenossen heißen, Ägypter, Kyprer, Kiliker und Pamphylier, die aber überhaupt keinen Nutzen bedeuten."

Geschickt verbindet sie also Kritik mit einer Schmeichelei. Die Folge ist – wie absehbar – eine Spaltung unter den Ratgebern. Xerxes folgte der Mehrheit und wagte die Seeschlacht. Mit katastrophalem Ergebnis für den König ... ein welthistorischer Sieg der Athener in der Bucht von Salamis.

An dieser Schlacht war auch Artemisia beteiligt, denn sie befehligte ja ein Geschwader. Für sich selbst rettete sie sich durch eine beachtliche List, wie Herodot berichtet (VIII 87 f.): Verfolgt von einem attischen Schiff, rammte sie bewußt das Schiff eines der Verbündeten der Perser, worauf die Athener dachten, es müsse sich da wohl um ein Schiff ihrer eigenen Flotte handeln, und die Verfolgung aufgaben. Artemisia hatte dann auch noch das Glück, daß das persische Schiff dermaßen gründlich unterging, daß kein Überlebender der Besatzung sie anklagen konnte. Die persischen Beobachter aber hatten das versenkte Schiff für ein attisches gehalten, weil Artemisia es angegriffen hatte. (Daß man ein persisches Schiff mit einem griechischen verwechseln konnte, spricht übrigens gegen die häufig zu hörende Ansicht, die Griechen hätten diese Schlacht aufgrund ihrer kleineren, wendigeren Schiffe gewonnen.) Insofern ist das abschließende Lob des Xerxes nicht ohne Hintersinn: „Xerxes aber soll auf die Beobachtung hin geäußert haben: „Die Männer sind mir zu Weibern geworden, die Weiber aber zu Männern (Οἱ μὲν ἄνδρες γεγόνασί μοι γυναῖκες, αἱ δὲ γυναῖκες ἄνδρες)."" Eine Frau wie ein Mann, wo die Männer zu Frauen wurden – größer kann ein Lob für eine Frau in einer patriarchalischen Welt wohl nicht sein. Sehr viel weniger begeistert waren übrigens die Athener von ihr, denn sie „waren empört, daß eine Frau gegen Athen in den Kampf zog", und setzten 10.000 Drachmen als Belohnung für ihre Gefangennahme aus (VIII 93). Diesen Betrag konnten sie sich dann allerdings sparen.

Sogar nach der Schlacht von Salamis beriet sich Xerxes mit Artemisia, die offenbar eine große Rolle unter seinen Beratern spielte (VIII

101–103). Sein Feldherr Mardonios hatte nämlich vorgeschlagen, er selbst solle mit 300.000 Mann in Griechenland bleiben und versuchen, das Land doch noch zu erobern. Was, so fragte Xerxes, soll ich tun? Artemisia empfahl ihm in einem Gespräch unter vier Augen, des Mardonios Anliegen zu entsprechen. Ihre Begründung zeigt eine große Raffinesse:

> „Mir scheint es in der gegenwärtigen Lage gut, daß du selbst heimkehrst und Mardonios mit soviel Soldaten, wie er verlangt, hier zurückläßt, wenn er es will und dir die Durch-führung seines Planes verspricht. Wenn ihm nämlich einerseits die beabsichtigte Unterwerfung gelingt und er das durchführt, wozu er sich erbietet, so ist dies dein Ver-dienst, König; denn deine Knechte haben es vollbracht. Tritt aber andererseits das Gegenteil von dem ein, was Mardonios plant, so ist es kein großes Unglück, wenn nur du am Leben bleibst und deine Macht in Asien unversehrt besteht. Wenn du und dein Haus bleibst, werden die Griechen noch manchen Kampf um ihr nacktes Leben zu bestehen haben. Stößt Mardonios etwas zu, so ist es ohne Bedeutung. Wenn die Griechen ihn besiegen, so ist das kein Sieg, da sie nur deinen Untertanen überwunden haben. Du aber kannst heimkehren! Denn du hast das Ziel deines Zuges erreicht: du hast Athen verbrannt!"

Ein Meisterstück an Rat: Geht es gut, fällt der Ruhm dem König zu; geht es schlecht, bleibt das an seinem Untergebenen hängen. Du, o König, hast dein Ziel bereits erreicht, denn du hast die Athener für ihre Unterstützung des Jonischen Aufstandes gegen dich bestraft. In ihrer Geringschätzung des Wertes von Untertanen stellt Artemisia sich ganz auf das ein, was den Griechen als typisch für persische Gesinnung erschien. Daß Xerxes der Artemisia seine Söhne anvertraute (so auch VIII 107), stärkt den Eindruck, den wir von seiner Wertschätzung für sie bekommen.

Justin (II 12) schildert die Situation aus der griechischen Perspektive, daß nämlich angesichts der Perser im Land bei den Verbündeten Athens tatsächlich die Tendenz bestanden habe, sich zum Schutz ihrer eigenen Städte zurückzuziehen. Es sei eine List des Themistokles gewesen, dem Xerxes eine heimliche Botschaft zukommen zu lassen, jetzt, hier vor Athen, könne er alle Griechen schlagen, während er andernfalls jedes einzelne Kontingent für sich vernichten müsse. Beide Versionen lassen sich miteinander vereinbaren, denn es lag im attischen Interesse, vor

Athen zu kämpfen, während es – Artemisias Rat entsprechend – im persischen nicht lag, dem Xerxes also erst suggeriert werden mußte. Artemisias „männliche Kühnheit" in der Seeschlacht erwähnt auch Justin, allerdings nicht ihre List bei der Versenkung eines befreundeten Schiffes. Plutarch (Themistokles 14) gibt an, Artemisia habe den im Wasser treibenden Leichnam des persischen Admirals geborgen und zu Xerxes gebracht. Alle drei Historiker sind also – jeder mit eigenen Details – voller Lob auf Artemisia, ohne zu kritisieren, daß sie als Griechin auf der Seite des persischen Feindes kämpfte.

Von der erwähnten Dichterin Telesilla (5. Jahrhundert v.u.Z.), an sich als solche nicht disponiert für den Kampf in der Schlacht, sondern den Musen dienend, berichtet eine einzelne Stelle (Plutarch: Über die Tapferkeit von Frauen, Moralia 245C-E), sie habe, als der spartanische König Kleomenes bereits viele Krieger von Argos getötet hatte, die jungen Frauen zur Verteidigung der Stadt aufgerufen, auch selbst den bewaffneten Kampf angeführt und auf diese Weise die Stadt gerettet. Gegen Spartaner, die als Inbegriff von Kampftüchtigkeit galten!

Das wohl spektakulärste und schon in der Antike berühmteste Beispiel für eine Frau in einer Männerrolle ist Semiramis, „Königin von Babylon". Die Hängenden Gärten der Semiramis in Babylon galten gar als eines der Weltwunder der Antike.

Wir haben es hier mit dem Fall einer mythischen Figur zu tun, die allem Anschein nach eine historische Grundlage hat. Das soll heißen: Vieles, fast alles, was über sie berichtet wird, ist Legende, aber diese Legende ist aus einer realen Person entstanden, die offenbar Züge an sich gehabt hat, welche die Phantasie zu entzünden vermochten. Noch in der folgenden europäischen Tradition – der literarischen wie der musikalischen – hat diese Frau ihren Platz. Aber bereits in der Antike ist die Überlieferung schon quantitativ beeindruckend:

Herodot (I 184–187); Theokrit (Gedicht 16, Verse 98–100); Diodorus Siculus mit einer sehr langen, dem Historiker Ktesias entnommenen Passage (II 4–21); Aelian (Varia Historia VII 1); Arrian (Der Alexanderzug I 23 und VI 24; Indische Geschichte V 7); Dion von Prusa (Rede 47, 24; Rede 64, 2); Plutarch (Aussprüche von Königen und Feldherrn, Moralia 173A-B; Dialog über die Liebe, Moralia 753D-E; Über das Schicksal und die Tugend Alexanders des Großen, Moralia 336C); Athenagoras von Athen (Legatio pro Christianis 30); Cicero (Über die konsularischen Provinzen 4, 9); Sueton (Kaiserviten: Divus Iulius 22, 2); Curtius Rufus (Geschichte Alexanders des Großen V 1, 24; VII 6, 20; IX 6, 23 f.); Lucius Ampelius (Liber memorialis 8 und 11); Nikolaos von Damaskus (Universalgeschichte F 1); Athenaios von Naukratis, Ktesias folgend (Das Gelehrtenmahl 528E); Strabon (Geographie II 1, 31; XV 1, 5; XVI 1, 2); Properz (Elegien III 11, 21–26); Ovid (Metamorphosen IV 55–58); Martial (Epigramme VIII 28; IX 75); Plinius der Ältere (Naturgeschichte VIII 64); Cassius Dio (Universalgeschichte LXVIII 27, 1 und LXXIX 23, 3); Justin (Weltgeschichte I, 1 f.); Hyginus (Fabulae 223, 240, 243 und 275); Valerius Maximus (Memorabilien IX 3 ext. 4); Lukian (Von der syrischen Göttin 14); Polyainos (Strategika VIII 26); Julian Apostata (3. Rede: Lobrede zu Ehren der Eusebia 126D-127B); Augustinus (Der Gottesstaat XVIII 2); Ammianus Marcellinus (Römische Geschichte XIV 6, 17; XXIII 6, 22 f.; XXVIII 4, 9); Orosius (Weltgeschichte gegen die Heiden I 4; II 1 f.; II 3, 1); Trebellius Pollio (Scriptores Historiae Augustae: Herennius 27); der Ninos-Roman; Pseudo-Kallisthenes (Der Alexanderroman II 34; II 43; III 17 f.); Claudius Claudianus (Panegyricus für Probinus und Olybrius, Verse 160–163; In Eutropium I 334–345). Hinzu kommen dann noch Lexikon-Einträge bei Hesychios Alexandrinus und in der Suda.

Ich habe das einmal aufgelistet (dabei vielleicht sogar die eine oder andere Stelle übersehen), um deutlich zu machen, daß es sicher nicht viele Gestalten in der Antike gibt, die solch zahlreiche Spuren hinterlassen haben. Es ist ungewöhnlich und, was die Frauen in der Antike angeht, nur mit den Amazonen zu vergleichen. Aber was über Semiramis erzählt wird, übertrifft jene in den phantastischen Details noch.

Um wenigstens ein Gerüst oder Skelett der Geschichte zu präsentieren, stütze ich mich auf den umfangreichsten erhaltenen Bericht, den des Diodorus Siculus, der ihn sich nicht selbst ausgedacht, sondern von dem griechischen Historiker Ktesias und dessen uns nicht erhaltenem Werk „Persika" bezogen hat. Ktesias hat auch tatsächlich zeitweilig in Persien gelebt, dort aber vermutlich zu viel Wein getrunken. Vorsichtiger ausgedrückt: Seine Wahrheitsliebe genießt kein großes Ansehen. Diodor allerdings gibt ihn ganz unkritisch wieder.

Demzufolge war Semiramis (das ist die griechische Version ihres Namens) eine Syrerin und entstammte einer nicht standesgemäßen Liebesbeziehung der Göttin Derketo mit einem Jüngling. Die Göttin setzte das Kind der Schande aus und stürzte sich selbst in einen See, wo sie sich in einen Fisch verwandelte. Das Mädchen wurde ein Jahr lang von Tauben am Leben gehalten, die es mit bei Hirten entwendeter Milch (!) und Käse versorgten. Die Hirten wurden so auf das Kind aufmerksam, nahmen es mit sich und zeigten es dem Aufseher der königlichen (wohl assyrischen) Viehherden, der es, beeindruckt von dessen Schönheit, aufzog wie eine eigene Tochter. Als das Mädchen ins heiratsfähige Alter kam, entdeckte es der königliche Statthalter Onnes, der die junge Frau heiratete und mit ihr zwei Söhne zeugte: Hyapates und Hydaspes. Sie lebten dann in der assyrischen Stadt Ninos, d. h. Ninive. Als der König selbst, der ebenfalls Ninos hieß (eine fiktive Figur, in der die typischen Eigenschaften assyrischer Könige zusammenkommen), einen Feldzug in Baktrien führte, mußte Onnes ihm Heeresfolge leisten. Die Belagerung der Hauptstadt Baktra zog sich hin, Semiramis folgte ihrem Mann und lieferte vor Ort wichtige taktische Hinweise, die schließlich zur Eroberung der Stadt führten. Auf diese Art wurde Ninos auf sie aufmerksam, verliebte sich prompt in sie, woraufhin sich Onnes erhängte und der König sie heiratete. Er zeugte mit ihr einen weiteren Sohn, Ninyas. Ninos starb wenig später, und damit trat eine Situation ein, wie wir sie schon von Artemisia kennen: Die Witwe gelangte an die Macht, weil der Thronfolger noch unmündig war.

Semiramis, deren Neigung zur Bautätigkeit schon bei der Errichtung eines pompösen Grabmales ihres Mannes hervorgetreten war, kam nun erst recht in Fahrt: Sie gründete Babylon. (Das ist selbstverständlich Legende, wird aber von mehreren antiken Autoren so behauptet.) Ktesias schildert nun in vielen Einzelheiten die spektakulären Bauwerke Babylons, alle gemäß Plänen und Befehlen der Semiramis entstanden, darunter auch eine terrassenförmige Gartenkonstruktion auf den Dächern von Gebäuden, „die Hängenden Gärten der Semiramis". Allein diese Schilderung nimmt ein Dutzend Seiten ein.

Semiramis habe sogar noch weitere Städte an Euphrat und Tigris errichtet, sei dann mit einem großen Heer nach Medien gezogen, wo sie aber vor allem mehrere große Parks anlegen ließ. Heiraten, so heißt es, habe sie nicht mehr gewollt, sondern sich junge Liebhaber unter ihren Soldaten genommen, diese aber anschließend allesamt umgebracht. (Hier kommt das Klischee der exzessiven, durch keinen Mann gezügelten Frau zur Geltung.) Ganze Berge ließ sie abtragen, um eine Straße zu bauen, ferner ein Schloß in Ekbatana und einen Kanal zur Wasserversorgung dieser Stadt errichten.

Später zog sie erobernd nach Ägypten, Libyen und Äthiopien – alles detailreich geschildert – und wandte sich dann Indien zu. Dazu ließ sie ein ungeheuer großes Heer ausrüsten und kam sogar auf den skurrilen Einfall, da sie von den indischen Kriegselefanten gehört und dem nichts Gleichwertiges entgegenzusetzen hatte, Kamele mit Rinderfellen (300.000!) als Elefanten auszustaffieren. Für die Überquerung des Indus befahl sie den Bau von Schiffen, für die das Holz von weither herbeigeschafft werden mußte, sowie einer Pontonbrücke. Um eine Vorstellung von den angeblichen Zahlen zu geben:

„Nachdem im Laufe von zwei Jahren Elefanten und Schiffe her-gestellt waren, rief sie im dritten alle Streitkräfte nach Baktra zusammen. Die Kopfzahl des versammelten Heeres betrug, wie Ktesias von Knidos berichtet, 3 Millionen zu Fuß und 200.000 Berittene, dazu 100.000 Streitwagen.

Obendrein hatte man Kamelreiter mit Schwertern von 4 Ellen Länge, an Zahl den Wagen gleich. An zerlegbaren Flußfahrzeugen waren 2000 gebaut, für deren Transport über Land man Kamele bereit gestellt hatte; Kamele trugen wie gesagt auch die Elefantenattrappen: Vor sie führten die Soldaten ihre Pferde hin, um sie an ihren Anblick zu gewöhnen und ihnen die Furcht vor deren Wildheit zu nehmen."

Der indische König Stratobates zeigte sich jedoch der Semiramis gewachsen, und auch seine Pferde ließen sich nicht von den ungewohnt riechenden „Elefanten" ins Bockshorn jagen. Es gelang dem König sogar, Semiramis selbst zu verwunden. Auf dem Rückzug über die Brücke kam es zu Panik und Katastrophe; lediglich das gerade noch rechtzeitige Kappen der Seile rettete wenigstens einen Teil von Semiramis' Armee und hinderte Stratobates daran, sie über den Fluß zu verfolgen. Zwei Drittel ihres Heeres habe sie verloren, heißt es.

Damit war die Karriere der Semiramis beendet. Als ihr Sohn Ninyas sich gegen sie wendete, nahm sie nicht den Kampf auf, sondern übergab ihm die Herrschaft und „entzog sich den Menschen".

„Einige von den Mythenerzählern allerdings sagen, sie habe sich in eine Taube verwandelt: Als sich einmal eine große Schar von ihnen vor ihrem Palaste niederließ, sei sie mit diesen davongeflogen. Aus diesem Grunde auch genießen die Tauben bei den Assyrern göttliche Verehrung, denn in ihnen vergöttern sie ja Semiramis. Sie starb im 62. Lebensjahr, nachdem sie über ganz Asien außer Indien geherrscht hatte; Königin war sie 42 Jahre gewesen."

So ist sie vollends der menschlichen Sphäre entrückt. Diodor fügt diesem Bericht des Ktesias eine Variante hinzu, deren Details sich bei mehreren antiken Autoren finden:

„Athenaios und einige andere Schriftsteller behaupten, es handle sich bei ihr nur um eine hübsch aussehende Hetäre, in die sich der König von Assyrien wegen ihrer Schönheit verliebte.

Ihr Ansehen im Palast sei anfangs gering gewesen, doch sei sie später als rechtmäßige Gattin des Königs anerkannt worden und habe diesen überreden können, ihr für fünf Tage die Herrschaft zu übertragen.

Sobald sie aber nun Szepter und königliches Gewand hatte, habe sie am ersten Tage ein Gastmahl mit gewaltigem Gelage abgehalten, in dessen Verlauf sie die Heerführer und alle bedeutenden Leute im Staate so weit brachte, daß sie mit ihr gemeinsame Sache machten. Am zweiten, als Volk und Adel ihr wie einer rechtmäßigen Herrscherin huldigten, habe sie den Gatten ins Gefängnis geworfen und die Regierung selbst übernommen, wagemutig und unternehmungslustig wie sie war. Und von da an habe sie bis ins hohe Alter geherrscht, wobei sie vieles Großes leistete."

Der Athenaios, von dem Diodor hier spricht, ist uns nicht weiter bekannt. Interessant ist die heimtückische, aber raffinierte Weise, in der hier Semiramis an die Macht gekommen sein soll (so auch z. B. bei Aelian und bei Plutarch: Dialog über die Liebe). Die Verschiedenheit der Überlieferungen zeigt sich auch daran, daß von manchen Autoren berichtet wird, der Zwist mit dem Sohn Ninyas sei durch eine erotische Annäherung der Semiramis an ihn entstanden (Orosius, Augustinus) ... oder sogar an ihr Pferd (Plinius).

Worin aber besteht der angesprochene historischer Hintergrund dieser Legenden? Es handelt sich anscheinend um die assyrische Königin Sammuramat, die im 9. Jhdt. v.u.Z. lebte, die Schwiegertochter von Salmanassar III. (858–824), Frau des Schamschi-Adad V. (823–810) und Mutter des Adad-narari (810–781), für den sie regierte, solange er unmündig war. Ihre Existenz ist gesichert vor allem durch die Inschrift auf einer in Assur ausgegrabenen Stele, wo es heißt:

> Stele von Sammuramat,
> Königliche Frau von Schamschi-Adad,
> König der Gesamtheit, König Assyriens,
> Mutter von Adnad-narari,
> König der Gesamtheit, König Assyriens,
> Schwiegertochter von Salmanassar,
> König der vier Weltgegenden.[1]

Bei zwei vergleichbaren Stelen von Königinnen an dieser Fundstelle sind die Inschriften wesentlich kürzer, denn es werden nur die Könige genannt, mit denen sie verheiratet waren. Sammuramat wird also hervorgehoben. Dies, so nimmt man an, hängt damit zusammen, daß sie Regentin war für ihren noch unmündigen Sohn. Auch in Urkunden wird sie erwähnt, sogar noch zur Regierungszeit ihres Sohnes. Das mag darauf hindeuten, daß sie auch später noch eine Bedeutung hatte in den Regierungsgeschäften. In einer Tempelinschrift des Gouverneurs von Kalchu steht unter anderem:

> „[...] für den großen Herrn, für seinen Herrn, zum Wohl von Adadnanaris Leben, König von Assyrien, seinem Herrn, und für das Wohl von Sammuramats Leben, der königlichen Frau, seiner Herrin [...]"[2]

Es gibt auch Anhaltspunkte dafür, daß sie für eine kulturelle Nähe zu dem von Assyrien beherrschten Babylon eintrat, obwohl selbstverständ-

---

[1] Giovanni Pettinato: Semiramis. Herrin über Assur und Babylon. München 1991, S. 37.
[2] Pettinato, a. a. O., S. 260 f.

lich überhaupt keine Rede davon sein kann, daß sie diese Stadt gegründet oder etwas mit der dort vorhandenen Gartenkonstruktion zu tun gehabt hätte. Anscheinend war sie eine herausragende Frauengestalt in der assyrischen Geschichte. Was aber hat sie in der Folgezeit so populär gemacht, daß sich all diese Mythen um sie ranken konnten? Ich vermute zweierlei: Zum einen ist unter all den assyrischen Potentaten eine Regentin bzw. Königin einzigartig. Auch etwa bei den Persern taucht in ihrer antiken Geschichte kein einzige Regentin auf, und selbst in der mehrtausendjährigen Ära Ägyptens (des Alten, Mittleren und Neuen Reiches) kennt man lediglich zwei: Hatschepsut und Teje. Da wir es nicht mit monogamen Verhältnissen zu tun haben und in Harems-Kulturen die Zahl der Thronaspiranten eher zu groß als zu klein ist, wird der Fall auch nicht so häufig vorgekommen sein. Daß nun eine Frau hochgestellten Männern Befehle gab, muß als sehr ungewöhnlich empfunden worden sein. Zum anderen: Diese Ungewöhnlichkeit steigerte sich noch dadurch, daß das assyrische Königtum vom Ideal kaum überbietbarer „Männlichkeit" bestimmt war, nämlich lauter Könige hatte, deren Lebenssinn ihren Inschriften und Bildmonumenten zufolge darin bestand, möglichst viele Menschen in Kriegen zu schlachten und möglichst viele Tiere bei der Jagd. Es war mithin nicht irgendein Volk, dessen Regentin sie war.

Man kann es freilich nicht beweisen, daß es diese Umstände gewesen sind, die von der historischen Sammuramat zur legendären Semiramis geführt haben; es handelt sich um eine Vermutung.

Nicht ganz von diesem Kaliber, aber doch ebenfalls ungewöhnlich ist der Fall der illyrischen Seeräuberkönigin Teuta (bei Florus: Teutana), die 231–229 v.u.Z. regierte. Illyrien lag an der Balkan-Küste der Adria und bildete wegen seiner Seeräuber für Griechenland und Rom einen ständigen Gefahrenherd. Über die Teuta-Episode berichten mehrere Autoren der Antike, wenn auch bei weitem nicht so viele wie über Semiramis. Vor allem Polybios widmet ihr eine längere Passage seines Geschichtswerkes (II 4–12). Auch im Falle der Teuta können wir feststellen, daß ihr die Macht zufiel durch den Tod ihres Mannes (Agron) und die mangelnde Mündigkeit eines Sohnes. Besonders ist bei ihr der Umstand, daß nicht sie die Mutter des Sohnes war (Appian: Der Illyrische Krieg 7) – Pinnes nennt ihn Cassius Dio (Fragment von Buch XII, 49, 2–7) -, sondern sie war seine Stiefmutter. Polybios schreibt über die Thronfolge:

„Ihm [sc. Agron] folgte seine Gemahlin Teuta in der Regierung, die die einzelnen Regierungsgeschäfte durch zuverlässige Freunde besorgen ließ. Da sie aber, kurzsichtig nach Weiberart, nur den errungenen Erfolg vor Augen hatte und alles, was außerhalb von ihm lag, übersah, so gestattete sie erstens der privaten Schiffahrt den Seeraub, brachte zweitens eine Flotte und ein Heer nicht kleiner als das erstemal zusammen, sandte sie aus und gab den Anführer Erlaubnis, jede Küste als Feindesland zu behandeln."

Hier erkennt man nicht nur das handfeste Klischee, sondern auch einen Gegensatz zwischen der für frauentypisch gehaltenen Passivität (ließ besorgen, gestattete, gab Erlaubnis) und der Aktivität, eine Flotte zusammenzubringen. Diese plünderte nun, was das Herz begehrte; zwar nahm Teuta nicht selbst an diesem Zuge teil, freute sich jedoch über die heimgebrachte Beute. Untätig blieb sie keineswegs, sondern – so Polybios – unterwarf einen Aufstand in Illyrien und belagerte die Stadt Issa, das Zentrum der Aufständischen. Da ihre Seeräuber auch römische Kaufleute nicht verschonten, kam es zu einer Konfrontation mit Rom. Einer Gesandtschaft von dort begegnete sie, so Polybios, kühl: „von Staats wegen wolle sie versuchen, daß den Römern durch die Illyrer kein Unrecht geschehe, was jedoch die Privatpersonen betreffe, so hätten die Könige keine gesetzliche Handhabe, die Illyrer an der Freibeuterei zur See zu hindern." Das nun stieß bei einem der Gesandten auf etwas, das man kühle Empörung nennen kann:

„Bei den Römern, o Teuta, sagte er, ist es löbliche Sitte, das den einzelnen zugefügte Unrecht von Staats wegen zu verfolgen und den Verletzten beizustehen. Wir werden daher, fuhr er fort, so Gott will, dich rasch und nachdrücklich zwingen, die Gesetze zu verbessern, die für die Könige gegenüber den Illyrern gelten."

Römische Diplomaten der republikanischen Zeit konnten ausgesprochen selbstbewußt auftreten. Und Teuta stand ihnen in dieser Hinsicht nicht nach, reagierte allerdings auf eine Weise, die ausgesprochen unrömisch war: Sie schickte dem frechen Gesandten Mörder hinterher. Nach Cassius Dio und Florus (epit. I 21) ließ sie sogar die Gesandten teils ins Gefängnis werfen, teils ermorden. Das nun war so gut wie eine Kriegserklärung an Rom.

Während Teuta eine Flotte zusammenstellte, um die Stadt Epidamnos im Norden und die Insel Kerkyra im Süden zu erobern (auch hierbei erscheint sie in der Darstellung des Polybios als aktiv), rüsteten die Römer zu einem Krieg gegen Teuta. Die Weise, in der Epidamnos eingenommen werden sollte, klingt nach Seeräubermanier: Unter dem Vorwand, Wasservorräte aufnehmen zu wollen, kamen die Illyrer, Waffen unter der Kleidung versteckt, in die Stadt. Dieser Coup scheiterte allerdings am entschlossenen Widerstand der Bürger. Größer war der Erfolg auf Kerkyra, das eine illyrische Besatzung akzeptieren mußte. Naheliegenderweise wandten sich die Römer mit ihren Truppen zunächst nach Kerkyra – einer bedrohten Insel beizustehen, das machte sich gut zu Beginn eines Krieges. Sie befreiten die Insel und begaben sich dann zu dem erneut von Teutas Truppen bedrohten Epidamnos. Beide, Kerkyra und Epidamnos, wurden unter römischen Schutz gestellt. Und weiterhin folgten die Römer ihrem Muster: Nun stellten sie das von den Illyrern immer noch nicht unterworfene Issa unter ihre Protektion. Ferner eroberten sie einige illyrische Städte auf dem Weg.

Teuta hat es anscheinend nicht gewagt, einem römischen Heer in offener Schlacht entgegenzutreten; dafür waren ihre Seeräuber wohl nicht geeignet. Vielmehr gab sie auf:

„Gegen das Frühjahr hin schickte Teuta Gesandte zu den Römern und schloß mit ihnen einen Friedensvertrag, in dem sie darein willigte, die ihr auferlegten Tribute zu zahlen, ganz Illyrien mit Ausnahme weniger Plätze zu räumen und, was die Hauptsache war – dies bezog sich vor allem auf die Griechen –, nicht mit mehr als zwei Booten, und zwar unbewaffneten, über Lissos hinauszufahren."

So berichtet es auch – kürzer – Appian. Offenbar verzichteten die Römer darauf, Teuta gefangen zu nehmen. Sie dankte wohl ab, so Cassius Dio, und verschwand aus der Geschichte. Irgendwelche Maßnahmen, die über halbstaatliche Räuberei hinausgehen, werden von ihr nicht überliefert.

Unser letztes Beispiel soll wiederum eine gestandene Königin sein: Zenobia von Palmyra. Mit ihr befinden wir uns in der Spätantike, als das Römische Reich von rasch wechselnden Soldatenkaisern regiert und von

Zerfallserscheinungen bedroht war, nämlich Schwierigkeiten hatte, alle Reichsteile unter Kontrolle zu behalten. Zenobia, um 240 u.Z. geboren, war die Frau des Odaenathus, Herrscher über ein halb-selbstständiges Teilreich in Vorderasien mit der Hauptstadt Palmyra, einer damals blühenden Handelssiedlung.

Das dritte Jahrhundert ist schlecht mit zuverlässigen Quellen ausgestattet. Es gibt Berichte, und es gibt sogar recht viele Erwähnungen von Zenobia, aber sie sind ungenau und unzuverlässig. Man muß an dieser Stelle die „Historia Augusta" nennen, die – angeblich oder tatsächlich – von mehreren Historikern (Scriptores Historiae Augustae) verfaßt worden ist[3], die sich jeweils einzelnen Kaisern oder mehreren dieser Epoche widmen. Da ist etwa ein Trebellius Pollio, der unter anderem die Herrschaft der Kaiser Valerian und seines Sohnes Gallienus beschreibt, unter denen die Karriere des Odaenathus begann, der im Namen Roms nach der Gefangennahme des Valerian durch die Perser (Parther), also in höchster Not, gegen diese kämpfte, und zwar erfolgreich (Valerian 4). Dadurch festigte er seine eigene Herrschaft und erlangte größere Eigenständigkeit, ohne sich formell vom Römischen Reich zu lösen. An anderer Stelle (Gallienus 3; 5; 10; 12) schildert Trebellius Pollio, wie Odaenathus (bei ihm: Odenatus) unter dem schwachen Nachfolger Gallienus nahezu den gesamten asiatischen Teil des Römischen Reiches faktisch unter seine Kontrolle brachte, das meiste davon im erfolgreichen Kampf gegen die Perser; sogar eigene Münzen ließ er schlagen. 267 aber geschah dies:

„Um dieselbe Zeit erlag Odenatus zusammen mit seinem Sohn Herodes, den er gleichfalls zum Kaiser ernannt hatte, einem Anschlag seines Vetters.
  Da seine Söhne Herennianus und Timolaus noch unmündig waren, übernahm Odenats Witwe Zenobia selbst die Herrschaft, die sie lange ausübte, und zwar nicht weibermäßig noch nach Frauenart, sondern mit mehr Schneid und Geschick nicht nur als Gallienus, dem es jede Jungfrau im Regiment hätte zuvortun können, sondern auch als viele Kaiser."

---

[3] Es fällt auf, daß von all den dort auftretenden Autoren nichts weiter bekannt ist, als daß sie dort auftreten.

So Trebellius (Gallienus 13). Dieser Zenobia widmete er sogar eine eigene kurze Biographie. Es ist klar, daß wir hier erneut vor dem inzwischen bekannten Muster stehen: Ein König stirbt, seine Kinder (ihre Namen sind übrigens ganz unterschiedlich überliefert, und am besten bezeugt ist ein Vaballathus) sind noch nicht zur Nachfolge geeignet, die Frau übernimmt ... und erweist sich als ausgesprochen fähig zur Ausübung der Macht. Trebellius (Zenobia) ist davon nicht begeistert:

„Nun ist das Maß der Schande voll; ist es doch in dem erschöpften Staat so weit gekommen, daß während des schändlichen Treibens des Gallienus sogar Weiber trefflich regierten, und zwar Nichtrömerinnen."

Sie hätte doch wenigstens eine Römerin sein sollen, diese Zenobia! Trebellius nennt viele Details, die diesen Skandal perfekt machen: Zenobia lebte in königlicher Pracht, ließ sich nach persischer Sitte kniefällig begrüßen, nahm mit Helm und purpurgeschmückter, juwelenverzierter Kleidung an Heeresversammlungen teil (offenbar eine Kombination von Soldaten- und Königinnenkleidung), konnte streng sein wie ein Tyrann, aber auch milde wie ein guter Herrscher, begleitete Truppen reitend oder gar zu Fuß, „der Jagdleidenschaft frönte sie wie ein Spanier (uenata est Hispanorum cupiditate)" und war ausgesprochen trinkfest. Geradezu wie ein Kompliment klingt: „sie hatte ungewöhnlich lebendige schwarze Augen, besaß einen wunderbaren Geist und unglaublichen Charme". Oder: „In der alexandrinischen und orientalischen Geschichte war sie so bewandert, daß sie einen Auszug daraus verfaßt haben soll; die römische Geschichte hatte sie in griechischer Fassung gelesen." Als ihr Vorbild sah sie die berühmte Kleopatra an, behauptete sogar, von dieser abzustammen. All dies steht bei Trebellius in dessen Zenobia-Kapitel. Ihm zufolge zollte ihr sogar Kaiser Aurelian Respekt, nachdem er sie schließlich besiegt hatte, indem er dem Senat in Rom unter anderem schrieb:

„Ihr versammelten Väter, es kommt mir der Vorwurf zu Ohren, ich habe gegen meine Manneswürde (virile munus) durch den Triumph über Zenobia verstoßen. Fürwahr, meine Tadler hätten nicht Lobs genug zu spenden, wenn sie wüßten, was das für eine Frau ist, so umsichtig mit ihren Entschlüssen, so beharrlich in ihren Maßnahmen, so gestreng gegen die Soldaten, so großzügig, wenn es not tut, so ernst, wenn Strenge geboten ist.

Ich darf wohl sagen, daß es ihr Verdienst ist, daß Odenatus die Perser geschlagen, den Sapor in die Flucht gejagt hat und bis nach Ktesiphon gelangt ist.

Ich darf versichern, daß diese Frau die Völker des Ostens und Ägyptens dermaßen in Respekt versetzt hat, daß weder die Araber noch die Sarazenen und die Armenier sich zu rühren wagten."

Hat es tatsächlich einen solchen Brief des Aurelian gegeben? Das ist äußerst fraglich; aber der Inhalt drückt das Bild von Zenobia aus, welches Trebellius (oder wer auch immer hier der Autor ist) vermitteln will. Was man aber feststellen kann, ist der Umstand, daß Zenobias Eroberungen (von Kleinasien bis Ägypten) von einem Kaiser wie Aurelian (270–275 u.Z.), der ein starker Militär war, nicht mehr hingenommen wurden. Bei Flavius Vopiscus (Aurelian 35–30,2) gibt es einen langen Bericht über den Krieg, den Aurelian gegen Zenobia geführt hat, und in dem ebenfalls aus einem angeblichen Brief von ihm an einen seiner Heerführer zitiert wird, der voller Respekt gegenüber dieser Gegnerin ist. Interessanter noch ist ein dort wiedergegebener (wiederum angeblicher) Brief der Zenobia an Aurelian. Es handelt sich um die Antwort auf Aurelians Aufforderung, sich gegen Zusicherung von Leib und Leben zu ergeben:

„Zenobia, die Königin des Ostens (regina orientis), an Kaiser Aurelian. Noch nie hat bisher jemand außer Dir ein derartiges Ansinnen schriftlich gestellt. Einzig und allein auf Tapferkeit kommt es bei kriegerischen Auseinandersetzungen an.

Du forderst von mir die Übergabe, als ob Du nicht wüßtest, daß Kleopatra lieber als Königin untergehen, als ihr Leben in irgendeiner anderen Stellung fristen wollte.

Uns fehlt es nicht an persischen Hilfstruppen, deren Eintreffen wir bereits erwarten, auf unserer Seite stehen Sarazenen und Armenier.

Die syrischen Räuber haben Dein Heer, Aurelian, geschlagen. Nun, wenn erst jene Truppen, die aus allen Himmelsrichtungen erwartet werden, eingetroffen sind, dann wirst Du sicherlich auf die großartige Geste verzichten, mit der Du zur Stunde mir die Übergabe gebietest, als wärest Du der Sieger auf der ganzen Linie."

Aurelian muß schließlich alle seine Mittel und Möglichkeiten aufwenden, ehe es nach zwei für ihn siegreichen Schlachten heißt:

„Er fing nämlich die von den Persern entsandten Hilfstruppen ab; er bestach die sarazenischen und armenischen berittenen Einheiten und brachte sie zum Anschluß, teils mit Gewalt, teils mit Diplomatie; so besiegte er schließlich mit großer Heeresmacht die gewaltige Frau (mulier potentissima)."

Zenobia will beritten (auf Dromedaren) zu den Persern fliehen, wird jedoch eingeholt und gefangen genommen. Flavius Vopiscus gibt an, Aurelian habe sie im Triumphzug durch Rom führen wollen. Ob es dazu gekommen ist, bleibt unklar; gemäß Eutrop (IX 13) hat einer ihrer Söhne in Italien gelebt, während sie dieses Land verlassen hat. Laut Zosimos (Neue Geschichte 59) mußte Zenobia mit ihrem Sohn (welchem?) Aurelian begleiten und starb unterwegs „entweder an einer Krankheit, oder weil sie keine Speise zu sich nahm". Nach Rufius Festus (Breviarium XXIV 1) hingegen ist es zu ihrem Auftritt beim Triumphzug in Rom gekommen. Derlei Spektakel wurden ja schon angesprochen. Gefangene feindliche Könige oder Feldherren, in diesem Falle eine Königin mußten in Ketten den Wagen des Triumphators begleiten und wurden meist anschließend im Kerker erdrosselt. Von Zenobia wissen wir es nicht. Zosimos berichtet auch ausführlich (50–56) den langwierigen Krieg, den Aurelian gegen Zenobia führen mußte. Wie unzuverlässig diese Mitteilungen sind, erhellt auch daraus, daß er von einer schwierigen Belagerung Palmyras schreibt (54–56), während archäologische Funde zeigen, daß die Stadt überhaupt nicht befestigt war.

Was wir wissen, ist der Umstand, daß auch die Römer, die zu uns sprechen, dieser Königin Anerkennung zollen – widerwillig, aber sie können nicht anders. Es gibt einfach nichts, was gegen sie spricht, außer daß sie eine Frau und Nichtrömerin ist. Immerhin läßt sich auf diese Weise in ihren Augen zeigen, wie tief Rom gesunken war.

Haben die Griechen die Demokratie erfunden?

Daß „die Griechen" die Demokratie erfunden haben, ist eine verbreitete Ansicht. Der Umstand, daß sogar das Wort aus dem Griechischen stammt (δημοκρατία, Volksherrschaft), spricht dafür. Das bedeutet freilich nicht, daß in Griechenland unter Demokratie auch nur annähernd das Gleiche verstanden wurde, was heute darunter verstanden wird.

Über die politischen Verhältnisse in den griechischen Stadtstaaten (Poleis) sind wir am besten informiert bei Athen (plus Umland: Attika) und Sparta. Beide Systeme haben ihren Reiz, doch Demokratie nannte sich nur dasjenige in Athen (Attika). Man muß jedoch gleich sagen, daß es sich nicht auf Frauen bezog, nicht auf Sklaven und auch nicht auf Männer, die von auswärts stammten und keine attischen Bürgerrechte besaßen (Metoiken, Mitbewohner). Diese zusammen bildeten eine deutliche Mehrheit unter den Bewohnern Attikas; und selbst wenn man berücksichtigt, daß auch heute noch ausländische Einwohner nicht die vollen Bürgerrechte besitzen, muß man doch sagen, daß der Ausschluß von Frauen und Sklaven mit unserem heutigen Verständnis von Demokratie schlechterdings nicht zu vereinbaren ist. Wenn wir von Demokratie in Athen reden, dann reden wir also von den Rechten einer Minderheit männlicher, freier Vollbürger. Auch davon abgesehen beinhaltet das

System Besonderheiten, die wir heute nicht mehr kennen. Dies bedeutet aber nicht, daß es uninteressant wäre, diese kennenzulernen. Denn einige Probleme, aus denen diese Regeln entstanden sind, existieren sehr wohl heute noch. Auch ist zu erwähnen, daß dieses System in der Antike, sogar in Athen selbst, zu keiner Zeit unumstritten war: Es gab Gegner, und es gab Alternativen.

Die historisch älteste Erwähnung der Volksherrschaft und der drei Optionen politischer Herrschaft steht bei dem Dichter Pindar (2. Pythische Ode, Verse 86–89), datiert auf 468 v.u.Z.:

> Bei jeder Form tritt hervor der gradzüngig-ehrliche Mann,
> Bei der Alleinherrschaft, sowie wenn des Volks Ungestüm
> Herrscht, und wenn die Weisen walten des Staats. Doch darf
> man nicht mit der Gottheit hadern.

Wir haben also die Herrschaft eines einzigen (griech. Monarchie, was nicht im heutigen Sinne die erbliche Herrschaft eines souveränen Fürsten bedeutet, sondern einfach eine Zahl angibt), die Herrschaft des Volkes und die Herrschaft einer Elite, der Besten, der Weisen (griech. Aristokratie, was einen Erbadel bedeuten kann, jedoch nicht muß). In diesem Rahmen bewegte sich die Diskussion. Mit der Idee der Demokratie sind zudem zwei Schlagworte verbunden, die in der damaligen Diskussion eine wichtige Rolle spielten: Isonomie (ἰσονομία, Gleichheit der bürgerlichen Rechte und Freiheiten) sowie Isegorie (ἰσηγορία, gleiche Freiheit und gleiches Recht, öffentlich zu reden und mit abzustimmen). Wohlgemerkt: immer auf die männlichen Vollbürger bezogen. Von diesen gab es 30.000 bis 50.000, bei einer Gesamtbevölkerung von etwa 250.000 bis 350.000 Menschen in Attika. Die Verhältnisse waren also relativ klein und überschaubar, was nicht unwichtig ist.

Die Quellen, welche uns über Entstehung und Struktur der attischen Demokratie unterrichten, sind in erster Linie der Historiker Herodot und der Philosoph Aristoteles (Der Staat der Athener; Politik).

Herodot berichtet (IV 67–73), daß nach dem Sturz der Tyrannis des Hippias und Hipparchos, Söhne des Peisistratos, (510 v.u.Z.) in Athen ein Kampf unter Adligen um die Macht ausbrach. Die beiden Hauptakteure waren Isagoras und Kleisthenes, letzterer aus dem Geschlecht der

Alkmeoniden. In diesem Konflikt drohte Kleisthenes zu unterliegen, woraufhin dieser auf den folgenreichen Einfall kam, das einfache Volk für sich als Bundesgenossen zu gewinnen. Dafür mußte er dem Volk etwas bieten: ein neues politisches System. Dieses nannte sich nicht gleich Demokratie, sondern bestand in einem Vorgang, der als Phylenreform bezeichnet und bei Herodot zwar genannt, aber bei Aristoteles (Der Staat der Athener 21) besser erläutert wird.

Traditionell war Attika (die Stadt, das Küstengebiet und das Binnenland) in vier Phylen (Stämme) gegliedert. Kleisthenes vermehrte nun diese Zahl auf zehn und verteilte die einzelnen Gemeinden und Stadtviertel (Demen), 30 an der Zahl, auf diese Phylen: Jeder Phyle wurden drei Demen zugeordnet. Dies aber so, daß er zehn Demen aus der Stadt nahm, zehn von der Küste und zehn aus dem Binnenland und nun jeder Phyle drei Demen zuloste, jeweils eine aus der Stadt, der Küste und dem Binnenland. Sie wurden ausgelost, d. h. es entstanden geographisch bunt zusammengesetzte Phylen. Bürger, die relativ nah beieinander wohnten, fanden sich nun in ganz verschiedenen Phylen wieder. Hinzu kam, daß die Bürger – statt nach dem Vatersnamen – nach ihrer Deme genannt wurden.

Dies ist ein origineller Einfall, dessen Bedeutung sich nicht leicht erschließt und auch weder von Herodot noch von Aristoteles erläutert wird. Der Sinn wird von der Konsequenz her klar, die diese Reform haben mußte: Die Adelsgefolgschaften wurden zerbrochen, die Wichtigkeit der (adligen) Abstammung erheblich vermindert. Nehmen wir an, daß ein einfacher attischer Bürger namens Nikolaos auf dem Land lebte und in seiner Nähe ein adliger Großgrundbesitzer, von dem er ökonomisch abhängig war. Dieser Nikolaos gehörte ab jetzt zu einer ganz anderen Phyle als sein Großgrundbesitzer, und es hatte keinen Sinn mehr, ihn bei anstehenden, auf die Phylen bezogenen Entscheidungen unter Druck zu setzen, im Sinne seines Patrons zu agieren. Trat der Grundbesitzer in seiner Phyle auf, hatte er keinen Nikolaos mehr hinter sich, denn dieser befand sich in einer anderen Phyle.

Kleisthenes hatte damit nicht weniger geleistet, als die Grundlage für die Umsetzung ökonomischer Macht in politische zu zerstören. Er hatte die Voraussetzung dafür geschaffen, daß so etwas wie Demokratie (auch wenn sie noch nicht gleich so hieß), Isonomie und Isegorie funktionieren konnten. Dies übrigens, ohne die eigentlichen ökonomischen Verhältnisse, die Besitzunterschiede, anzutasten – sie konnten aber nun nicht mehr ohne weiteres in politische Macht umgesetzt werden.

Daß der nunmehr unterlegene Isagoras die Spartaner zu Hilfe rief, das Volk sie aber auf der Akropolis bis zu ihrer Aufgabe belagerte, zeigt, daß es verstanden hatte, worum es ging. Der vorübergehend vertriebene Kleisthenes triumphierte (Herodot IV 72).

Zur attischen Demokratie gehörten selbstverständlich neben der Volksversammlung, dem Gremium aller Bürger, auch noch spezielle Ämter. Je 50 Vertreter aus jeder Phyle bildeten den Rat der 500; ein Zehntel des Jahres lang hatten diese 50 die sogenannte Prytanie inne, ein ständig tagender Ausschuß. Andere Ämter (Archonten, Strategen) waren zunächst noch den Angehörigen des höheren Steuerklassen vorbehalten – und das war auch naheliegend, denn die Amtsausübung kostete Zeit, die jemand, der für seinen Lebensunterhalt arbeiten mußte, nicht hatte. Die Tendenz nach Kleisthenes – jetzt spreche ich von der Entwicklung über Themistokles bis Perikles – ging deshalb dahin, möglichst viele Funktionen zu besolden (Diäten). Auch dies macht eine wichtige Grundlage demokratischer Verhältnisse aus: daß jeder Bürger nicht nur das Recht, sondern auch die Möglichkeit hat, ein Amt auszuüben. Diese Ämter waren zudem auf ein Jahr befristet und kollegial gestaltet, d. h. niemand war je allein Träger eines Amtes. Tendenziell wurden Ämter sogar ausgelost. Allerdings konnte das Strategenamt (10 Strategen, d. h. militärische Befehlshaber, die nicht erlost, sondern gewählt wurden) mehrfach bekleidet werden und entwickelte sich dadurch im Laufe der Zeit zu dem Amt für Bürger, die eine längere Zeit politischen Einfluß ausübten – etwa Perikles; auch hierbei zu losen, das wäre bei einem militärischen Amt zu riskant gewesen (Aristoteles, Der Staat der Athener 22–26). Feste Parteien hingegen, wie wir sie kennen, gab es nicht.

Die Notwendigkeit, die unter Themistokles entstehende Flotte gegen die Perser zu bemannen, wofür die adligen Reiter und die zur Stellung ihrer Ausrüstung fähigen Infanteristen (Hopliten) nicht in Betracht kamen, verbesserte die Rechtsstellung der untersten Steuerklasse, der Theten. Sie dienten auf der Flotte, und diese Flotte hatte die Schlacht von Salamis entschieden. In der Folge durften die Theten auch alle Ämter bekleiden.

Als Absicherung gegen die mögliche Tendenz eines Einzelnen, nach Vormacht zu streben, wirkte das berühmte und sprichwörtlich gewordene Scherbengericht (Ostrakismos): Einmal im Jahr gab es die Gelegenheit, einen Namen auf eine Scherbe zu schreiben, und wenn genügend Stimmen zusammenkamen, wurde der Betreffende für zehn Jahre ins Exil geschickt, und zwar ohne Verlust seines Vermögens.

Daß jedes Jahr 500 Bürger in den Rat der 500 gelangten und dabei für ein Zehntel des Jahres sogar Prytanen wurden, zeigt übrigens, daß bei einer Zahl von etwa 30.000 Bürgern ein ziemlich großer Teil von ihnen einmal in seinem Leben politische Verantwortung trug. Hinzu kamen noch die Volksversammlung (Ekklesia) und ein Volksgericht (Heliaia) mit insgesamt 6000 Geschworenen. Wobei vor allem für die Volksversammlung gilt, daß sie, weil sie in der Stadt tagte, überdurchschnittlich von den Stadtbewohnern frequentiert wurde, während die Bürger mit einer längeren Anreise (Küste, Binnenland) sicherlich unterrepräsentiert waren.

Soweit der Einblick in die Struktur der attischen Demokratie. Sie hat viel geleistet, um vielen Bürgern eine Teilnahme am politischen Geschehen zu ermöglichen. Wenn man unter Demokratie die Herrschaft aller Einwohner versteht, dann gab es in Athen keine Demokratie; versteht man hingegen darunter die Herrschaft aller Bürger, dann war sie sogar eine direkte, unmittelbare Demokratie, was heute extrem selten ist und vermutlich nur im kleinen Rahmen eines Stadtstaates funktioniert.

Auf der anderen Seite bleiben mehrere Aspekte, die für uns bedenklich sind:

- Die zahlreichen besoldeten Ämter erforderten eine Finanzierung. Diese durch Steuern zu sichern, war und ist nicht populär. Die Athener zeigten die Tendenz, die ihnen zukommenden Beiträge des zur Bekämpfung der persischen Gefahr gegründeten Attischen Seebundes dafür – und für die bauliche Gestaltung Athens – abzuzweigen. Sie ließen sich also ihre Demokratie durch andere Städte und Inseln bezahlen. Das führte bei diesen zu zunehmendem Widerstand. Der Seebund nahm imperialistische Züge an, die von den Athenern mit manchmal großer Brutalität gestaltet wurden. Thukydides (V 84–113) hat dafür ein Beispiel im Umgang der Athener mit den Bewohnern der Insel

Melos beschrieben. Und Aristophanes hat in seiner frühen, nur fragmentarisch erhaltenen Komödie „Die Babylonier" die Bundesgenossen als für Athen schuftende Sklaven beschrieben.

- Eigentliche Grund- und Menschenrechte im heutigen Sinne gab es in der attischen Demokratie nicht, ebensowenig eine Gewaltenteilung in gesetzgebende, ausführende und rechtsprechende Gewalt, auch keine indirekte bzw. repräsentative Demokratie. Letzteres zeigt, daß das Modell nur bei Gemeinschaften von einer Größe funktioniert, die sich noch in einer Volksversammlung treffen können.
- Ferner vertrug sich diese Form der Demokratie (vielleicht überhaupt jede Demokratie?) recht gut mit dem verächtlichen Herabsehen auf andere Völker; auch der Barbar ist ein griechischer Begriff.
- Entgegen der Annahme etwa des Philosophen Kant in seiner Schrift „Zum ewigen Frieden" zeigen die Athener, daß Demokratien (Republiken) nicht unbedingt friedlicher sind als autoritäre Systeme. Kants Gedanke und der Gedanke mancher anderer ist der, daß ein System, in dem diejenigen, die den Krieg an der Front führen müssen, auch über Krieg und Frieden entscheiden, die Entscheidung für den Krieg sehr viel vorsichtiger treffen wird als autokratische (monarchische, tyrannische) Systeme. Im Gegensatz zu dieser Erwartung hat sich die attische Demokratie als ausgesprochen kriegerisch erwiesen. Das hing zum einen mit der auf Wettkampf ausgerichteten griechischen Tradition zusammen, zum anderen aber auch mit dem schon erwähnten Umstand, daß die Athener von der Unterdrückung anderer Griechen lebten, nämlich sich ihr System von diesen finanzieren ließen.
- Die Diskussionen politischer Entscheidungen in der Volksversammlung haben eine Politiker-Typus hervorgebracht, der ebenfalls einen griechischen Namen trägt: den Demagogen. Also jemanden, der das Volk zu bedenklichen, aber populären Beschlüssen treibt, für deren Folgen er selbst keine Verantwortung übernimmt – es ist ja „das Volk", das entschieden hat. In der Volksversammlung setzte sich nicht regelmäßig das bessere Argument durch, sondern öfters der bessere Agitator.
- Ein System mit Ewigkeitsgarantie – falls es das überhaupt gibt – ist die attische Demokratie nicht geworden. Sie hat sich als relativ stabil erwiesen, blieb aber auch immer gefährdet: durch außenpolitische Konflikte mit anderen, nicht-demokratischen Gegnern (die Spartaner vor allem),

aber auch durch Exzesse, in die sie Demagogen verwickelten. Es existierte auch fortwährend eine System-Opposition von Aristokraten und Möchtegern-Oligarchen in Athen. Das Scherbengericht war nicht zum Scherz da.

Und es war sicher auch kein Zufall, daß man in Griechenland anhaltend über die Frage nachdachte, ob es nicht noch ein besseres politisches System gebe als die Demokratie. Schon Platon, der alles andere als ein Demokrat war, hat (in „Der Staat", „Die Gesetze" und – wie wir sahen – mit Bezug auf Atlantis) Utopien entworfen.

Neuzeitlich ist die Idee des Jean-Jacques Rousseau (Der Gesellschaftsvertrag) bedeutsam, derzufolge noch über dem demokratischen Willen der Mehrheit oder gar dem Willen aller etwas steht, das er „allgemeinen Willen" nennt – eine Formel, aus der sich ein Katalog von Menschenrechten ableiten läßt, die auch durch demokratische Mehrheitsentscheidungen nicht angetastet werden dürfen.

In der Antike jedoch, die nicht an Menschenrechte für Frauen und Sklaven dachte, wurde ein anderes Modell diskutiert, das nicht demokratisch war und doch für alle Bürger (nur sie!) galt: die Mischverfassung.

Schon Herodot führt uns (III 80 ff.) eine Diskussion – am Hofe des persischen Großkönigs Dareios! – vor, in welcher die Vor- und Nachteile der verschiedenen Regierungsformen (die Herrschaft eines Menschen, einiger fähiger Menschen oder aller Menschen) erwogen werden. Wenn nun jedes System spezifische Vorzüge und Mängel besitzt, also auch die Volksherrschaft, dann liegt es nahe, darüber nachzudenken, ob sich die Vorzüge nicht kombinieren und auf diese Weise die Mängel vermeiden lassen. Platon (Die Gesetze 710e–711a) hat die Frage aufgeworfen, Aristoteles hat daraus ein Konzept entwickelt (Politik III-IV, 1281a–1296a) und dabei die Tendenz jeder der drei Grundformen zu einer Verfallsform festgestellt (in etwas späterer Terminologie: Monarchie ->; Tyrannis, Aristokratie ->; Oligarchie, Demokratie ->; Ochlokratie, Herrschaft des Pöbels). Polybios ist ihm hierin gefolgt (VI 3–10) und schließlich auch M. Cicero (Vom Staat/De re publica, I 25–30).

Die Idee ist folgende: Wo schnelle und eindeutige Entscheidungen benötigt werden, muß man ein monarchisches Element einbauen; wo die Kompetenz von Kundigen benötigt wird, ist ein aristokratisches Element am Platz; und wo es schließlich darauf ankommt, daß eine Entscheidung von möglichst vielen Menschen getroffen wird, die sich mit ihrem Staat identifizieren sollen, da benötigt man ein demokratisches Element.

Vor allem Polybios sah diese Struktur bei den Spartanern und in der römischen Republik realisiert, Cicero in letzterer, die er gegen monarchische bzw. diktatorische Tendenzen seiner Zeit (u. a. bei Caesar) verteidigte. Macht man es so, dann benötigt man eine Volksversammlung mit bestimmten Kompetenzen (etwa der Entscheidung über Krieg, den dann alle Bürger führen müssen, aber auch der Wahl von Beamten), Spitzenbeamte (in Sparta die jeweils zwei lebenslangen Könige, in Rom die jeweils zwei ein Jahr lang amtierende Konsuln, wobei der eine die Macht des anderen einschränkt) und einen Ältestenrat (die Gerusia in Sparta, der Senat in Rom). In Rom gab es sogar für Fälle des Staatsnotstands das zeitlich eng befristete Ausnahmeamt des Dictators ohne Amtskollegen.

So die Idee. Und wenn man es bedenkt, haben viele Staaten heute, die sich demokratisch nennen, solche und andere Elemente eingebaut, um die Gefahren einer direkten Demokratie zu minimieren: etwa den Föderalismus und die Gewaltenteilung zwischen gesetzgebender, ausführender und rechtsprechender Gewalt. Zu den Elementen, die in der Antike nicht vorkommen, gehören, wie gesagt, die Menschenrechte und diese Gewaltenteilung.

An die Stelle des speziellen Ansatzes von Kleisthenes, die ökonomische von politischer Macht zu trennen, ist heute die geheime Wahl getreten, welche verhindern soll, daß bestehende Machtverhältnisse zur Beeinflussung von Wahlentscheidungen führen. Ob dies das Problem löst, steht auf einem anderen Blatt.

Pegasos – ein Musenpferd?

Neben dem Trojanischen Pferd hat uns die Antike noch ein weiteres, halbwegs bekanntes Pferd hinterlassen: ein geflügeltes gar, den Pegasos (griech. Πήγασος) bzw. Pegasus (lat.). Dieses soll irgendwie mit den Musen, speziell mit der Dichtung in Verbindung stehen – etwa so, daß es die inspirierten Dichter beflügelt.

Ist das so eine antike Vorstellung? Nein, nicht exakt. Zunächst müssen der Pegasus und das geflügelte Pferd in der Herkunft getrennt vorgestellt werden (Roscher unter dem Stichwort Pegasos). Während der Pegasus schon in sehr frühen griechischen Texten erwähnt wird, stammt das Flügelpferd aus der orientalischen Kunst und hat sich dort als dekoratives Element in die Menge anderer Flügelwesen eingereiht. Erst als diese Flügelwesen in der griechischen Kunst Aufnahme fanden – etwa in Form der Sphinx -, bekam auch der Pegasus seine Flügel (Abb. 1).

Bei Homer (Ilias IX Verse 123 f.) erhalten wir eine Information über eine Wortbedeutung: ein ἵππος πηγός – sie werden dort in der Mehrzahl genannt – ist ein kräftiges, wohlgenährtes Pferd, nicht mehr, wenngleich das nicht die Herleitung ist, welche die Griechen selbst sich zu dem Namen gedacht haben. Über dasjenige Pferd mit dem Eigennamen Pegasos berichtet Hesiod (Theogonie Verse 280–286), es bzw. er sei dem

Abb. 1 Pegasos, attisches rotfiguriges Gefäß, 480–460 v.u.Z.

Haupt der Medusa entsprungen, als Perseus es ihr abschlug. Von dort auf der Erde sei Pegasos zum Wohnsitz der Götter geflogen und bringe Zeus Donner und Blitz (vgl. Ovid: Metamorphosen IV Verse 780–789; Apollodor II 42). Immerhin kann das Pferd hier bereits fliegen, d. h. die übernommene künstlerische Vorstellung hat früh den Weg in den Mythos gefunden. Hesiod gibt uns dort auch eine Version zur Erklärung des Namens: „Das trug seinen Namen/Weil es an den Wassern [πηγαί] des Okeanos geboren war".

An anderer Stelle seiner „Theogonie" (Verse 319–325) erwähnt Hesiod eine mythische Tat, auf die in der Antike öfters Bezug genommen wurde: daß nämlich ein Held namens Bellerophontes die aus Löwe, Ziege und Drachen zusammengesetzte Chimäre (Chimaira) – unser Wort kommt daher – besiegt habe, und zwar mit der Hilfe von Pegasos (vgl. Apollodor II 32). Daß Homer in der „Ilias" (VI Verse 178–183) dieselbe Tat des Bellerophontes berichtet, aber ohne dabei den Pegasos zu erwähnen, zeigt, daß der Mythos in dieser Hinsicht flexibel war, jedenfalls zu früher Zeit. An einer dritten Hesiod-Stelle (Fragment 43, Verse 80–87) wird gesagt, daß der Vater des Bellerophontes, der Meergott Poseidon, ihm den Pegasos, das geflügelte Roß, geschenkt habe, auf daß er sich schneller mit ihm bewegen könne. Obwohl Pferde keine Meerestiere sind, wurde Poseidon oft mit ihnen in Verbindung gebracht.

Der Dichter Pindar (Olympische Oden 13, Verse 84–89) läßt den Bellerophontes mit seinem geflügelten Kameraden die Amazonen bekämpfen; die beiden bilden also ein Team. Keines ohne Komplikationen, denn an anderer Stelle (Isthmische Oden 7, Verse 42–48) schildert Pindar, daß Pegasos seinen Herrn abgeworfen habe, als der so kühn war, sich dem Sitz der Götter nähern zu wollen. „Wer nach Hohem strebt/Widers Recht, den erwartet bittres Ende." Ein sehr griechischer Standpunkt.

Ferner wird mehrfach erzählt, daß Pegasos im Helikongebirge mit seinem Hufschlag eine Quelle geöffnet habe, die seitdem Pferdequell (Ἱππουκρήνη) genannt wird; so bei Aratos (Phainomena Verse 215–224), Hyginus (Von der Astronomie: Das Pferd 2, 18), Ovid (Metamorphosen V Verse 250–263) und Strabon (Geographie VIII 6, 21).

Auch konnte anscheinend der Pegasus als Metapher für eine unwahrscheinlich schnelle Bewegung von Menschen verwendet werden; so tut es etwa Cicero (Rede für Publius Quinctius 80).

Man könnte diese Geschichten noch in verschiedenen Varianten verfolgen, sie bringen uns einer Antwort auf die Frage nicht näher, was dieses flügelschnelle Pferd mit den Musen und Dichtern zu tun hat.

Diese Verbindung hat die Antike erst relativ spät hergestellt, und zwar im Werk eines Nikandros von Kolophon aus dem 3. Jhdt. v.u.Z. Und wie es mit der Antike so geht: Das betreffende Werk ist nicht erhalten. Die uns interessierende Stelle ist allerdings von einem noch weit jüngeren Autor für seine „Metamorphosen" verwendet worden: Antoninus Liberalis aus dem 2./3. Jhdt. u.Z. Dort (IX) wird erzählt, wie die Töchter eines gewissen Pieros mit den Musen einen Gesangswettstreit austragen. Dabei war der Gesang der Musen dermaßen beeindruckend, daß Flüsse ihren Lauf hemmten und das Helikon-Gebirge bedrohlich, bis in den Himmel wuchs. Auf Befehl des Poseidon gab Pegasus dem Berg einen Hufschlag, der sein Anwachsen hemmte und die schon erwähnte Quelle entspringen ließ. Auf diese kuriose Weise ist anscheinend die Zuneigung der Musen zum Pegasus entstanden. Darauf nimmt Ovid Bezug, wenn er (Heroides XV Verse 27 f.) die Musen „Pegasides" (Freundinnen des Pegasus) nennt. Für ihn war sicher Nikandros die Informationsquelle, für uns ist es Antoninus Liberalis.

Der ironische Lukian berichtet einen Traum, in dem er sich – wie Herakles am Scheidewege – zwischen dem Lebensweg eines Bildhauers und eines Gebildeten entscheiden soll (Lukians Traum 15); zur Belohnung für seine Entscheidung läßt ihn die personifizierte Bildung anschließend von einem Wagen mit geflügelten Pferden, „die dem Pegasus glichen", abholen. Dies spielt sicherlich auf die Verbindung zu den Musen an.

Das ist nicht viel, und wie gesagt: es ist eine späte Weiterentwicklung des Pegasus-Mythos. Von den Dichtern, die metaphorisch auf ihm reiten, ihn also als Träger ihrer Inspiration nehmen, ist in der Antike nirgends die Rede. Dafür ist bei uns seine enge Verbindung zu Poseidon und Bellerophontes aus dem kulturellen Gedächtnis verschwunden.

Der Tod der Kleopatra

Diese Kleopatra ist uns bereits begegnet, als sie Caesar begegnet ist. Spätestens mit der Ermordung dieses ihres Schutzpatrons im Jahre 44 v.u.Z. war ihre eigene Stellung wieder gefährdet – nun nicht mehr durch ihren Bruder, sondern durch das übermächtige Römische Reich und dessen Expansionstendenz. Zu den neuen Machthabern dort gehörten zwei Männer, die in einem spannungsgeladenen Verhältnis zueinander standen: Octavian, der Adoptivsohn Caesars und spätere Augustus auf der einen Seite, Caesars General Marcus Antonius auf der anderen. Da in der zeitweiligen Trennung der Zuständigkeitsgebiete dem Marc Anton der Osten des Reiches, Ägypten inklusive, zufiel, konnte Kleopatra ein zweites Mal versuchen, als attraktive Frau durch die Zuneigung eines mächtigen Mannes Macht zu gewinnen. Daraus ist eine legendäre und dramatische Liebesgeschichte geworden, von deren Ende heute noch soviel halbwegs bekannt ist: Octavian hat gegen Marc Anton gesiegt, dieser hat sich in sein Schwert gestürzt und Kleopatra sich von einer Giftschlange beißen lassen – beides übrigens in Kleopatras Residenzstadt Alexandria im Jahre 30 v.u.Z.

Was ist davon überliefert? Das Geschichtswerk des Zeitgenossen Nikolaos von Damaskus über Augustus reicht nicht bis zu diesem Ereignis. Der Tatenbericht des Augustus, durch eine Inschrift erhalten (Res gestae Divi Augusti), erwähnt die Rache, die er an den Mördern seines Vaters Caesar genommen hat, hält sich jedoch mit der Kleopatra-Episode nicht auf, nicht einmal mit seinem Feind Marcus Antonius.

Die, soweit ich sehe, älteste Quelle, die vom Tod der Kleopatra berichtet, ist Strabon (XVII 1, 10), also ein Zeitgenosse, aber selbstverständlich kein Augenzeuge. Er berichtet zwei im Umlauf befindliche Varianten: den Biß einer Natter und ein eingenommenes Gift. Den Suizid des Marc Anton nennt er durch Octavian erzwungen, während dieser die Kleopatra lieber lebend behalten hätte. Es sei Kleopatra aber in der Haft gelungen, sich – auf die eine oder andere Weise – umzubringen. Vor allem im Fall der Schlange stellt sich dann die Frage, wie die Inhaftierte und gewiß Bewachte daran gekommen sein mag (Abb. 1).

Abb. 1 Guido Reni: Cleopatra und die Aspisviper

Der Tod der Kleopatra

Der Dichter Horaz hat eine seiner Oden (I 37) der Kleopatra gewidmet und vertritt darin, was ihr Leben angeht, den unter Augustus offiziellen Standpunkt: orientalische Eunuchenherrschaft, maßlos gierender Sinn, wahnhafter Versuch, das Römische Reich unter Kontrolle zu bringen. Aber ihrem Sterben zollt er Respekt:

[...] Doch siehe, in edlerm Tod
Denkt sie zu sterben, zagt nicht nach Frauenart
Vor blanken Schwertern, sucht sich nicht in
Schirmender Bucht auf der Flucht zu bergen.

Sie hat die Stirn, betritt noch mit heiterm Blick
Die nun in Trümmer sinkende Königsburg.
Greift kühn dann zum Gezücht der Nattern,
Tränkt ihre Brust mit dem schwarzen Gifte,

In freiem Tode selbst noch von höchster Art
(Deliberata morte ferocior).

Auch Horaz spricht also von einer Schlange und sagt nichts, weiß vielleicht auch nichts darüber, wie Kleopatra an sie gekommen ist.

Velleius Paterculus (II 87, 1) wird ein wenig deutlicher: „Kleopatra aber täuschte ihre Wärter und starb durch den Biß einer Schlange, ganz ohne weibliche Furcht." Übrigens meint er, daß auch Marc Anton durch seinen Tod „ohne Zögern" so manche Charakterschwäche in seinem Leben ausgeglichen habe; das setzt dann voraus, daß der Suizid nicht erzwungen war.

Wir verlassen damit die Autoren, die dem Ereignis noch ziemlich nahe standen, und finden (keine Seltenheit), daß die Schilderungen in späterer Zeit ausführlicher werden. So schreibt Sueton (Divus Augustus 17):

„Und Antonius, der zu spät die Bedingungen für einen Frieden ausloten ließ, trieb er in den Tod und fand ihn tot vor. Für Kleopatra, an deren Rettung er mit Blick auf seinen Triumph besonders interessiert war, zog er sogar Psyller hinzu, die aus der Wunde das Schlangengift aussaugen sollten, weil man glaubte, daß sie durch den Biß einer Natter zugrunde gegangen sei. Beiden gewährte er dann aber doch die Ehre, gemeinsam bestattet zu werden, und ließ auch das Grabmal, mit dessen Bau sie selbst bereits begonnen hatten, fertig stellen."

Die Psyller waren ein nordafrikanisches Volk, das als erfahren im Umgang mit Schlangengiften galt und angeblich sogar ohne Gefahr für das eigene Leben Gift aussaugen konnte (Cassius Dio LI 14). Es müssen sich wohl welche in Alexandria aufgehalten haben. Den Tod durch Schlangenbiß nennt Sueton eine Annahme.

Den ausführlichsten und dramatischsten Bericht liefert uns Plutarch in seiner Antonius-Biographie (78–86). Marc Anton mußte in Alexandria bemerken, daß die letzten Truppen, über die er noch verfügte, und obendrein die Flotte Kleopatras zu Octavian überliefen. Militärisch war er damit erledigt. In seiner Erregung warf er Kleopatra Verrat vor, die sich daraufhin aus Furcht vor seinem Zorn in ihre vorgesehene Grabstätte zurückzog, die durch Schlösser und Falltür gesichert war. Anscheinend so etwas ein von innen zu verriegelnder Sarg, der Traum der Misanthropen, nur in größerer Ausfertigung. Dem Marc Anton ließ sie mitteilen, sie sei tot, d. h. sie habe Suizid begangen. Auf diese Nachricht hin stieß dieser sich das Schwert in den Leib, was allerdings nicht zum sofortigen Tode führte, zu dem ihm auch seine Diener nicht verhelfen wollten. Jetzt aber – o diese Frauen! – traf eine neue Nachricht von Kleopatra samt Überbringer ein: sie sei noch am Leben und bitte ihn, zu ihr zu kommen. Ab dieser Stelle klingt der Bericht des Plutarch wie eine schlechte Oper, nur ohne Gesang. Diener schleppen den Schwerverwundeten zum Grabmal seiner Geliebten, die jedoch nicht die Tür öffnet, sondern Seile herabläßt. An diese wird er gebunden, und die Frauen selbst – Kleopatra und zwei Dienerinnen – ziehen ihn hoch.

„Nachdem sie ihn so in Empfang genommen und gebettet hatte, zerriß sie ihre Kleider um ihn, zerschlug und zerkratzte ihre Brust mit ihren Händen, besudelte ihr Gesicht mit seinem Blut, nannte ihn ihren Herrn, ihren Gatten, ihren Imperator und hatte im Jammer um sein Leiden fast ihr eigenes vergessen."

Ganz großes Kino also! Antonius nimmt noch einen Schluck Wein, gibt ihr einige Ratschläge für den Umgang mit dem Sieger, äußert seinen Stolz darüber, was er als Römer geleistet habe, und stirbt.

Octavian schickt einen Vertrauten, um Kleopatra dazu zu bewegen, aus ihrer Grabfestung herauszukommen:

„Persönlich mit Proculeius zusammenzukommen, lehnte sie ab, doch fand ein Gespräch statt, indem er von außen an das Haus herantrat bei einer Tür zu ebener Erde, die zwar fest verschlossen war, aber der Stimme Durchlaß gewährte. So verhandelten sie; Kleopatra verlangte das Königtum für ihre Kinder, und Proculeius hieß sie guten Mutes sein und Caesar [Octavian] in allem Vertrauen schenken."

Falls es zutrifft, daß Kleopatra in dieser Lage noch solch eine weitgehende Forderung, wenn auch nicht für sich persönlich, stellte, dann hatte sie den Bezug zur Realität verloren. Octavian entschied sich für eine List. Während ein anderer Beauftragter an der verschlossenen Tür verhandelte, legte Proculeius eine Leiter zu dem Fenster an, durch das man Marc Anton hinaufgezogen hatte ... ohne es wieder zu verschließen. So wurde Kleopatra festgenommen, ihr Versuch, sich zu erstechen, vereitelt und sie selbst sorgfältig nach Gift untersucht.

An der feierlichen Beisetzung des Antonius – da hat Octavian sich nicht lumpen lassen – durfte sie teilnehmen. Mit ihrem Arzt besprach sie den Plan, sich durch Verzicht auf Nahrung zu töten; aber Octavian schöpfte Verdacht und setzte sie mit Hinweis auf ihre Kinder unter Druck, d. h. erpreßte sie. Ihm schwebte der Höhepunkt seines Triumphzuges vor: mit Kleopatra.

Es kam sogar, Plutarch zufolge, noch zu einer persönlichen Begegnung zwischen Kleopatra und Octavian, bei der sie halb versuchte, ihre erotische Ausstrahlung (im Unterkleid!) noch einmal zur Geltung zu bringen, halb bemüht war, die Schuld auf Marc Anton zu schieben und für sich selbst Mitleid zu erregen. Die Reaktion des Octavian blieb kühl.

Auf die Nachricht, dieser plane einen baldigen Aufbruch auf dem Landweg nach Rom, nahm sie in einer wiederum theatralischen Szene am Grab des Antonius Abschied von ihrem Geliebten, den sie kurz zuvor gegenüber Octavian noch beschuldigt hatte. Und nun folgt die letzte Szene: Ein Diener vom Lande bringt ein Körbchen mit Feigen. Die Wache läßt den Deckel anheben und findet tatsächlich Feigen. Kleopatra bietet ihnen sogar welche an. Nach der Mahlzeit schickt sie Octavian ein versiegeltes Brieftäfelchen. Der liest die Nachricht, daß sie neben Antonius bestattet werden möchte, und weiß natürlich sofort, wie die Lage steht, weshalb er unverzüglich seine Leute zu ihr schickt.

„Es war aber sehr schnell gegangen, denn als die Ausgesandten im Laufe hinkamen, die Wächter ahnungslos antrafen und die Türen öffneten, fanden sie Kleopatra schon tot in königlichem Schmuck auf einem goldenen Bett liegen. Die eine ihrer beiden Frauen, namens Eiras, lag zu ihren Füßen im Sterben, die andere, Charmion, war, schon schwankend und taumelnd, beschäftigt, das Diadem auf dem Haupte der Königin zurechtzulegen. Als da einer zornig sagte: „Schöne Sachen sind das, Charmion!", erwiderte sie: „Gewiß, sehr schön, und so, wie es sich gebührt für die Enkelin so vieler Könige." Weiter sagte sie nichts mehr, sondern sank auf der Stelle neben dem Bett zu Boden."

Das ist der Tod der Kleopatra, wie Plutarch ihn schildert. Genauer gesagt: eine Version, denn Plutarch kennt auch andere.

„Man sagt, die Schildviper sei mit jenen Feigen gebracht worden, unter ihnen und den darauf gelegten Blättern versteckt; denn so – damit, ohne daß sie es wüßte, das Tier sie anfiele – habe Kleopatra es angeordnet; als sie aber einige Feigen wegnahm und es sah, habe sie gesagt: „Da ist es ja!", den Arm entblößt und zum Biß hingehalten. Andere sagen, die Schlange sei in einem Wasserkrug verschlossen gehalten worden, und Kleopatra habe sie mit einer goldenen Spindel so-lange gelockt und gereizt, bis sie hervorschnellte und sie in den Arm biß. Doch die Wahrheit weiß niemand. Es wurde nämlich auch erzählt, sie habe ein Gift in einer hohlen Haarspange bei sich getragen und diese Spange im Haar verborgen. Doch zeigte sich kein Fleck an ihrem Körper noch sonst ein Zeichen einer Vergiftung. Auch wurde das Tier nicht drinnen im Zimmer gesehen, doch behaupteten einige, sie hätten Kriechspuren von ihm am Meer gesehen, nach dem das Zimmer die Aussicht hatte und wo Fenster waren. Manche sagen endlich, am Arme Kleopatras seien zwei feine, kaum zu bemerkende Einstiche zu sehen gewesen. Daran scheint auch Caesar geglaubt zu haben, denn im Triumph wurde ein Bild der Kleopatra selbst und der an ihr haftenden Schildviper einhergetragen. So soll sich also das zugetragen haben."

Plutarch nennt Octavian nach seinem Adoptivvater Caesar; den Ehrentitel Augustus trug er damals noch nicht.
Genaueres als dies werden wir nicht erfahren. Cassius Dio, noch ein wenig später schreibend, weicht nicht grundsätzlich davon ab, sondern fügt nur das eine oder andere Detail hinzu (LI 12–14): so etwa, daß Kleopatra versucht habe, Octavian in Sicherheit zu wiegen, indem sie behauptete, mit der Reise einverstanden zu sein, und sogar vorgab, Vorbereitungen dafür zu treffen. Auch habe sie mit dem Brief an ihn sich einen Aufpasser vom Halse geschafft, denn dieser habe die Überbringung besorgt. Für die Art des Todes nennt auch Cassius Dio verschiedene Versionen:

„Kein Mensch weiß genau, wie sie starb; denn nur einige kleine Einstiche waren an ihrem Arm festzustellen. Die einen sagen, sie habe sich, in einem Wasserkrug oder vielleicht in einem Blumengebinde versteckt, eine Natter bringen lassen und diese dann angelegt. Andere wieder meinen, sie habe eine Nadel, mit der sie ihre Haare aufzustecken pflegte, mit einem Gift bestrichen, das sonst dem Körper nicht schaden, jedoch schon bei der geringsten Berührung mit Blut einen sehr raschen und schmerzlosen Tod herbeiführen konnte. Diese Nadel habe sie zuvor wie gewöhnlich auf ihrem Haupte getragen, zu diesem Zeitpunkt aber sich damit eine kleine Stichwunde am Arm zugefügt und so die Nadel ins Blut gebracht. Auf diese oder ganz ähnliche Weise endete Kleopatra ihr Leben und mit ihr zusammen zwei Dienerinnen."

Es ist also auch die Geschichte von der Schlange im Feigenkorb keineswegs gesichert – damals nicht und heute erst recht nicht.
Der spätantike Christ Orosius (VI 19) liefert nicht mehr als eine Kurzversion ... und enthält sich – wie auch alle anderen antiken Historiker – jeder abschätzigen Beurteilung. Man mag von Kleopatra was auch immer gehalten haben, ihr Suizid in dieser Situation wurde nicht verurteilt, auch nicht von diesem Christen. Von Horaz, wir haben es gelesen, wurde sie dafür sogar gelobt. Anders als es heute oft geschieht, hat man in der Antike den Suizid nicht mit Feigheit in Verbindung gebracht.

Warum prophezeite Kassandra nur Unheil?

Wenn jemand raunend immer nur Negatives vorhersagt, dann spricht man auch heute noch gelegentlich von Kassandra-Rufen. Daß die Kassandra eine sehr spezielle Prophetin war, erschließt sich daraus; und ja, dieser Mythos stammt aus der Antike. Doch warum hat sie nicht, wie andere Propheten, mal Gutes, mal Schlechtes, meist aber – wie das berühmte Orakel in Delphi – Vages und Zweideutiges verkündet?

Kassandra war eine Tochter des Königs Priamos von Troja, ansonsten wohl ein normales Mädchen, ein hübsches allerdings. Dies führte dazu, daß Apollon sich in sie verliebte. Apollodor, unser Gewährsmann für den Überblick, schildert das Folgende so (III 151), daß der Gott ihr als Werbegeschenk die Gabe der Seherkunst verlieh; ab jetzt konnte sie also in die Zukunft schauen. Anscheinend war sie in diesem Moment noch ungeübt darin, denn sie weigerte sich anschließend, mit Apollon zu schlafen. Der Zorn des Gottes war damit auch für Nicht-Propheten absehbar. Das Geschenk konnte er ihr nicht mehr nehmen (das wäre nach göttlichen wie menschlichen Vorstellungen unanständig gewesen), aber: „Deshalb nahm Apollon ihrer Seherkunst die Überzeugungskraft." Und welche Art von Prophezeiungen findet den wenigsten Glauben?

Hyginus in seinen Fabeln (93) schreibt zu dem entscheidenden Aspekt dies: „Deswegen bewirkte Apoll, dass sie, auch wenn die die Wahrheit verkündete, keinen Glauben fand." Im Vordergrund steht also nicht das Unheil an sich, sondern das ungern Geglaubte, und dies ist das bevorstehende Unheil. Das gilt als pessimistisch, das sind die Unkenrufe.

Einer Seherin die Sehergabe zu gewähren, aber zugleich die Glaubwürdigkeit zu verweigern, ist natürlich eine höhere Art von göttlicher Bosheit. Gut kommt Apollon dabei nicht weg; „der Seherin schuf er Unheil", schreibt Pindar (Pythische Oden 11, Vers 33).

Die Rolle Kassandras wird dabei unterschiedlich geschildert: Während Apollodor lediglich sagt, daß sie nicht mit Apollon schlief, schildert Hyginus die Sache so, daß sie sich gegen dessen allzu robuste, gewalttätige Annäherung sträubte. Eine dritte Version steht bei Aischylos in dessen Drama „Agamemnon" (Verse 1198–1213). Dazu ist zu sagen, daß Kassandra zwei große Gelegenheiten hatte, Katastrophen vorherzusagen: einmal den Untergang ihrer Heimatstadt Troja, zum anderen das Schicksal desjenigen Griechenfürsten, dem sie nach der Eroberung als Sklavin folgen mußte: Agamemnon von Mykene. Diesen erwarteten in der Heimat seine Gattin Klytämnestra und deren Liebhaber Ägisth; und sie erwarteten ihn alles andere als freudig. Sie, so das bevorstehende Unheil, würden ihn ermorden. Und sie würden ihrerseits ermordet werden von den Kindern des Agamemnon und der Klytämnestra. Im Drama des Aischylos kommt es zu einem Gespräch zwischen dem Chorführer (dem Repräsentanten der Bürger von Mykene) und Kassandra, wobei sie „mit ihren eigenen Worten" (d. h. denen des Aischylos) berichtet, wie es damals zugegangen ist mit Apollon:

Ka: Der Seher Apollon setzte mich in dieses Amt.
Chf: Er war doch nicht – ein Gott! – von Liebesglut erfaßt?
Ka: Zuvor war es beschämend mir, dies zu gestehn.
Chf: Aus Zartgefühl ziert mancher sich im Glück zu sehr.
Ka: Er warb, ein Ringer, heiß, mir Lieb atmend und Huld.
Chf: Schrittet auch zur Zeugung Werk ihr zwei, wie's Brauch?
Ka: Verheißen hatt ich's, nur daß Loxias ich belog.
Chf: Als schon die Kunst, die gotterfüllte, dich erfaßt?
Ka: Ja, schon sagt in der Stadt ich alles Leid voraus.
Chf: Wie? Ließ dich ohne Strafe denn des Loxias Groll?

Ka: Mir glaubte niemand etwas, seit ich so gefehlt!
Chf: Uns wahrlich scheinst glaubwürdig du zu prophezein.

Loxias ist ein Beiname des Apollon. Obwohl Kassandra sagt, Apollon habe „wie ein Ringer" um sie geworben (was, griechisch gesehen, nichts Schlechtes sein muß), führt sie den Konflikt doch auf sich selbst zurück, indem sie sagt, sie habe den Gott belogen – also ihm zunächst etwas versprochen (den Dank für die Sehergabe), dieses Versprechen dann jedoch nicht gehalten. So kommt Apollon etwas besser weg. Interessant ist die Reaktion des Chorführers am Schluß. Doch der Glaube hilft nichts. Für Agamemnon ist es schon zu spät, und damit ist die Forderung an seine Kinder, Rache zu nehmen für die Ermordung des Vaters, unausweichlich.

Kassandra aber zerstört die Zeichen ihres Seherstandes, Stab und Binde, und sagt: „Des Lebens bin ich satt – ἀρκείτω βίος" (Vers 1314). Ihre letzte Prophezeiung ist die ihrer eigenen Ermordung durch Klytämnestra, verbunden mit dem Aufruf an die Kinder, nicht nur den Tod des Agamemnon, sondern auch den seiner Sklavin zu rächen (Verse 1322–1330). Ihre letzten Worte sind:

O Los des Menschendaseins! Ist es Glückes voll:
Ein Schatten kann es wenden; wenn's an Unglück reich:
Hinstreicht ein feuchter Schwamm und löscht hinweg die Schrift.
Und dies viel mehr als jenes macht das Herz mir schwer.

Auch in den „Troerinnen" des Euripides hat Kassandra einen großen Auftritt (Verse 353–461). Nicht nur, daß sie im Angesicht der Katastrophe ihrer Heimatstadt Troja den Siegern, den Griechen, ihre eigenen Katastrophen prophezeit, sie tut dies ausdrücklich als Seherin und damit Priesterin des Apollon, den sie „ihren liebsten Gott" (Vers 451) nennt – trotz allem.

Kassandra: Eine der großen tragischen Figuren der antiken Literatur, deren Schicksal oft angesprochen wird. Im 3. Jhdt. v.u.Z. hat vermutlich der Dichter Lykophron ihr unter dem Namen Alexandra sogar ein eigenes Langgedicht (1474 Verse) gewidmet, das freilich nicht zu den Höhepunkten der griechischen Literatur gezählt wird. Hier aber ging es lediglich um die Frage, warum Kassandra eine Seherin von Unheil geworden ist.

Die Sieben Weltwunder

Sieben Weltwunder sollen es gewesen sein in der Antike, d. h. besonders staunenswerte Kunstwerke und Gebäude. Zählt man die kanonische Liste auf, dann sind es: 1. die Pyramiden von Gizeh, 2. die Hängenden Gärten der Semiramis in Babylon, 3. die Zeus-Statue des Phidias in Olympia, 4. der Artemis-Tempel in Ephesos, 5. der Koloß von Rhodos, 6. das Grabmal des Königs Mausolos von Halikarnassos (das Mausoleion) und 7. Der Leuchtturm von Alexandria.

Und wieder stellen wir die Frage: Ist das so aus der Antike überliefert? Die Siebenzahl überwiegt bei den antiken Autoren, d. h. meistens nennen sie sieben Weltwunder, aber durchaus nicht immer. Die Zahl 7 galt wohl als etwas Besonderes.

Die klassische Stelle ist die des Antipatros von Sidon (2. Jhdt. v.u.Z.; Anthologia Graeca IX 58); aber auch Hyginus in seinen „Fabeln" geht von sieben aus (223); ebenso tut es ein fragmentarisches Papyrus-Fundstück aus Ägypten, die „Laterculi Alexandrini" (2. Jhdt. v.u.Z.), das von „sieben Schaustücken" spricht, wobei nur die Angabe von dreien erhalten ist.[1] Auf

---

[1] Vgl. Kai Brodersen, Die sieben Weltwunder. Legendäre Kunst- und Bauwerke der Antike. München ⁴2001, S. 9.

sieben Weltwunder kommt auch der ganz späte Cassiodor (ca. 485–ca. 580 u.Z.) in seinen „Chronica".[2] Und dies sind diejenigen Autoren, die sie auch aufzählen. Von den Autoren, die nur auf sie anspielen oder etwas schreiben wie „… gehört zu den Sieben Weltwundern", gibt es noch mehr: Terentius Varro (116–27 v.u.Z.) in einer weitgehend verlorenen Schrift mit dem Titel „Antiquitates rerum humanarum et divinarum libri XXXXI", wo von den „sieben staunenswerten Werken auf dem Erdkreis" die Rede ist,[3] oder bei dem jüngeren Seneca in seiner „Trostschrift an Polybius" (I 1: „jene sieben Wunder/miracula") oder Aulus Gellius (X 18, 4: „die sieben Wunderwerke/spectacula der ganzen Erde"), weiterhin Pomponius Mela (1. Jhdt. u.Z) in seiner „Weltbeschreibung" (I 85: „septem miracula").

Völlig aus der Reihe fällt das Merkbuch für die Jugend (Liber memorialis) des Lucius Ampelius (vermutlich Ende des 2. Jhdts. u.Z.), der gleich 25! spektakuläre Werke nennt (8).

Das eigentliche Problem beginnt dann, wenn man sich die genannten Objekte anschaut – darüber bestand offenbar in der Antike keine Einigkeit. Es gibt solche, die immer oder fast immer, aber auch solche, die nur manchmal oder sogar nur ein einziges Mal in einer der erhaltenen Listen genannt werden (Abb. 1).

Indem wir die eingangs genannte, sozusagen üblicher Aufzählung zum Ausgangspunkt nehmen, fällt schon bei Antipatros auf, daß Babylon gleich mit zwei Werken vertreten ist: den Hängenden Gärten und der Stadt-

Abb. 1 Der Leuchtturm auf alexandrinischen Münzen, 2. Jhdt. u.Z.

---

[2] Vgl. Kai Brodersen, a. a. O., S. 17.
[3] Vgl. Kai Brodersen, a. a. O., S. 11.

mauer, „auf der Wagen fahren" (Viergespanne, wie wir andernorts erfahren), dafür aber der Leuchtturm von Alexandria, der Pharos, fehlt. Bei Hyginus kommt der Palast des persischen Königs Kyros II. in Ekbatana hinzu, finden sich auch die Mauern von Babylon, nicht aber die Hängenden Gärten und auch nicht der Pharos. Gemeinsam mit der Ausgangsliste sind beiden Aufzählungen nur: der Artemis-Tempel in Ephesos, der Koloß von Rhodos (die Riesenstatue des Sonnengottes Helios), das Grabmal des Mausolos (das Mausoleum), die Zeus-Statue des Phidias und die Pyramiden in Ägypten. In den „Laterculi Alexandrini" werden nur drei Objekte genannt: der Artemis-Tempel, die Pyramiden und das Mausoleum; welche weiteren vier dort ursprünglich standen, weiß man nicht. Da der Papyrus aus Alexandria stammt, wird vermutlich der Pharos dazugehört haben.

Was der Lucius Ampelius aufzählt, soll hier nicht in vollem Umfang wiedergegeben werden; aber aus der Reihe der klassischen Beispiele stehen dort nur: der Zeus-Tempel von Olympia (gleich zweimal: einmal der Tempel als solcher, einmal die Statue in ihm), der Artemis-Tempel von Ephesos ebenfalls zweimal (von einer Amazone erbaut, was eigens erwähnt wird), der Koloß von Rhodos und die Pyramiden von Ägypten. Die Mauern von Babylon und der Palast in Ekbatana kommen vor, daneben weitere Tempel, aber auch Naturwunder, die ganz aus der üblichen Reihe fallen.

Diodorus Siculus (II 11) nennt obendrein einen von Semiramis in Babylon errichteten Obelisken, der in keiner anderen Aufzählung vorkommt. In ähnlich einzigartiger Weise gibt Curtius Rufus (V 1, 29) die ebenfalls (angeblich) auf Semiramis zurückgehende Brücke über den Euphrat in Babylon an. Allein aus dieser Stadt stammen also nicht weniger als vier Kandidaten, und sie alle wurden mit Semiramis in Verbindung gebracht!

Nicht übereinstimmend sind auch einige Details zu den einzelnen Objekten, etwa wer die Pyramiden in Ägypten gebaut hat und ob der Verkehr auf den Mauern Babylons ein- oder sogar zweispurig war (so Strabon XVI 1, 5).

Erhalten sind heutzutage nur noch die Pyramiden von – wie man nun sagt – Gizeh.

Auf zwei Weltwunder möchte ich etwas näher eingehen, weil sie mit besonderen Geschichten in Verbindung stehen: den Koloß von Rhodos und den Artemis-Tempel von Ephesos.

Die Statue des Helios, des Sonnengottes, an (nicht über!) der Hafeneinfahrt von Rhodos geht auf eine spektakuläre Belagerung der Stadt durch Demetrios Poliorketes („der Städtebelagerer") 305/4 v.u.Z. zurück, von dessen Taten uns Plutarch in einer Lebensbeschreibung berichtet. Es handelt sich dabei um eine der berühmtesten Belagerungen der Antike, spektakulär vor allem deshalb, weil dieser Demetrios alle möglichen technischen Finessen einsetzte, darunter einen 30 oder gar 40 m hohen fahrbaren Belagerungsturm, die Helepolis. Für Rhodos ging die Sache glimpflich aus, weil Demetrios von seinem Vater zu anderen Aufgaben gerufen wurde und sich mit der Stadt auf ein Abkommen verständigte, das ihr die Selbstständigkeit erhielt. Zum Dank errichtete man aus den metallenen Hinterlassenschaften des Demetrios – er konnte seine vor Ort errichteten Maschinen nicht mitnehmen – dem Sonnengott diese riesige Statue, die als Koloß von Rhodos bekannt wurde und in den Katalog der Weltwunder einging. Kaiser Nero ließ zu seiner Zeit in Rom eine ähnlich imposante Statue des Sonnengottes (oder von sich selbst) vor seinem Großprojekt, dem „Goldenen Haus", errichten. Nach seiner Ermordung haben die Kaiser der folgenden Dynastie, die Flavier, an dieser Stelle ihr Amphitheater errichten lassen. Im Hinblick auf Neros Koloß nannte man dieses Gebäude, noch heute eine der beliebtesten Sehenswürdigkeiten Roms, Kolosseum. Auf diese Weise ist der Koloß von Rhodos indirekt als Name auf uns gekommen. Das Original ist noch in der Antike einem Erdbeben zum Opfer gefallen.

Auch um den Tempel der Artemis in Ephesos rankt sich eine Geschichte. Im Jahre 356 v.u.Z. hat ihn ein gewisser Herostratos in Brand gesetzt, und zwar einzig aus dem Motiv, dadurch Ruhm zu erlangen. Von daher nennt man solche Menschen Herostraten. Die Epheser ließen ihn nicht nur hinrichten, sondern um seine Absicht zu vereiteln, ordneten sie an bzw. forderten, daß niemand seinen Namen nennen dürfe (Valerius Maximus, VIII 14, ext. 5). Die meisten Autoren haben sich daran gehalten, auch Valerius Maximus, und Lukian z. B. (Das Lebensende des Peregrinos 22) erwähnt ihn ohne Namensnennung; aber mindestens zwei haben doch geplaudert: Theopomp von Chios (nicht erhalten) und Strabon in seiner „Geographie" (XIV 1, 22). Das würde bei einem derart aufsehenerregenden Ereignis heute noch weniger funktionieren.

Mehrfach (Cicero: Vom Wesen der Götter II 69; Über die Weissagung I 47; Plutarch: Alexander 3) ist überliefert, daß genau in dieser Nacht der Brandkatastrophe Alexander von Makedonien geboren worden sei, den man später den Großen nannte. Vom Witz der Antike kündet der überlieferte Ausspruch (Cicero: Vom Wesen der Götter; Plutarch), „ganz natürlich sei es geschehen, daß der Tempel abbrannte, da Artemis mit der Geburt Alexanders beschäftigt gewesen sei". Artemis war nämlich auch die Göttin, die Frauen bei der Geburt beistand. Im Falle Alexanders konnte sie das natürlich keiner subalternen Hilfskraft überlassen.

Zum Humor der Antike gehört ebenso, wie Lukian in seinen „Totengesprächen" (24) den Diogenes von Sinope (von dem noch die Rede sein soll) dem Mausolos im Hades vor Augen führt, wie bedeutungslos solche prächtigen Grabmäler sind, wenn man erst einmal im Reich der Toten angekommen ist. Und zu seinen, des Lukian, Scherzen gehört auch, wenn er in seiner Mondreise (Ikaromenippos 12) den Menipp, auf dem Mond angekommen und die kleine, ferne Erde in den Blick fassend, erst eine Orientierung finden läßt, als er dort den rhodischen Koloß und den Leuchtturm auf Pharos erkennt. So groß soll man sie sich vorstellen.

Über die Toten nichts als Gutes

Über die Toten solle man nichts als Gutes sagen, heißt es, und manchmal sagt man das sogar auf Latein: De mortuis nil nisi bene. Abgesehen von der Frage, ob dieses Motto aus der Antike stammt – warum eigentlich sollte man über Tote entweder nur Gutes sagen oder schweigen? Die Kritik an Hitler und Stalin verstummt doch nicht, bloß weil sie tot sind. Fürchtete man etwa die Toten als Wiedergänger? Wir sollten daher bei unserer Suche darauf achten, wie ein solches Tabu begründet wird.

Die Formulierung „De mortuis nil nisi bene" ist so aus der Antike nicht überliefert, der Grundsatz als solcher schon, aber in griechischer Sprache bei Diogenes Laërtios (I 70). Wörtlich übersetzt heißt es (τὸν τεθνηκότα μὴ κακολογεῖν): Über den Toten nicht schlecht sprechen. Dies legt im ungünstigen Fall eher das Schweigen nahe, jedenfalls nicht das Lobhudeln am Grab. Über den Grund sagt es nichts. Dem bringt uns Homer in der „Odyssee" (XXII Vers 412) näher: „Nicht ist es heiliger Brauch vor den Leichen Gefallner zu prahlen." Offenbar richtet sich die Norm an den Sieger im Kampf, bezieht sich also nicht auf das Urteil über irgendwelche Tyrannen und andere Gewalttäter, das folgende Generationen fällen. Es geht um eine Nahbeziehung, um die schlechte Angewohnheit, mit der eigenen Überlegenheit zu prahlen, nachdem der Feind besiegt und tot ist. Ganz in diese Richtung, aber noch einen Schritt weiter geht Aischylos in einem erhaltenen Fragment aus seinem Drama „Nereïden" (Frag. 151 N):

> Wer mit Rüstungsraub prahlt, dem sagt, grollend darob,
> Die Mißgunst zuletzt
> Der Unsterblichen droben den Schutz auf.

Das – nicht selten vorkommende – Zeichen dieses Exzesses war es, dem Toten die Rüstung zu rauben und also den Leichnam ganz oder fast nackt auf dem Schlachtfeld liegen zu lassen ... und sich dessen noch zu rühmen. Die Unsterblichen, die Götter, mißbilligen das. An einer bemerkenswerten Stelle im Drama „Aias" des Sophokles, die man hier heranziehen kann (Verse 118–133), konfrontiert Athene den Odysseus mit dessen Feind Aias, der zwar noch nicht tot ist, aber bereits eine Wahnsinnstat begangen hat, die ihn bald daraus in den Suizid treiben wird:

> *Athene:* Siehst du, Odysseus, nun, wie groß der Götter Macht?
> Wen hättest du einsichtiger als diesen Mann
> gefunden, fähiger das Trefflichste zu tun?
>
> *Odysseus:* Ich wüßte keinen sonst; bedauern muß ich ihn,
> den ganz Unseligen, wie sehr er mich auch haßt,
> weil er so schlimm verstrickt in der Verblendung ist.
> Hierin erkenn' ich sein Geschick so gut wie meins:
> seh' ich doch, daß wir gar nichts andres sind, soviel
> wir leben, als ein Schein und flüchtiger Schatten nur.

Angemessener ist es also, in der Niederlage des Feindes die eigene Hinfälligkeit zu sehen, weil uns dieses menschliche Schicksal eint. Und an einer späteren Stelle (Verse 677–680) läßt Sophokles den Aias selbst sagen:

> Wie sollten wir nicht lernen, uns zu mäßigen?
> Denn eben jetzt hab' ich es eingesehen, daß
> der Feind insoweit nur von uns zu hassen ist,
> als könnt' er wieder lieben; [...].

Diese Haltung nannte man einst abendländische Humanität, und was immer wir in unserer Geschichte daraus gemacht haben, es ist nicht das Geringste, was wir aus der Antike lernen können. In diesem Sinne kann man einen Vers des Dichters Archilochos (Fragment 134 W) verstehen: „Es ist nicht edel, die Toten zu verspotten (οὐ γὰρ ἐσθλὰ κατθανοῦσι κερτομεῖν ἐπ' ἀνδράσιν)." Diese Art von fehlendem Edelmut nannten Griechen Hybris, d. h. Überheblichkeit; sie ignoriert die eigene menschliche Begrenztheit und Schwäche.

Ohne diesen Hintergrund, aber ganz in dessen Sinn heißt es bei Solon, einem der Sieben Weisen der Antike (465 Martina; Stobaios 3, 1, 172 f.): „Über einen Toten lache nicht (ἐπὶ νεκρῷ μὴ γέλα)." Und wenn er auch dein Feind war.

So bekannt war dieser Spruch in der Antike, daß Cicero in einem seiner „Briefe an Atticus" (IV 8, 2), bezogen auf einen gewissen Metellus, nur den Anfang zu zitieren braucht: „Nicht erlaubt [gemeint: nach göttlichem Recht] ist es, um Tote ...". Er zitiert dies übrigens griechisch: „οὐχ ὁσίη φθιμένοισιν ...".

Diogenes, der Mann im Faß

Diogenes aus der Stadt Sinope am Schwarzen Meer (410/400 – ca. 323 v.u.Z.) war ein Philosoph, der eine möglichst große Bedürfnislosigkeit für den besten Weg zum Glück hielt – also: statt ein Maximum an Bedürfnissen zu befriedigen, lieber die Zahl der Bedürfnisse möglichst zu minimieren. Er und seinesgleichen schienen damit auf das Niveau von Hunden zu geraten, und deshalb nannte man sie „Kyniker" (von κύων: Hund); da dies auch eine gewisse Bissigkeit gegenüber den hohen Ansprüchen anderer einschloß, ist daraus unser Wort „Zyniker" geworden.

Sein Leben soll sich zwischen Korinth, Athen und Theben abgespielt haben; nach einigen Angaben soll er Bücher und sogar Tragödien verfaßt haben, nach anderen nicht.

Von den bissigen Äußerungen des Diogenes, für die er schon zu seiner Zeit berühmt war, sind viele überliefert worden, die meisten von einem anderen Diogenes, der zur Unterscheidung Laërtios hieß und uns schon mehrfach begegnet ist. Die wohl heute noch bekannteste dürfte in dem kleinen Dialog bestehen, den er, standesgemäß in einem alten Weinfaß lebend, mit Alexander dem Großen, dem künftigen Beherrscher eines Weltreiches, führte; der Gegensatz könnte kaum größer sein.

Abb. 1 Diogenes in seinem Faß. Ausschnitt eines in Köln gefundenen Mosaiks aus dem 2. Jhdt. u.Z. (Römisch-Germanisches Museum Köln)

Diese Szene gibt allerdings ein schiefes Bild von Diogenes, schief und vor allem verkürzt. Da lohnt sich ein Blick in die Überlieferung. Das beginnt schon damit, daß Diogenes sein Wohn-Faß offenbar als Notbehelf ansah, wie Diogenes Laërtios (VI 23) schreibt (Abb. 1):

> „Als er einen brieflich gebeten hatte, ihm ein Häuschen zu besorgen[,] und dieser zu lange auf sich warten ließ, nahm er das Faß im Metroon zu seiner Wohnung."

Das Faß war offenbar ein berühmtes und stand in Korinth im Tempel der Göttermutter Kybele, der zugleich Staatsarchiv war. Man weiß nicht, warum er gerade dieses auswählte, und falls er sich bewußt für einen dermaßen stark frequentierten Ort entschied, dann spricht das eher für eine gewissen Eitelkeit, wie sie ihm laut Diogenes Laërtios auch Platon vorhielt (VI 26):

„Als Platon ihn einst zu Gaste geladen hatte nebst Freunden, die von Dionysios her eingetroffen waren, trampelte er auf dessen Fußteppichen herum mit den Worten: „Ich trete des Platon anmaßende Hohlheit mit Füßen", worauf Platon sagte: „Welchen Grad von Aufgeblasenheit, o Diogenes, gibst du damit kund, der du dir einbildest, nicht aufgeblasen zu sein." Andere erzählen die Sache in folgender Form: Diogenes habe gesagt: „Ich trete des Platon Aufgeblasenheit mit Füßen", worauf dieser erwidert habe: „Ja, mit einer anderen Aufgeblasenheit, Diogenes.""

Die Begegnung mit Alexander hat wohl nicht an diesem Faß stattgefunden, sondern ist literarisch folgendermaßen überliefert – zunächst in der ältesten erhaltenen Version bei Cicero (Gespräche in Tusculum, V 92):

„Aber Diogenes war als Kyniker unbefangener [sc. als Xenokrates, der zögernd Geld von Alexander genommen hatte] und als ihn Alexander aufforderte zu sagen, ob er etwas brauche, erwiderte er: „Nur, daß du ein wenig aus der Sonne gehst (nunc quidem paululum, inquit, a sole)." Offenbar stand jener ihm im Weg, als er sich wärmen wollte. Außerdem pflegte er darzulegen, wie sehr er den Perserkönig an Lebensart und Reichtum übertreffe: Ihm fehle nichts, jener dagegen habe niemals genug; er begehre dessen Lüste nicht, an denen jener sich niemals sättigen könne, und jener könne die seinigen überhaupt nicht erreichen."

In der ausführlichsten Fassung bei Plutarch (Alexander 14) heißt es:

„Als die Griechen sich auf dem Isthmos versammelt und beschlossen hatten, den Feldzug gegen die Perser mit Alexander zu unternehmen, wurde er zum Führer gewählt. Als nun viele, Staatsmänner sowohl wie Philosophen, zu ihm kamen und ihn beglückwünschten, erwartete er, daß auch Diogenes von Sinope dasselbe tun würde, der in Korinth lebte, und da dieser, ohne sich im mindesten um Alexander zu kümmern, in aller Ruhe im Kraneion blieb, ging er selbst zu ihm. Er lag gerade in der Sonne und setzte sich nur eben ein bißchen auf, als so viele Leute herankamen, und blickte auf Alexander. Als dieser ihn mit seinem Namen begrüßte und ihn fragte, ob er irgendeine Bitte habe, antwortete er: „Nur eine kleine: geh mir aus der Sonne (Μικρόν, εἶπεν, ἀπὸ τοῦ ἡλίου μετάστηθι)!" Das soll auf Alexander einen solchen Eindruck gemacht und er soll über den Hochmut und die Größe des Mannes, der ihm solche Nichtachtung bewies, so gestaunt haben, daß er, während die Leute seiner Umgebung lachten und spotteten, sagte: „Nein, wahrhaftig, wäre ich nicht Alexander, so wäre ich Diogenes (Ἀλλὰ μὴν ἐγώ, εἶπεν, εἰ μὴ Ἀλέξανδρος ἤμην, Διογένης ἤμην)."'

In einer sehr kurzen Version bei Diogenes Laërtios (VI 38):

„Als er im Kraneion sich sonnte, trat Alexander an ihn heran und sagte: „Fordere, was du wünschest", worauf er antwor-tete: „Geh mir aus der Sonne (ἀποσκότησόν μου)."'

Beim Kraneion handelt es sich um einen Hain in Korinth, der als Ringplatz, also zum Training genutzt wurde.

Man erkennt, daß zum einen von dem Faß nicht die Rede ist (obgleich die Szene schon in der Antike mitsamt dieser Wohnstatt abgebildet wurde), und zum anderen, daß die entscheidende Äußerung, sieht man von der lateinischen Fassung Ciceros ab, in zwei Formulierungen überliefert ist. Die Pointe freilich ist in allen Fällen die gleiche. Und damit haben wir damit die freche, selbstbewußte und die Niedrigkeit der Ansprüche hervorkehrende Antwort. Dazu gibt es auch noch die Schilderung der Begrüßung (VI 60):

„Als Alexander einst bei einem Zusammentreffen zu ihm sagte: „Ich bin Alexander, der große König", sagte er: „Und ich bin Diogenes, der Hund."'

Das Gespräch umfaßte einer anderen Quelle zufolge (Dion von Prusa: 4. Rede über Königsherrschaft 19) freilich noch mehr. Dion zufolge soll Diogenes den verblüfften Alexander als einen Bastard bezeichnet haben – eine üble Beleidigung. Aber Diogenes wußte sie zu begründen: Seine eigene Mutter Olympias, verheiratet mit König Philipp von Makedonien, habe dies doch bestätigt, indem sie behauptet habe, nicht Philipp sei der Vater Alexanders, sondern ein Drache oder der ägyptische Gott Ammon (Amun) oder irgendein anderer Gott. „Und in diesem Falle wärst du eindeutig ein Bastard", nämlich – Gott hin, Gott her – kein eheliches Kind. Wie Alexander auf all dies reagiert hat, wird bei Diogenes

Laërtios nur an einer Stelle (VI 32) erwähnt: „Es geht auch die Rede, Alexander habe die Äußerung getan, wenn er nicht Alexander wäre, möchte er Diogenes sein." Was wir schon bei Plutarch gelesen haben. Dem, der möglichst viel wollte, imponierte vielleicht, daß da jemand möglichst wenig wollte. Plutarch gibt zu der schon in der Antike populären Geschichte eine ausführlichere Antwort Alexanders wieder (Über das Schicksal Alexanders; Moralia 332 A-B), in der er den Diogenes um Vergebung bittet für seine hochfliegenden Pläne im Sinne des Herakles und des Dionysos, dessen Indienzug er wiederholen wolle.

Das Faß tritt eindeutig in den Hintergrund, aber wir bekommen eine Vorstellung davon, zu welchen Frechheiten dieser Diogenes der Überlieferung zufolge imstande war. Lukian (Wie man Geschichte schreiben müsse 3) gibt allerdings an, Diogenes habe sich gewöhnlich in dem Faß aufgehalten, und indem er es im Kraneion lokalisiert, stellt er indirekt die Verbindung zu der Begegnung mit Alexander an diesem Faß her, obwohl Lukian bei dieser Gelegenheit eine ganz andere Anekdote berichtet.

Anscheinend hat Diogenes zumindest zeitweilig sogar einen Sklaven besessen, denn es heißt (VI 55), als ihm dieser entlaufen sei, habe er darauf verzichtet, nach ihm suchen zu lassen, sondern gesagt: „Es wäre doch lächerlich, wenn Manes ohne Diogenes, aber Diogenes nicht ohne Manes leben könnte." Vielleicht kann man es so sagen, daß Verzichten*können*, statt von Besitz abhängig zu sein, das Motto des Diogenes war. In diesem Sinne antwortete Diogenes bei einer Gelegenheit (VI 52) auf Nachfrage, er habe keinen Sklaven und keine Sklavin. „Und auf die weitere Frage: ‚Wenn du nun stirbst, wer wird dich aus dem Hause wegtragen?', entgegnete er: ‚Der, der das Haus nötig hat.'" Auch hier kann man erkennen, daß er nicht beständig in einem Faß lebte.

Bemerkenswert erscheint mir, wie er ein Schicksal aufnahm, daß damals vielen Menschen drohte, vor allem wenn sie zur See fuhren: Er fiel Seeräubern in die Hände, die ihn, da kein Lösegeld für ihn zu erwarten war (gemäß VI 75 lehnte er das ab), auf einem Sklavenmarkt anboten (VI 74):

„Auf der Fahrt nämlich nach Ägina fiel er Seeräubern in die Hände, an deren Spitze Skirpalos stand; von ihnen wurde er nach Kreta gebracht und zum Verkauf ausgeboten. Als der Herold ihn fragte, auf welches Geschäft er sich verstünde, antwortete er: „Menschen zu beherrschen (ἀνθρώπων ἄρχειν)." Dabei wies er auf einen vornehm gekleideten Korinther, den schon genannten Xeniades, mit den Worten: „Diesem verkaufe mich; er bedarf eines Herrn."

So kaufte ihn denn Xeniades, nahm ihn mit nach Korinth, gab ihn seinen Söhnen zum Lehrmeister und überließ ihm die Leitung des gesamten Hauswesens. Er aber bewährte sich in dieser Stellung dermaßen, daß Xeniades bei einem Rundgang durch das Haus sagte: „Ein guter Geist ist in mein Haus eingezogen.""

An anderer Stelle (VI 29) wird dies noch ergänzt durch die ausdrückliche Weisung des Diogenes an den Herold: „Rufe aus, ob einer gewillt sei, sich einen Herrn zu kaufen."

Zunächst war Xeniades wohl verblüfft oder gar empört über diese die normalen Verhältnisse auf den Kopf stellende Zumutung (VI 35 f.):

„Zu Xeniades, seinem Käufer, sagte er: „Wohlan, nun tue, was dir befohlen wird", und als dieser erwiderte: „Aufwärts richtet sich nun der Lauf der Flüsse (ἄνω ποταμῶν ἱερῶν χωροῦσι παγαί)", entgegnete er: „Hättest du als Kranker einen Arzt gekauft, würdest du ihm dann etwa nicht folgsam sein, sondern sagen, aufwärts richte sich nun der Lauf der Flüsse?""

Xeniades zitiert hier übrigens Euripides (Medea Vers 410). Daß ein Sklave gegenüber potenziellen Käufern angab, worauf er sich verstand, war üblich; aber „Menschen beherrschen" ist wohl die verstörendste Antwort, die man bei dieser Gelegenheit geben kann. Sie zeigt – oder soll zeigen – des Diogenes unerschütterliches Selbstvertrauen, so weit entfernt wie nur irgend möglich von einer sklavischen Gesinnung. In einer Variante berichtet Philon von Alexandria (ca. 25 v.u.Z.–50 u.Z.; Jeder gute Mensch ist frei 123 f.), der Käufer, dessen Namen er nicht nennt, sei ein besonders weibischer Mann gewesen, was der Geschichte eine andere Pointe gibt.

Der Spötter Lukian hat in seiner Satire auf die Philosophen (Der Verkauf der philosophischen Sekten 7–11) imaginiert, wie nicht nur alle damals populären Philosophen, sondern eben auch Diogenes auf dem

Sklavenmarkt angeboten würden, und läßt dabei neben diesem selbst und einem Kaufinteressenten den Gott des Handels, Hermes, als Herold auftreten:

> *Hermes:* Holla, du mit dem Schnappsack und den nackten Schultern, tritt hervor und geh im Kreise bei den Anwesenden vorbei! – Da, meine Herren, biet' ich euch einen tapferen Mann aus, einen trefflichen Mann, einen edlen freien Mann. Wer kauft?
> *Käufer:* Was sagst du da, Ausrufer? Du verkaufst einen freien Menschen?
> *Hermes:* Nicht anders.
> *Käufer:* Und du fürchtest nicht, daß er dich vor den Areopag ziehen und des Menschenraubes anklagen werde?
> *Hermes:* Es ist ihm einerlei, ob er verkauft wird oder nicht, denn er glaubt überall und unter allen Umständen frei zu sein (οἴεται γὰρ εἶναι παντάπασιν ἐλεύθερος).

Das trifft zweifellos die Gesinnung des Diogenes, auch wenn dem Käufer, nachdem er sich von Diogenes eine Einführung in dessen Philosophie angehört hat, ein solcher Sklave nicht mehr als zwei Obolen wert ist, wozu Hermes sagt: „Sollst ihn dafür haben! Wir sind froh, daß wir den lästigen Schreier los sind, der allen Leuten ohne Unterschied nichts als unartige und beleidigende Dinge sagt."

Daß er von den anderen Menschen in der Tat nicht viel hielt, wird aus zwei Anekdoten deutlich: „Einst rief er laut: ‚Heda, Menschen', und als sie herzuliefen, bearbeitete er sie mit seinem Stocke mit den Worten: ‚Menschen habe ich gerufen, nicht Unflat.'" (VI 32) – „Er zündete bei Tage ein Licht an und sagte: ‚Ich suche einen Menschen (ἄνθρωπον ζητῶ).'" (VI 41) Die zweite Anekdote ist wohl die bekanntere und wird manchmal noch so ausgeschmückt, daß er auf einem belebten Markt hin- und hergeleuchtet und auf die irritierte Frage, was er da suche, diese Antwort gegeben habe.

Zur Bewunderung war er nur fähig, wenn ihn jemand in seinem eigenen Ideal übertraf (VI 37):

> „Als er einmal ein Kind sah, das aus den Händen trank, riß er seinen Becher aus seinem Ranzen heraus und warf ihn weg mit den Worten: „Ein Kind ist mein Meister geworden in der Genügsamkeit.""

Und trotz aller Genügsamkeit würde er wohl heute bei dieser Szene wegen Erregung öffentlichen Ärgernisses festgenommen (VI 46): „Als er einst auf dem Markte Onanie betrieb, sagte er: ‚Könnte man doch den Bauch ebenso reiben, um den Hunger los zu werden.'" Einfacher wär's ja, aber unbedingt zusehen möchte man dem nicht.

Vom Schutz der Götter und deren Kult hielt Diogenes wohl nicht viel und drückte dies gewohnt „kynisch" aus, etwa (VI 49): „Einmal bettelte er eine Bildsäule an (um eine milde Gabe). Und als man ihn fragte, was er damit bezwecke, sagte er: ‚Ich übe mich in der Kunst, mir etwas abschlagen zu lassen.'" Oder an anderer Stelle (VI 45): „Als er einst sah, daß die Priester (Hieromnemonen) einen der Unterbeamten, der aus dem Tempelschatz eine Schale gestohlen hatte, abführten, sagte er: ‚Die großen Diebe führen den kleinen ab.'" Treffend ist auch sein Spott über die beliebten Votivtafeln und Geschenke an Götter für Heilungen und Rettungen (VI 59): „Als einer die Weihgeschenke in Samothrake anstaunte, sagte er: ‚Es wären deren noch weit mehr, wenn auch die nicht Geretteten solche Stiftungen machten.'" Die Wahrnehmung der Gläubigen ist hierin sehr selektiv.

Auch für die bücherliebenden Bildungsbürger hatte Diogenes anscheinend nicht viel übrig (VI 48):

„Als Hegesias ihn bat, ihm etwas von seinen Schriften zu leihen, sagte er: „Du kommst mir doch töricht vor, Hegesias; denn wenn es sich um getrocknete Feigen handelt, da willst du keine gemalten, sondern wirkliche haben; wo es sich aber um Geistesübung handelt, da willst du von wahrer Übung nichts wissen und wendest dich der geschriebenen zu.""

Das nimmt die auch heute noch bekannte Kritik auf, es bestehe ein großer Unterschied zwischen dem, was man liest, und dem, was man lebt – wobei letzteres das wahre Leben sei.

Über die Beschränkung auf die eigene Stadt bzw. den eigenen Stadtstaat setzte er sich hinweg mit dieser Bemerkung (VI 63): „Gefragt nach seinem Heimatort, antwortete er: ‚Ich bin ein Weltbürger (κοσμοπολίτης).'" Auch das Wort „Kosmopolit" stammt aus dem Griechischen.

Um den Überblick über die bei Diogenes Laërtios gesammelten Anekdoten abzuschließen, kann man die folgenden zwei anführen, eine über den Sinn der Philosophie (VI 63) und eine über den Tod (VI 67 f.): „Auf die Frage, welchen Gewinn ihm die Philosophie gebracht hätte, sagte er, wenn sonst auch nichts, so doch jedenfalls dies, auf jede Schicksalswendung gefaßt zu sein." – „Gefragt, ob der Tod ein Übel sei, sagte er: ‚Wieso ein Übel? Wenn er da ist, merken wir ja doch nichts von ihm.'" Hiermit nimmt er einen Gedanken vorweg, für den der Philosoph Epikur (341–270 v.u.Z.) berühmt geworden ist in seinem Brief an Menoikeus.

In satirischer Form läßt Lukian in seinen „Totengesprächen" (13) den Diogenes und den Alexander noch einmal aufeinandertreffen, und zwar als Tote im Hades, in der Unterwelt. Dort spottet Diogenes über Alexander und dessen hohe Ansprüche, hohe Ziele, die dort unten allesamt nichts mehr wert sind:

„Das möchte ich gern von dir erfahren, wie du die Erinnerung erträgst, wenn du daran denkst, wieviel Glück du auf Erden zurückgelassen hast, Trabanten, Knappen, Satrapen, soviel Gold, soviele Völker, die vor dir auf den Knien lagen, Babylon, Baktra, die großen Tiere (Elefanten), Ehre, Ruhm und die Huldigungen, die du bei deinen Ausfahrten empfingst, wann du im Wagen saßest, auffallend durch dein weißes Diadem auf dem Haupt und den Purpurmantel um deine Schultern. Betrübt dich das nicht, wenn es dir einfällt? – Was weinst du, du Tor? Nicht einmal dazu hat dich der weise Aristoteles erzogen, die Gaben des Schicksals nicht für zuverlässig zu halten."

Gewiß, der Tod ist der große Gleichmacher, und man kann schon im Leben auf das verzichten, was im Tode nichts mehr wert ist; allerdings stellt Lukian sich hier noch ein (wenn auch schattenhaftes) Leben nach dem Tode vor, während wir soeben den Standpunkt des Diogenes gelesen haben: „Wenn er da ist, merken wir ja doch nichts von ihm."

Das Prinzip des „audiatur et altera pars"

Daß in einer Streitsache, vor allem in einer rechtlichen, vor der Entscheidung (vor dem Urteil) auch die andere Seite angehört werden muß, der Beklagte ebenso wie der Kläger, gilt als ein eherner Grundsatz jeder Rechtsprechung, die ihren Namen verdient, also mehr ist als ein Machtspruch. Gerne wird dieses Prinzip bis heute in der lateinischen Form zitiert, was nicht mehr für viele Grundsätze gilt. Es kommt auch in der Variante „audi alteram partem – höre die andere Seite bzw. Partei an" vor.

Selbstverständlich setzt dieses Prinzip, soll es einen Sinn haben, voraus, daß der Richter unbefangen urteilen soll und nicht etwa von Vorgaben höherer Stellen abhängig ist, die an der Anhörung nicht teilnehmen: Es ist das Gericht, das entscheidet, und es entscheidet erst nach der Anhörung und in Abwägung der von beiden Seiten gemachten Aussagen. Damit im Zusammenhang steht die ebenfalls alte Regel, daß der Richter und nicht der Kläger das Urteil fällt: „Wo Kläger richten, herrscht Gewalt, nicht Satzung. (Ubi iudicat, qui accusat, vis, non lex valet.)" (Publilius Syrus V 30)

Daß der Satz lateinisch überliefert ist, läßt vermuten, daß er aus der Antike stammt. Ist dies tatsächlich der Fall? Das Prinzip stammt eindeutig aus der Antike und wird auch häufig genannt, die Formulierung freilich nicht. Die wohl älteste Version findet sich bei Aischylos in dem Drama „Die Eumeniden" (Vers 428): „Obwohl zwei [Parteien] anwesend, [liegt] nur die halbe Sache vor (δυοῖν παρόντοιν ἥμισυς λόγου πάρα)." Das heißt: Beide Seiten sind anwesend, aber erst eine – die halbe Sache also – ist angehört worden. Dem gilt es nun abzuhelfen.

Ganz eindeutig sagt es Aristophanes in „Die Wespen" (Verse 725 f.): „Ein verständiges Wort hat der Mann doch gesagt, der da sprach: ‚Eh du richtest, vernimm auch/Die andre Partei! (ἦ που σοφὸς ἦν ὅστις ἔφασκεν, πρὶν ἂν ἀμφοῖν μῦθον ἀκούσῃς,/οὐκ ἂν δικάσαις).'"

Sehr ausführlich und unter Berufung auf die Gerechtigkeit findet sich der Grundsatz in einem unechten, ihm nur zugeschriebenen und damit schwer zu datierenden Dialog Platons, „Demodokos"[1]:

> „Ich [Sokrates?] traf einen Mann, der seinen Freund zurechtwies, weil er dem Ankläger glaubte, ohne zuvor auch den Angeklagten gehört zu haben. Er [?] sagte also zu ihm, daß er ein großes Unrecht begehe, wenn er so den Mann verurteile, ohne doch selbst bei der Sache zugegen gewesen zu sein oder von Freunden darüber gehört zu haben, die bei ihr zugegen waren und deren Bericht er billigerweise Glauben schenken durfte, ja wenn er, ohne auch nur beide Teile gehört zu haben, so raschhin dem Ankläger glaube.
>
> Denn die Gerechtigkeit verlange, daß man ebensowohl die Verteidigung höre, bevor man lobe oder tadle, als die Anklage. Denn wie könne man wohl einen Streit richtig entscheiden oder Menschen nach Gebühr beurteilen, ehe man beide Parteien gehört habe?"

Mehr müßte man dazu eigentlich nicht sagen. Der anderen Seite vor der Entscheidung das Gehör zu verweigern, ist nicht mit der Gerechtigkeit eines Urteils vereinbar. Dies gilt vor allem (aber nicht nur) dann, wenn der Urteilende sich nicht auf eigene Beobachtung oder die Aussage glaubwürdiger Zeugen stützen kann.

Mehrfach wird der Grundsatz auch bei den attischen Rednern erwähnt, die es häufig nicht nur mit politischen Auseinandersetzungen, sondern auch als Anwälte mit Rechtsstreitigkeiten zu tun hatten. So zi-

---

[1] Platon: Sämtliche Werke. Hrsg. v. Wolfgang Stahl; Bd. 7, a. a. O., S. 143 f.

tiert Demosthenes (384–322 v.u.Z.) in seiner „Rede gegen Timokrates" (151) sogar einen förmlichen Eid, den die Geschworenen (Heliasten) abzulegen hatten: „Ich will den Ankläger und Verklagten auf gleiche Weise anhören (καὶ ἀκροάσομαι τοῦ τε κατηγόρου καὶ τοῦ ἀπολογουμένου ὁμοίως ἀμφοῖν)." Auf diesen Eid verweist Demosthenes auch in seiner „Rede vom Kranze" (2), wo er das Prinzip weitergehend erläutert:

„Das will nicht bloß besagen, daß ihr im voraus keine Meinung für oder wider fassen oder beiden Teilen gleiche Teilnahme schenken, sondern auch daß ihr jeder Partei gestatten sollt, in jeder beliebigen und ihr genehmen Ordnung und Weise ihre Sache zu führen."

An ein einschränkendes Äquivalent zu unserer förmlichen Strafprozeßordnung denkt er dabei offenbar noch nicht.

Der Redner Isokrates weist in seiner Rede „Antidosis" darauf hin (21 f.), daß es zwar dieses Prinzip und diesen Eid gebe, in der Praxis jedoch den Anklägern (Sykophanten) jede Möglichkeit gegeben, den Beklagten jedoch oft nicht zugehört werde – was Isokrates bemängelt. Eine Regel gibt eine Norm vor, beschreibt aber nicht die Realität.

Der jüngere Seneca schreibt in seinem Drama „Medea" (Verse 199 f.): „Wer beschließt, ohne die andere Partei anzuhören, ist, beschlösse er auch Gerechtes, nicht gerecht." Zur Gerechtigkeit gehört mithin nicht nur das Ergebnis, das Urteil, sondern auch die Verfahrensweise; andernfalls wäre das gerechte Urteil nur ein Zufall, im Grunde eine Willkür, wenn auch mit positivem Effekt. In diesem Sinne gab es ein Sprichwort, das dem Hesiod oder dem Demokrit zugerechnet wurde und auf das Cicero in seinen „Briefen an Atticus" verweist (VII 19, 4): „Du sollst nicht Recht sprechen, bevor du beide (Seiten) anhörst."

Der bekannten lateinischen Formulierung wenigstens nahe kommt Augustinus (De duabus animabus 14, 22): „Audi partem alteram! – Höre die andere Seite!"

In der spätantiken Rechtssammlung der Digesten (48, 17, 1) zitiert ein Edikt (Reskript) zweier römischer Kaiser, daß die Gerechtigkeit es nicht zulasse, jemanden zu verurteilen, der nicht gehört worden ist: „neque enim inaudita causa quemquam damnari aequitatis ratio patitur."

Interessanterweise hat dieses Prinzip als römische Rechtsregel Eingang auch in die Bibel gefunden, nämlich in der zwischen 60 und 70 u.Z. entstandenen „Apostelgeschichte", wo das Gerichtsverfahren gegen den Apostel Paulus geschildert wird (25, 16) und der Römer Festus den Agrippa belehrt:

> „Ich gab ihnen den Bescheid, es sei bei den Römern nicht Sitte, einen Mann auszuliefern, bevor der Beklagte den Klägern von Angesicht zu Angesicht gegenübergestanden sei und Gelegenheit erhalten habe, sich gegen die Anschuldigung zu verteidigen."

Von Angesicht zu Angesicht sollen sie einander gegenübertreten, der Kläger wie der Beklagte, und beide Gelegenheit zur Äußerung erhalten, also der Beklagte zu seiner Verteidigung.

Das Prinzip ist also völlig klar, doch seine bekannte Formulierung stammt nicht aus der Antike. Wenn wir nicht nach der Formulierung suchen, sondern die Praxis anschauen, so liefert uns Plutarch in seiner Biographie des Aristeides (4) eine schöne Anekdote:

> „So wird erzählt, daß er, als er einst als Kläger vor Gericht stand und die Richter nach seiner Anklagerede den Beklagten nicht hören, sondern gleich abstimmen wollten, aufgesprungen sei und gemeinsam mit dem Gegner gebeten habe, diesen anzuhören und ihm sein Recht zuteil werden zu lassen."

Nein, das Prinzip wurde nicht immer angewandt, und Aristeides erhielt wegen seiner Einstellung, die er auch hier zeigt, den Beinamen „der Gerechte". Womit er anscheinend einigen Leuten auf die Nerven ging, denn laut Plutarch (7) war Aristeides einst ein Kandidat für das jährliche Scherbengericht, bei dem die Athener den Namen desjenigen auf eine Scherbe schreiben durften, den sie für zehn Jahre in der Verbannung zu sehen wünschten.

> „Während nun damals die Scherben beschrieben wurden, soll ein ganz schlichter Bauer, der nicht schreiben konnte, seinen Scherben dem Aristeides als einem ersten besten hingereicht und ihn gebeten haben, Aristeides draufzuschreiben, und als dieser ihn verwundert fragte, ob Aristeides ihm

etwas zuleide getan habe, geantwortet haben: „Nein, ich kenne den Mann gar nicht, aber ich ärgere mich, wenn ich immer von ‚dem Gerechten' höre." Als er das hörte, habe Aristeides kein Wort erwidert, sondern nur den Namen auf die Scherbe geschrieben und sie ihm zurückgegeben."

Eine solche Scherbe mit seinem Namen, es muß nicht die nämliche sein, ist sogar erhalten (Abb. 1):

Abb. 1 Tonscherbe der Aristeides

Deukalion und die Sintflut

Der Mythos von der Sintflut, welche „die ganze Erde" überspült hat, ist dank des biblischen Berichtes (Genesis 6–8) noch heute gut bekannt. Dabei bedeutet das Wort im Althochdeutschen (sin[t]vluot) eine allgemeine, große Überschwemmung; erst im Mittelhochdeutschen ist daraus die Deutung als Sündflut entstanden, also als eine Flut zur Bestrafung der menschlichen Sünden. Dieser Mythos ist weit älter als der Bericht in der Thora: er geht bis weit in die Frühgeschichte, d. h. die Zeit der ältesten schriftlichen Aufzeichnungen zurück. So gibt es das Fragment einer altsumerischen Erzählung, die wohl aus dem Ende des 3. Jahrtausends v.u.Z. stammt und in der eine göttliche Stimme verkündet:

An die Mauer zu meiner Linken tritt und lausche;
An der Mauer will zu dir ein Wort ich reden!
O mein Frommer, dein Ohr öffne!
Von unserer Hand wird ein Zyklon über das Land Vernichtung bringen;
Den Samen der Menschheit zu vernichten, zu zerstören die Erde
Ist Entschluß und Entscheidung der Götterversammlung.[1]

---

[1] Die Religion der Babylonier und Assyrer. Hrsg. v. Arthur Ungnad. A. a. O., S. 121 f.

Auch von einer Arche ist dort bereits die Rede. Der vorbiblische Klassiker zum Thema ist dann das „Gilgamesch-Epos", dessen uns bekannte Version aus der Zeit um 1800 v.u.Z. stammt, dessen Vorformen jedoch zwischen 2600 und 2500 entstanden sind. Im 11. Buch berichtet Utnapischtim von dem dramatischen Ereignis, wie er eine Arche baute für sein Überleben und schließlich, als der Regen aufgehört hatte, nacheinander eine Taube, eine Schwalbe und einen Raben ausgesendet hat, um Land zu erkunden, und der Rabe nicht zurückgekehrt ist, auf diese Weise also die frohe Kunde vom Wiedererscheinen des Landes gebracht hat. Offenbar hatte auch Utnapischtim Tiere mitgenommen, obgleich das im Rahmen der Geschichte keine besondere Rolle spielt. Die Flut geht auf eine göttliche Entscheidung zurück, ohne daß gesagt würde, die Menschen hätten durch ihr Fehlverhalten diese Entscheidung verursacht. Vielmehr gibt es innerhalb der Götter sogar eine Kontroverse, in der Enlil der Vorwurf gemacht wird, er habe die Sintflut unüberlegt ausgelöst, und die Vernichtung aller Menschen, nicht nur der Frevler, sei nicht gerechtfertigt. Überschwemmungen kamen in Mesopotamien häufig vor, und eine besonders große mag der Keim dieser Geschichte gewesen sein.

In der Antike erwähnt Nikolaos von Damaskus in einem Fragment seiner „Universalgeschichte" (F 72) eine Sintflut (κατακλυσμός) und einen Berg, an dem die Arche gestrandet sei, „und Überreste des Schiffsholzes seien lange Zeit erhalten geblieben".

Größere Bedeutung hat aber im Rahmen der außerjüdischen Tradition die vielfach überlieferte Sage von Deukalion und Pyrrha. Wir können uns hierzu wiederum die Basis-Information bei Apollodor holen (I 46–49). Demnach war Deukalion der Sohn des Prometheus, seine Frau Pyrrha die Tochter des Epimetheus (des Bruders des Prometheus) und der Pandora, der ersten Frau. Zeus wollte das „eherne Geschlecht" (wohl eine Anspielung auf den Hesiod-Mythos von der Geschlechterfolge ab dem Goldenen Zeitalter) vernichten, wobei dieses eherne Geschlecht als sehr kriegsfreudig galt. Daraufhin baute Deukalion auf Anraten seines Vaters Prometheus einen schwimmfähigen Kasten (λάρναξ), in den er „alles Notwendige" hineinlegte und selbstverständlich seine Pyrrha mitnahm. „Zeus schickte nun viel Regen vom Himmel und überflutete so den größten Teil von Hellas, so daß alle Menschen – mit Ausnahme von wenigen, die sich auf hohe Berge geflüchtet hatten – ums Leben kamen."

Neun Tage lang regnete es, dann landeten Deukalion und Pyrrha auf dem Berg Parnassos. Deukalion stieg aus und brachte Zeus! ein Dankopfer, und zwar dem Zeus – der ja der Urheber der Katastrophe war – in seiner Form als Gott des Entkommens. Huldvoll sandte Zeus seinen Boten Hermes zu Deukalion und gewährte ihm einen Wunsch seiner Wahl. Deukalion wünschte sich weitere Menschen, „und Zeus befahl ihm, er solle Steine aufheben und sie über den Kopf hinter sich werfen. Die Steine, die Deukalion warf, wurden Männer, die von Pyrrha geworfenen Frauen." Nun kann also die Geschichte der Menschheit weitergehen. Und Zeus mit seinen Göttern, so möchte man hinzufügen, hat wieder Menschen, die ihm Opfer darbringen. Hyginus in seinen „Fabulae" erzählt es ebenso (153) und gibt als zusätzliche Information, daß die beiden am Ätna auf Sizilien gestrandet seien.

Die Frage der Schuld der Menschen und der Flut als Strafe bleibt hier im Hintergrund – wie auch im Gilgamesch-Epos – und ist keineswegs von einer mit der Bibel gleichzusetzenden Bedeutung. Es handelt sich eher um Götterlaunen.

Pindar in seiner 9. Olympischen Ode (Verse 41–56) erzählt die Geschichte in derselben Tendenz, sogar völlig ohne den Strafgedanken.

Plutarch (De sollertia animalium; Moralia 968F) erwähnt, anders als Apollodor, ein Detail, das wir aus dem Gilgamesch-Epos ebenso wie aus dem biblischen Mythos kennen: daß Deukalion als Test, ob sich schon irgendwo Land finde, eine Taube ausgesendet habe. Nur eine Taube, nicht erst einen Raben und dann eine Taube wie in Genesis 8, 7–12. Dieses hübsche Detail gibt es daher mit einem bis drei Vögeln.

Die umfangreichste und dramatischste Version aus der Antike hat Ovid in seinen „Metamorphosen" verfaßt (I 316–415). Er hebt die Verlassenheit von Deucalion und Pyrrha als den beiden einzig verbliebenen Menschen hervor und ihr Glück, wenigstens einander noch zu haben in ihrer Liebe:

> Wie wohl wär dir zu Mut, du Ärmste, wenn du dem Unheil
> ohne mich wärest entrissen? Wie könntest allein du das Bangen
> tragen? Und wer wohl wäre dein Tröster dann in der Trauer?
> Denn, die glaube mir! *ich*, wenn auch du vom Meere verschlungen,
> folgte, o Gattin dir nach, daß auch ich vom Meere verschlungen.

Sie finden einen Tempel der Themis, der Göttin des altgeheiligten Rechts, und erhalten von dieser einen rätselhaften Orakelspruch: „Von dem Tempel/geht, verhüllt euer Haupt und löst der Gewande Umgürtung,/werft dann hinter euch der Großen Mutter (magnae parentis) Gebeine!" Das soll ihr Problem lösen. Doch was bedeutet es? Pyrrha weigert sich schlicht, mit den Gebeinen irgendeiner Mutter zu werfen. Deucalion kommt auf die Lösung: gemeint ist die Mutter Erde, und deren Gebeine sind die Steine. Daraufhin machen sie es so, wie es Apollodor beschreibt, und es entstehen neue Männer aus Deucalions Steinen, neue Frauen aus denen Pyrrhas. Ovid schließt mit einer Deutung des mythischen Bildes: „Daher sind wir ein hartes Geschlecht, erfahren in Mühsal,/ geben so den Beweis des Ursprungs, dem wir entstammen." Wir sind Steingeborene. So auch Vergil in seinen „Georgica" (I 61–63): „durum genus". Hyginus: „Deshalb spricht man von „laos" (Volk), „laas" heißt nämlich auf Griechisch „Stein" (ob eam rem λαὸς dictus, λᾶας enim Graece lapis dicitur)."

Elephantis – Eine pornographische Autorin der Antike

Pornographie ist heute, spätestens seit der Existenz des Internets, beinahe allgegenwärtig. Und seit den Funden in der von einem Vulkanausbruch verschütteten Stadt Pompeji weiß man, daß sie auch in der Antike sehr verbreitet war – selbstverständlich im Rahmen der damaligen technischen Möglichkeiten, d. h. als Bilder, als Plastiken und selbst als Verzierung von Gebrauchsgegenständen. Das archäologische Nationalmuseum im Neapel, das viele der Fundstücke ausstellt, verfügt über eine eigene Abteilung dafür.

Doch gab es auch pornographische Literatur in der Antike? Von den Mönchen, die im Mittelalter antike Texte durch Abschreiben überlieferten, dürfen wir nicht ohne weiteres erwarten, daß sie sich damit abgegeben haben, sofern ihnen entsprechende Werke zur Verfügung standen.

Erotische Literatur (keine pornographische!) haben wir bei Ovid, etwa in seiner „Liebeskunst" (Ars amatoria), etwas Drastischeres dann, wenn es um den Gott Priapos (lat. Priapus) geht, der durchgängig mit erigiertem Glied dargestellt wurde. Ein anonymer Autor der römischen Kaiserzeit hat uns ein 80 Gedichte umfassendes „Corpus Priapum" hinterlassen, in dem es u. a. heißt (18): „Einen Riesenvorteil bietet dies mein Membrum (Penis, Glied) jederzeit:/nie und nimmer ist ein weiblich Wesen jemals mir zu weit!"

Diese männliche Angeberei ist anscheinend zeitlos. Interessanter ist da schon, daß wir Spuren einer Autorin namens Elephantis haben, die offenbar pornographische Literatur verfaßt hat. Es ist nicht viel, was wir erfahren, aber ein wenig doch. So erwähnt der ältere Plinius in seiner „Naturgeschichte" (XXVIII 81), Elephantis habe ein Abtreibungsmittel empfohlen, über dessen (Un-)Wirksamkeit er spottet. Sueton erzählt in seinen „Kaiserviten" (Tiberius 43), dieser Tiberius habe seine Schlafzimmer mit allerlei wollüstigen Bildern und Statuen ausgestattet, und er „legte zur Information die Bücher der Elephantis aus, damit niemandem bei den sexuellen Praktiken ein Muster für die befohlene Stellung fehle". Das klingt so, als ob diese Bücher eine Art Kamasutra der Liebesstellungen gewesen seien. Diese Annahme bestätigt Martial in einem seiner Epigramme (12, 43), wo er einem Dichter namens Sabellus dankt für Hinweise auf Liebesstellungen (zu fünft und mehr!), wie sie nicht einmal „die schlüpfrigen Büchlein der Elephantis (nec molles Elephantidos libelli)" enthielten. Elephantis zu übertreffen, galt also als besondere und ungewöhnliche Leistung.

Auch die erwähnten „Carmina Priapea" beziehen sich in einem Gedicht (4) auf diese Elephantis:

> Obszöne Bilder (obscenas tabellas) aus der Elephantis Buch
> bringt Lalage dem Gott mit steifem Phallus dar
> und bittet ihn um einen gütigen Versuch,
> denn was Bilder zeigen, kann sie wunderbar.

Daher hat es den Anschein, daß das Buch oder die Bücher der Elephantis sogar mit systematischen Täfelchen illustriert waren, was bei komplizierten Stellungen sicher hilfreich war.

Das byzantinische Lexikon der Suda nennt unter dem Stichwort Astyanassa (Ἀστυάνασσα) sogar mehrere Frauen, unter ihnen auch Elephantis, die sich in diesem Sektor hervorgetan haben.

Erwartungen hinsichtlich weiterer Details über Elephantis muß ich enttäuschen – mehr ist über sie nicht bekannt. Und wer an einer Begegnung mit antiker Pornographie interessiert ist, der sei auf das berühmte Geheimkabinett (das so geheim nicht mehr ist) im Archäologischen Nationalmuseum in Neapel verwiesen.

Gab es Gladiatorinnen?

Gleichsam auf halbem Wege zwischen Amazonen und Pornographie stehen die Gladiatorinnen der römischen Kaiserzeit. Die Gladiatoren sind natürlich noch bekannt und kommen sogar im heutigen Sprachgebrauch vor, nicht nur als Filmtitel. Hervorgegangen aus der etruskischen Sitte, am Grabe eines Verstorbenen Schaukämpfe auf Leben und Tod stattfinden zu lassen, hat sich seit dem 1. Jahrhundert v.u.Z. eine wahre Show-Industrie um dieses spezielle Spektakel entwickelt, völlig losgelöst von den ursprünglichen Bestattungsritualen. Meist waren die Kämpfer Sklaven, wie wir es schon im Falle des Spartacus gesehen habe. Und da sich die Phantasie an der Idee ungewöhnlicher Effekte entzündete, kam man offenbar auch auf den Gedanken, nicht nur Männer gegen Männer oder Männer gegen Tiere, sondern auch Frauen kämpfen zu lassen.

Die Berichte darüber sind freilich selten, d. h. es kam wohl nicht häufig vor – weit häufiger ist davon die Rede, daß Frauen, durchaus auch solche der Oberschicht, für besonders attraktive männliche Gladiatoren schwärmten.

Ein klares Beispiel haben wir aus der Archäologie, nämlich eine Tafel aus Halikarnassos (2. Jhdt. u.Z.), auf der zwei Gladiatorinnen mit den bezeichnenden Namen Amazona und Achilla abgebildet sind (Abb. 1):

Abb. 1 Gladiatorinnen aus Halikarnassos

An Textzeugnissen der Antike gibt es die folgenden: Im Jahre 19 u. Z. untersagt ein Beschluß des römischen Senats das Auftreten von Männern und Frauen höheren Standes (Senatoren, Ritter) als Gladiatoren in der Arena. Es handelt sich hier um die sogenannte „Tabula Larinas". Nun verbietet man ja nur etwas, das es auch gibt. Wir müssen uns hinzudenken, daß die Spiele in der Arena sehr populär waren, ebenso die dabei auftretenden Stars. Attraktiv war diese Aussicht wohl vor allem für verarmte Mitglieder der höheren Stände. Oder für Menschen mit einem zweifelhaften Geschmack, die es ja ebenfalls gibt.

Und wie es mit Verboten so geht – Kaiser Nero war nicht von der Art, sich an derlei zu halten. Bei Cassius Dio erfahren wir an zwei Stellen (LXII 17, 3; LXIII 3, 1), daß er Spiele veranstaltete, bei denen er Männer und Frauen (ausdrücklich wird gesagt: sogar von ritterlichem und senatorischem Stand) kämpfen ließ, sogar Kinder, davon manche gegen ihren Willen.

Dann lesen wir die Nachricht des Sueton in seinen Kaiserviten (Domitian 4, 1), dieser Kaiser, der 81–96 u.Z. regierte, habe zwei Besonderheiten bei den Spielen im Amphitheater eingeführt, nämlich einerseits nächtliche Spiele bei Fackelbeleuchtung, andererseits Kämpfe zwischen Frauen, neben den üblichen zwischen Männern. Dies wird bestätigt von Cassius Dio (LXVII 8, 4), der obendrein Kämpfe von Frauen gegen Zwerge unter Domitian erwähnt. Domitian hat anscheinend auch sonst das Groteske und Schockierende geschätzt.

Dazu paßt, daß zwei römische Satiriker aus der Zeit des Domitian über kämpfende Frauen gespottet haben: Juvenal (I 1, Verse 21 f.) und Martial (VI Verse 246–267). Juvenal vergleicht das damit, daß ein Eunuch sich eine Frau nimmt, während Martial – neben einer längeren Darstellung der sich rüstenden Frau – moralisierend schreibt: „Wie kann Sittsamkeit sich ein Weib im Helme bewahren,/Das vom Geschlecht sich entfernt, das Kraft liebt?" Dieser Spott lebt von der Vorstellung einer natürlichen Rollenverteilung, gegen die hier verstoßen werde, und das wäre heute von keiner größeren Bedeutung mehr, könnten wir ihm nicht entnehmen, daß es solche Kämpfe in der Arena zumindest vereinzelt gegeben hat.

Bei Cassius Dio (LXXVI 16, 1 in der Zusammenfassung des Xiphilinos) erfahren wir noch, daß unter dem Kaiser Septimius Severus im Jahre 200 u.Z. ein großer Wettkampf (ἀγὼν γυμνικός) oder Frauenkampf (ἀγὼν γυναικῶν)[1] stattgefunden hat, an dem auch Frauen teilnahmen. Dies sei in Heftigkeiten ausgeartet, die zur Verhöhnung von Frauen – auch solchen höheren Standes – geführt hätten; deshalb habe Septimius Severus Frauen das Einzelkämpfen (μονομαχεῖν) verboten. Diese Stelle wird als Verbot des Kampfes von Gladiatorinnen verstanden. Jedenfalls hören wir danach nichts mehr von ihnen.

Nicht ganz klar ist auch, ob eine manchmal in diesem Zusammenhang genannte Stelle bei dem Romanautor Petronius Arbiter aus der Zeit Neros (Satyrica 45, 7) sich auf historische Gladiatorinnen bezieht; dort ist von zu Wagen kämpfenden Frau die Rede, die sich jemand hält. Ein Roman, wie gesagt.

Soweit es also dieses Phänomen gegeben hat, wird man es mythisch an die Amazonen angeknüpft haben: Amazonen als spezielle Attraktion einer Vorstellung in der Arena. Daß damit emanzipatorische Akte von Frauen verbunden waren, kann man wohl ausschließen, denn Gladiatoren waren, daran sei erinnert, in der Regel Sklaven, und ein Auftritt in der Arena war kein Sklavenaufstand.

---

[1] Im Text steht eigentlich ἀγὼν γυναικὸς; die Stelle ist etwas unklar, beruht vielleicht auf einem Abschreibfehler und muß gedeutet werden.

Typhon – Der Teufel in der Antike

Die Gestalt eines bösen Gottes – als Gegengott zu dem oder den anderen – hat ihren Ursprung in der iranischen Religion des Zarathustra (Avesta: Yasna 30, 1–7, 8–11), nämlich in den Zwillingsgöttern Ahura Mazdah und Ahriman, wobei Ahriman das zerstörerische, böse Prinzip verkörpert. Im Judentum tritt eine solche Gestalt allmählich hervor (etwa im Buch Hiob), und im Christentum, d. h. im Neuen Testament, ist sie entwickelt als Satan, Diabolos (der Verwirrer), Lucifer, Teufel. Dabei entstammt der Mythos vom abgefallenen Engel nicht dem kanonischen Text der Bibel, sondern sogenannten apokryphen Texten (Das Leben Adams und Evas).

Hat es einen solchen bösen Gott oder Gegengott auch innerhalb der polytheistischen Vorstellungen der Antike gegeben? Dies ja, wenn auch nicht im Rahmen eines bipolaren Weltbildes, sondern als eine Gestalt unter vielen: Typhoeus oder Typhon. Er ist – heute erst recht – nicht sehr bekannt, wird allerdings durchaus in mehreren Quellen erwähnt.

Das unter diesen beiden Namen – ich entscheide mich im Folgenden für Typhon – bekannte Wesen war ein Riese, der von der Erdmutter Gaia [Γῆ] und dem Erdschlund Tartaros gezeugt worden war, nachdem Zeus die Titanen, Kinder der Gaia und des Uranos, in diesen Erdschlund verbannt hatte. Typhon ist daher ein von den alten Mächten, den alten Göttern nach ihrer Niederlage gegen die neuen, die olympischen Götter geschaffener Gegengott. Sozusagen ein Rächer der Enterbten.

Zuerst berichtet Hesiod in seiner „Theogonie" ausführlich (Verse 820–880) über ihn als über ein monströses Ungeheuer:

> Dessen Arme sind gewaltig, Taten zu vollbringen,
> Und unermüdlich sind die Füße des starken Gottes;
> Und aus seinen Schultern kamen hundert Schlangenköpfe,
> Köpfe furchtbarer Drachen,
> Züngelnd mit schwarzen Zungen,
> Und aus den Augen in den grauenvollen Köpfen
> Schoß er Flammen hervor unter den Brauen.
> Ja von all seinen Köpfen lohte Feuer,
> In seinen Blicken.
> Und Stimmen waren in den schrecklichen Häuptern,
> Die mannigfachen Laut, unsagbaren, entsandten;
> Zuweilen nämlich tönten sie so,
> Daß Götter sie verstanden,
> Dann wiederum mit des lautbrüllenden Stiers,
> Des unaufhaltbar wütigen, Stimme, des stolzen,
> Dann wiederum mit der eines Löwen,
> Der wilden Mutes nichts scheut,
> Dann wiederum dem Belfern
> Eines Wurfs junger Hunde gleich,
> Ein Wunder zu hören,
> Dann wiederum zischte er,
> Und wider tönten die weiten Berge.

Dieser Typhon tut nun sogleich das, wofür er da ist: er nimmt den Kampf gegen Zeus auf. Ehe man nun hier von einem Kampf des Bösen gegen das Gute spricht, muß man bedenken, daß das vorangehende Zeitalter unter der Herrschaft des Titanen Kronos als das Goldene Zeitalter galt. Typhon jedoch steht für die Rache an den jungen Siegern. Apollodor (I 39–44) schildert sein Aussehen so:

> „ein Mischwesen aus Mensch und Tier. Er übertraf an Größe und Stärke alle anderen Kinder der Ge. Bis zu den Schenkeln war er menschengestaltig, aber so groß, daß er alle Berge überragte und sein Kopf oft die Sterne berührte. Hände hatte er, von denen erstreckte sich die eine bis zum

Abend (nach Westen), die andere bis zum Morgen (nach Osten), und hundert Köpfe von Drachen waren mit ihnen verwachsen.
Von den Schenkeln an ringelten sich riesige Nattern, die laut zischten und ihm mit ihren Windungen bis an den Kopf reichten. Sein Leib war überall gefiedert, von Kopf und Kinn wallten ihm struppige Haare und seine Augen sprühten Feuer. So ein Wesen also war Typhon, der glühende Felsen gegen den Himmel schleuderte und fauchend und brüllend anstürmte. Aus seinem Mund floß ein feuriger Glutstrom."

Und auch wenn er hier „ein Mischwesen aus Mensch und Tier" genannt wird, so betrifft dies nur seine Gestalt; dem Wesen nach ist er ein unsterblicher Gott wie die Titanen. Aber ein mit einem Grauen behafteter, das der christlichen Empfindung gegenüber dem Satan, dem „Gottseibeiuns", gleicht.

Der gigantische Kampf mit Zeus, „dem Vater der Menschen und Götter", läßt – in der Schilderung bei Hesiod und Apollodor – die Erde beben und das Meer tosen. Am Himmel donnert und blitzt es, Berge werden gespalten, sogar geschleudert. Eine besonders dramatische Szene, die zeigt, daß Zeus am Rande einer Niederlage stand, ist diese bei Apollodor:

„Typhon aber umschlang ihn mit seinen Windungen und ergriff ihn so, entriß ihm die Sichel und durchschnitt ihm die Sehnen an Händen und Füßen. Dann hob er ihn auf seine Schultern, trug ihn durch das Meer nach Kilikien und legte ihn nach seiner Ankunft in der Korykischen Höhle ab. Dort verbarg er auch, in eine Bärenfell gewickelt, die Sehnen und setzte die Drachenfrau Delphyne als Wächterin ein. Halb ein Tier war dieses Mädchen. Hermes und Aigipan aber stahlen die Sehnen und paßten sie Zeus heimlich wieder an."

Man merkt, daß dieser Kampf, anders als derjenige Gottes mit dem Satan, kein geistiger ist, sondern ein physischer, eine Art kosmischer Ringkampf. In ihm hat Zeus seine Helfer (unter anderem die genannten), während Typhon auffallenderweise alleine kämpft. Schließlich entscheidet Zeus die Auseinandersetzung, indem er den Ätna auf Typhon schleudert, „und es heißt, daß bis heute von den geschleuderten Wetterstrahlen Feuer aus ihm hervorkommt" (Apollodor). Der sizilische Vulkan kündet also noch heute von diesem Kampf. Laut Hesiod setzte Zeus sogar den Typhon selbst in Brand, und die in ihm eingesetzten Winde

Abb. 1 Typhon (6. Jhdt. v.u.Z.)

bedrohen weiterhin die Schiffer. Strabon (XVI 2, 7) lokalisiert diesen Kampf in Syrien und erwähnt, daß Typhon bei dem Versuch, in einen Erdschlund zu entkommen, einen Fluß habe entspringen lassen, der zunächst nach ihm benannt worden sei, heute (d. h. zu seiner Zeit) aber Orontes heiße (Abb. 1).

Eine ganz andere Version der Geschichte finden wir in einem der Homer zugeschriebenen Hymnen (An Apollon, Verse 300–355), demzufolge Typhon das Kind der Gattin des Zeus war, der Hera, das diese hervorbrachte, weil sie darüber erzürnt war, daß „der Kronide im eigenen Haupt die gerühmte Athena zeugte". Eine Art ehelicher Eifersucht also: Was du kannst, kann auch ich! Dazu greift sie auf das alte Geschlecht der Titanen zurück, verweigert sich Zeus im Ehebett und läßt diesen Typhon entstehen, von dem es heißt:

> […] er glich nicht Göttern, nicht Menschen,
> Schrecklich war er und arg, ein Unheil war er den Menschen.
> Hera mit Augen der Kuh, die Waltende, nahm ihn und gab ihn
> Gleich der Drachin, das Übel dem Übel, und diese empfing ihn.
> Er schuf Übles genug den ruhmvollen Völkern der Menschen.

Die „Drachin" trägt den Namen Python, die sich des Typhon annimmt, und es wird an dieser Stelle berichtet, daß Zeus sie mit einem Bogenschuß getötet habe; nicht berichtet wird hier, was aus dem Typhon selbst geworden ist – außer daß er den Menschen viel Kummer bereitet hat. Auch darin gleicht er dem Teufel.

Daß der Ätna dem Typhon zur Falle wurde, schreibt auch Pindar in seiner 4. Olympischen Ode (Verse 6–8), und in der 1. Pythischen Ode (Verse 12–28) steht, daß er dort, am Grunde des Ätna als seinem Tartaros, gefesselt ist. So auch Hyginus in seinen „Fabeln" (152).

Eine für die Götter etwas peinliche Episode des Kampfes gegen Typhon beschreibt Ovid in seinen „Metamorphosen" (Verse 318–331), wo er eine Nymphe erzählen läßt, die olympischen Götter seien vor dem gräßlichen Feind nach Ägypten geflohen.

> Doch sei auch dorthin gelangt der erdentsprossene Typhoeus,
> und die Götter hätten in Lügengestalt sich geborgen.
> „Juppiter ward", so sang sie, „ein Führer der Herde, und deshalb
> bildet im Widdergehörn man jetzt noch den libyschen Ammon.
> Phoebus barg sich als Rabe, als Bock sich der Semele Sohn, als
> Katze die Schwester Apolls, als schneeige Kuh sich die Juno,
> Venus in Fisches Gestalt, Mercur im Gefieder des Ibis."

Sich vor dem Feind zu verstecken, gilt ja als nicht ehrenhaft, zumal für unsterbliche Götter.

Plutarch schließlich fügt in „Über Isis und Osiris" (Moralia 363A-D) noch eine bemerkenswerte Information hinzu, nämlich daß Typhon mit dem ägyptischen Gott Seth zu identifizieren sei, dem großen Gegenspieler des Osiris und dessen Schwester Isis. Und weil die Ägypter sich Typhon alias Seth rot vorstellten, opferten sie von den Rindern nur die roten. „Aus diesem Grund sprachen sie über den Kopf des Opfertieres Flüche aus, schlugen ihn ab und warfen ihn in den Fluß. So war es früher üblich; jetzt verkaufen sie ihn an die Fremden." Und Plutarch fügt hinzu: „Die Ähnlichkeit mit Typhon trifft nach ihrer Meinung [...] auch den Esel, ebensosehr wegen seiner Dummheit und Frechheit wie wegen seiner Farbe. Deshalb gaben sie dem meistgehaßten von den persischen

Königen, Ochos, einem Scheusal, den Beinamen ‚Esel'." Den Beinamen Ochos erhielt der König Artaxerxes III. (reg. 359–338 v.u.Z.), der einen berüchtigten Feldzug gegen Ägypten führte.

Hier wird Typhon am deutlichsten mit etwas Bösem, Verabscheuenswerten verbunden. Auf diese Weise hatte also auch die vorchristliche Antike ihren Teufel, eingebunden in eine polytheistische Religion, bei welcher der große Feind die von neuen Mächten besiegte Vergangenheit verkörperte.

Achilles – Der Held als Mädchen

Achill, das war der Inbegriff des Helden, der männlichste aller Männer in der Antike und als solcher Vorbild für diejenigen, die im Männergeschäft des Krieges reüssieren wollten. Seinetwegen, so Plutarch (Alexander 26) bewahrte Alexander der Große auf seinem Feldzug gegen den persischen Großkönig Dareios III. seinen kostbarsten Schatz in der kostbarsten Truhe auf:

> „Als man ihm ein Kästchen brachte, das denen, die die Schätze und das Gepäck des Dareios zu übernehmen hatten, als das kostbarste Stück erschien, fragte er seine Freunde, welcher Wertgegenstand ihrer Meinung nach am ehesten hineingelegt werden sollte. Da nun vielerlei Vorschläge gemacht wurden, sagte er selbst, er werde die Ilias hineinlegen und darin aufbewahren."

Und noch heute wird man mit Achill wohl nichts anderes assoziieren als männliche Tapferkeit und Kampfkraft. Er war der Sohn einer subalternen Göttin, Thetis, und eines menschlichen, daher sterblichen Vaters, Peleus. In dieser Konstellation war Achill selbst sterblich, kein Gott. Wäre sein Vater ein Gott und seine Mutter menschlich gewesen, hätten die Chancen auf Unsterblichkeit besser gestanden. So aber muß er sich mit derjenigen Unsterblichkeit begnügen, die Homer ihm verliehen hat: im Rahmen eines literarischen Meisterwerkes. Dennoch lebte dieser Held zeitweilig als Mädchen:

„Als Achilleus neun Jahre alt geworden war, sagte Kalchas, daß Troja ohne ihn nicht eingenommen werden könne; Thetis aber wußte voraus, daß er im Feldzug umkommen müsse, verbarg ihn deshalb in Frauenkleidern wie eine Jungfrau und vertraute ihn dem Lykomedes an. Dort also wuchs er auf und schlief mit der Tochter des Lykomedes, Deïdameia. So wurde ihm der Sohn Pyrrhos geboren, der wiederum später Neoptolemos genannt wurde. Odysseus aber suchte den Achilleus, der bei Lykomedes verraten wurde, und fand ihn, indem er eine Trompete blasen ließ. Auf diese Weise kam Achilleus nach Troia."

So schreibt es Apollodor (III 174). Die Mutter wußte also, daß ihr geliebter Sohn im Krieg um Troja umkommen würde, während andererseits die Griechen wußten, daß sie nicht ohne Achill diesen Krieg würden gewinnen können. Daher wiederum wußte Thetis, daß sie kommen und ihren Sohn holen würden. Um dies zu verhindern, vertraute sie ihn einem Gewährsmann an und ließ ihn bei diesem als Mädchen aufwachsen.

Hyginus in seinen „Fabeln" (96) schildert die Situation und vor allem die List des Odysseus ausführlicher:

„[...] Dieser [sc. Lykomedes] hielt ihn in Frauenkleidung mit verändertem Namen unter seinen unverheirateten Töchtern versteckt: Die Mädchen nannten ihn nämlich „Pyrrha", da er blonde Haare hatte. Denn „blond" heißt auf Griechisch „pyrrhon" (πυρρόν)".

Als die Achäer jedoch in Erfahrung brachten, daß er dort verborgen werde, sandten sie Unterhändler zu König Lykomedes mit der Bitte, ihn den Danaern [Griechen] zu Hilfe zu schicken. Obwohl der König sagte, er sei nicht bei ihm, gab er ihnen die Möglichkeit, im Palast nach ihm zu suchen.

Als sie nicht erkennen konnten, wer es war, legte Odysseus in die Vorhalle des Palastes Gaben für Mädchen, dazu aber auch einen Schild und eine Lanze. Dann ließ er plötzlich Trompete blasen und Waffenlärm und Geschrei ertönen. In der Meinung, ein Feind sei erschienen, zerfetzte Achill sein Frauenkleid und riß den Schild und die Lanze an sich. Daran erkannte man ihn, und er versprach, den Argivern seine Dienste und seine Myrmidonen als Soldaten."

Achilles – Der Held als Mädchen

Daß er sich im Grunde schon durch seine sexuellen Gelüste gegenüber der Tochter des Diomedes verrät und mit ihr sogar einen Sohn, Neoptolemos, zeugt, ist nicht so entscheidend – wird wohl, weil intern geschehen, vertuscht worden sein –, wie es der Umstand ist, daß er sich angesichts der dargebotenen Gaben für die des Kriegers statt die der Mädchen entscheidet. Er ist eben doch kein Mädchen, sondern ein als Mädchen verkleideter Mann. Dennoch hat er, dem Mythos zufolge, jahrelang als Mädchen gelebt. Das Motiv war die Sorge der Mutter, während er selbst vermutlich noch nichts von seiner Bestimmung wußte.

Das löste auch in der Antike schon Staunen wegen der Inadäquatheit der Rollen aus; so sind aus dem Drama „Skyrioi" des Euripides die Verse überliefert (Fragm. 683a [*910]): „du aber löschst das strahlende Licht des Stammes und krem-/pelst Wolle, der Sohn des besten Mannes unter den Griechen?" Die Skyrier waren das Volk des Lykomedes.

Ausführlich hat die Szene der Entdeckung der römische Dichter Statius (Publius Papinius Statius, ca. 45–96 u.Z.) in seiner „Achilleis", welche die Jugend des Achill behandelt, dargestellt (I Verse 819–857). Er läßt die Mädchen mitsamt Achill spielen, wobei zu diesen Spielen allerdings auch ein Amazonentanz (pecten Amazonius) gehört (Vers 833) – ohne daß dabei ein irgendwie auffallendes Verhalten des Achill berichtet wird. Um so dramatischer der Moment, in dem er unter den Geschenken die Waffen bemerkt, welche die echten Mädchen für Gaben halten, die ihren Eltern vorbehalten sind. Er schrie, rollte die Augen, die Haare standen ihm zu Berge (Verse 855 f.); alle Warnungen seiner Mutter waren vergessen, und er dachte nur noch an eines: Troja!

Auf diese Waffen kommt Odysseus (lat. Ulixes) bei Ovid (Metamorphosen XIII Verse 179 f.) noch einmal zu sprechen, als nämlich Achill tot ist, gefallen vor Troja, und es um die Verteilung seiner Hinterlassenschaft geht:

> Hier die Waffen heisch ich um die, durch welche Achill sich
> fand; dem Lebenden gab, von dem Toten verlang' ich sie wieder.
> (illis haec armis, quibus est inventus Achilles,
> arma peto: vivo dederam, post fata reposco.)

Die Waffen, mit deren Hilfe er einst Achill überlistet hat, reklamiert er für sich.

Man wird nicht sagen können, daß in diesem Mythos – wie beim antiken Typus des Hermaphroditen oder Intersexuellen – die Grenzen der Geschlechter verschwimmen; vielmehr wird suggeriert, daß nicht einmal das eifrigste Bemühen der Mutter, aus ihrem Sohn ein Mädchen zu machen, bei einem „wahren Mann" erfolgreich sein kann. Selbst wenn der Preis dafür der Tod ist.

Lachen in der Antike

Abgesehen davon, daß Lachen allgemein menschlich ist, wird man von einer Kultur, welche die Komödie erfunden hat, auch in dieser Hinsicht einiges erwarten dürfen. Auffallend ist obendrein, daß in Athen Tragödien nicht nur im Rahmen eines Wettbewerbs, sondern zumindest ursprünglich als Trilogie, also als Folge eines zusammenhängenden Stoffes, aufgeführt wurden, daß dann jedoch gleichsam als vierter Teil ein Satyrspiel folgte, in dem über diejenigen Götter, deren schicksalsschweres Walten in dem vorangehenden Teil dargestellt worden war, gelacht wurde. Nicht minder auffallend ist, wie wenig gerade von diesen Satyrspielen überliefert ist: nämlich nur ein einziges vollständig, der „Kyklops" des Euripides. Das Lachen über Götter war anscheinend nicht nach dem Geschmack derjenigen, die uns antike Texte durch Abschreiben überliefert haben. Der Name für dieses literarische Genre leitet sich ab von den Satyrn, dem Gefolge des Dionysos, die immer den Chor des Stückes bildeten. Mit der vor allem in Rom populären Satire hat das wenig zu tun.[1]

---

[1] Vgl. Ralf Krumeich, Nikolaus Pechstein und Bernd Seidensticker (Hrsg.): Das griechische Satyrspiel. Darmstadt 1999.

Da Lachen im Theater – sei es als Komödie oder eben als Satyrspiel – fast immer in eine bestimmte Situation eingebunden ist, die zu schildern statt zu erleben eher unkomisch ist, möchte ich mich hier auf die Wiedergabe einiger Witze und scherzhafter Bemerkungen beschränken, die auch isoliert funktionieren. Daß unterschiedliche Menschen über Unterschiedliches lachen, also nie der Geschmack eines jeden getroffen wird, versteht sich – zumal viele Scherze sich gegen etwas richten.

Beginnen wir mit dem grimmigen Humor des Timon von Athen, der etwa um 400 v.u.Z. lebte und als ausgesprochener Misanthrop bekannt war. Von ihm heißt es bei Plutarch (Antonius 70):

> „Man erzählt auch, als die Athener einmal Versammlung hielten, sei er auf die Rednertribüne gestiegen und habe damit wegen der Ungewöhnlichkeit des Vorfalls Schweigen und große Erwartung erregt. Darauf habe er gesagt: „Ich habe ein kleines Grundstück, ihr Athener. Auf dem ist ein Feigenbaum gewachsen, an dem sich schon viele Bürger aufgehängt haben. Da ich nun den Platz bebauen will, so wollte ich das in aller Öffentlichkeit voraussagen, damit, falls etwa einige von euch Lust dazu haben, sie sich noch erhängen können, bevor der Feigenbaum gefällt wird.""

Weitere Anekdoten solcher Art sind von diesem Timon überliefert.

Da man leicht versucht ist, dem Satz zuzustimmen, daß „die" Menschen der Antike an Vorzeichen aller Art glaubten, macht die folgende Anekdote klar, daß es – selbstverständlich – auch damals Skeptiker gab. Hier handelt es sich um den berühmten Karthager Hannibal, der nach seiner Niederlage im Zweiten Punischen Krieg gegen die Römer bei einem König namens Prusias in Kleinasien als militärischer Berater Zuflucht gefunden hatte. Cicero (Von der Weissagung II 52) berichtet:

> „König Prusias sagte, er wage es nicht, sich auf eine Schlacht einzulassen, obwohl Hannibal, der bei ihm in der Verbannung weilte, sich dafür aussprach; die Eingeweide seien nämlich ungünstig. „Tatsächlich", erwiderte Hannibal, „du traust lieber einem Stück Kalbfleisch als einem alten General?""

Diese Anekdote ist gleich mehrfach überliefert, nämlich auch bei Valerius Maximus (III 7, ext. 6) und bei Plutarch (Über das Exil, Moralia 606C).

Ganz in diesem skeptischen Sinne ist eine Bemerkung des römischen Admirals Publius Clodius Pulcher, der im Ersten Punischen Krieg vor einer Seeschlacht stand (249 v.u.Z.):

„Vor Sizilien stellte Claudius Pulcher die Auspizien; die Hühner wollten nicht fressen, da ertränkte er sie unter Mißachtung der Religion im Meer, damit sie sozusagen trinken sollten, wenn sie schon nicht fressen wollten (quasi ut biberent quando ēsse nollent); dann begann er das Seegefecht. Und er wurde besiegt."

So überliefert es Sueton (Tiberius 2), und so hat es schon vor ihm Cicero überliefert (Von der Natur der Götter II 7 f.): „damit sie saufen könnten, wenn sie schon nicht fressen wollten (ut biberent, quoniam ēsse nollent)". Beide Autoren mißbilligen als traditionsbewußte Menschen diese Haltung tief, haben daher vermutlich nicht darüber gelacht.

Als der Ptolemäerkönig Ptolemaios II. 274 v.u.Z. in Ägypten seine leibliche Schwester Arsinoë heiratete, verspottete ihn ein gewisser Sotades mit den Worten: „Unheilig das Loch, in das du alsbald den Stachel stößest (εἰς οὐχ ὁσίην τρυμαλίην τὸ κέντρον ὠθεῖς)." (Plutarch: Über Kindererziehung, Moralia 10F). Ptolemaios empfand das nicht als komisch und bestrafte den Sotades hart: nach Plutarch mit einer langen, harten Gefängnisstrafe, nach Athenaios (der die Geschichte ebenfalls überliefert: 621A), indem er ihn in ein geteertes Faß stecken und ins Meer werfen ließ. Ptolemaios II. aber wurde „Philadelphos" genannt: der Geschwisterliebende – was man ja durchaus als Ironie auffassen kann.

Viel Spott dieser Art zog auch Nero auf sich. Als er einen Jüngling, den er liebte, den Sporus, kastrieren und wie seine Frau ausstaffieren ließ, hieß es, „daß es um die Menschheit doch ganz gut hätte stehen können, wenn der Vater Domitius auch eine solche Frau gehabt hätte." (Sueton, Nero 28, 1) Und nachdem Nero seine Mutter Agrippina hatte umbringen lassen, soll auf dem Forum ein ausgesetztes Kleinkind gefunden worden sein mit einem Täfelchen um den Hals, auf dem stand: „Ich will dich nicht großziehen, damit du deine Mutter nicht umbringst." (Cassius Dio: Epitome zu Buch LXII) Das muß man schon makaber nennen. Nach dem Brand Roms ließ Nero, wie schon erwähnt, auf dem freigewordenen Platz sich eine Palastanlage in nie gekannter Ausdehnung bauen, die Domus aurea. Die Römer witzelten darüber:

> Rom wird ein Haus werden: Wandert aus, Römer nach Veji,
> wenn nicht auch noch Veji dieses Haus da einnimmt.
> (Roma domus fiet: Veios migrate, Quirites,
> si non et Veios occupat ista domus.)

So berichtet es Sueton (Nero 39). Veji war ein etwa 15 km entfernter Nachbarort Roms.

Es gibt da noch einen Witz, den ich wunderbar finde, der allerdings schwer zu übersetzen ist. Es ging darum, daß Philipp von Makedonien, der Vater Alexanders des Großen, erhebliche Teile Griechenlands besetzt hatte und nun seinen Besuch den im Süden, auf der Peoloponnes lebenden Spartanern ankündigte. „Wollt ihr, daß ich als Freund oder Feind komme?", fragte er. Die Spartaner, daran sei erinnert, waren für ihre extrem kurzen (lakonischen) Bemerkungen berühmt; in diesem Falle bestand die Erwiderung aus einem einzigen Wort: „οὐδέτερον." Was man als „weder – noch" oder „keins von beiden", aber eben nicht in einem Wort übersetzen kann. (Plutarch, Moralia 233E)

Es ist aus der Antike sogar eine, eine einzige Witzsammlung überliefert: der „Philogelos" (Lachfreund). Der Autor oder Sammler ist nicht bekannt, die Sammlung dürfte zwischen dem 3. und dem 5. Jahrhundert entstanden sein; verfaßt ist sie in griechischer Sprache. Einige Beispiele möchte ich daraus vorstellen.

Zunächst eines (148), das man noch heute verwenden kann: „Ein Schlagfertiger antwortete, als ihn ein geschwätziger Friseur fragte, wie er ihm die Haare schneiden sollte: ‚Schweigend.'" Wer es mit Astrologen hält, dem mag dies (187) ge- oder mißfallen:

> „Ein grober Astrolog stellte das Horoskop eines kränklichen Knaben und versprach, daß er ein langes Leben haben werde. Danach forderte er seinen Lohn. Als die Mutter sagte: „Ich will ihn dir morgen geben", erwiderte er: „Wie, wenn er heute nacht stirbt? Soll ich da meinen Lohn einbüßen?""

Über das Verhältnis von Frauen und Männern ist ein Wort des Themistokles überliefert (Platon, Symposion 215a; Plutarch, Themistokles 18):

„Denn der sagte einmal, als sein Sohn durch die Mutter vielerlei von ihm verlangte: „Frau, die Athener regieren die Griechen, ich die Athener, du mich, und dich unser Sohn; darum möge er einen bescheidenen Gebrauch von der Gewalt machen, durch die er mit seinem Unverstand der mächtigste Mann Griechenlands ist.""

Von der frauenfeindlichen Sorte – so scherzte man damals noch ungeniert – ist dieses Beispiel (248):

„Für einen kranken Weiberfeind bestand kaum noch Hoffnung. Als aber seine Frau zu ihm sagte: „Wenn dir etwas zustößt, hänge ich mich auf", richtete er seine Augen auf sie und sagte: „Mache mir diese Freude noch, solange ich lebe (Ζῶντί μοι τοῦτο χάρισαι)!""

Mit solch einer unfreundlichen Bemerkung wollen wir aber nicht voneinander scheiden. Deshalb zum Schluß noch ein Scherz des Diogenes von Sinope, über den sich allenfalls Philosophen ärgern können. Er steht bei Diogenes Laërtios (VI 40):

„Als Platon die Definition aufstellte, der Mensch sei ein federloses zweifüßiges Tier, und damit Beifall fand, rupfte er einem Hahn die Federn aus und brachte ihn in dessen Schule mit den Worten: „Das ist Platons Mensch"; infolgedessen ward der Zusatz gemacht: „mit platten Nägeln"."

So kann es gehen, wenn man unvorsichtig und vorschnell urteilt ... und dann noch auf einen spöttischen Zeitgenossen trifft.

Anhang

Eponomasien aus der Antike

Unter einer Eponomasie versteht man den Fall, daß ein Eigenname im Sprachgebrauch zur Bezeichnung eines ganzen Menschentypus' wird. Das klassische Beispiel dafür ist das von Caesar und Kaiser bzw. Zar.

Die folgenden Eponomasien aus der Antike waren alle einmal im Gebrauch, auch wenn heute etliche – zugleich mit der Antike als solcher – in Vergessenheit geraten sind. Einige der genannten Namen entstammen der Geschichte, andere dem Mythos; manche bezeichneten ursprünglich einzelne Personen, andere Gruppen.

- Adonis, der schöne Jüngling
- Antigone, eine Frau, die sich aus moralischen Prinzipien der Macht widersetzt
- Apoll, der strahlende Liebling der Musen und anderer weiblicher Wesen
- Ariadne, die Spinnerin des Leitfadens
- Aristides, der Gerechte
- Argus, der Aufmerksame (Argusaugen)
- Asklepios (jünger), der Heilende oder Arzt

Anhang

- Atlas, der Träger einer schweren Last
- Bacchus, der weinselige Lüstling
- Benjamin, der Jüngste in einer Gruppe
- Brutus, der Verräter
- Caesar, Καῖσαρ, Kaiser (auch: Zar)
- Caligula, der wahnsinnige Herrscher (Cäsarenwahnsinn)
- Catilina, der Aufrührer
- Cato (Censor), der moralstrenge Zensor
- Cato (Uticensis), der unbeugsame Republikaner
- Cicero, der große Redner
- Circe, die Unwiderstehliche (die Zauberin)
- Daedalus, der geniale Erfinder
- David und Goliath, der Kleine gegen den Großen
- Diadochen, die Nachfolger (Diadochenkämpfe)
- Diogenes, der randständig lebende, radikale Zivilisationskritiker (Diogenes in der Tonne)
- Dioskuren, das Brüderpaar
- Drakon, der Strenge (drakonisch)
- Ephialtes, der Verräter
- Epigonen, die schwachen Nachfolger (epigonal)
- Epikur, der Genießer (Epikureer)
- (Q.) Fabius (Maximus) Cunctator, der Zauderer
- Furien, die besinnungslos Wütenden
- Grazien, die Schönheiten
- Helena, die Schönste
- Heraklit, der „Dunkle" (der schwer Verständliche)
- Herkules, der Starke
- Hermaphrodit, der Zweigeschlechtliche
- Hermes, der Bote
- Herostrat, der Verbrecher aus Geltungsdrang
- Hiob, der Dulder
- Hippokrates, der Arzt
- Homer, der vorbildhafte Lehrer einer ganzen Kultur
- Hunne, der wilde, gewalttätige Mensch
- Hydra, ein sich regenerierendes Ungeheuer, ein Problem, das sich durch eine bestimmte Weise, es zu bekämpfen, immer weiter vergrößert

Anhang   389

- Ikarus, der Flieger
- Janus, der Doppelgesichtige
- Judas, der Verräter
- Juno, die Stattliche
- Kain, der Brudermörder
- Kassandra, die Unglücksseherin
- Kentaur, das Doppelwesen
- Krethi und Plethi, das gemeine Volk, Hinz und Kunz
- Krösus, der Reiche
- Kyklop, das mißgestaltete Ungeheuer (s. Minotaurus)
- Lazarus, der Auferstehe
- Leonidas, der Kämpfer gegen eine Übermacht
- Leviathan, das unbezwingbare System-Ungeheuer
- Lucullus, der Feinschmecker
- Lukrez, der Religionskritiker
- Luzifer, der Teuflische
- Maecenas, der Mäzen
- Marc Aurel, der gute Herrscher
- Megaira, die/eine Megäre, eine schreckliche Frau
- Mentor, der väterliche Berater und Erzieher
- Messalina, die promiske Ehefrau
- Methusalem, ein sehr alter Mann
- Midas, der alles, was er anfaßt, in Gold (Wert) verwandelt
- Minotaurus, das mißgestaltete Ungeheuer (s. Kyklop)
- Musen, die Inspirierenden
- Narziß, der Selbstverliebte
- Nero, das „Tier" der Apokalypse und der Prototyp des Christenverfolgers/der Brandstifter
- Nestor, der Altmeister, der alterweise Vertreter eines Fachgebietes
- Nikolaus, der Kinderprüfer
- Nimrod, der Jäger
- Odysseus, der Listenreiche
- Ödipus, der Mutterliebende
- Orcus, der Herr des Totenreichs, der Tod
- Orpheus, der Sänger
- Pandora, die Schenkerin unangenehmer Gaben

- Pegasus, der Inspirationsgehilfe
- Penelope, die treue Ehefrau
- Pharisäer, der Selbstgerechte
- Philister, der Engstirnige
- Prokrustes, der die Leute zurechtstutzt (Bett des Prokruestes)
- Prometheus, der Vordenker, der eine neue Entwicklung einleitet
- Proteus, der Vielgestaltige
- Pyrrhus, der siegreiche Verlierer
- Salomon, der weise Herrscher
- Samson, der Starke
- Sappho, die Lesbierin
- Satan, der Teuflische
- Saulus/Paulus, der Bekehrte
- Skylla und Charybdis, die unerfreuliche Alternative
- Sibylle, die Rätselhafte
- Sirene, die Verführerin (mit einem Geräusch, das Gefahr anzeigt)
- Sisyphos, der sinnlos Arbeitende
- Sodomiten (Bewohner der Stadt Sodom), die Unzüchtigen
- Sokrates, der Weiseste
- Solon, der Gesetzgeber und Reformer
- Spartaner, der Harte und Genügsame
- Sphinx, die Rätselgeberin
- Stentor, der Lautsprecher (Stentorstimme)
- Sybariten (Bewohner der Stadt Sybaris), die Prasser
- Tantalus, der Gequälte
- Thersites, der angeberische Feigling
- Thomas, der Ungläubige (der religiöse Skeptiker)
- Thusnelda, die wenig geschätzte Frau
- Vandalen, die sinnlosen Zerstörer
- Venus, die Schöne
- Xanthippe, die zänkische Ehefrau
- Zelot, der Eiferer
- Zerberus, der grimmige Wächter
- Zeus, der Chef
- Zoilos, der schmähsüchtige Kritiker

Folgende Personen aus der Antike haben nach meinem Kenntnisstand den Eponomasie-Status verpaßt, obwohl sie das Zeug dazu gehabt hätten:

- Abraham, der Stammvater
- Agrippa, der unverzichtbare Gehilfe
- Alkibiades, der politische Abenteurer und Glücksritter
- Cassius, der Verräter (sein Platz wurde von Brutus besetzt)
- Claudius, der Trottel auf dem Thron
- Demetrios, der politische Abenteurer und Glücksritter
- Dionysos, der weinselige Lüstling (s. aber Bacchus)
- Gracchus, der Tribun des Volkes
- Hannibal, der Schlachten, aber nicht den Krieg zu gewinnen versteht
- Menelaos, der gehörnte Ehemann
- Perikles, der Volksheld
- Phosphor (Φωσφόρος), der Teuflische (s. aber Luzifer)
- Remus, der Bruderneider (s. aber Kain)
- Romulus, der Gründer
- Sulla, der skrupellose Glücksmensch
- Themistokles, das Opfer der Undankbarkeit

Die Antike fragt uns

Falls es gelungen ist, durch diese 55 Kapitel etwas tiefer in die Kultur der Antike hineinzuführen und zu zeigen, daß es unter der Oberfläche etwas zu entdecken gibt, dann ist die Beschäftigung mit dieser Antike noch nicht am Ende – im Gegenteil, sie beginnt erst dann richtig. Die Antike stellt uns nämlich Fragen, und zwar Fragen, die sie aufgeworfen hat und die bis heute, im Grunde von jedem Menschen für sich, beantwortet werden sollten:

- Wie weit darf man mit seiner Rache gehen? – Homer in der „Ilias"
- Kann es in bestimmten Fällen eine Pflicht geben, gegen die eigene Mutter zu kämpfen? – Aischylos und seine „Orestie"
- Ist das Leben oder die Freiheit der höhere, der höchste Wert? – Aischylos und seine „Perser"
- Kann man völlig unschuldig schuldig werden? – Sophokles und sein „König Ödipus"

- Gibt es ein natürliches Recht, das über dem steht, was der Staat für Recht erklärt? – Sophokles und seine „Antigone"
- Gibt es in uns etwas, das sich der Kontrolle durch die Vernunft entzieht und uns ins Irrationale, in den Rausch zieht? – Euripides und seine „Bakchen"
- Kann man ein extremes Verbrechen wie den Mord an den eigenen Kindern verstehen? – Euripides und seine „Medea"
- Ist es möglich, daß ein vorbildlicher Mensch uns einfach auf die Nerven geht? – Plutarch und sein Aristeides
- Brauchen wir Mythen, oder reicht uns ein vernünftiges, wissenschaftliches Weltbild?
- Was geschieht mit einem Menschen, der über absolute Macht verfügt? – Die römischen Kaiser und der Größenwahn
- Was ist wichtiger in der Religion: die Riten oder der Glaube? – Die antiken Religionen waren rituelle Religionen.
- Gibt es jenseits der materiellen Welt eine geistige? – Die Frage Platons
- Besteht unser Ziel als Menschen darin, möglichst glücklich zu werden, oder in etwas anderem? – Die Frage Platons, des Aristoteles und vieler anderer Philosophen des Altertums
- Trägt eine demokratische Verfassung zum Frieden bei? – Athen und sein Imperialismus
- Sollen wir uns um einen idealen Staat, eine ideale Gesellschaft bemühen, oder ist das eher ein gefährlicher Weg? – Diese Frage stellt sich seit Platon.

Und dies sind nur einige wenige Fragen unter vielen, über die man in der Antike nachgedacht hat. Da gibt es einiges zu entdecken ... oder wiederzuentdecken.

Hoffnungsvolles Nachwort

Was haben wir nun nach der Mühe von 55 Kapiteln erreicht? Sicher – oder hoffentlich! – ist zu manchem, was man von der Antike schonmal gehört hat, ein tieferes Verständnis gewonnen, sind Hintergründe besser verstanden und in manchen Fällen auch falsche Annahmen korrigiert worden. Einiges ist dadurch klarer, vieles freilich auch komplizierter geworden; Nachforschungen ergeben selten ein einfacheres Bild, weshalb man sagen kann: Wer es einfach, wer einfache Antworten haben will, ist in der Forschung nicht gut aufgehoben.

Die wichtigere Frage ist freilich: Hat das so erworbene Verständnis noch einen Wert für die Gegenwart? Die Gegenwart hat schließlich im Hinblick auf Wichtigkeit den Vorteil, daß alle unsere Probleme sich in ihr abspielen und man allenfalls obendrein an Folgen für die Zukunft denken kann. Aber die Vergangenheit? Nun, die Gegenwart hat andererseits den Nachteil, daß sie *nur* die Gegenwart ist und uns nicht darüber informiert, wie unsere Probleme entstanden sind und welche Alternativen überhaupt denkbar sind. So haben wir beispielsweise heute das Problem eines anscheinend unlösbaren Konfliktes zwischen Israelis und Palästinensern. Aber warum haben wir diesen Konflikt? Weil die Juden im Zweiten Weltkrieg Opfer eines systematischen Völkermordes in beinahe ganz Europa geworden sind und danach jedem denkenden Menschen klar war, daß sie einen eigenen Staat haben mußten, damit sich eine derartige Katastrophe nie wiederholen könnte. Schon sind wir in der Vergangenheit und beginnen, besser zu verstehen, warum Juden diesen Staat mit allen ihnen zur Verfügung stehenden Mitteln verteidigen. Wie aber konnte es zu diesem Völkermord kommen? Es gab ja – auch in Deutschland – eine lange Tradition der Judenfeindschaft, aber in dieser Weise umsetzen konnte sie sich erst, weil Deutschland im Zweiten Weltkrieg große Teile Europas erobert und deshalb Zugriff hatte auf alle dort lebenden Juden. Was hat zu diesem Krieg geführt, der Europas Weltgeltung weitgehend ruinierte? Erneut müssen wir einen Schritt zurückgehen und zum Ende des Ersten Weltkrieges kommen, welcher einen Frieden gebracht hat, der von der Idee der Bestrafung durch die Sieger ausging und im Sinne Kants ein Friedensschluß „mit dem geheimen Vorbehalt des Stoffs zu einem künftigen Kriege" war (Zum ewigen Frieden BA 5). Und was hat diesen, den Ersten Weltkrieg ausgelöst? Letztlich enden wir bei den Fragen, rückwärtsgehend, am Anfang – etwa bei dieser: Aus welchem Grund wurde das jüdische Volk schon in der Antike oft verfolgt?

Im Verstehen der Gegenwart, wie sie Gegenwart geworden ist, werden wir also immer weiter zurückverwiesen und gelangen dabei schließlich in die Antike: sowohl was die Idee Europas als auch seine spezielle Kultur und Wertvorstellungen angeht. Sie ist männlich, sie ist auf Wettstreit und Ruhm angelegt, sie beruht auf Unterdrückung (von Besiegten, Sklaven und Frauen), sie hat eine Sphäre der Götter über sich, welche sich selbst im Kampf bewähren müssen und auch vor Gewalt nicht zurückschrecken. Aber die Antike überliefert uns auch Alternativen zu all dem, die in bestimmten Frauen bestehen, in einem Gott, der eine menschliche Frau hingebungsvoll liebt, in der Idee der Demokratie (mitsamt einigen Geburtsfehlern, aus denen man aber auch lernen kann) – vor allem in der Idee des kritischen, prüfenden Denkens, das sich mit einem „man sagt" oder „ich glaube halt" nicht begnügt, sondern den Dingen auf den Grund geht. Bei diesem Weg zählen weder Autoritäten noch verbreitete Vorurteile, sondern Argumente, die sich in der Prüfung bewähren. Diese Prüfung kann in logischem Denken erfolgen oder auch darin, daß man nachschaut, wie es wirklich in den Texten steht.

Als man sich in der beginnenden europäischen Neuzeit wieder stärker auf die Antike besann, was man Rinascimento oder Renaissance oder Wiedergeburt nannte, da lautete ein wichtiger Grundsatz: „Ad fontes – Zu den Quellen!" Dieser Rückgang hat dem Fortschritt der europäischen Kultur gutgetan; sie wurde weiter, reicher und vielfältiger.

Wir haben in unserer heutigen globalisierten Zeit zwei Wege, um offener, tiefer, reflektierter und vielfältiger zu denken: durch das Lernen einerseits aus den räumlich anderen Kulturen unserer Welt und andererseits aus der zeitlichen Voraussetzung unserer eigenen europäischen Kultur. Beide Wege haben ihren Wert, und es spricht alles dafür, sie beide zu gehen, soweit unsere beschränkte Kapazität es zuläßt. Zumal die wenig attraktive Alternative wohl nur darin bestünde, sich auf das liebe Ich und dessen Gegenwart zu beschränken, nachzuplappern, was man so sagt und denkt, und das Vergangene mit all seinen Einfällen, Bemühungen, Gedanken einfach hinter sich zu lassen, weil es in den sozialen Medien keine Follower bringt. Aber auch dies ist vergänglich und wird morgen Vergangenheit sein. Warum sollte sich dann für sie jemand interessieren, wenn Vergangenheit nichts weiter als vergangen ist? Dann wäre die Künstliche Intelligenz, die tendenziell alles weiß und nichts vergißt, uns auch in dieser Hinsicht und nicht nur an Schnelligkeit überlegen.

Was also kann die Beschäftigung mit der Antike bringen? Demjenigen, der ganz auf die Gegenwart und die (vermeintliche) fixiert ist, wohl nichts; demjenigen aber, der über die Gegenwart nachdenken und sie auch aus einer gewissen Distanz beurteilen will, die einen reflektierteren Blick ermöglicht, eine Menge. Es ist so, als ob sich diese Alternative in einem Geschwisterpaar personalisieren würde: in Mark Zuckerberg, den Herrscher von Facebook, Instagram und WhatsApp, der das Metaversum anpeilt, auf der einen Seite, und Donna Zuckerberg, die das Antiken-Forum „Eidolon" im Internet gegründet hat, auf der anderen Seite. „Natürlich, die alte Kultur hat ausgedient. An ihre Stelle ist die Unterhaltung getreten."[1] Ist und bleibt das so?

---

[1] Viktor Jerofejew: Der große Gopnik. Berlin 2023, S. 493.

Literatur

Hoffnungsloses Nachwort

Mit Sicherheit sind mir Fehler unterlaufen. Und da es vielen Menschen Freude macht, Fehler bei anderen zu finden, mache ich mir in dieser Hinsicht keine Illusionen. Es gibt überhaupt erschreckend viele Möglichkeiten, Fehler zu machen. Demgegenüber kann ich mich allenfalls auf das Kap. „"Errare humanum est." – Irren ist menschlich" berufen.

1. Die antiken Quellen

Ich liebe Bücher. Deshalb besteht das folgende Literaturverzeichnis ganz überwiegend aus Büchern. Von kundiger Seite habe ich aber erfahren, daß es alle aus der Antike überlieferten Texte auch im Internet gibt. Alle. Die Suchmaschine Ihres Vertrauens hilft Ihnen gerne.
Das ist zudem kostengünstiger als der Kauf von Büchern. Aber ich möchte auf das russische Sprichwort hinweisen: Umsonst ist der Käse nur in der Mausefalle.
Achilles Tatius: Leucippe and Clitophon. Griechisch und englisch. Ed. by S. Gaselee. Cambridge (Mass.)/London 1984 (LCL)

Longos – Achilleus Tatios: Daphnis und Chloë – Leukippe und Kleitophon. Hrsg. v. Friedrich Jacobs, Friedrich Ast und Bernhard Kytzler. München 1990
Das ägyptische Totenbuch. Hrsg. v. Gregoire Kolpaktchy. Bern/München/Wien ⁵1976
Das Totenbuch der Ägypter. Hrsg. v. Erik Hornung. Zürich/München 1979
Aelian: Historical Miscellany. Griechisch und englisch. Ed. by N. G. Wilson. Cambridge (Mass.)/London 1997 (LCL)
Aeschinis Socratici: Dialogi tres. Griechisch und lateinisch. Hrsg. v. Johannes Clericus. Amsterdam 1711; darin S. 80–119 der pseudo-platonische Dialog Axiochos
Aeschyli septem quae supersunt tragoediae. Ed. by Gilbert Murray. Oxford ²1955
Aischylos: Tragödien und Fragmente. Griechisch und deutsch. Hrsg. v. Oskar Werner. München ²1969
Äsop: Fabeln. Griechisch und deutsch. Hrsg. v. Rainer Nickel. Düsseldorf/Zürich 2005
Äsop: Der Schwan 1 und 2: https://www.webergarn.de/fabeln/fabel.html; aufgerufen am 16.11.2023
Fabeln der Antike. Griechisch, lateinisch und deutsch. Hrsg. v. Harry C. Schnur. München 1978
Leben und Taten Alexanders von Makedonien – Der griechische Alexanderroman nach der Handschrift L. Griechisch und deutsch. Hrsg. v. Helmut van Thiel. Darmstadt 1983 (WBG)
Alexanderroman; in: Curtius Rufus: Alexandergeschichte. Hrsg. v. Gabriele John. Essen/Stuttgart 1987, S. 355–513
Altsumerische Erzählung über die Sintflut: Die Religion der Babylonier und Assyrer. Hrsg. v. Arthur Ungnad. Jena 1921
Ammianus Marcellinus: Römische Geschichte. Lateinisch und deutsch. 4 Bände. Hrsg. v. Wolfgang Seyfarth. Berlin (Ost)/Darmstadt 1968–1971 (WBG)
Lucius Ampelius: Liber memorialis – Was ein junger Römer wissen soll. Lateinisch und deutsch. Hrsg. v. Ingemar König. Darmstadt 2010 (WBG)
Anthologia Graeca. Griechisch und deutsch. 4 Bände. Hrsg. v. Hermann Beckby. München 1957/58; 2. Aufl. ohne Jahr
Antonius Liberalis: Metamorphoseon Synagoge. Ed. di Ignatius Cazzaniga. Milano/Varese 1962
Die Apokryphen. Verborgene Bücher der Bibel. Hrsg. v. Erich Weidinger. Aschaffenburg 1985; darin S. 23–38: Das Leben Adams und Evas
Apollodoros [Pseudo-Apollodor]: Götter und Helden der Griechen [Bibliotheké]. Griechisch und deutsch. Hrsg. v. Kai Brodersen. Darmstadt 2004 (WBG)

Literatur 399

Apollonios von Rhodos: Das Argonautenepos. Griechisch und deutsch. 2 Bände. Hrsg. v. Reinhold Glei und Stephanie Natzel-Glei. Darmstadt 1996 (WBG)
Appian: Roman History. Griechisch und englisch. 4 Vls. Ed. by Horace White. Cambridge (Mass.)/London 1912/13 (LCL)
Antonio Guarino: Spartakus – Analyse eines Mythos. München 1980, S. 115–126: Die Quellen über den Spartakusaufstand
Apuleius (Lucius? A. von Madaura): Metamorphoseon libri – Der goldene Esel. Lateinisch und deutsch. Hrsg. v. Edward Brandt und Wilhelm Ehlers. München ³1980
Apuleius: Der goldene Esel. Hrsg. v. August Rode. Frankfurt/Main 1975
Arat (Aratos): Phainomena – Sternbilder und Wetterzeichen. Griechisch und deutsch. Hrsg. v. Manfred Erren. München 1971
Archilochos. Griechisch und deutsch. Hrsg. v. Max Treu. München 1959
Archimedes: Über einander berührende Kreise. Hrsg. v. Yvonne Dold-Samplonius, Heinrich Hermelink und Matthias Schramm. Stuttgart 1975
Archimedes: Werke. Im Anhang: Kreismessung. Hrsg. v. Arthur Czwalina. Darmstadt ⁴1983 (WBG)
Aristophanis Comoediae. 2 Vls. Ed. by F. W. Hall & W. M. Geldart. Oxford ²1906/07
Aristophanes: Sämtliche Komödien. Hrsg. v. Ludwig Seeger und Otto Weinrich. Zürich/Stuttgart 1968
Antike Komödien: Aristophanes. Hrsg. v. Hans-Joachim Newiger. München 1968
Fragmenta poetarum comoediae antiquae. 2 Bände. Hrsg. v. August Meineke. Berlin 1839 (Band 2: Die Babylonier, S. 966–983)
Aristotle's Physics. Ed. by. David Ross. Oxford ²1979
Aristoteles: Physikvorlesung. Hrsg. v. Hans Wagner. Berlin (Ost) 1969. [Aristoteles: Werke, Band 11] (WBG)
Aristotle: The Nicomachean Ethics. Griechisch und englisch. Ed. by H. Rackham. Cambridge (Mass.)/London 1934 (LCL)
Aristoteles: Nikomachische Ethik. Hrsg. v. Franz Dirlmeier. Darmstadt 1969 [Aristoteles: Werke, Band 6] (WBG)
Aristoteles: Mirabilia – De audibilibus. Hrsg. v. Hellmut Flashar und Ulrich Klein. Darmstadt 1972 [Aristoteles: Werke, Band 18 II/III] (WBG)
Aristotle: Politics. Griechisch und englisch. Ed. by H. Rackham. Cambridge (Mass.)/London ²1944
Aristoteles: Politik. 4 Bände. Hrsg. v. Eckart Schütrumpf. Darmstadt 1991–2005 [Aristoteles: Werke, Band 9 I–IV] (WBG)
Aristoteles: Politik. Hrsg. v. Olof Gigon. Zürich/Stuttgart ²1971
Aristoteles: Staat der Athener. Hrsg. v. Mortimer Cambers. Darmstadt 1990 [Aristoteles: Werke, Band 10 I] (WBG)

Arrian (Flavius Arrianus): Der Alexanderzug – Indische Geschichte. Griechisch und deutsch. Hrsg. v. Gerhard Wirth und Oskar von Hinüber. München/Zürich 1985
Athenagoras (von Athen): Legatio pro Christianis. Hrsg. v. Miroslav Marcovich. Berlin/New York 1990
Athenaeus: The Learned Banqueters. 8 Vls. Griechisch und englisch. Ed. by S. Douglas Olson. Cambridge (Mass.)/London 2006–2012 (LCL)
Athenaios von Naukratis: Das Gelehrtenmahl. In Auszügen hrsg. v. Ursula und Kurt Treu. Leipzig 1985
Augustinus (Aurelius Augustinus): De civitate Dei – Vom Gottesstaat. 2 Bände. Hrsg. v. Wilhelm Thimme und Carl Andresen. Zürich/München ²1978
Augustinus zu „Humanum fuit errare …": https://es.wikipedia.org/wiki/Errare_humanum_est; aufgerufen am 08.11.2023
Augustinus: Epistolae ad Romanos incohata expositio: https://www.augustinus.it/latino/incompleta_romani/incompleta_romani.htm; aufgerufen am 12.11.2023
Augustinus: De duabus animabus – Gegen die Manichäer: https://bkv.unifr.ch/de/works/cpl-317/versions/on-two-souls-against-the-manichaeans/divisions/1; aufgerufen am 17.11.2023
Aulo Gellio: Notti Attiche. Lateinisch und italienisch. 2 Bände. Ed. di Luigi Rusca. Milano 1994
Aulus Gellius: Die Attischen Nächte. 2 Bände. Hrsg. v. Fritz Weiss. Leipzig 1875; Nachdruck Darmstadt 1975 (WBG)
Aurelius Victor (Sextus Aurelius Victor): Liber de Caesaribus/Die römischen Kaiser. Lateinisch und deutsch. Hrsg. v. Kirsten Groß-Albenhausen und Manfred Fuhrmann. Darmstadt 1997 (WBG)
(Pseudo-)Aurelius Victor: De viris illustribus urbis Romae/Die berühmten Männer der Stadt Rom. Lateinisch und deutsch. Hrsg. v. Joachim Fugmann. Darmstadt 2016 (WBG)
Avesta. Die heiligen Bücher der Parsen. Hrsg. v. Fritz Wolff. Straßburg 1910
Babrius and Phaedrus: Fables. Griechisch, lateinisch und englisch. Ed. by Ben Edwin Perry. Cambridge (Mass.)/London 1965 (LCL)
Babrios; in: Fabeln der Antike. Griechisch, lateinisch und deutsch. Hrsg. v. Harry C. Schnur. München 1978
Babrios; in: Antike Fabeln. Hrsg. v. Johannes Irmscher. Berlin (Ost)/Weimar 1978
Boëthius (Anicius Manlius Severinus Boëthius): Trost der Philosophie. Lateinisch und deutsch. Hrsg. v. Olof Gigon und Ernst Gegenschatz. Zürich/Stuttgart ²1969
Caesar (Gaius Iulius Caesar): Kriege in Alexandrien, Afrika und Spanien. Hrsg. v. Anton Baumstark und Carolin Jahn. Darmstadt 2012 (WBG)

Caesar: Der Bürgerkrieg. Lateinisch und deutsch. Hrsg. v. Georg Dorminger. München ⁵1979
Calpurnius (Titus Calpurnius Siculus): Bucolica vel Eclogae – Hirtengedichte; in: Hirtengedichte aus neronischer Zeit. Lateinisch und deutsch. Hrsg. v. Dietmar Korzeniewski. Darmstadt ²1987 (WBG)
Cassiodor: Chronica; https://www.dmgh.de/mgh_auct_ant_11/index.htm#page/(120)/mode/1up; aufgerufen am 22.11.2023
Cassius Dio (Cassius Dio Cocceianus): Roman History. Griechisch und englisch. 9 Vls. Ed. by Herbert Baldwin Foster & Earnest Cary. Cambridge (Mass.)/London 1914–1927 (LCL)
Cassius Dio: Römische Geschichte. 5 Bände. Hrsg. v. Otto Veh. Zürich/München 1985–1987
Catullus (Gaius Valerius Catullus) – Tibullus – Pervigilium Veneris. Lateinisch und englisch. Ed. by. Francis Warre Cornish. Cambridge (Mass.)/London 1962 (LCL)
C. Valerius Catullus. Hrsg. v. Wilhelm Kroll. Breslau 1922; Nachdruck Stuttgart 1968
Catull: Sämtliche Gedichte. Lateinisch und deutsch. Hrsg. v. Otto Weinrich. Zürich/Stuttgart 1969
Celsus (Kelsos): Gegen die Christen. Hrsg. v. Th. Keim. München 1984
Cicero (Marcus Tullius Cicero): Atticus-Briefe. Lateinisch und deutsch. Hrsg. v. Helmut Kasten. München ²1976
Cicero: Staatsreden. Lateinisch und deutsch. 3 Bände. Hrsg. v. Helmut Kasten. Berlin (Ost) 1969–1977. Band 2: Gegen Piso; Band 3: Philippische Reden
Marcus Tullius Cicero: Sämtliche Reden. 7 Bände. Hrsg. v. Manfred Fuhrmann. Zürich/Stuttgart/München 1970–1982
Cicero: Cato Maior de senectute/Cato der Ältere über das Alter. Lateinisch und deutsch. Hrsg. v. Max Faltner. München 1963
Cicero: Gespräche in Tusculum – Tusculanae disputationes. Lateinisch und deutsch. Hrsg. v. Karl Büchner. Zürich/Stuttgart ²1966
Cicero: Gespräche in Tusculum. Lateinisch und deutsch. Hrsg. v. Olof Gigon. München ⁴1979
Cicero: Vom Gemeinwesen – De re publica libri. Lateinisch und deutsch. Hrsg. v. Karl Büchner. Zürich ²1960
Cicero: Die Reden gegen Verres. Lateinisch und deutsch. 2 Bände. Hrsg. v. Manfred Fuhrmann. Darmstadt 1995 (WBG)
Cicero: Vom pflichtgemäßen Handeln – De officiis. Lateinisch und deutsch. Hrsg. v. Rainer Nickel. Düsseldorf 2008
Cicero: Über das Fatum – De fato. Lateinisch und deutsch. Hrsg. v. Karl Bayer. München 1963

Cicero: Vom Wesen der Götter. Lateinisch und deutsch. Hrsg. v. Wolfgang Gerlach und Karl Bayer. München 1978

Cicero: Über die Wahrsagung – De divinatione. Lateinisch und deutsch. Hrsg. v. Christoph Schäublin. Berlin ³2013

Claudian. Lateinisch und englisch. 2 Vols. Ed. by Maurice Platnauer. Cambridge (Mass.)/London 1922 (LCL)

Fragmenta comicorum Graecorum. 5 Bände in 7 Teilbänden. Hrsg. v. August Meineke. Berlin 1839–1857

Fragments of Old Comedy. 3 Vls. Griechisch und englisch. Ed. by Ian C. Storey. Cambridge (Mass.)/London 2011 (LCL)

Cornelius Nepos: Kurzbiographien und Fragmente. Lateinisch und deutsch. Hrsg. v. Hans Färber. 1952

Curtius Rufus (Quintus Curtius Rufus): Alexandergeschichte. Hrsg. v. Gabriele John. Essen/Stuttgart 1987

Q. Curtius Rufus: Geschichte Alexanders des Großen. Lateinisch und deutsch. 2 Bände. Hrsg. v. Holger Koch. Darmstadt 2007 (WBG)

Daretis Phrygii de excidio Troiae historia. Hrsg. v. Ferdinand Meister. Leipzig 1873; Nachdruck Leipzig 1991

Demosthenis Orationes. 3 Vls. Ed. by S. H. Butcher & W. Rennie. Oxford 1978–1980

Demosthenes: Werke. 3 Bände. Hrsg. v. Heinrich August Pabst. Stuttgart 1839–1840

Demosthenes: Rede für Ktesiphon – Über den Kranz. Griechisch und deutsch. Hrsg. v. Walter Zürcher. Darmstadt 1983 (WBG)

Dictys Cretensis: Ephemeridos belli Troiani libri a Lucio Septimio ex Graeco in Latinum sermonem translati. Hrsg. v. Werner Eisenhut. Leipzig ²1973

Diktys/Dares: Krieg um Troja. Lateinisch und deutsch. Hrsg. v. Kai Brodersen. Berlin/Boston 2019

Digesten 48.17.0. De requirendis vel absentibus damnandis: http://www.thelatinlibrary.com/justinian/digest48.shtml; aufgerufen am 31.10.2023

Diodorus of Sicily. 12 Vls. Griechisch und englisch. Ed. by C. H. Oldfather & Francis R. Walton. Cambridge (Mass.)/London 1933–1967 (LCL)

Diodoros: Griechische Weltgeschichte. 10 Bände. Hrsg. v. Gerhard Wirth und Otto Veh. Stuttgart 1991–2008

Diogenis Laërtii vitae philosophorum. 2 Vls. Ed. by H. S. Long. Oxford 1964

Diogenes Laërtius: Leben und Meinungen berühmter Philosophen. Hrsg. v. Otto Apelt und Klaus Reich. Hamburg ²1967

Dio Chrysostom (Dion Cocceianus von Prusa): Discourses. 5 Vls. Griechisch und englisch. Ed. by J. W. Cohoon & H. Lamar Crosby. Cambridge (Mass.)/London 1932–1951 (LCL)

Dionysius of Halikarnassus: Roman Antiquities. Griechisch und englisch. 7 Vls. Ed. by Edward Spelman & Earnest Cary. Cambridge (Mass.)/London 1937–1950 (LCL)

Dionysius von Halikarnass: Römische Frühgeschichte. Griechisch und deutsch. 4 Bände. Hrsg. v. Alfons Städele. Darmstadt 2020 (WBG)

Carmina Einsidlensia – Die Einsiedler Gedichte; in: Hirtengedichte aus neronischer Zeit. Lateinisch und deutsch. Hrsg. v. Dietmar Korzeniewski. Darmstadt ²1987 (WBG)

Carmina Priapea: Gedichte an den Gartengott. Lateinisch und deutsch. Hrsg. v. Bernhard Kytzler und Carl Fischer. Zürich/München 1978

Encheduana: Hymne für Inana; in: Annette Zgoll: Die Geburt des Autors. Das Lied der Hohepriesterin Encheduana aus dem 23. Jahrhundert vor Christus; in: Erzählungen aus dem Land Sumer. Hrsg. v. Konrad Volk. Wiesbaden 2015, S. 339–350

Epikur: Von der Überweindung der Furcht. Hrsg. v. Olof Gigon. Zürich 1949; darin: Brief an Menoikeus, S. 44–49

Epikur: Wege zum Glück. Griechisch und deutsch. Hrsg. v. Rainer Nickel. Mannheim ³2011; darin: Brief an Menoikeus, S. 222–235

Euripides: Sämtliche Tragödien und Fragmente. Griechisch und deutsch. 6 Bände. Hrsg. v. Ernst Buschor und Gustav Adolf Seeck. München 1972–1981

Eusebii Pamphili Historiae ecclesiasticae libri X. Hrsg. v. Albert Schwegler. Tübingen 1852

Eusebius von Caesarea: Kirchengeschichte. Hrsg. v. Heinrich Kraft. Darmstadt 1967 (WBG)

Eusebius von Caesarea: De vita Constantini – Über das Leben Konstantins. Griechisch und deutsch. Hrsg. v. Horst Schneider. Turnhout 2007

Eusebius: Praeparatio evangelica; https://tertullian.org/fathers/eusebius_pe_01_book1.htm; aufgerufen am 30.11.2023

Eutropii breviarium historiae Romanae. Hrsg. v. Em. Th. Hohler. Wien 1859

Festus (Rufius Festus): Kleine Geschichte des römischen Volkes. Lateinisch und deutsch. Hrsg. v. Anja Bettenworth und Peter Schenk. Berlin/Boston 2020

(Flavius) Josephus: Jewish Antiquities. Griechisch und englisch. 9 Vls. Ed. by H. St. J. Thackeray & Lewis H. Feldman. Cambridge (Mass.)/London 1965–1998 (LCL)

Des Flavius Josephus Jüdische Altertümer. Hrsg. v. Heinrich Clementz. Nachdruck Wiesbaden ohne Jahr

Josephus: The Life – Aigainst Apion. Griechisch und englisch. Ed. by H. St. J. Thackerey. Cambridge (Mass.)/London 2004 (LCL)

Florus (Lucius Annaeus Florus): Römische Geschichte. Lateinisch und deutsch. Hrsg. v. Günter Laser. Darmstadt 2005 (WBG)

Frontin (Sextus Iulius Frontinus): Kriegslisten. Lateinisch und deutsch. Hrsg. v. Gerhard Bendz. Berlin (Ost) ²1978

Fronto: Correspondence. Lateinisch und englisch. 2 Vols. Ed. by C. R. Haines. Cambridge (Mass.)/London ²1928/29 (LCL)

Claudii Galeni opera omnia. 20 Bände. Hrsg. v. Karl Gottlob Kühn. Leipzig 1821–1883; Nachdruck Hildesheim 1965; Band XVII, 1: Galeni commentarii II in Hippocratis lib. III Epidemiorum

Gesta Romanorum. Ein Erzählbuch des Mittelalters. Hrsg. v. Winfried Trillitzsch. Leipzig 1973

Das Gilgamesch-Epos. Hrsg. v. Albert Schott. Stuttgart ²1978

Das Gilgamesch-Epos. Hrsg. v. Stefan M. Maul. München ⁸2020

Herodot: Historien. 2 Bände. Griechisch und deutsch. Hrsg. v. Josef Feix. München ²1977

Herodot: Historien. Hrsg. v. A. Horneffer und H. W. Haussig. Stuttgart 1971

Hesiodi Theogonia – Opera et dies – Scutum – Fragmenta selecta. Ed. by Friedrich Solmsen, R. Merkelbach & M. L. West. Oxford 1970

Hesiod: Sämtliche Gedichte. Hrsg. v. Walter Marg. Zürich/Stuttgart 1970

Hesiod (zugeschrieben): Der Schild des Herakles; https://www.projekt-gutenberg.org/hesiod/herakles/herakles.html; aufgerufen am 16.11.2023

Hesychii Alexandrini Lexicon. 5 Bände. Hrsg. v. Johannes Albert und Moritz Schmidt. Amsterdam 1965

Hesychii Alexandrini Lexicon. 5 Bände. Hrsg. v. Kurt Latte und Ian C. Cunningham. Berlin/Boston/New York 2009–2018

Hippocrates. Griechisch und englisch. 10 Vls. Ed. by W. H. S. Jones & Paul Potter. Cambridge (Mass.)/London 1923–2012 (LCL)

Hippokrates: Auserlesene Schriften. Hrsg. v. Wilhelm Capelle. Zürich 1955

Scriptores Historiae Augustae. 2 Bände in einem. Hrsg. v. Hermann Peter. Leipzig 1884

Historia Augusta – Römische Herrschergestalten. 2 Bände. Hrsg. v. Johannes Straub, Ernst Nohl und anderen. Zürich/München 1976/1985

Homeri Opera. Tomus I & II: Iliadis Libros I–XXIV. Ed. by David B. Monro and Thomas W. Allen. 2 Vls. Oxford ³1920

Homer: Ilias. Griechisch und deutsch. Hrsg. v. Hans Rupé. München ²1961

Homeri Opera. Tomus III & IV: Odysseae Libros I–XXIV. Ed. by Thomas W. Allen. 2 Vls. Oxford ²1917

Homer: Odyssee. Griechisch und deutsch. Hrsg. v. Anton Weiher. München ³1967

Homerische Hymnen. Griechisch und deutsch. Hrsg. v. Anton Weiher. München ³1970

Q. Horatii Flacci: Opera. 2 Bände. Hrsg. v. Christ. Wilhelm Mitscherlich. Reutlingen 1814
Horaz (Quintus Horatius Flaccus): Werke. Lateinisch und deutsch. Hrsg. v. Hans Färber. München 1967
Horaz: Satiren und Briefe – Sermones et epistulae. Lateinisch und deutsch. Hrsg. v. Rudolf Helm. Zürich/Stuttgart 1962
Hygini fabulae. Ed. by H. I. Rose. Leyden 1963
Hyginus: Fabulae/Fabeln der Antike. In Auswahl hrsg. v. Franz Peter Waiblinger. München 2007
Italici Ilias Latina. Hrsg. v. Frédéric Plessis. Paris 1885
Ion von Chios: Fragment 746A; https://archive.org/stream/oxyrhynchuspapyr11gren/oxyrhynchuspapyr11gren_djvu.txt; aufgerufen am 16.11.2023
Isidori Hispalensis Episcopi Etymologiarum sive originum libri XX. 2 Vls. Ed. by W. M. Lindsay. Oxford 1957
Die Enzyklopädie des Isidor von Sevilla. Hrsg. v. Lenelotte Möller. Wiesbaden 2008
Isocrates. 3 Vls. Griechisch und englisch. Ed. by George Norlin. Cambridge (Mass.)/London 1928–1945 (LCL)
Ausgewählte Schriften des Isokrates. Hrsg. v. A. H. Christian. Stuttgart 1854
Julian (Apostata): The Works of the Emperor Julian. Griechisch und englisch. 3 Vls. Ed. by Wilmer Cave Wright. Cambridge (Mass.)/London 1913–1923 (LCL)
Julian: Briefe. Griechisch und deutsch. Hrsg. v. Bertold K. Weis. München 1973
Pompeius Trogus: Weltgeschichte von den Anfängen bis Augustus im Auszug des Justin. Hrsg. v. Otto Seel. Zürich/München 1972
Justin: Römische Weltgeschichte. Lateinisch und deutsch. 2 Bände. Hrsg. v. Peter Emberger und Antonia Jenik. Darmstadt 2015/16 (WBG)
D. Junii Juvenalis Saturarum libri V. Hrsg. v. Ludwig Friedländer. Leipzig 1895; Nachdruck Darmstadt 1967 (WBG)
Juvenal (Decimus Junius Juvenalis): Satiren. Berlin/Stuttgart 1855/1920
Römische Satiren: Ennius – Lucilius – Varro – Horaz – Persius – Juvenal – Seneca – Petronius. Hrsg. v. Otto Weinrich. Zürich/Stuttgart ²1962
Erster Klemensbrief, in: Das Neue Testament und frühchristliche Schriften. Hrsg. v. Klaus Berger und Christiane Nord. Frankfurt/Main 1999, S. 685–722
Lactantius (Lucius Caelius Firmianus): De ave Phoenice, in: Minor Latin Poets. Lateinisch und deutsch. 2 Vls. Ed. by J. Wight Duff & Arnold M. Duff. Cambridge (Mass.)/London 1982; vol. 2, pp. 643–665 (LCL)
Des Luc. Cael. Firm. Lactantius Schriften. Von den Todesarten der Verfolger – Vom Zorne Gottes. Auszug aus den göttlichen Unterweisungen – Gottes Schöpfung. Hrsg. v. Aloys Hartl. München 1919

Lao Tse: Tao Te King. Chinesisch und deutsch. Hrsg. v. Gia-Fu Feng und Jane English. München ³1983
Lao-tzu: Te-Tao Ching. Chinesisch und englisch. Ed. by Robert G. Henricks. New York 1993
Laotse: Tao Te King – Nach den Seidentexten von Mawangdui. Hrsg. v. Hans-Georg Möller. Frankfurt/Main 1995
Laterculi Alexandrini; zitiert nach: Kai Brodersen: Die sieben Weltwunder. Legendäre Kunst- und Bauwerke der Antike. München ⁴2001, S. 9
Libanios: Kaiserreden. Hrsg. v. Georgios Fatouros, Tilman Krischer und Werner Portmann. Stuttgart 2002; darin S. 49–112: die 59. Rede
Libanios: Musterreden. Hrsg. v. Ulrich Lempp. Stuttgart 2015
Livius (Titus Livius): Ab urbe condita/Römische Geschichte. Lateinisch und deutsch. 11 Bände. Hrsg. v. Hans Jürgen Hille. Darmstadt 1987–2000 (WBG)
Lucan (Marcus Annaeus Lucanus): Der Bürgerkrieg – Bellum civile. Lateinisch und deutsch. Hrsg. v. Wilhelm Ehlers. München ²1978
Lukrez (Titus Lucretius Carus): Welt aus Atomen. Lateinisch und deutsch. Hrsg. v. Karl Büchner. Zürich 1956
Lukrez: Über die Natur der Dinge – De rerum natura. Lateinisch und deutsch. 2 Bände. Hrsg. v. Klaus Binder. Darmstadt 2016 (WBG)
Lucianus. 4 Bände. Hrsg. v. Karl Jacobitz. Leipzig 1836–1841; Nachdruck Hildesheim 1966
Lukian: Sämtliche Werke. 5 Bände. Übersetzt von Chr. M. Wieland, hrsg. v. Hanns Floerke. Berlin ²1922
Lukian: Hauptwerke. Hrsg. v. Karl Mras. München ²1980
Lykophron: Alexandra. Griechisch und deutsch. Hrsg. v. Fabian Horn. Berlin/Boston 2022
Lysiae Orationes. Ed. by Charles Hude. Oxford 1982
Lysias: Reden. Griechisch und deutsch. 2 Bände. Hrsg. v. Ingeborg Huber. Darmstadt 2004/05 (WBG)
[Makedonios Konsul: Siehe Anthologia Graeca.]
Manetho. Griechisch und englisch. Ed. by W. G. Waddell. Cambridge (Mass.)/London 1940 (LCL)
M. Aurelius: In semet impsum. Hrsg. v. A. I. Trannoy. Paris 1964
Marc Aurel: Wege zu sich selbst. Griechisch und deutsch. Hrsg. v. Willy Theiler. Zürich 1951
Marc Aurel: Selbstbetrachtungen. Hrsg. v. Wilhelm Capelle. Stuttgart ¹²1973
Martial (Marcus Valerius Martialis): Epigramme. Lateinisch und deutsch. Hrsg. v. Paul Barié und Winfried Schindler. Darmstadt 1999 (WBG)
Menander: Komödien. Griechisch und deutsch. 2 Bände. Hrsg. v. Peter Rau. Darmstadt 2013/14 (WBG)

Fragmenta poetarum comoediae novae. Hrsg. v. August Meineke. Berlin 1841
Nikolaos von Damaskus: Leben des Kaisers Augustus. Griechisch und deutsch. Hrsg. v. Jürgen Malitz. Darmstadt 2003 (WBG)
Fragmente der Historiker: Nikolaos von Damaskus. Hrsg. v. Tino Shahin. Stuttgart 2018
Nonnos: Dionysiaca (Nonnos von Panopolis). Griechisch und englisch. 3 Vls. Ed. by W. H. D. Rouse & L. R. Lind. Cambridge (Mass.)/London 1940 (LCL)
Die Dionysiaka des Nonnos. Hrsg. v. Thassilo von Scheffer. 2 Bände. München 1929/1933
Orosius (Paulus Orosius): Die antike Weltgeschichte in christlicher Sicht. 2 Bände. Hrsg. v. Adolf Lippold. Zürich/München 1985/86
Ovid (Publius Ovidius Naso): Briefe der Leidenschaft – Heroides. Lateinisch und deutsch. Hrsg. v. Wolfgang Gerlach. München 1939
Ovid: Liebesbriefe. Heroides – Epistulae. Lateinisch und deutsch. Hrsg. v. Bruno W. Häuptli. Darmstadt 1995 (WBG)
Ovid: Metamorphosen. Lateinisch und deutsch. Hrsg. v. Erich Rösch. München ²1968
Ovid: Briefe aus der Verbannung. Tristia – Epistulae ex Ponto. Lateinisch und deutsch. Hrsg. v. Wilhelm Willige und Georg Luck. Zürich/Stuttgart 1963
Ovid: Liebeskunst – Ars amatoria. Lateinisch und deutsch. Hrsg. v. W. Hertzberg und Franz Burger-München. München ²1969
Die Wahrheit über die griechischen Mythen – Palaiphatos' „Unglaubliche Geschichten". Griechisch und deutsch. Hrsg. v. Kai Brodersen. Stuttgart 2002
Pausanias: Description of Greece. 5 Vls. Griechisch und englisch. Ed. by W. H. S. Jones & R. E. Wycherley. Cambridge (Mass.)/London 1918–1955 (LCL)
Pausanias: Beschreibung Griechenlands. In Auswahl hrsg. v. Ernst Meyer. Zürich/Stuttgart ²1967
Petron (Petronius Arbiter): Satyrica. Lateinisch und deutsch. Hrsg. v. Konrad Müller und Wilhelm Ehlers. München ³1983
Philogelos – Der Lachfreund von Hierokles und Philagrios. Griechisch – deutsch. Hrsg. v. Andreas Thierfelder. München 1968
Philogelos oder Lachen in der Antike von Hierokles und Philagrios. Hrsg. v. Gerhard Löwe. Leipzig 1981
Philo (Philon von Alexandria): Volume IX. Griechisch und englisch. Ed. by F. H. Colson. Cambridge (Mass.)/London ²1954; pp. 10–101: Every good man is free (LCL)
Philostratus: Heroicus – Gymnasticus – Discourses 1 and 2. Griechisch und englisch. Ed. by Jeffrey Rusten & Jason König. Cambridge (Mass.)/London 2014 (LCL)

Pindar: Siegesgesänge und Fragmente. Griechisch und deutsch. Hrsg. v. Oskar Werner. München ohne Jahr
Platonis Opera. 5 Vls. Ed. by Johannes Burnet. Oxford 1952/53
Platon. 8 Bände. Griechisch und deutsch. Hrsg. v. Gunther Eigler. Darmstadt 1977 (WBG)
Platon: Sämtliche Dialoge. 7 Bände. Hrsg. v. Otto Apelt. Hamburg 1988
Platon: Sämtliche Werke, Band 7: Zweifelhafte Dialoge – Unechte Dialoge – Unechte Schriften – Briefe. Hrsg. v. Wolfgang Stahl. Ohne Ort (Ratingen) 1999; darin S. 169–176 der pseudo-platonische Dialog Axiochos
Pliny: Natural History. Lateinisch und englisch. 10 Vls. Ed. by H. Rackham & D. E. Eichholz. Cambridge (Mass.)/London 1949–1962 (LCL)
Cajus Plinius Secundus [der Ältere]: Naturgeschichte. 3 Bände. Hrsg. v. Max Ernst Dietrich Lebrecht Strack. Bremen 1853–1855; Nachdruck Darmstadt 1968 (WBG)
C. Plini Caecili Secundi Epistularum libri decem. Ed. by R. A. B. Mynors. Oxford 1963
Caius Caecilus Plinius Secundus [der Jüngere]: Briefe. Lateinisch und deutsch. Hrsg. v. Helmut Kasten. München [4]1979
Plutarch's Lives. Griechisch und englisch. 11 Vls. Ed. by Bernadotte Perrin. Cambridge (Mass.)/London 1959–1962 (LCL)
Plutarch: Große Griechen und Römer. 6 Bände. Hrsg. v. Konrat Ziegler und Walter Wuhrmann. München 1979/80
Plutarch: Moralia. Griechisch und englisch. 16 Vls. Ed. by Frank Cole Babbitt. Cambridge (Mass.)/London 1927–2004 (LCL)
Plutarch: Religionsphilosophische Schriften. Griechisch und deutsch. Hrsg. v. Herwig Görgemanns. Düsseldorf/Zürich 2003
Polyainos: Strategika. Griechisch und deutsch. Hrsg. v. Kai Brodersen. Berlin/Boston 2017
Polybius: The Histories. Griechisch und englisch. 6 Vls. Ed. by W. R. Paton. Cambridge (Mass.)/London 1922–1927 (LCL)
Polybios: Geschichte. 2 Bände. Hrsg. v. Hans Drexler. Zürich/Stuttgart 1961/63
Pomponii Melae de Chorographia libri tres. Hrsg. v. Gustav Parthey. Berlin 1867; Nachdruck Graz 1969
Pomponius Mela: Kreuzfahrt durch die Alte Welt. Lateinisch und deutsch. Hrsg. v. Kai Brodersen. Darmstadt 1994 (WBG)
Posidonius (Poseidonios). Griechisch und englisch. 3 Vls. in 4. Ed. by L. Edelstein & I. G. Kidd. Cambridge 2004
Procli successoris Platonici in Platonis theologiam libri sex (Proklos). Hrsg. v. Aemilius Portus. Hamburg/Frankfurt 1618; Nachdruck Frankfurt/Main 1960

Prokop: Gotenkriege. Griechisch und deutsch. Hrsg. v. Otto Veh. München ²1978
Properz (Sextus Propertius) – Tibull: Liebeselegien. Lateinisch und deutsch. Hrsg. v. Georg Luck. Zürich/Stuttgart 1964
Publilius Syrus: Sprüche. Lateinisch und deutsch. Hrsg. v. Hermann Beckby. München 1969
Quintus Smyrnaeus: The Fall of Troy [Posthomerica]. Griechisch und englisch. Ed. by Arthur S. Way. Cambridge (Mass.)/London 2006 (LCL)
Quintus von Smyrna: Der Untergang Trojas. Griechisch und deutsch. 2 Bände. Hrsg. v. Ursula Gärtner. Darmstadt 2010 (WBG)
Sallust (Gaius Sallustius Crispus): Fragments of the histories – Letters to Caesar. Lateinisch und englisch. Ed. by John T. Ramsey. Cambridge (Mass.)/London 2015 (LCL)
Sappho: Lieder. Griechisch und deutsch. Hrsg. v. Max Treu. München ⁴1968
Sappho: Gedichte. Griechisch und deutsch. Hrsg. v. Andreas Bagordo. Düsseldorf 2009
Marmor Parium: https://de.wikipedia.org/wiki/Parische_Chronik; aufgerufen am 25.09.2023
Seneca the Elder (Lucius Annaeus Seneca): Declamations. Lateinisch und englisch. 2 Vols. Ed. by M. Winterbottom. Cambridge (Mass.)/London 1974 (LCL)
Seneca [der Jüngere] (Lucius Annaeus Seneca): Philosophische Schriften. Lateinisch und deutsch. 5 Bände. Hrsg. v. Manfred Rosenbach. Darmstadt 1969–1989 (WBG)
Seneca: Apokolokyntosis (Die Verkürbissung). Lateinisch und deutsch. Hrsg. v. Gerhard Binder. Darmstadt 1999 (WBG)
Seneca: Sämtliche Tragödien. 2 Bände. Hrsg. v. Theodor Thomann. Zürich/Stuttgart 1961/1969
Der Briefwechsel zwischen Paulus und Seneca; in: Apokryphen zum Alten und Neuen Testament. Hrsg. v. Alfred Schindler. Zürich 1988, S. 559–577
Sibyllinische Weissagungen. Griechisch und deutsch. Hrsg. v. Alfons Kurfeß und Jörg-Dieter Gauger. Düsseldorf/Zürich ²2002
Die sibyllinischen Orakel. Hrsg. v. Richard Clemens. Wiesbaden 1984
Silius Italicus: Punica. Lateinisch und englisch. 2 Vls. Ed. by J. D. Duff. Cambridge (Mass.)/London 1934 (LCL)
Simonides von Keos; in: Griechische Lyrik. Griechisch und deutsch. Hrsg. v. Gerhard Wirth. Ohne Ort (Reinbek) 1963
Solon; in: Leben und Meinungen der Sieben Weisen. Griechisch und deutsch. Hrsg. v. Bruno Snell. München ⁴1971

Solon; in: Ioannis Stobaei florilegium (Stobaios). 3 Bände. Leipzig 1838 [Siehe auch: Die Fragmente der Vorsokratiker: Hrsg. v. Diels/Kranz]
Sophoclis fabulae. Ed. by A. C. Pearson. Oxford ²1955
Sophokles: Tragödien und Fragmente. Griechisch und deutsch. Hrsg. v. Wilhelm Willige und Karl Bayer. München 1966
P. Papini Stati Thebais et Achilleis. Ed. by. H. W. Garrod. Oxford 1962
Statius (Publius Papinius Statius): Thebaid Books 8–12 – Achilleid. Lateinisch und englisch. Ed. by D. R. Shackleton Bailey. Cambridge (Mass.)/London 2003 (LCL)
Strabo: Geography. Griechisch und englisch. 8 Vls. Ed. by Horace Leonard Jones. Cambridge (Mass.)/London 1948/49 (LCL)
Sueton (Gaius Tranquillus Suetonius): Die Kaiserviten – Berühmte Männer. Lateinisch und deutsch. Hrsg. v. Hans Martinet. Düsseldorf/Zürich 1997
Sulpicius Severus: Libri qui supersunt. Hrsg. v. Karl Halm. Wien 1866; Nachdruck Hildesheim/Zürich/New York 1983
Tabula Larinas: https://www.jstor.org/stable/20187249; aufgerufen am 17.11.2023
Tacitus (Publius Cornelius Tacitus): Annalen. Lateinisch und deutsch. Hrsg. v. Erich Heller. Darmstadt 1982 (WBG)
Tacitus: Annalen. Hrsg. v. August Horneffer und Werner Schur. Stuttgart 1964
Tacitus: Historien. Lateinisch und deutsch. Hrsg. v. Joseph Borst. München ⁴1979
Teletis reliquae. Hrsg. v. Otto Hense. Tübingen ²1909; Nachdruck Hildesheim/ New York 1969
Epiktet, Teles und Musonius: Wege zum Glück. Hrsg. v. Rainer Nickel. Zürich/ München 1987
P. Terenti Afri Comoediae. Ed. by Robert Kauer & Wallace M. Lindsay. Oxford 1958
Antike Komödien: Plautus/Terenz (Publius Terentius Afer). 2 Bände. Hrsg. v. Walther Ludwig. Darmstadt 1969 (WBG)
Tertullian (Quintus Spetimius Florens Tertullianus): Apologeticum – Verteidigung des Christentums. Lateinisch und deutsch. Hrsg. v. Carl Becker. München 1952
Tertullian: Ad nationes; https://de.wikipedia.org/wiki/Nero; aufgerufen am 29.09.2023
Themistios: Staatsreden. Hrsg. v. Hartmut Leppin und Werner Portmann. Stuttgart 1998
Theokrit: Gedichte. Griechisch und deutsch. Hrsg. v. F. P. Fritz. Ohne Ort (München) 1970
Fragmente der Historiker: Theopomp von Chios. Hrsg. v. Barbara Gauger und Jörg-Dieter Gauger. Stuttgart 2010

Thucydidis Historiae. 2 Vls. Ed. by Henry Stuart Jones. Oxford 1951/56
Thukydides: Geschichte des Peloponnesischen Krieges. Hrsg. v. Johann David Heilmann. Lemgo 1760; Nachdruck Berlin ohne Jahr
Thukydides: Geschichte des Peloponnesischen Krieges. Hrsg. v. Georg Peter Landmann. Zürich/München ²1976
Fragmente der Historiker: Ephoros von Kyme – Timaios von Tauromenion. Hrsg. v. Barbara Gauger und Jörg-Dieter Gauger. Stuttgart 2015
Der Troische Epenkreis. Hrsg. v. Erich Bethe. Leipzig/Berlin ²1929; Nachdruck Darmstadt 1966 (WBG)
Valerius Maximus: Memorable Doings and Sayings. Lateinisch und englisch. 2. Vls. Ed. by D. R. Shackleton Bailey. Cambridge (Mass.)/London 2000 (LCL)
Varro (Marcus Terentius Varro): Über die Landwirtschaft. Lateinisch und deutsch. Hrsg. v. Dieter Flach. Darmstadt 2006 (WBG)
Vegetius (Flavius Renatus Vegetius): Epitoma rei militaris – Das gesamte Kriegswesen. Lateinisch und deutsch. Hrsg. v. Fritz Wille. Aarau/Frankfurt am Main/Salzburg 1986
Velleius Paterculus (Gaius Velleius Paterculus): Historia Romana – Römische Geschichte. Lateinisch und deutsch. Hrsg. v. Marion Giebel. Stuttgart 1989
Vergil (Publius Vergilius Maro): Aeneis. Lateinisch und deutsch. Hrsg. v. Johannes Götte. Ohne Ort (München) ²1965
Vergil: Landleben (Bucolica – Georgica – Catalepton). Lateinisch und deutsch. Hrsg. v. Johannes und Maria Götte. München ²1977
Die Fragmente der Vorsokratiker. Griechisch und deutsch. Hrsg. von Hermann Diels, 6. verbesserte Auflage von Walther Kranz. 3 Bände. Berlin 1951/52 [Diels/Kranz]
Xenophon: Memorabilia – Oeconomicus – Symposium – Apology. Griechisch und englisch. Ed. by E. C. Marchant, O. J. Todd & Jeffrey Henderson. Cambridge (Mass.)/London 2013 (LCL)
Xenophon: Hellenkia. Griechisch und deutsch. Hrsg. v. Gisela Strasburger. München 1970
Xenophon: Erinnerungen an Sokrates. Griechisch und deutsch. Hrsg. v. Peter Jaerisch. München ²1977
Xenophon: Die Sokratischen Schriften. Hrsg. v. Ernst Bux. Stuttgart 1956
Zosimos: Neue Geschichte. Hrsg. v. Otto Veh und Stefan Rebenich. Stuttgart 1990

WBG: Wissenschaftliche Buchgesellschaft
LCL: Loeb Classical Library

2. Die Nachschlagwerke

Paul Kroh: Lexikon der antiken Autoren. Stuttgart 1972
Lexikon der antiken Literatur. Hrsg. v. Rainer Nickel. Düsseldorf/Zürich 1999. Lizenzausgabe Darmstadt (WBG)
Friedrich Lübker: Reallexikon des klassischen Altertums. Achte, vollständig umgearbeitete Auflage, hrsg. v. J. Geffcken und E. Ziebarth. 1914 ohne Ort; Nachdruck Waltrop/Leipzig 2005
Der Neue Pauly – Enzyklopädie der Antike. Hrsg. v. Hubert Cancik und Helmuth Schneider. 16 Bände in 19 Teilbänden plus Atlas der antiken Welt. Stuttgart 2003/2012. Lizenzausgabe Darmstadt (WBG)
Der Kleine Pauly. Lexikon der Antike. Hrsg. v. Konrat Ziegler und Walther Sontheimer. 5 Bände. Stuttgart/München 1974/1975
W. H. Roscher: Lexikon der griechischen und römischen Mythologie. 7 Bände in 10 Teilbänden. Leipzig 1884–86; Nachdruck Hildesheim/Zürich/New York 1992/93
Suidae Lexicon Graece et Latine. 5 Bände. Hrsg. v. Thomas Gaisford. Halle/Braunschweig 1853; Nachdruck Osnabrück 1986
Gustav Schwab: Die schönsten Sagen des klassischen Altertums. 3 Bände. 200. Tausend. Leipzig o.J.
Renzo Tosi: Dizionario delle Sentenze Latine e Greche. Milano ^{12}1996
Tusculum Lexikon griechischer und lateinischer Autoren. Hrsg. v. Wolfgang Buchwald, Armin Hohlweg und Otto Prinz. München/Zürich ^{3}1982
Wörterbuch der Antike mit Berücksichtigung ihres Fortwirkens. Hrsg. v. Hans Lamer und Paul Kroh. Stuttgart ^{8}1976

3. Die Nachdichtungen

Bertolt Brecht: Gesammelte Gedichte. 4 Bände. Frankfurt/Main ^{2}1978; darin Bd. 2, S. 514: Alfabet
Friedrich Dürrenmatt: Turmbau. Stoffe IV–IX. Zürich 1994, S. 149–151: Der Tod des Sokrates
Heinrich von Kleist: Sämtliche Werke. München 1967; darin S. 483–577: Penthesilea. Ein Trauerspiel
Friedrich Nietzsche: Gedichte. Hrsg. v. Peter Pfaff. Frankfurt/Main ^{2}1964
Friedrich Nietzsche: Sämtliche Werke. Kritische Studienausgabe. 15 Bände. Hrsg. v. Giorgio Colli und Mazzino Montinari. München 1980; Band 6: Ecce Homo, darin die Dionysos-Dithyramben – Klage der Ariadne, S. 398–401

Thassilo von Scheffer: Die Kyprien. Ein hellenisches Epos. München 1934
Friedrich Schiller: Werke in drei Bänden. Hrsg. v. Herbert G. Gopfert und Gerhard Fricke. München ²1966; darin Bd. 2, S. 714–718: Der Spaziergang
Klassische Stücke von Bernard Shaw. Übersetzt von Siegfried Trebitsch. Berlin/Frankfurt am Main o.J.; darin S. 165–279: Cäsar und Cleopatra

Abbildungsverzeichnis

Kap. Das Urteil des Paris und der Apfel der Eris: „Der Schönsten"?

Abb. 1: https://de.wikipedia.org/wiki/Zankapfel; aufgerufen am 24.04.2024

Kap. Caesars letztes Wort: „Auch du, mein Sohn Brutus?"

Abb. 1: https://de.wikipedia.org/wiki/Gaius_Iulius_Caesar; aufgerufen am 25.04.2024

Kap. Sokrates und sein letztes Wort: „Ein Hahn für Asklepios"?

Abb. 1: https://de.wikipedia.org/wiki/Der_Tod_des_Sokrates; aufgerufen am 25.04.2024

Kap. Ein Phönix aus der Asche?

Abb. 1: https://www.wondersandmarvels.com/2014/03/up-yours-brutus.html/pompeii_phoenix_fresco_filter; aufgerufen am 20.11.2023

Kap. „In hoc signo vinces"? – Was hat Kaiser Konstantin wo am Himmel gesehen?

Abb. 1: https://de.wikipedia.org/wiki/Christusmonogramm#/media/Datei:Decentius_Km_149.12_Rv.JPG; aufgerufen am 22.11.2023

Kap. Catos „Ceterum censeo"

Abb. 1: https://commons.wikimedia.org/wiki/Category:Cato_Major?uselang=de; aufgerufen am 04.05.2024

Kap. Nero – der Brandstifter?

Abb. 1: https://commons.wikimedia.org/wiki/Category:Paintings_by_Carl_Theodor_von_Piloty; aufgerufen am 26.04.2024

Kap. Amazonen – Gab es ein Volk aus Kriegerinnen?

Abb. 1: https://de.wikipedia.org/wiki/Amazonen#/media/Datei:0_Amazzone_ferita_-_Musei_Capitolini_(1).JPG; aufgerufen am 27.04.2024

Kap. Das Trojanische Pferd und sein Erbauer

Abb. 1: https://de.wikipedia.org/wiki/Trojanisches_Pferd; aufgerufen am 27.04.2024

Kap. Die 300 Spartaner bei den Thermopylen

Abb. 1: https://de.wikipedia.org/wiki/Leonidas_I.; aufgerufen am 04.05.2024

Kap. Aus dem Teppich – Die Begegnung von Caesar und Kleopatra

Abb. 1: https://de.wikipedia.org/wiki/Kleopatra_VII.; aufgerufen am 27.04.2024

Kap. Das Regenwunder des Marc Aurel

Abb. 1: https://de.wikipedia.org/wiki/Markomannenkriege; aufgerufen am 02.12.2023

Kap. Spartacus – Ein Sklave revoltiert

Abb. 1: Antonio Guarino: Spartakus. Analyse eines Mythos. München 1980, S. 91

Kap. Hannibal und seine Elefanten

Abb. 1: https://de.wikipedia.org/wiki/Hannibal; aufgerufen am 04.05.2024

Kap. Sokrates und Xanthippe

Abb. 1: https://de.wikipedia.org/wiki/Xanthippe; aufgerufen am 27.04.2024

Kap. Atlantis

Abb. 1: https://de.wikipedia.org/wiki/Atlantis; aufgerufen am 04.05.2024

Kap. Pegasos – ein Musenpferd?

Abb. 1: https://de.wikipedia.org/wiki/Pegasos_(Mythologie); aufgerufen am 04.05.2024

Kap. Der Tod der Kleopatra

Abb. 1: https://de.wikipedia.org/wiki/Datei:Cleopatra_with_the_Asp_(1630);_Reni,_Guido.jpg; aufgerufen am 27.04.2024

Kap. Die Sieben Weltwunder

Abb. 1: https://de.wikipedia.org/wiki/Pharos_von_Alexandria; aufgerufen am 04.05.2024

Kap. Diogenes, der Mann im Faß

Abb. 1: https://de.wikipedia.org/wiki/Diogenes_von_Sinope; aufgerufen am 04.05.2024

Kap. Das Prinzip des „audiatur et altera pars"

Abb. 1: https://de.wikipedia.org/wiki/Aristeides_von_Athen; aufgerufen am 13.11.2023

Kap. Gab es Gladiatorinnen?

Abb. 1: https://de.wikipedia.org/wiki/Gladiator; aufgerufen am 03.11. 2023

Kap. Typhon – Der Teufel in der Antike

Abb. 1: https://commons.wikimedia.org/wiki/Category:Typhon?uselang=de; aufgerufen am 27.04.2024

GPSR Compliance

The European Union's (EU) General Product Safety Regulation (GPSR) is a set of rules that requires consumer products to be safe and our obligations to ensure this.

If you have any concerns about our products, you can contact us on

ProductSafety@springernature.com

In case Publisher is established outside the EU, the EU authorized representative is:

Springer Nature Customer Service Center GmbH
Europaplatz 3
69115 Heidelberg, Germany

www.ingramcontent.com/pod-product-compliance
Lightning Source LLC
LaVergne TN
LVHW022039260326
834688LV00061B/890